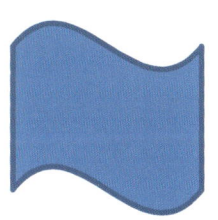

ORAÇÕES

DE DAVI

ORAÇÕES

DE DAVI

Abdenal Carvalho

DEDICATÓRIA

Desejo homenagear com o primeiro volume desta série aos verdadeiros autores desta obra: Deus Pai, Deus Filho e o Deus Espírito Santo, que por sua incomparável misericórdia escolheram me inspirar para criar, escrever e publicar esta importantíssima obra que com toda certeza enriquecerá bastante o conhecimento de cada leitor e o levará a conhecer mais do infinito amor que o Senhor tem por cada um de seus escolhidos.

SUMÁRIO

Prefácio

É com bastante orgulho e alegria que trazemos aos nossos leitores o segundo volume da série "Orações de Davi", composto por mais de quatrocentas páginas de comentários sobre os salmos que vão do número vinte e seis ao cinquenta e nove, do livro poético, onde Davi e os filhos de Corá expressão diante do Senhor Todo Poderoso suas orações em formas de louvor e adoração, bem como seus clamores e petições mais diversas.

Como sempre, contando com uma vasta quantidade de colaboradores, onde podemos encontrar Pastores com vários anos de experiências em seus ministérios cristãos, Doutores e Mestres em Teologia, especialistas nos principais temas das Sagradas Escrituras. Esperamos, dessa forma, contribuir positivamente para aumentar o conhecimento de todos os estudantes da Bíblia e da Teologia Moderna, capacitando nossos líderes cristãos para a expansão da Palavra de Deus.

Salmo 26 – A Inocência do Salmista

Davi era um homem com plena confiança no Senhor e consciente de sua integridade a ele. Devido sua constante vida de oração e comunhão com o Criador o salmista não tinha dúvida de que seria atendido em suas petições e que jamais seria vencido e derrotado por seus inimigos, mesmo que estes fossem maiores e mais poderosos.

Esta deve ser a mesma confiança que nós, cristãos, devemos ter diante dos gigantes que surgirem à nossa frente durante a caminhada que fazemos neste mundo, bastando tão somente procurarmos viver como aquele servo do Altíssimo, nos apartando do mal, rejeitando as lentilhas (pecado) que satanás certamente colocará diante de cada escolhido e mantendo firme a nossa fé.

Lendo as Escrituras podemos perceber que todos aqueles que agiram assim prosperaram, isso ocorre porque o Deus que servimos é real, verdadeiro e fiel para cumprir todas as suas promessas. Não esqueçamos que foi ele mesmo quem, através do próprio salmista nos prometeu: "Ele clamará a mim, e eu lhe darei resposta, e na adversidade estarei com ele; vou livrá-lo e cobri-lo de honra .Salmos 91:15

Aquele que não vive retamente diante do olhar divino sente-se inseguro para se colocar perante seu Senhor e orar com a segurança de que será ouvido e atendido, porém, os que como Davi buscam a retidão em tudo o que diz ou faz sabem que não serão envergonhados. Cristo não quer que sejamos perfeitos enquanto humanos, pois nenhuma pessoa neste mundo chegará a tal condição, como afirma João

"Se afirmarmos que estamos sem pecado, enganamo-nos a nós mesmos, e a verdade não está em nós. 1 João 1:8 Se afirmarmos que não temos cometido pecado, fazemos de Deus um mentiroso, e a sua palavra não está em nós. 1 João 1:10 Todo aquele que nele permanece não está no pecado. Todo aquele que está no pecado não o viu nem o conheceu. 1 João 3:6

Sabemos que o conhecemos, se obedecemos aos seus mandamentos. Aquele que diz: "Eu o conheço", mas não obedece aos seus mandamentos, é mentiroso, e a verdade não está nele. Mas, se alguém obedece à sua palavra, nele verdadeiramente o amor de Deus está aperfeiçoado. Desta forma sabemos que estamos nele: aquele que afirma que permanece nele, deve andar como ele andou. 1 João 2:3-6

Logo, todos quanto se esforçam para viver em integridade serão justificados perante seu Redentor e receberá dele todas as bênções que pedir, pois vive de forma a agradá-lo, como mais uma vez afirma o apóstolo: "Amados, se o nosso coração não nos condenar, temos confiança diante de Deus e recebemos dele tudo o que pedimos, porque obedecemos aos seus mandamentos e fazemos o que lhe agrada". 1 João 3:21,22

Salmo 26

Julga-me, SENHOR, pois tenho andado em minha sinceridade; tenho confiado também no SENHOR; não vacilarei.

Examina-me, Senhor e prova-me; esquadrinha os meus rins e o meu coração.

Porque a tua benignidade está diante dos meus olhos; e tenho andado na tua verdade.

Não me tenho assentado com homens vãos, nem converso com os homens dissimulados.

Tenho odiado a congregação de malfeitores; nem me ajunto com os ímpios.

Lavo as minhas mãos na inocência; e assim andarei, Senhor, ao redor do teu altar.

Para publicar com voz de louvor, e contar todas as tuas maravilhas.

Senhor, eu tenho amado a habitação da tua casa e o lugar onde permanece a tua glória.

Não apanhes a minha alma com os pecadores, nem a minha vida com os homens sanguinolentos.

Em cujas mãos há malefício, e cuja mão direita está cheia de subornos.

Mas eu ando na minha sinceridade; livra-me e tem piedade de mim.

O meu pé está posto em caminho plano; nas congregações louvarei ao Senhor.

"No Salmo 26, o rei Davi se apresenta na sua fidelidade, como um homem que seguia os princípios ensinados no Salmo 1. A leitura dos dois hinos juntos mostra para nós o lado didático e o lado prático do serviço ao Senhor. O Salmo 1 abre com a descrição do homem fiel, abençoado pelo Senhor por andar na sua integridade, e continua com um contraste com os pecadores, que não têm lugar na congregação de Deus.

O Salmo 26 oferece o exemplo da vida de Davi em seguir essas orientações. "Faze-me justiça, SENHOR, pois tenho andado na minha integridade e confio no SENHOR, sem vacilar. Examina-me, Senhor e prova-me; sonda-me o coração e os pensamentos. Pois a tua benignidade, tenho-a perante os olhos e tenho andado na tua verdade" (versos 1 a 3).

As palavras de Davi não devem ser interpretadas como afirmações absolutas de fidelidade constante. Qualquer pessoa que tem lido a história da vida de Davi sabe que ele falhou várias vezes, cometendo pecados graves. Mas uma qualidade que ajudou Davi a manter sua posição respeitada foi seu desejo de estar em comunhão com Deus, uma atitude que o levou a se arrepender depois de errar. Assim, apesar dos seus sérios erros, ele continuou caminhando na integridade e obediência ao Senhor, como ele afirma nesse Salmo.

Uma das características que define um governante é a qualidade dos seus conselheiros. Davi, certamente respeitando o princípio de Salmo 1:1, recusou a se assentar com pessoas que desrespeitavam a vontade de Deus: "Não me tenho assentado com homens falsos e com os dissimuladores não me associo. Aborreço a súcia de malfeitores e com os ímpios não me assento" (versos 4 e 5). Enquanto esse princípio é importante para reis, presidentes e governadores, foi revelado para o benefício de todos.

Quando os amigos e outras pessoas influentes em nossa vida não respeitam a Deus, certamente vão nos incentivar a demonstrar a mesma rebeldia. Davi rejeitou tais influências pois desejava sinceramente a presença do Senhor. Ele continua: "Lavo as mãos na inocência e, assim, andarei, SENHOR, ao redor do teu altar, para entoar, com voz alta, os louvores e proclamar as tuas maravilhas todas. Eu amo, SENHOR, a habitação de tua casa e o lugar onde tua glória assiste" (versos 6 a 8). É difícil pensar em alguém na história que se dedicou mais à adoração do Senhor do que Davi. Ele se ocupou com a organização do culto nacional em Jerusalém, levando a Arca da Aliança para essa cidade.

 Projetando e preparando materiais para a construção do templo e ordenando o serviço dos responsáveis pelo louvor. Esse rei realmente amava a habitação da casa de Deus.

Davi encerrou esse Salmo olhando além desta vida para a eternidade. Ele desejava um lugar na presença de Deus, onde não seria rodeado pelos pecadores e violentos: "Não colhas a minha alma com a dos pecadores, nem a minha vida com a dos homens sanguinários, em cujas mãos há crimes e cuja destra está cheia de subornos.

Quanto a mim, porém, ando na minha integridade; livra-me e tem compaixão de mim. O meu pé está firme em terreno plano; nas congregações, bendirei o SENHOR" (versos 9 a 12). Davi, como qualquer pessoa que realmente busca andar com Deus, se dedicou à honra do Senhor nesta vida, esperando continuar servindo e adorando seu Criador e Redentor por toda a eternidade.

Mas ele entendeu, como nós precisamos compreender, que esse privilégio de habitar com Deus depende da graça e compaixão de um Deus misericordioso que perdoa os nossos pecados. Outros Salmos mostram que Davi esperava a vinda do Salvador. Nossa esperança depende da mesma pessoa, Jesus Cristo, "o Cordeiro de Deus, que tira o pecado do mundo" (João 1:29).

Pr. Dennis Allan

É Impossível Não Agradecer a Deus

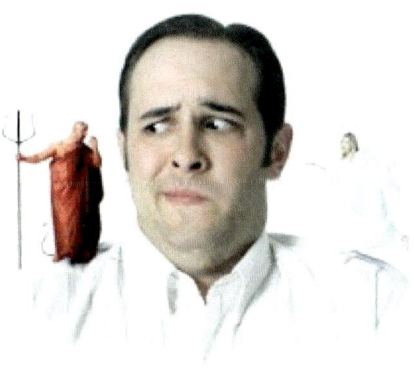

A história do Israel bíblico confunde-se com a história de sua religião. Para um Israelita do período alcançando pelo antigo testamento não havia divisão entre vida religiosa e vida social como é comum entre muitos cristãos nos dias atuais. Não havia laicismo. A vida religiosa e a vida social se entrelaçavam de tal maneira que era difícil distinguir uma da outra. O Salmo 26 é uma prova do que estamos comentando. Nesse salmo não há dicotomia ou polarização entre a vida social e a vida religiosa. Mas, ambas estão unidas em uma só. Essa é a vida do adorador de YHWH, o Senhor. O Senhor bem conhece a vida de um verdadeiro servo seu. Assim o salmista declara com muita fé:

> *Julga-me, SENHOR,*
> *Pois tenho andado em minha sinceridade;*
> *Tenho confiado também no SENHOR;*
> *Não vacilarei.*

"Jugar" no contexto significa verificar de forma objetiva, observar. O salmista tem confiança e fé que Deus conhecia sua sinceridade e integridade na sua maneira de viver. Assim ele continua e repete a ideia inicial através do paralelismo, primeiro sinônimo, depois sintético:

> *Examina-me, Senhor,*
> *E prova-me;*
> *Esquadrinha os meus rins*
> *E o meu coração.*

O argumento do salmista é simples. É impossível negar a bondade do Senhor:

> *Porque a tua benignidade está diante dos meus olhos;*
> *E tenho andado na tua verdade.*

Por consequência dessa bondade de YHWH, o salmista sentia-se agradecido e sua vida moral integra era a forma que ele tinha para expressar essa gratidão:

> *Não me tenho assentado com homens vãos,*

18

Nem converso com os homens dissimulados.
Tenho odiado a congregação de malfeitores;
Nem me ajunto com os ímpios.

A fórmula do salmista é bastante simples, toda sua vida moral era uma forma de agradecer as beneficências do Senhor. Essa fórmula não caiu em desuso. Pelo contrário ainda está em voga e é bastante simples para qualquer cristão contemporâneo. Continua o salmista, numa das expressões mais belas desse salmo:

Lavo as minhas mãos na inocência;
E assim andarei, Senhor,
Ao redor do teu altar.

Andar no contexto que o salmo oferece significa "maneira de viver". Parafraseando o texto temos: "viverei a minha vida como que vive ao redor do teu altar". O altar do senhor é um lugar de santidade, sacrifício e devoção. O salmista declara que no centro das suas escolhas e de seu modo de viver está o altar do Senhor. Tal declaração é fascinante. Ter uma vida que, em todos os sentidos da palavra, que orbita em torno do altar de YHWH, como um satélite que orbita ao redor do astro rei, refletindo o seu brilho. Assim o salmista continua:

Para publicar com voz de louvor,
E contar todas as tuas maravilhas.

A palavra publicar é usada para traduzir a palavra hebraica **"sãmá"**. Essa raiz no hebraico tem várias conotações e poder ser traduzida de forma literal como ouvir ou apregoar. Mas essa palavra traz também a extensão semântica "de uso de inteligência", como ouvir com atenção, ou fazer uma proclamação em meio a uma assembleia pública de forma clara e objetiva. Mas a raiz **"sãmá"** e complementada com a expressão **"qôl tôdhãh"**, traduzida como "voz de louvor", Mas traduzida Literalmente diz: "uma confissão em voz alta". **"qôl"** significa voz alta ou um barulho com a finalidade de atrair a atenção. **"todhãh"** tem sentido literal de uma confissão pública e sentido figurado de louvor.

O tradutor do texto que nós escolhemos optou por uma tradução figurada dessa expressão. Porém ela poderia ser traduzida literalmente como "confissão pública". Em sua raiz, também está a ideia de uma manifestação visível e prática, como o ato de estender as mãos num culto de adoração pública, Ou seja, tornar visível o louvor. Assim o salmista manifesta através de sua vida a gloria do Senhor. Não através de uma simples crença religiosa. Mas através de uma confissão diária mediante de seus atos e de sua vida cotidiana. Um som de louvor que emerge através de seu comportamento integro e sincero diante do Senhor.

Ele continua e faz uma declaração de amor ao santo templo.

Senhor, eu tenho amado a habitação da tua casa
E o lugar onde permanece a tua glória.

Ele declara o seu amor ao templo, porque lá estava a gloria do Senhor. A presença que o fortalece moralmente para viver uma vida integra diante de YHWH. O salmista clama para que o Senhor tenha misericórdia de sua alma e não a confunda com a dos pecadores.

Não apanhes a minha alma com os pecadores,
Nem a minha vida com os homens sanguinolentos,
Em cujas mãos há malefício.
E cuja mão direita está cheia de subornos.
Mas eu ando na minha sinceridade.
Livra-me e tem piedade de mim.

O salmista conclui a canção da integridade declarando que seus caminhos estão aplainados, não á desvios.

O meu pé está posto em caminho plano;
Nas congregações louvarei ao Senhor.

A conclusão desse salmo mostra mais uma vez que não havia dicotomia entre a vida social e sua vida religiosa. Perceba o paralelo final que ele faz entre o "seu caminho" e "as congregações do Senhor". Congregações aqui significa festividades religiosas, como a pascoa ou a festa dos tabernáculos.

Festas de cunho tanto religioso como social. A vida do verdadeiro adorador do Senhor e servo seu não pode ter polarização entre vida social e religiosa. Vida particular e espiritual, vida no trabalho e vida na igreja. Mas a vida do cristão deve ser plena e centrada no altar de Deus. Que o Senhor nos ajude a ter uma vida integralmente consagrada a ele onde quer que estejamos. — **Blog: SENSIVEIS SALMOS — Pr. Marcondes**

Salmo 27 - Confiança Inabalável

O s Salmos 26 e 27 trazem entre si uma estreita singularidade na enorme e inabalável confiança que o salmista demonstra ter no Senhor dos Exércitos. Profunda é sua segurança na providência divina que afirma: "Ainda que um exército me cercasse, o meu coração não temeria; ainda que a guerra se levantasse contra mim, nisto confiaria" (v3).

O primeiro mandamento da Lei de Deus exige de seus filhos que possam amá-lo acima de todas as coisas: De todo coração, de toda a sua força e de todo o entendimento. Davi em sua oração e louvor declara sua absoluta entrega e confiança no Altíssimo, ao ponto de dizer: "Porque, quando meu pai e minha mãe me desampararem, o Senhor me recolherá" (v10).

Com esta afirmação ele deixou claro a quem mais amava, pois não levava em conta o amor e atenção dos seus pais, preferia poder contar com a constante proteção de seu Senhor, pois sabia que ela jamais lhe faltaria enquanto se mantivesse firme na sua presença.

23

A vida pautada na vontade de Deus leva quem a possui a um patamar de firmeza em tudo o que se propõe a fazer, quer seja na vida pessoal, social, familiar ou espiritual. Nada abalará sua tranquilidade e paz porque tem a certeza de estar caminhando segundo os ensinamentos de Cristo e este o livrará de todo o mal deste mundo.

Davi nunca foi maior nem melhor que seus irmãos israelitas, bem como de qualquer cristão em nossos dias, a diferença é que possuía mais fé, mais dedicação e obediência a Deus, temia seus castigos, suas repressões, esforçava-se para andar corretamente na sua presença e detestava tudo aquilo que ele considerava abominável. Por conta disso se tornou o sucessor do trono de Israel, assumindo o lugar do desobediente Saul e possuía mais privilégios perante o trono do Altíssimo.

Salmo 27

O SENHOR é a minha luz e a minha salvação; a quem temerei? O SENHOR é a força da minha vida; de quem me recearei?

Quando os malvados, meus adversários e meus inimigos, se chegaram contra mim, para comerem as minhas carnes, tropeçaram e caíram.

Ainda que um exército me cercasse, o meu coração não temeria; ainda que a guerra se levantasse contra mim, nisto confiaria.

Uma coisa pedi ao Senhor, e a buscarei: que possa morar na casa do Senhor todos os dias da minha vida, para contemplar a formosura do Senhor, e inquirir no seu templo.

Porque no dia da adversidade me esconderá no seu pavilhão; no oculto do seu tabernáculo me esconderá; pôr-me-á sobre uma rocha.

Também agora a minha cabeça será exaltada sobre os meus inimigos que estão em redor de mim; por isso oferecerei sacrifício de júbilo no seu tabernáculo; cantarei, sim, cantarei louvores ao Senhor.

Ouve, Senhor, a minha voz quando clamo; tem também piedade de mim, e responde-me.

Quando tu disseste: Buscai o meu rosto; o meu coração disse a ti: O teu rosto, Senhor, buscarei.

Não escondas de mim a tua face, não rejeites ao teu servo com ira; tu foste a minha ajuda, não me deixes nem me desampares, ó Deus da minha   salvação. Porque, quando meu pai e minha mãe me desampararem, o Senhor me recolherá.

Ensina-me, Senhor, o teu caminho, e guia-me pela vereda direita, por causa dos meus inimigos.

Não me entregues à vontade dos meus adversários; pois se levantaram falsas testemunhas contra mim, e os que respiram crueldade.

Pereceria sem dúvida, se não cresse que veria a bondade do Senhor na terra dos viventes. Espera no Senhor, anima-te, e ele fortalecerá o teu coração; espera, pois, no Senhor - Salmos 27:1-14

Salmo 27: Uma Coisa Peço ao SENHOR

Diante das ameaças dos seus inimigos, Davi demonstrou confiança inabalável no Senhor. A circunstância da composição do Salmo 27 não é identificada, mas obviamente o segundo rei de Israel havia sido liberto de várias ameaças e ainda enfrentava a possibilidade de outras. Suas experiências foram suficientes para criar em Davi a plena confiança em Deus.

Davi inicia o Salmo com uma tripla declaração de quem é o Senhor para ele: sua luz, sua salvação, e a fortaleza da sua vida (verso 1). Essa confiança em Deus para guiar, salvar e proteger deixa o salmista sem motivo de temer seus inimigos. Seus adversários caem e ele permanece (versos 2 e 3).

Davi revela seus desejos mais íntimos quando fala sobre seu relacionamento com Deus. O foco da sua vida é bem descrito nas palavras do verso 4: "Uma coisa peço ao SENHOR, e a buscarei: que eu possa morar na Casa do SENHOR todos os dias da minha vida, para contemplar a beleza do SENHOR e meditar no seu templo".

A construção do templo em Jerusalém foi realizada depois da morte de Davi, fato que nos ajuda a entender a ênfase espiritual do seu pedido. A casa ou templo do Senhor foi muito mais do que um edifício feito por homens. Davi desejava a comunhão constante de Deus, o relacionamento espiritual representado durante alguns séculos pelo templo edificado por Salomão. A linguagem de Davi prevê o ensinamento de Jesus, pois o Senhor tirou a atenção do lugar físico e focalizou o relacionamento espiritual.

Respondendo a uma pergunta sobre a importância do templo em Jerusalém, Jesus disse que aquele local perderia seu significado, porque todos devem adorar a Deus em espírito e em verdade (João 4:19-24). A verdadeira habitação de Deus não é um edifício feito de pedras, e sim o coração do seguidor fiel: "Respondeu Jesus: Se alguém me ama, guardará a minha palavra; e meu Pai o amará, e viremos para ele e faremos nele morada" (João 14:23).

O tabernáculo de Deus seria o refúgio, o lugar seguro, que permitiria tranquilidade na vida de Davi, apesar das ameaças dos seus inimigos (versos 5 e 6). É a mesma confiança que Paulo ensinou aos cristãos: "Se Deus é por nós, quem será contra nós?" (Romanos 8:31). Mas o santuário não foi apenas um lugar de refúgio, de benefício para Davi, e sim um ambiente de adoração ao Senhor.

Davi aplicou na sua própria vida a instrução geral que Deus dá aos homens. A mensagem que ele ouviu de Deus estava no plural: "Buscai a minha presença", mas Davi entendeu a aplicação particular: "...buscarei, pois, SENHOR, a tua presença" (verso 8). Quando ouvimos ensinamento da palavra de Deus, sempre devemos pensar primeiro na aplicação em nossa própria vida. Sabendo que seu predecessor foi rejeitado por Deus por causa da sua desobediência (1 Samuel 15:23), Davi se mostrou ciente do risco de se desviar e perder sua comunhão com Deus:

"Não me escondas, SENHOR, a tua face, não rejeites com ira o teu servo; tu és o meu auxílio, não me recuses, nem me desampares, ó Deus da minha salvação" (verso 9). Davi entendeu que Deus era mais confiável e fiel do que seus próprios pais, mas não se esqueceu da importância da sua própria fidelidade para continuar na proteção divina (versos 10 a 12).

Davi encerra esse hino com uma afirmação e uma orientação. Ele declara sua fé na salvação que Deus oferece: "Eu creio que verei a bondade do SENHOR na terra dos viventes" (verso 13). O salmista deseja, sobretudo, que seus leitores, outros servos de Deus que cantariam esse hino de louvor, tenham a mesma confiança: "Espera pelo SENHOR, tem bom ânimo, e fortifique-se o teu coração; espera, pois, pelo SENHOR" (verso 14).

Quando sentimos vulneráveis, ansiosos e desesperados, devemos lembrar as palavras de Davi. Paulo frisou o mesmo princípio e ofereceu a mesma confiança quando escreveu aos cristãos de Filipos: "Não andeis ansiosos de coisa alguma; em tudo, porém, sejam conhecidas, diante de Deus, as vossas petições, pela oração e pela súplica, com ações de graças. E a paz de Deus, que excede todo o entendimento, guardará o vosso coração e a vossa mente em Cristo Jesus" (Filipenses 4:6-7). Que demonstremos a fidelidade e a fé de Davi!

Pr. Dennis Allan

O Senhor É Minha Luz! (Salmo 27)

"O SENHOR é a minha luz e a minha salvação; a quem temerei? O SENHOR é a força da minha vida; de quem me recearei? Quando os malvados, meus adversários e meus inimigos, se chegaram contra mim, para comerem as minhas carnes, tropeçaram e caíram.

Ainda que um exército me cercasse, o meu coração não temeria; ainda que a guerra se levantasse contra mim, nisto confiaria.

Uma coisa pedi ao SENHOR, e a buscarei: que possa morar na casa do SENHOR todos os dias da minha vida, para contemplar a formosura do SENHOR, e inquirir no seu templo.

Porque no dia da adversidade me esconderá no seu pavilhão; no oculto do seu tabernáculo me esconderá; pôr-me-á sobre uma rocha.

Também agora a minha cabeça será exaltada sobre os meus inimigos que estão em redor de mim; por isso oferecerei sacrifício de júbilo no seu tabernáculo; cantarei, sim, cantarei louvores ao SENHOR.

Ouve, SENHOR, a minha voz quando clamo; tem também piedade de mim, e responde-me. Quando tu disseste: Buscai o meu rosto; o meu coração disse a ti: O teu rosto, SENHOR, buscarei." (Salmo 27:1-8)

Não resta alternativa no cântico do salmista: a quem temer, se o Senhor é luz e salvação? Há algo ou alguém a temer? O Senhor é o caminho que conduz à salvação. Ele é a luz que proporciona um comportamento livre de escândalo. "Aquele que ama a seu irmão está na luz, e nele não há escândalo" (I João 2: 10). Perceba a relação que há entre 'caminho' e 'viver em Espírito', 'luz' e 'andar no Espírito'.

Quem vive no Espírito é porque entrou pela porta estreita, que é Cristo, e passou a trilhar o caminho que conduz à salvação (Mateus 7: 13). A recomendação de Paulo para os que trilham o caminho que conduz à salvação é: andai também no Espírito (Gálatas 5: 25), ou seja, agora que os cristãos eram filhos da luz, deviam andar como filhos da luz.

"Porque noutro tempo éreis trevas, mas agora sois luz no SENHOR; andai como filhos da luz" (Efésios 5: 8). Quem anda na luz pauta o seu comportamento pela comunhão com os seus irmãos e seus semelhantes "Mas, se andarmos na luz, como ele na luz está, temos comunhão uns com os outros, e o sangue de Jesus Cristo, seu Filho, nos purifica de todo o pecado" I João1:7 Portanto, como temer, se Deus é o caminho (salvação), e a luz (lâmpada para os pés) para os que nele esperam. Novamente o salmista reafirma a ideia da questão abordada: Deus é poder, ou seja, a força da vida do salmista (v. 1).

A investida dos inimigos é inócua, uma vez que, todos os malvados inimigos tropeçaram e caíram quando investiram contra o salmista. A investida dos inimigos e adversários representam o pior que poderia acontecer a um rei, porém, diante do poder do Senhor todos os receios do salmista desapareceram.

Novamente o salmista aponta para o que seria o maior receio de um rei, e reafirma a sua confiança em Deus (v. 3). Diante de exércitos o coração do salmista não temia. Diante da guerra, ele confiava em Deus. Para os inimigos um quadro cômico: tropeçam e caem. Ainda que exércitos, guerras, adversários e inimigos se levantem, nisto ele confiaria: "O SENHOR é a minha luz e a minha salvação; a quem temerei?

O SENHOR é a força da minha vida; de quem me recearei?" (v. 1). 4 Uma coisa pedi ao SENHOR, e a buscarei: que possa morar na casa do SENHOR todos os dias da minha vida, para contemplar a formosura do SENHOR, e inquirir no seu templo. Qualquer rei pagão pediria ao seu deus livramento dos seus inimigos. O salmista, por confiar em Deus, pede uma única coisa: '...que possa morar na casa do Senhor...' (v. 4).

A confiança em Deus faz com que o comportamento dos pagãos seja diferente dos crentes. Por que o salmista pediu ao Senhor e buscou morar na casa do Senhor TODOS os dias da sua vida? Por que o salmista não buscou ser livre dos inimigos? Porque ele desejava contemplar a formosura de Deus, aprendendo no seu templo.

A formosura que o salmista desejava contemplar e queria aprender é acerca dos atributos de Deus, como a bondade, a misericórdia, o amor, a justiça, etc (v. 4). 5 Porque no dia da adversidade me esconderá no seu pavilhão; no oculto do seu tabernáculo me esconderá; por-me-á sobre uma rocha.

6 Também agora a minha cabeça será exaltada sobre os meus inimigos que estão em redor de mim; por isso oferecerei sacrifício de júbilo no seu tabernáculo; cantarei, sim, cantarei louvores ao SENHOR. Por que a preocupação do salmista não é com os inimigos, e sim com o Senhor?

Porque é o Senhor que na adversidade haverá de esconder o salmista no seu abrigo (pavilhão). No lugar oculto da própria casa de Deus (tabernáculo) o salmista seria acolhido e escondido da adversidade. Estar escondido no abrigo de Deus é estar sobre a rocha. É estar seguro (v. 5). Também será no dia da adversidade que Deus dará livramento ao salmista, uma vez que a sua 'cabeça' será exaltada acima dos seus inimigos.

Enquanto o salmista permaneceria de pé no dia da adversidade, os seus inimigos tropeçariam e cairiam. Enquanto quem não tem um conhecimento apurado de Deus procura oferecer novilhos, bois, etc., o salmista diante do livramento do Senhor propõe oferecer sacrifício de júbilo (louvor) na presença de Deus (no tabernáculo). O salmista propõe cantar ao Senhor louvores, pois este é o sacrifício que Deus se agrada.

Observe que o escritor ao Hebreus reafirma esta ideia: "Portanto, ofereçamos sempre por ele a Deus sacrifício de louvor, isto é, o fruto dos lábios que confessam o seu nome" (Hebreus 13: 15). O sacrifício de louvor ou de júbilo é o professar o nome do Senhor. Quando o homem professa a Deus, o salvador, Ele realiza a sua obra, criando o fruto dos lábios: "Eu crio os frutos dos lábios: paz, paz, para o que está longe; e para o que está perto, diz o SENHOR, e eu o sararei" (Isaías 57: 19).

A mensagem do evangelho é anuncio de paz entre Deus e os homens. Todas as chagas do pecado (sara) daqueles que 'olharem' ou 'invocarem' a Deus serão saradas. No evangelho está contido o poder de Deus que cria o fruto dos lábios. Quando o homem professa a Cristo como salvador conforme o evangelho da graça, a paz entre Deus e os homem é firmada.

Ele sara o homem de todas as chagas do pecado, ou seja, a parede de separação é removida. Com base naquilo que Deus realiza, o homem passa a professar a maravilhosa graça de Deus, que é o fruto dos lábios. É porque Deus realiza a sua maravilhosa obra que há motivo de louvor, e não o contrário. Não é porque o homem louva que Deus realizará a sua obra. Antes, é porque Deus realizou a sua obra "Eu crio..." (Isaias 57: 19). Quer o homem tem motivo para louvar: '...paz para os que está longe...', o fruto dos lábios que professam a Cristo.

Quem professa a Cristo anuncia a paz de Deus aos homens que estão longe, e ao mesmo tempo rede sacrifícios de louvor a Deus pela sua obra realizada (v. 6). 7 Ouve, SENHOR, a minha voz quando clamo; tem também piedade de mim, e responde-me. 8 Quando tu disseste: Buscai o meu rosto; o meu coração disse a ti:

O teu rosto, SENHOR, buscarei. 9 Não escondas de mim a tua face, não rejeites ao teu servo com ira; tu foste a minha ajuda, não me deixes nem me desampares, ó Deus da minha salvação. 10 Porque, quando meu pai e minha mãe me desampararem, o SENHOR me recolherá. O salmista espera ser ouvido por Deus, e que a resposta divina seja segundo à piedade. A busca do salmista é segundo a palavra de Deus, e não segundo a sua própria concepção.

Foi o Senhor quem disse: "Buscai o meu rosto" por intermédio de Davi "Buscai ao SENHOR e a sua força; buscai a sua face continuamente" (I Crônicas 16: 11), e o homem deve buscar a presença de Deus, e não as coisas deste mundo (v. 8). O salmista pede para Deus não esconder a sua face, pois ele sabia que os que não buscam a Deus são filhos da perversidade e da mentira. Porém, Deus olhará para aqueles que O buscam, pois são geração do Senhor (Salmos 24: 6) "E disse:

Esconderei o meu rosto deles, verei qual será o seu fim; porque são geração perversa, filhos em quem não há lealdade" (Deuteronômio 32: 20). Somente conhecem a Deus (veem o seu rosto) aqueles que são nascidos dele (geração), pois uma é a geração dos ímpios, os descendentes de Adão, e outra a geração dos que buscam a Deus, os filhos do último Adão (Cristo). Ante a impossibilidade do salmista Deus é a ajuda. A presença do Senhor é o motivo de vitória, pois Ele é salvação (v. 9).

Os pais representam acolhimento e proteção, porém, quando a esperança de proteção e acolhimento deste mundo falharem, Deus há de acolher o salmista. 11 Ensina-me, SENHOR, o teu caminho, e guia-me pela vereda direita, por causa dos meus inimigos. 12 Não me entregues à vontade dos meus adversários; pois se levantaram falsas testemunhas contra mim, e os que respiram crueldade.

O homem por si só não consegue descobrir qual é o caminho de Deus, antes precisa ser ensinado por Deus. É por isso que Deus se fez carne e habitou entre os homens, para ensinar os pecadores qual é o caminho que devem escolher (Salmo 25: 12). É o Senhor que ensina e guia o homem pela vereda direita.

Ora, os homens nascidos segundo a descendência de Adão, ao nascerem entraram por uma porta larga que dá acesso a um caminho largo que conduz à perdição, porém, para ter acesso ao caminho do Senhor é preciso nascer de novo, nascer da água (palavra) e do Espírito. Àquele que aprende do Senhor, que é humilde e manso de coração, é de novo gerado segundo Deus, em verdadeira justiça e santidade.

Ao entrar por Cristo, a porta estreita, terá acesso ao caminho apertado que conduz à vida (Mateus 7: 13- 14). O salmista espera em Deus que não seja entregue aos seus adversários, que se utilizam de falsas testemunhas para sustentarem as suas inverdades (v. 11). 13 13 Pereceria sem dúvida, se não cresse que veria a bondade do SENHOR na terra dos viventes. 1

4 Espera no SENHOR, anima-te, e ele fortalecerá o teu coração; espera, pois, no SENHOR. O salmista reafirma a sua posição inicial de confiança em Deus. Não restava dúvida ao salmista: se acaso ele não depositasse confiança em Deus, certo era que pereceria "O SENHOR é a minha luz e a minha salvação; a quem temerei? O SENHOR é a força da minha vida; de quem me recearei?" (v. 1). A confiança do homem advêm da fidelidade e bondade do Senhor. A salvação de Deus é para hoje, ou seja, para aqueles que habitam a terra dos viventes.

Com base na fidelidade de Deus e em tudo que o salmista experimentou, ele recomenda: "Espera no Senhor, anima-te, e ele fortalecerá o teu coração; espera, pois, no Senhor" (v. 14). Esperar e confiar compete ao homem com base na fidelidade e bondade do Senhor, porém, é Ele que fortalece segundo a força do seu poder.

http://www.casadosenhor.com.br/estudos/estudo/114/O-SENHOR-e-Minha-Luz-Salmo-27

28 - A Hipocrisia Dos Ímpios

Nesta oração o salmista deixa claro sua aversão diante da hipocrisia dos que desprezavam a Deus. Para ele todos deveriam ser punidos pelas suas afrontas ao Todo Poderoso de forma severa, pois duvidavam daquele que reina sobre os céus e a terra pelos séculos dos séculos cujo poder é incomparável, suas palavras de escárnios o irritavam.

Nos nossos dias não são poucos aqueles que na semelhança dos antigos blasfemadores duvidam da existência de um Ser Sublime e Santo que habita em seu Reino onde nenhum homem, em sua forma humana, poderá entrar. A ciência desacredita na veracidade das Escrituras que anunciam ser real este Deus que criou todas as coisas.

Pelo simples fato de suas invenções tecnológicas e científicas não serem capaz de localizar este paraíso. Por serem as mansões celestiais um lugar invisível aos olhos carnais. E por causa disso os céticos, assim como faziam os incrédulos na época de Davi.

Zombam e escarnecem dos cristãos cuja esperança está fundamentada na promessa de que um dia andarão pela s ruas da Cidade Santa. E nela habitarão com seu Deus para sempre. O salmista ainda pede para que o Senhor considere sua fidelidade e jamais o desampare. Orgulhosamente, ele afirma: "O Senhor é a minha força e o meu escudo; nele confiou o meu coração, e fui socorrido; assim o meu coração salta de prazer, e com o meu canto o louvarei." (v7).

Os verdadeiros filhos do Altíssimo jamais se deixarão ser abalados pelas críticas dos incrédulos, os céticos não destruirão sua fé com palavras vãs, pois fiel é aquele que nos prometeu a vida eterna. Sua promessa é que em breve retornaria a este mundo para levar consigo a sua igreja e assim fará. Ele virá buscar a sua Noiva, sua eleita.

Salmo 28: Clamor, Resposta E Alegria No Tribunal Divino.

Apesar de não está explicitamente declarado o salmo 28 segue a ideia de um tribunal. A referência a um tribunal religioso é constante em boa parte do livro dos salmos (Sl 15, Sl 26, Sl 50, Sl 82). Deus é descrito como um rei Juiz que está sentado em seu trono e julga as causas dos seus servos e ao mesmo tempo condena a prática dos ímpios. No salmo 28 a referência ao tribunal está implícita. Talvez possa soar estranho a um leitor contemporâneo, mais para um Judeu do antigo testamento não era. Principalmente para um povo que cria piamente que as leis que regiam suas vidas, a lei mosaica, era de origem divina. Os versos 1 e 2 são uma apelação ao juiz divino para que ouça a causa de seu servo. Dos versos 3 a 5, O salmista pede que O Senhor seja favorável a sua causa e não lhe trate como os ímpios. Segue-se então uma série de acusações contra a figura dos ímpios, indiretamente o salmista expõe sua integridade moral e procura justificar-se diante do Santo Juiz.

A partir do verso 6 há uma descontinuidade no salmo, uma mudança brusca de acusações para uma canção de agradecimento pela resposta favorável do Juiz. No verso 7 há outra ruptura. O verso 6 parece ser o verso final desse salmo, ao passo que os versos 7,8 e 9 aparentemente são um acréscimo posterior ao salmo original. Perceba a mudança brusca do tema do salmo a partir do verso 7. Para alguns parece soar estranho a palavra "acréscimo posterior".

Mas, isso é mais comum do que se pensa, pois muitos salmos inicialmente eram petições pessoais que foram adaptados para uso no templo. Nesse processo de adaptação para uso no templo o Eu pessoal e suplicante foi relido, principalmente após o cativeiro babilônico onde boa parte dos salmos foram adaptados, para um Eu coletivo e nacional.

O salmo que foi escrito por Davi provavelmente vai a te o verso 6. Os versos 7,8 e 9 foram acrescidos por um levita editor para que a figura de Davi fosse generalizada a figura da nação de Israel, perceba que a linguagem estritamente pessoal que prevalece nos versos iniciais, "Rocha minha", "não emudeças para comigo", "minhas súplicas".

"Eu levantar minhas mãos", etc., é claramente deixada de lado, a partir do verso 8, por expressões de cunho coletivo e nacionalista como: "força de teu povo", "salva teu povo", "abençoa tua herança" e "apascenta-os e exalta-os".

Assim o salmo 28 é possivelmente a Junção de um salmo primitivo escrito por Davi entre 1010 e 980 a.c. e um canto levita após o retorno do cativeiro babilônico por volta 600 a 500 a.c. Apesar da evidente descontinuidade do salmo que leva a possibilidade de uma edição posterior, o Salmo pode ser lido como uma unidade perfeita.

O trabalho do editor levita, após o cativeiro babilônico, mantém uma coerência, apesar da mudança da linguagem pessoal para uma coletiva, mantém-se dentro do contexto da fonte Davídica dando ênfase o a deixando ainda mais sensível.

Retornando ao modelo de um tribunal, da fonte primitiva, Após um acusado ser absorvido em seu julgamento civil-religioso, ele deixava um documento escrito na entrada do tabernáculo como testemunho de sua absolvição. É dentro desse costume que Davi escreve sua poesia, fazendo referência a sua vitória no tribunal divino.

Informações.

Autor: Davi / Editor levita.

Data: entre 1010 e 980 a.c., texto primitivo/ entre 600 e 500 a.c., adição e edição.

Esboço.

I - A Apelação inicial v.1,2

II - A Defesa do salmista e a acusação dos ímpios. V.3,4 e 5

III - Agradecimento e acréscimo. V.6,7,8 e 9.

O Comentário Do Salmo.

A apelação inicial

O Salmista inicia esse belo salmo com uma súplica para que sua oração seja ouvida. Mas, muito mais que isso, a 2° e 3° linha poética sugerem que caso Deus não intervisse no caso do salmista ele poderia ser condenado no tribunal divino.

¹A ti eu clamo, Senhor,

Minha Rocha;

Não fiques indiferente para comigo.

Se permaneceres calado, serei como os que descem à cova.

A ideia é que a causa do salmista envolvia algo que levaria a sua morte como uma falsa acusação diante de um julgamento civil, caso o salmista fosse condenado sua sentença seria a morte por apedrejamento, ou poderia ser uma enfermidade.

Assim a imagem do tribunal seria alegórica, e não literal. O tribunal Divino seria aqui uma referência dramática onde Deus é o juiz que escuta a causa do poeta e a julga, determinando a sentença. É nessa alegoria dramática que acreditamos está inserida essa oração. Só a intervenção divina poderia ajudar o salmista. Os recursos humanos já haviam se esgotado. Assim o salmista brada mais uma vez em desespero ao Deus de Israel.

² Ouve as minhas súplicas quando clamo a ti por socorro, quando ergo as mãos para o teu Lugar Santíssimo.

O Drama alegórico parece, a partir do verso 2, parece se desenrolar no tabernáculo, ou no templo em Jerusalém. Ali estava o trono de Deus e para o trono do Senhor o salmista estende suas mãos de forma suplicante esperando que YHWH tivesse piedade dele, sendo favorável à sua causa.

A defesa do salmista e acusação dos ímpios

A morte era a pena mais temida nos tribunais do oriente antigo. Nem toda sentença era a de morte. Porém aparentemente o salmista estava passando por alguma enfermidade que o poderia levar a morte. Assim o salmista clama diante do Senhor.

³ Não me dês o castigo reservado para os ímpios

E para os malfeitores

Que falam como amigos com o próximo

Mas abrigam maldade no coração.

O Poeta agora começa a expor sua integridade diante de YHWH. Ao mesmo tempo acusa os ímpios no tribunal divino. No A.T. testamento, a integridade moral era condição para que as orações fossem ouvidas. Assim o salmista dispara acusações contra os ímpios, e indiretamente coloca diante de YHWH sua integridade moral.

⁴ Retribui-lhes conforme os seus atos,

Conforme as suas más obras;

Retribui-lhes pelo que as suas mãos têm feito

E dá-lhes o que merecem.

⁵ Visto que não consideram os feitos do Senhor,

Nem as obras de suas mãos,

Ele os arrasará

E jamais os deixará reerguer-se.

A imprecação, ou juramento de maldição litúrgica, era uma prática comum tanto no contexto de Israel (Js 7.25, o caso de Acã). Assim não devemos estranhar as palavras de maldição contra os ímpios proferidas nos versos 4 e 5, pois eram elemento comuns tanto no contexto de Israel quanto no contexto do antigo oriente.

Agradecimento e Acréscimo

O Verso 6 é o mais complicado do salmo, no sentido de crítica da fonte, Pois ele quebra a continuidade da oração de imprecação dos versos anteriores. Ficando complicado entende-lo como um epilogo do salmo original de Davi.

(Século X a.c.) ou como prólogo da inserção (século VI a.c.) por parte do editor levita. Pela quebra de continuidade novamente do salmo no verso 7, preferimos entende-lo como um epílogo do salmo anterior primitivo. Assim Davi expressa a certeza de absolvição no tribunal divino, Pois Deus manifestou-se favorável a sua causa mortal. De posse de vitória o salmista glorifica e Bendiz ao Deus de Israel.

⁶ Bendito seja o Senhor,

Pois ouviu as minhas súplicas.

O Salmo primitivo de Davi se encerra no verso 6. A partir de agora o Editor do período do pós-cativeiro conjuga outro salmo ao verso 6 com a finalidade de que a oração de Davi fosse generalizada a um canto nacional. De sorte que a enfermidade de Davi era equivalente a enfermidade do povo de Israel.

Da mesma forma a petição de Davi no tribunal divino agora era a petição de todo o povo. Mas tal inserção não é feita de forma brusca e sem esmero. Pelo contrário o editor pega gancho nas expressões pessoais de Davi e continua o salmo continuando a oração de agradecimento do verso 6.

⁷ O Senhor é a minha força

E o meu escudo;

Nele o meu coração confia,

E dele recebo ajuda.

Meu coração exulta de alegria,

E com o meu cântico lhe darei graças.

Perceba que O drama muda de cenário. Não temos mais um servo suplicante no tribunal divino. Mas um guerreiro vitorioso numa batalha e que expressa sua confiança no senhor, seu escudo na batalha, a força de seus braços na luta da oração, o reforço quando a luta estava apertada. A alegria pela prece ouvida e respondida é tão grande que não há como conter.

Então o coração transborda de Louvor e os Lábio são inundados. A ação de graças é uma torrente, um manancial de Louvor ao Deus de Israel.

[8] O Senhor é a força do seu povo,

A fortaleza que salva o seu ungido.

[9] Salva o teu povo

E abençoa a tua herança!

Cuida deles como o seu pastor

E conduze-os para sempre.

Perceba a mudança da linguagem pessoal dos versos 7 para uma linguagem coletiva nos versos 8 e 9. Há um convite expresso por parte desse salmo a toda comunidade de Israel no pós exilio a louvar ao Senhor que teve misericórdia de Davi, "seu ungido", e terá de todo o seu povo Israel, "A herança de YHWH", o rebanho de Deus.

Assim o editor conclui seu acréscimo convidando o povo a confiar em Deus, da mesma forma que Davi confiou, pois o Senhor escuta as orações de seu povo. Esse canto foi muito usado nas festas sagradas de Israel depois do cativeiro, o exemplo de Davi que confiou no Senhor e buscou no tribunal divino a solução para sua causa.

Era um exemplo vivo e claro para que todo Israel confiasse no Senhor. Da mesma forma nós, servos contemporâneos. Podemos confiar na resposta da boca de Deus, e aprender a levar ao tribunal divino todas as nossas causas. Assim poderemos sair vitoriosos, como um herói de guerra que celebra a Deus pela vitória conquistada através da oração.

— Publicado em 02/04/2012 por Blog Sétimo Dia pelo Pr. Roberto Biagini

29 - Reconhecimento e Gratidão

Davi não era apenas grato a Deus por todos os seus benefícios, mas reconhecia toda sua grandeza e resplendor como o único Todo Poderoso sobre os céus, a terra e o Universo. Neste salmo, bem como em vários outros, encontramos o salmista exaltando a glória do Santo de Israel e incentivando seus compatriotas a seguir seu exemplo. Saber reconhecer a majestade do Senhor e se mostrar sempre agradecidos pelas constantes formas de ajudas recebidas todos os dias é algo que com certeza alegra seu coração, e sem dúvida isso fará com que ele sinta maior prazer em continuar defendendo nossas causas, abrindo as janelas do céu e derramando sobre nós suas bênçãos sem limites.

Muitos inconformados por trazerem sobre suas cabeças um céu de bronze (Dt 28:23) porém não tiram um só segundo do seu tempo para se mostrarem agradecidos pelas maravilhas que de Deus recebem. Ao acordarmos devemos agradecer por mais um dia de existência nesta terra, o ar que respiramos de graça — imaginem quanto custaria um litro de oxigênio se tivéssemos que comprar? — a saúde, o trabalho que nos possibilita comprar o alimento, a roupa que vestimos, o calçado, a casa onde moramos...

O rei de Israel sabia que nada teria conquistado na vida sem que o Senhor o tivesse confirmado, se naquele momento ele ocupava um lugar de destaque na sociedade israelita, como monarca, era porque o Altíssimo o escolheu entre tantos outros. Precisamos ser mais parecidos com Davi nesta e em muitas outras questões de igual importância, aprender a não esquecer do quanto ele é importante e que sem sua ajuda diária jamais alcançaremos vitória alguma.

Como o antigo pastor de ovelhas que devido sua inteira dedicação ao Criador se tornou um dos mais destacados heróis encontrado na Bíblia Sagrada, vamos louvar e engrandecer o nosso Redentor, porque ele vive e nos resgatou de nossa vã maneira de viver.

Salmo 29 - A Glória e Majestade de Deus

1 Tributai ao SENHOR, filhos de Deus,

tributai ao SENHOR glória e força.

2 Tributai ao SENHOR a glória devida ao

seu nome, adorai o SENHOR na beleza da

santidade.

3 Ouve-se a voz do SENHOR sobre as

águas; troveja o Deus da glória; o SENHOR

está sobre as muitas águas.

4 A voz do SENHOR é poderosa; a voz do

SENHOR é cheia de majestade.

5 A voz do SENHOR quebra os cedros;

sim, o SENHOR despedaça os cedros do

Líbano.

6 Ele os faz saltar como um bezerro; o

Líbano e o Siriom, como bois selvagens.

7 A voz do SENHOR despede chamas de

fogo.

8 A voz do SENHOR faz tremer o deserto; o

SENHOR faz tremer o deserto de Cades.

9 A voz do SENHOR faz dar cria às corças

e desnuda os bosques; e no seu templo tudo

diz: Glória!

10 O SENHOR preside aos dilúvios; como

rei, o SENHOR presidirá para sempre.

11 O SENHOR dá força ao seu povo, o

SENHOR abençoa com paz ao seu povo.

Estive lendo e relendo este salmo algumas vezes para apreciar a grandiosidade da sua linguagem e a profundidade das suas imagens poéticas. Trabalho de uma mente bastante criativa e devota. Este salmo traz uma reflexão muito prazerosa. Nada mais edificante portanto que sorvermos a ideia central de cada um destes versos. Mãos à obra.

1 - Tributai ao SENHOR, filhos de Deus, tributai ao SENHOR glória e força.

Nos primeiros versículos o Salmista, reconhecido como o Rei Davi, nos chama a celebrar ao Senhor Deus, glória e força. É uma convocação para a adoração pública. Quem ele chama? Chama aos filhos, chama aos que são chamados pelo nome do Senhor, na época o povo de Israel. São estes que devem perceber e dignificar o nome do Senhor.

2 - Tributai ao SENHOR a glória devida ao seu nome, adorai o SENHOR na beleza da santidade.

Agora o escritor está deslumbrado com a glória de Deus e seu louvor transparece o sentimento de que o povo se sinta também deslumbrado. Deus merece honra e merece glória. Também merece admiração. Quem pode perceber a beleza da Santidade do Senhor? Quem tem essa noção estética?

3 - Ouve-se a voz do SENHOR sobre as águas; troveja o Deus da glória; o SENHOR está sobre as muitas águas.

O salmista começa a nos surpreender com o uso de várias figuras poéticas de alta intensidade. Do versículo 3 ao 9, seis versículos, são destinados a comparação do poder da voz do Senhor ao poder da força da natureza.

Águas - Podemos perceber o salmista olhando para o mar, infinito na linha do horizonte, admirável por sua vastidão. Ali ele percebe o alcance da voz do Senhor. A noção de grandeza: Deus está acima das muitas águas.

Trovões - Aqui ele está olhando para a tempestade e o estampido de trovões. O volume e a intensidade do som do trovão são perfeitos para comparar com a potência da voz do Senhor. Assim como um general comanda bem uma tropa usando uma boa potência vocal, assim o Senhor comanda a natureza usando sua voz de trovão.

4 - A voz do SENHOR é poderosa; a voz do SENHOR é cheia de majestade.

Potente, possante, forte, intensa e destacada. Essa é a voz do Senhor. Majestosa, a voz do Senhor é de grandeza suprema, nobre e digna de todo o respeito e obediência.

5 - A voz do SENHOR quebra os cedros; sim, o SENHOR despedaça os cedros do Líbano.

Se no versículo anterior foi realçado a potência da voz do Senhor, neste ele considera uma demonstração deste poder. O poder da voz que despedaça até os sobranceiros cedros do Líbano. O cedro do Líbano, é uma conífera verde que pode atingir 40 m de altura e seu portentoso tronco colunar alcança até até 2,5 m de diâmetro. mais tarde, o profeta Isaías usaria o cedro do Líbano como uma metáfora para o orgulho do mundo (Is 2.13), numa excelente metáfora, pois os cedros eram imponentes e fortes.

6 - Ele os faz saltar como um bezerro; o Líbano e o Siriom, como bois selvagens.

A próxima figura é impressionante. Líbano é uma região bastante montanhosa e o Siriom é outro nome pelo qual é conhecido o notável monte Hermom, citado várias vezes nas Escrituras. Na verdade, o Monte Hermon é um aglomerado de montanhas com três cumes distintos, cada um com a mesma altura, cobertos de neve durante todo o ano.

Com um pouco de imaginação torna-se uma ilustração bastante interessante e cômica, cedros e montes saltando como bois selvagens. Com esta imagem o salmista está a demonstrar que coisas mais estranhas ou absurdas podem ocorrer ao som da voz do Altíssimo.

7 - A voz do SENHOR despede chamas de fogo.

A imagem aqui é a de relâmpagos que acompanham os trovões em dias de tempestade. O escritor já comparara a voz do Senhor ao estampido dos trovões, agora compara sua voz com as chamas dos raios. Com certeza a sensação é de temor e respeito.

8 - A voz do SENHOR faz tremer o deserto; o SENHOR faz tremer o deserto de Cades.

Mais uma figura de alto impacto imaginativo. Aqui é a descrição de um terremoto no deserto, é a voz do Senhor movendo a natureza, nada escapa da sua autoridade.

9 - A voz do SENHOR faz dar cria às corças e desnuda os bosques; e no seu templo tudo diz: Glória!

A voz do Senhor não só tem poder sobre mares, montes e raios, mas sobre todos seres viventes do universo criado. Assim, a voz do Senhor controla o nascimento dos animais e até o desaparecimento das árvores nos campos.

10 - O SENHOR preside aos dilúvios; como rei, o SENHOR presidirá para sempre.

Ao Senhor pertence o poder de presidir e administrar até mesmo uma força destruidora e, aparentemente incontrolável como o dilúvio. De fato, Ele reina sobre tudo para sempre.

11 - O SENHOR dá força ao seu povo, o SENHOR abençoa com paz ao seu povo.

Ele reina sobre tudo para sempre. O senhor tem um povo e se responsabiliza pessoalmente por ele. Duas coisas são prometidas a esta nação separada: Força e paz. Um povo não subsistiria por muito tempo sem força para vencer os seus inimigos. Um povo também precisava de paz, para poder descansar e usufruir da terra que haviam possuído. Em resumo, este salmo é um elogio à grandeza de Deus e ao seu domínio universal. Nós como povo de Deus, devemos nos alegrar na vastidão de sua soberania. Que bom também é descansarmos nas suas promessas.

— Publicado em 02/04/2012 por Blog Sétimo Dia pelo Pr. Roberto Biagini

Salmo 30 - Gratidão

Na semelhança do Salmo 29 Davi prossegue adorando e engrandecendo ao Senhor, reconhecendo toda a sua providência para com ele. O salmista louva a Deus e se mostra grato pelos livramentos que dele recebeu, até mesmo pelas inúmeras vezes em que escapou ileso da anto, morte certa, quando seus inimigos o cercaram e pensou que não haveria mais saída, porém de forma inexplicável lhe sobreveio o escape e contemplou a destruição dos ímpios.

Quantas vezes o Senhor não já nos livrou da morte certa pelas mãos daqueles que vivem escravizados pelas drogas, desejosos de tirar a vida dos inocentes, completamente dominados pelas trevas? Quem nunca foi vítima de um assalto nos dias atuais e mesmo assim saiu sem um só arranhão, entretanto teve notícias que outros foram assassinados?

Sem que nos dê conta estamos o tempo inteiro em perigo e sendo livres pelas mãos dos anjos invisíveis enviados por Deus dos altos céus para combater a ação do mal em nosso favor. Precisamos, portanto, aprender a abrir nossos lábios para agradecer ao nosso amoroso Pai por tantos livramentos. Lembremos de que ser gratos por seus cuidados e providencia é, também, uma forma de adorá-lo.

Talvez seja essa a explicação mais correta das palavras de Cristo ao dizer para aquela mulher samaritana, próximo ao poço de Jacó: "Mas a hora vem, e agora é, em que os verdadeiros adoradores adorarão o Pai em espírito e em verdade; porque o Pai procura a tais que assim o adorem". (João 4:23) Adorar a Deus em verdade é reconhecer diariamente todos os seus benefícios e jamais deixar de relatar isso aos que observam nossa prosperidade em todos os aspectos de nossas vidas. É comum, para todos nós, lembrarmos dele quando estamos meio a muitas dificuldades, mas nos bons momentos o esquecemos. Precisamos mudar isso.

Deus Responde a Oração

O salmo 30 é repleto de ação de graça pelo grande livramento recebido pelo salmista. Ele enfrentou uma enfermidade que o deixou a beira da morte.

Somente Deus podia livrá-lo. É um salmo inspirador, há muitas e preciosas lições nele. Muitos estudiosos atribuem sua autoria do ao rei Davi. Portanto, leia até o final e aproveite.

O Salmista Exalta a Deus

No primeiro momento, o salmista exalta a Deus por um motivo bastante específico: a sua vida foi maravilhosamente salva das garras da morte (Salmo 30.1). Alguns estudiosos acreditam que "os inimigos" citados no texto, são físicos, ou seja, adversários que tentavam tirar a sua vida. Outros acreditam que esses "inimigos" esperavam vê-lo morto após um período de enfermidade grave, pelo qual passava.

A alegria dos ímpios seria fruto da morte do servo de Deus. No entanto, essa satisfação foi tirada pela poderosa intervenção do Senhor .A recuperação do salmista deu a ele outra oportunidade de vida para cumprir, com maior extensão e convicção, a missão a ele destinada.

O Clamor e a Cura

O servo enfermo clamou, e o Senhor Deus lhe deu vida no lugar da morte, substituiu a doença por saúde. Recomeço, em vez de fim (Salmo 30.2). Muitas pessoas ao saber que estão com uma doença grave desistem de viver. Se a medicina diz que não tem mais jeito, elas entram em desespero. Não é assim com os que conhecem o Deus de Israel. Por muitas vezes o Senhor Jesus curou enfermos e ressuscitou os mortos?

Jesus Cristo é o mesmo, ontem, hoje e para sempre (Hebreus 13:8). "É ele que perdoa todos os seus pecados e cura todas as suas doenças" (Salmo 103.3).Os antigos hebreus quase sempre ligavam a doença ao pecado. Veja o exemplo de Jó.

Nessa época mesmo que a enfermidade não fosse vista como julgamento contra o pecado, seria considerado falta de fé, buscar curas naturais.

O Salmista é Puxado Pela Morte

A medida que o salmo se desenvolve percebemos como foi intensa a adversidade do salmista. Neste ponto, ele está fisicamente tão debilitado que a sua sensação é de que vai dormir e não mais acordar (Salmo 30.3).Se pudéssemos pintar um quadro, veríamos um homem de cama com rosto pálido e lábios esbranquiçados, sentindo gosto amargo na boca e uma poderosa falta de apetite. Apesar de sentir a morte tão de perto ele não desiste da vida. Ele é fortalecido pela esperança de que o Senhor Deus o ouvirá. Sua expectativa é então confirmada, e sua vida é poupada.

Vamos Louvar a Deus!

O salmista agora sarado, consagra um culto de gratidão ao Senhor. Esta seção é um convite a adoração. Ele convida outros Servos de Deus para celebrar, agradecer e adorar a memória da Santidade de Deus (Salmo 30.4). Isto é, a lembrança de sua fidelidade desde os dias do patriarca Abraão até hoje. O convite do salmista é para louvar a um Deus que foi fiel. É fiel. E continuará sendo fiel.

O Favor De Deus

Para a pessoa temente a Deus todas as formas de dificuldades, incluindo a enfermidade, são apenas questões temporárias (Salmo 30.5). Apesar de o sofrimento do salmista ser intenso. Profundo a ponto de levá-lo a beira da morte, durou pouco tempo, quando comparado com a quantidade da alegria resgatada. O salmo 30 mostra que a ira, o julgamento de Deus são instrumentos de seu Amor, visando o melhor para o ser humano, não a sua destruição.

Vemos isso na missão de Cristo, onde o próprio Jesus salva a nossa alma e nos livra da condenação. Ele não foi enviado para condenar o mundo. Todos os juízos de Deus são atos de amor, mesmo quando nossa incompreensão os torna absurdos. Portanto, não importa o quão difícil seja a situação. Ela é passageira. Momentânea. Se você crê, Deus encherá seu peito de alegria, e a lembrança da dor será esquecida.

Lições Da Vida

O salmo 30 nos ensina uma grande lição. A vida é feita de fases, nós jamais podemos desprezar a presença de Deus (Eclesiastes 3). O estado de bonança fez o salmista pensar que nunca sofreria um mal permanente (Salmo 30.6). A adversidade foi como um mestre dando sábios conselhos. Há lições que só aprendemos quando as enfrentamos. Não importa qual estável, organizada e segura seja sua vida, jamais confie em elementos humanos, terrenos, para sua segurança. Somente o Senhor Deus é uma rocha eterna. Um refúgio seguro.

Deus Concede Firmeza e Estabilidade

Após declarar que enquanto estava bem, pensou que jamais seria abalado. O salmista reconhece que o favor de Deus é quem nos dá segurança (Salmo 30.7). Ele não atribuiu a sorte, a medicina (embora seja útil, mas no caso dele não), ou a causalidade. O Senhor Deus é agora mais do que nunca a rocha de sustento para o salmista. Suas orações foram ouvidas e ele está confiante.

Oração, Súplica, Clamor

Este Salmo nos mostra que a oração do salmista foi acompanhada de choro intenso, humilhação e súplica. Com o surgimento da enfermidade ele viu quão frágil era a estrutura em que ele vivia (Salmo 30.8). A dificuldade, dentre tantas coisas o deixou mais humilde

Porque o Salmista Não Quer a Morte No Salmos 30?

A teologia sobre a morte na época em que este salmo foi escrito, não contemplava a eternidade como é revelada por Jesus. Para eles a morte representava o fim. Durante o período de clamor, com entendimento que tinha de Deus, o salmista lhe pergunta: "Se eu morrer, quem vai te louvar?" (Salmo 30.9). Ele não se conforma com a morte, enquanto crê e confia profundamente em Deus. A sua maior agonia é que sendo curado ele testemunharia para todos a fidelidade de Deus, o que resultaria em muita glória para Ele. O salmista tinha em mente que em seu corpo virando pó, Deus deixaria de ser louvado por ele. Isso é formidável! Na verdade, me leva a perguntar: "Se nós morrermos, o Senhor sentirá falta do nosso culto? ".

O Salmista Pede Para Ser Ouvido

O Senhor Deus ouviu do salmista um clamor cheio de humildade e dependência. Agora o salmista tem claro em sua consciência que somente a compaixão de Deus podia livrá-lo do mal (Salmo 30.10). Por isso ele exalta a misericórdia do Senhor. Ele sabe que Deus é bom!

Dança, Alegria e Louvor

O escritor deste salmo começa e termina com ações de graças. O estado de espírito dele está agora completamente transformado. O choro se transformou em danças de alegria (Salmo 30.11). As vestes de lamentação, comumente usadas em momentos de clamor e súplica, foram mudadas por veste alegres, de louvor, de gratidão.

A súplicas intensas do antigo testamento eram acompanhadas por lamentações, que significam literalmente: bater no peito. Essas pancadas bruscas de humilhação, foram substituídas pelos graciosos movimentos da dança, louvor e alegria.

A Promessa Do Salmista

O relato do salmo 30 nos mostra que o escritor estava doente e ia morrer. Seu problema era sério e não havia solução terrena para ele. Então ele orou! Fez um voto e uma promessa ao Senhor. Obteve o que queria, foi salvo da morte precoce. Agora ele se propõe a louvar continuamente ao seu Deus (Salmo 30.12). Não há timidez que o impeça. Não há cansaço que lhe faça parar. Como prometeu, ele vai louvar ao Senhor para sempre!

— **Pr. Diego Nascimento — Primeira Igreja Batista em João Pessoa —**

Graças Pela Vitória

Baseado no Salmo 30.

Aqui temos um salmo de Davi, que contém preciosas lições para a nossa vida hoje, porque a Bíblia continua sendo muito atual. As mensagens dadas a 1.000 AC são de grande valor também para os nossos dias, como foi nos dias de Davi, o suave cantor de Israel.

Vamos ler os primeiros versículos do Salmo 30:

"1: *Eu te exaltarei, ó Senhor, porque tu me livraste e não permitiste que os meus inimigos se regozijassem contra mim.*

2: Senhor, meu Deus, clamei a ti por socorro, e tu me saraste. 3: Senhor, da cova fizeste subir a minha alma; preservaste-me a vida para que não descesse à sepultura."

I – A Promessa de Davi

Quando se dirige a Deus, ele promete: *"Eu Te exaltarei, ó Senhor!"* Este é um salmo de exaltação a Deus. Mas **o que significa "exaltar"?** Significa enaltecer, engrandecer, colocar num pedestal de glória. Este era o seu alvo: **exaltar** a Deus. Algumas pessoas se exaltam a si mesmas; elas gostam de se colocar em evidência. Quando falamos mal dos outros, quando chamamos a atenção para as nossas virtudes.

Quando somos egoístas, ou quando somos orgulhosos e humilhamos os outros, quando gritamos para os filhos, ou para o marido, ou para a esposa, estamos nos exaltando a nós mesmos. Mas naturalmente, isto só afasta as outras pessoas, e não estamos procedendo corretamente.

Mas como podemos exaltar a Deus?

1) Cantando hinos de louvor. Os cristãos gostam de cantar os louvores de Deus em hinos que exaltam o amor, o poder e os atributos de Deus. Quando cantamos que *"Deus é amor"*, exaltamos ao Senhor como a nenhum outro. Quando cantamos que *Deus é Todo-Poderoso*, nós o exaltamos de uma forma singular. Quando cantamos que *Ele é o Rei dos reis, o Senhor dos senhores, imortal, invencível, eterno, imutável, onisciente*, nós o exaltamos como de fato Ele é: O Supremo Deus do Universo.

2) Pregando o evangelho, exaltamos a Deus. Desde os primórdios, quando Adão e Eva pecaram, o Evangelho está sendo pregado. Quando Abraão foi chamado, o Evangelho foi pregado. Israel foi para o Egito, e lá foi também pregado o Evangelho da graça divina estendida aos pecadores. Salomão e todos os reis de Israel receberam a incumbência de exaltar a Deus através da pregação do Evangelho. Desse modo, as nações conheceriam ao Deus Jeová. Davi exaltava a Deus pregando o Evangelho da graça a todos os povos. Disse ele: *"Agora, pois, ó reis, sede prudentes; deixai-vos advertir, juízes da terra. Servi ao Senhor com temor e alegrai-vos nele com tremor."* **(Sl 2:10-11).**

Hoje, também, como cristãos, pregamos o Evangelho a todo o mundo e exaltamos a Deus através desse método. Somente pela exaltação de Deus ao mundo, este Evangelho chegará até os confins da terra.

3) Vivendo a verdade, também exaltamos a Deus. Não basta conhecer a verdade. Não basta pregar o Evangelho. Temos o dever sagrado de viver a verdade. Porque, não viver a verdade é ser incoerente; é ser hipócrita.

Não viver a verdade evangélica é pregar uma coisa e praticar outra, o que seria contrário à própria verdade. Seria viver uma mentira. Mas quando nós vivemos os princípios revelados na verdade divina, nós exaltamos Aquele que disse ser Ele mesmo a Verdade em Pessoa: *"Eu sou o Caminho, a Verdade e a Vida"* (Jo **14:6**). O grande problema de nosso tempo é que muitos estão professando o cristianismo, mas vivendo independentemente de Cristo.

Não vivem a verdade pregada por Seu Salvador. Aqueles que a vivem, O exaltam, e atraem os próprios anjos que se agradam de estar em sua presença e ao seu lado.

4) Reconhecendo as Obras de Deus. Também exaltamos a Deus desse modo. As Suas obras são dignas do Seu Autor. Em meio à Natureza, contemplando as maravilhas do mar, as grandezas dos céus, os animais em sua variedade imensa, nós podemos exaltar ao Criador. Com efeito, o mar, a terra e os céus – todos em uníssono exaltam o Seu Criador. Muitos ateus já reconheceram que as obras vistas da Natureza proclamam silenciosamente, mas não menos convincentes, que há um poderoso Deus que deve ser reconhecido e exaltado.

5) Colocando a Deus em 1º Lugar, dando-Lhe a preferência. Se nós O ouvirmos quando nos fala, se nós obedecermos quando nos ordena, se nós O buscarmos na nossa infância e juventude e <u>nas primeiras horas do dia</u>, estaremos colocando a Deus em 1º lugar e exaltando Aquele que deve ter a primazia em nossa vida.

Por que razões Davi exalta a Deus? Davi promete exaltar a Deus por lhe dar 3 vitórias:

1. Vitória contra os Inimigos (v. 1:) *"Eu te exaltarei, ó Senhor, porque tu me livraste e não permitiste que os meus inimigos se regozijassem contra mim."*

Em campos de batalha, muitas vezes o rei Davi alcançou inúmeras vitórias esmagadoras contra os seus adversários. Mas ao invés de se exaltar a si mesmo, Davi se lembrou de que a força do seu braço era proveniente de Deus e, portanto, ele promete exaltar ao Senhor porque Deus lhe deu a vitória. Os seus inimigos não puderam se regozijar contra ele. Nós também temos inimigos. Por todos os lugares se levantam inimigos contra a nossa vida. Mas os nossos maiores inimigos não são de carne e ossos; estes são apenas pessoas que são usadas como instrumentos nas mãos de nosso arqui-inimigo, que é Satanás.

o Diabo e seus anjos que são milhões; estes sim são os nossos inimigos que fazem de tudo para nos derrotar e dão gargalhadas e se regozijam com a nossa queda e nossos fracassos. Mas nós podemos alcançar a vitória contra esses adversários, que ao invés de se regozijarem contra nós, eles fugirão, atemorizados: *"Sujeitai-vos, portanto, a Deus; mas resisti ao diabo, e ele fugirá de vós."* **(Tg 4:7).**

2. Vitória contra a Enfermidade (v. 2:) *"Senhor, meu Deus, clamei a ti por socorro, e tu me saraste."* Davi também adoecia. Ele se encontrava enfermo certa vez, e clamou por socorro, e Deus o sarou, curou o seu mal, restaurou a sua saúde. Muitas vezes, nós também adoecemos. Alguma enfermidade começa a minar as nossas energias, e algumas vezes sucumbimos e caímos de cama. O que devemos fazer? Devemos fazer o que fez Davi: ele clamou por socorro, e Deus o atendeu e o curou. Isso também pode acontecer conosco. Mas temos que clamar por socorro, temos que suplicar com fervor; temos que colocar o nosso coração na súplica. Temos que implorar a saúde, dizendo-Lhe mesmo que doentes não podem servi-Lo com perfeição.

No entanto, não basta clamar a Deus por socorro. Muitas pessoas se mantem distantes de Deus e, quando vem a doença, vão clamar ao Senhor exigindo que Ele as cure. Temos, antes de tudo, que ter um relacionamento íntimo com Deus. Temos que ter a capacidade de nos dirigir a Ele como o *"meu Deus"*, que é o resultado de mantermos uma comunhão ininterrupta com Ele. Deus deve ser um Deus pessoal para mim; Ele é o *"meu Deus"*. Então, seremos sarados; mas não esqueçamos de Lhe dar graças, exaltando o nome de nosso Deus, porque *"Ele é quem perdoa todas as tuas iniquidades; quem sara todas as tuas enfermidades"* **(Sl 103:3).**

3. Vitória contra a Morte (v. 3:) *"Senhor, da cova fizeste subir a minha alma; preservaste-me a vida para que não descesse à sepultura."* Davi esteve à beira da sepultura, quase à morte. Mas Davi prometeu exaltar a Deus porque Ele o livrou da morte.

Muitas vezes, Deus nos livrou da morte, e devemos exaltar a Deus por isso. Deus já me livrou de muitos acidentes automobilísticos, Ele me livrou de me afogar no mar e num rio (depois disso eu fui para uma escola de natação). Deus me livrou de assaltantes e bandidos. Muitas vezes, os anjos foram enviados, a fim de que nós escapássemos de ir para o reino dos mortos. Mas parece que muitos não valorizam o livramento divino. Um dia, um homem foi se gloriar diante do Pastor Henry Feyerabend, dizendo:

"Eu tive muita sorte hoje! Um caminhão passou por mim, bem perto e quase me atropelou; por pouco eu não morri."

"Eu tive mais sorte que você!" Disse o Pastor Feyerabend: "Ah, é? O senhor também quase foi atropelado?" "Não, eu nem cheguei perto!"

Davi falou sobre o destino de sua alma na morte. E aqui eu abro um parêntesis para nos lembrarmos do pensamento bíblico sobre a alma. **O que acontece com a alma de um homem justo quando ele morre?**

Para onde ela vai? "Bem", dirão muitos "o corpo morre e é sepultado e a alma vai diretamente para o Céu!" Mas isso não foi o que disse o salmista. O que ele disse? Pergunte a Davi: Para onde vai a sua alma na morte? **Resposta surpreendente:** *Na morte, a minha alma vai para a cova, para a sepultura, mas Deus me livrou disso"*, reconheceu ele.

Observe bem o **v. 3:** *"Da cova fizeste subir"* o corpo? Não, *"a minha alma"*. Se Davi tivesse morrido, naquela circunstância, sua alma iria descer à sepultura, não subir para o Céu. Mesmo *"porque Davi não subiu aos céus"* (**At 2: 34**). **A alma é mortal e o seu destino final é a sepultura.** Disse outro salmo: *"Que homem há, que viva e não veja a morte? Ou que livre a sua alma das garras do sepulcro?"* (**Sl 89:48**). Ainda antes de Davi, lemos no livro do patriarca Jó: *"Deus redimiu a minha alma de ir para a cova"* (**Jó 33:28**). Este era o mesmo reconhecimento de Davi.

Mas o que significa a alma? Alma é o ser completo do homem; é o próprio homem, com todas as suas faculdades, físicas, mentais e espirituais. Quando ele está vivo, é alma vivente; quando ele está morto, a Bíblia o chama de alma morta, ou cadáver. É por isso que a Bíblia diz que a alma vai para a sepultura quando o homem morre, tanto faz ser justo ou ímpio. Mas um dia todos ressuscitarão do pó: *"tendo esperança em Deus, […] de que haverá ressurreição, tanto de justos como de injustos."* (**At 24:15**).

II – O Apelo de Davi (v. 4-5)

Depois de sua promessa de exaltar a Deus, Davi faz um apelo a todos os filhos de Deus (v. 4): *"Salmodiai ao Senhor, vós que sois seus santos, e dai graças ao seu santo nome."*

1- **"Salmodiai ao Senhor!"** Isto quer dizer: Cantai louvores ao Senhor. Entoai-Lhe salmos para exaltar a Deus.

2- **"Dai graças ao Seu santo nome!"** O nome de Deus é santo e devemos dar graças ao nome de Deus.

Temos visto muitas pessoas que ao invés de dar graças ao nome de Deus estão tomando o Seu santo nome em vão! Isto é uma transgressão flagrante do terceiro mandamento que diz claramente: *"Não tomarás o nome do Senhor teu Deus em vão, porque o Senhor não terá por inocente o que tomar o Seu nome em vão!"* (**Êx 20:7**).

Por que Davi apela para exaltarmos o nome de Deus? Ele dá duas fortes razões para isso: v. 5: *"Porque não passa de um momento a sua ira; o seu favor dura a vida inteira."*

1- A ira de Deus é momentânea, passa logo.

Um dos assuntos mais terríveis que temos de tratar quando estudamos a Bíblia é sobre a ira de Deus. Por isso, ele é um assunto muito negligenciado pelos pregadores. Eu já ouvi muitas pregações sobre dar glória a Deus, mas nunca ouvi uma só referência à ira de Deus. Quando comparamos a ira divina com a ira humana, somos levados a pensar que Deus não tem esse tipo de sentimento. Mas a ira divina significa uma expressão de Sua justiça, e não um mero sentimento. Entretanto, a grande notícia sobre este aspecto do caráter de Deus é que a Sua ira é momentânea, passageira, e logo se aplaca. Graças a Deus por esse fato.

2- A graça de Deus é duradoura, por toda a vida.

Ela dura a vida inteira, ou enquanto nós vivermos. A graça de Deus é o poder que nos salva. Aqui está outro grande motivo para nós darmos graças e louvor a Deus. Vivemos em um mundo de pecado e temos de passar muitas vezes pelo choro e pela angústia, e às vezes passamos por situações desesperadoras.

Mas a alegria virá pela manhã. A alegria também faz parte da vida crista. Se o choro vem pela noite, a alegria vem pela manhã. Se a ira de Deus se revela de noite, a Sua graça logo se manifesta pela manhã, quando podemos presenciar o sol brilhando para transmitir a sua alegria.

III – O Testemunho de Davi (V. 6-10)

Davi fala de sua experiência dramática que ele teve sobre a ira de Deus.

1 – Ele revelou a sua autoconfiança: v. 6: *"Quanto a mim, dizia eu na minha prosperidade: jamais serei abalado."* É perigosa esta atitude, quando a confiança não está baseada em Deus e sim nas suas posses materiais. Ele falava confiado em sua prosperidade. Há tantas pessoas hoje em dia, mesmo entre os cristãos, que confiam nas suas posses materiais, fazendo delas o seu deus, confiando nelas, e pensando que a sua segurança está na sua prosperidade. Cedo ou tarde serão amargamente decepcionados, porque hoje podemos ser ricos; amanhã podemos perder tudo o que temos. O resultado de confiar em si mesmo por causa das riquezas é uma queda e diminuição do fervor espiritual.

À semelhança de Nabucodonosor, olhamos para as belas coisas que fizemos, contemplamos as nossas casas, o nosso carro de luxo, vislumbramos as muitas terras que temos, e dizemos: *"Mas como eu sou bom e poderoso! Quem é que fez tudo isso, quem conquistou todas essas maravilhas senão eu mesmo com toda a minha inteligência?"* Uma pessoa que age assim pensa que jamais será abalada, mas isso é muito enganador; é uma falsa segurança. Ela se esquece de que é Deus quem nos dá forças e poder para adquirir riquezas (**Dt 8:18**). Portanto, *"se as vossas riquezas prosperam, não ponhais nelas o coração."* (**Sl 62:10**).

2- Davi se apressou logo a confessar a Deus que a Fonte de sua prosperidade estava no Seu favor, ou em Sua graça (v.7:) *"Tu, Senhor, por Teu favor fizeste permanecer forte a minha montanha."* Deus nos dá o Seu favor, que é graça imerecida, porque nós não a merecemos. Deus é a fonte de nossas montanhas de bênçãos recebidas de Suas dadivosas mãos. Deus é a Fonte de nossa prosperidade. Jamais deveríamos confiar em nós mesmos se Deus nos prospera o caminho. A todo o momento devemos exaltar a Deus por Suas bênçãos.

3- Mas Deus volta o Seu rosto por alguma razão (v. 7, 2ª parte:) *"Apenas voltaste o rosto, fiquei logo conturbado."* Davi sentiu que Deus estava desgostoso por alguma coisa que ele tinha feito.

Muitas vezes isto acontece conosco e nem estamos nos apercebendo. Muitas vezes Deus retém as Suas bênçãos e nós ficamos conturbados, como aconteceu com Davi. Mas isto Ele faz para nos provar e nos fazer mais espertos, quanto à nossa vida espiritual. Muitas vezes estamos olhando para os nossos talentos, ou para a nossa vida feliz, para a nossa aquisição de conhecimentos que parece superior à dos nossos semelhantes, ou estamos confiando em nossa conta bancária. E então acontece uma perda, e ficamos desapontados. Por que isso aconteceu comigo? Por que foi que Deus fez isso comigo? Pode ser que isso veio para nos dar uma lição por estarmos confiantes demais em nós mesmos.

4- No v. 8, Davi testifica que clamou a Deus. *"Por ti, Senhor, clamei; ao Senhor implorei."* Isto significa que ele fez uma oração com muita energia, muita vida e muita confiança. Ele ainda acrescenta que implorou a Deus. Com efeito, a sua oração foi muito angustiante, a sua prece foi deveras perseverante. Muitas vezes, a nossa oração não passa de mera repetição de frases decoradas, frias e sem sentimento. Necessitamos de mais fervor, mais entusiasmo, mais clamor.

Precisamos clamar e implorar a Deus que nos atenda. Temos de orar com a mente e com o coração. Temos de revelar a sinceridade de nosso propósito em nos dirigir a Deus como um Pai amorável que está atento às nossas necessidades.

5- Davi argumenta com Deus: v. 9: *"Que proveito obterás no meu sangue, quando baixo à cova? Louvar-te-á, porventura, o pó? Declarará ele a tua verdade?"* *"Senhor, qual seria a vantagem de meu sangue derramado?"* Ele continua a argumentar: *"Qual seria o louvor que Te daria o pó?"* Ou seja: se ele morresse, não poderia mais louvar a Deus, e nem declarar a Sua verdade. É assim que devemos falar com Deus: Temos que apresentar as nossas razões e argumentar com Ele.

Foi Ele mesmo que nos disse para fazermos isso: *"Vinde, pois, e arrazoemos, diz o Senhor; ainda que os vossos pecados sejam como a escarlata, eles se tornarão brancos como a neve; ainda que sejam vermelhos como o carmesim, se tornarão como a lã."* **(Is 1:18).** *"Vinde e arrazoemos".* Temos que apresentar a Deus as nossas razões. Podemos argumentar com Deus. Mas não se esqueça de apresentar os mais poderosos argumentos, que você encontra na Palavra de Deus. Por exemplo: *"Senhor, eu pequei, mas Cristo derramou o Seu sangue para me purificar! Portanto, lembra-Te de mim, e perdoa-me!"*

Mas Davi, em sua argumentação, tem mais um aspecto polêmico. Há uma doutrina muito disseminada entre os cristãos, **que não é defendida pela Bíblia**: Eles dizem que na sua morte irão para o Céu a fim de louvar a Deus. Mas o que disse o salmista?

"Se o meu sangue for derramado, se eu for para a sepultura, se eu voltar ao pó, não poderei louvar a Deus e nem pregar a Sua verdade."

O mesmo Davi já havia testificado disso em outro salmo: *"Pois, na morte, não há recordação de ti; no sepulcro, quem te dará louvor?"* (Sl 6:5). Mas alguém disse que Davi se referia ao seu corpo: *"Ele quer dizer que o seu corpo morto não pode louvar a Deus!"* Mas esta é apenas uma defesa do preconceito, não a sinceridade do pesquisador atento e honesto. Entretanto, para que ninguém dissesse que ele se referia ao seu corpo, Davi esclarece mais tarde, dizendo:

"Os mortos não louvam o Senhor." (Sl 115:17). Ele não está falando dos corpos dos mortos, mas fala dos próprios mortos, e isso inclui a sua pessoa com todas as suas faculdades físicas, mentais e morais. Ou seja, **os mortos justos não sobem ao Céu para louvar a Deus, mas esperam na sepultura** pelo dia quando o Filho do Homem, Jesus Cristo, dirá:

"Despertai e exultai, os que habitais no pó!" (Is 26:19; Jo 5:28-29). Então sim, poderão os justos louvar e de fato dirão todos os justos ressurretos: *"Eis que este é o nosso Deus, em quem esperávamos, e ele nos salvará; este é o Senhor, a quem aguardávamos; na sua salvação exultaremos e nos alegraremos."* (Is 25:9). Com efeito, disse Cristo: *"a tua recompensa, […] tu a receberás na ressurreição dos justos"*, não na morte (Lc 14:14). Este é um argumento incontestável contra a falsa doutrina da imortalidade da alma.

6- Davi pede a compaixão e o auxílio divinos (v.10): *"Ouve, Senhor, e tem compaixão de mim; sê tu, Senhor, o meu auxílio."* Também nós precisamos destas duas coisas, a saber: precisamos da compaixão, porque somos pecadores e compaixão é para pecadores; e também precisamos de auxílio a fim de termos forças adicionais para enfrentarmos as nossas lutas da vida diária.

E sairmos vitoriosos contra as legiões do mal que se arregimentam contra a nossa fraqueza. Mas pela compaixão de Deus e pelo Seu auxílio, certamente poderemos ser mais do que vencedores por Jesus Cristo, que nos amou e deu a Sua vida por nós.

IV – A Resposta de Deus (v. 11-12)

Como Deus Atendeu ao Clamor de Davi? Como Deus respondeu à oração do Seu servo? É o próprio Davi quem fala de Deus para Deus **(v. 11-12:)**

"Converteste o meu pranto em folguedos; tiraste o meu pano de saco e me cingiste de alegria, para que o meu espírito te cante louvores e não se cale. Senhor, Deus meu, graças te darei para sempre."

1- Deus lhe devolveu a alegria e extinguiu o seu pranto (v. 11). O choro pode vir pela noite de amargura, tristeza e angústia, mas a alegria vem pela manhã da paz, prosperidade e segurança **(v. 5)**. Portanto, o cristão possui muitas razões para ser alegre, porque tem o fruto do Espírito Santo **(Gl 5:22)**. Ele nos cinge de alegria. Ele nos enche a boca de risos. A nossa alma vive em festa, porque contempla as maravilhas da salvação operada na Cruz do Calvário, por nosso Senhor Jesus Cristo.

2- Com que objetivo? *"Para que o meu espírito Te cante louvores"* O que significa **"espírito"**? Falamos sobre o corpo **(v. 2)**, falamos sobre a alma **(v. 3)**. Mas o que significa o espírito? **(v. 12)**.

Com o corpo, nos comunicamos com o mundo exterior; com a alma, nos comunicamos conosco mesmos, internamente; com o espírito, nos comunicamos com Deus. O nosso espírito é a faculdade com a qual nos relacionamos com as coisas do Espírito Santo. Espírito no homem é a faculdade para nos comunicarmos com Deus. É somente através do nosso espírito que podemos ter acesso mental ao nosso Deus. Através do espírito humano nós louvamos e reconhecemos a Deus. E Lhe damos graças. Por isso, disse o apóstolo Paulo: *"O mesmo Deus da paz vos santifique em tudo; e o vosso espírito, alma e corpo sejam conservados íntegros e irrepreensíveis na vinda de nosso Senhor Jesus Cristo."* **(2Ts 5:23)**.

(v. 12b) **Qual é a última promessa de Davi nesta parte final?** *"SENHOR, Deus meu, graças Te darei para sempre!"* Ele começou com uma promessa e termina com uma promessa. Esta simples oração tem uma riqueza de verdades:

1- "SENHOR" significa "Eterno", porque no original é Yahweh, ou Jeová. Ele está orando ao Deus Eterno.

2- "Deus meu" indica o estreito relacionamento de Davi com Deus. Cristo também usou esta expressão quando Ele estava morrendo numa Cruz infamante, pagando pelos pecados de uma raça ingrata, quando falou: *"Deus meu, Deus Meu, por que Me abandonaste?!"* Cristo foi o único a ser abandonado por Deus porque este era o Seu plano de salvação de todos nós, outrora perdidos pecadores.

Mas Deus não abandona a ninguém que tem a Deus como o seu Deus particular e íntimo. Cristo foi abandonado para que nós nunca fôssemos abandonados. Davi nunca foi abandonado por Deus apesar de seus pecados. Você jamais será abandonado por Deus se tiver um estreito relacionamento com Ele, a ponto de poder clamar e dizer-Lhe frequentemente: *"Deus meu, Deus meu…"*

3- "Graças Te darei para sempre" é a promessa mais confiante, porque promete Davi não somente que Lhe dará graças, mas que fará isso *"para sempre"*. Bem, se Davi ora, clama e fala a um Deus eterno, que é o seu Deus, ele está confiante que Deus lhe dará a vida eterna, porque só assim ele poderia dar graças para sempre ou eternamente. Portanto, quando nós prometemos a Deus que lhe daremos graças, vamos acrescentar que isso será para sempre, confiados na vida eterna que Ele nos dará, e concederá a tantos quantos lhe prometerem que Lhe darão graças para sempre.

Quais são os seus motivos para dar graças a Deus? Certa vez perguntaram a um velhinho se estava passando bem. Ele respondeu: *"Eu dou graças a Deus porque, embora eu tenha algumas dores reumáticas, eu estou bem. Eu não tenho mais visão para ler, mas eu estou bem. Eu só tenho dois dentes, mas Deus me ajudou de tal modo que um dente está colocado bem em cima do outro de modo que me permite mastigar os alimentos. Eu dou graças a Deus, porque estou muito bem".*

Você tem motivos para dar graças a Deus? Então faça isso, e prometa ao Senhor, que Lhe dará graças para sempre, e confie na Sua promessa de vida eterna.

— Publicado em 02/04/2012 por Blog Sétimo Dia pelo Pr. Roberto Biagini —

31 – Inimigos da Nossa Fé

A inimizade do "mundo" para com Deus, sua Palavra e todos aqueles que desejam seguiu suas ordenanças está patente na forma como nós, cristãos, somos tratados. Por onde quer que andemos anunciando o Evangelho da salvação no nome de Jesus Cristo acabamos por ser ridicularizados e perseguidos porque os incrédulos odeiam ao Senhor e seus discípulos.

Essa indiferença dos céticos sobre a igreja tem levado muitos que antes confessaram o nome de Jesus a retrocederem e preferirem a amizade dos pecadores do que permanecer na luz do Espírito Santo. As Escrituras Sagradas nos advertem que "a amizade com o mundo representa inimizade com Deus", portanto, quem quiser ser amigo dos que desprezam as verdades divinas se tornarão inimigos do Salvador.

Não pode existir união entre a luz e as trevas, tão pouco entre os salvos e os que insistem na prática contínua da promiscuidade. Davi sabia dessas coisas e por isso escolheu viver inteiramente voltado para o Altíssimo e voltar suas costas para os desejos desenfreados da carne humana.

Por essa razão ele disse: *"Odeio aqueles que se entregam a vaidades enganosas; eu, porém, confio no Senhor" (v6)*. Sua constante confiança em Deus fazia com que seus pés jamais vacilassem e não viesse a tropeçar nas suas próprias fraquezas.

O salmista não se incomodava com as críticas ou perseguições por parte dos insensatos, daqueles que zombavam da sua fé num Ser invisível e que ninguém via. Sabia que o Senhor era real e nisso pautava sua confiança, afinal, inúmeras vezes clamou por socorro e foi atendido.

Todos nós devemos nos esforçar para seguir seu exemplo e jamais ceder às pressões do mundo, pois retroceder é um ato covarde e optar pela amizade deste século é uma loucura sem tamanho, porque tudo nessa vida passará, somente o Senhor é eterno.

O que Fazer Diante de Inimigos

Baseado no Salmo 31.

Quem não possui inimigos? Parece que todos os têm. Mas se há alguém que tem mais inimigos de qualquer pessoa, se há alguém que possui muito mais adversários, esse é o cristão. O cristão tem inimigos na escola, no trabalho, na vizinhança, dentro de casa, dentro da família, e muitas vezes até dentro da sua própria igreja. O cristão tem inimigos até dentro de si mesmo. Ele tem os próprios demônios que o perseguem tentando controlar a sua mente.

O cristão tem a sua própria natureza lutando contra ele mesmo! Por isso, os Salmos são sempre muito atuais, cheios de conforto e ânimo para os cristãos que vivem em nosso tempo, em que há perigo por todos os lados. Neste salmo, podemos ver como agiram os inimigos de Davi em seu tempo, e como ele reagiu diante dos seus adversários.

E como é correto agirmos nós diante de situações semelhantes. O tom do salmo oscila entre lamento e ações de graças. Mas o salmista está procurando a proteção divina (1-8) porque chegou até a ficar doente (9-12) por causa das acusações que o pressionavam e de sua consciência de pecado (13-18).

Mas finalmente, ele louva a Deus por Sua bondade pela qual ele é salvo e liberto (19-24). Portanto, o esboço natural é este: Oração (lamento) e Ações de graças, e ambos mostram um extensivo uso de repetições como um recurso literário:

Oração (vs. 1-18)

A. Oração pela Justiça de Jeová (vs. 1-5)

B. Expressão de Confiança (vs. 6-8)

A'. Oração pelo Favor de Jeová (vs. 9-13)

B'. Expressão de Confiança (vs. 14-18)

II. Ações de Graças (vs. 19-24)

A. Grandeza da Bondade de Deus (v. 19)

B. Razão: proteção dos fiéis (v. 19-20)

A'. Grandeza da Misericórdia de Deus (vs. 21)

B'. Razão: proteção do rei Davi (v. 21-22)

III. Apelo (v. 23-24)

A. Amai a Jeová (v. 23)

B. Sede Fortes (v. 24)

Mas, se você quiser um esboço mais didático, mais fácil de seguir para compreender e/ou pregar, então, me acompanhe nessas próximas divisões, seguidas do comentário correspondente, nos textos indicados.

I – Os Atos dos Inimigos

1. Os Inimigos Praticavam a Traição: Os ímpios armaram ciladas às ocultas contra Davi (v. 4), de tal modo que ele horrorizado pôde dizer: *"Tenho ouvido a murmuração de muitos, terror por todos os lados; conspirando contra mim, tramam tirar-me a vida."* (v. 13). Pelo contexto, parece que esta era a traição de Absalão, o próprio filho de Davi que às ocultas conspirava contra o seu pai, a fim de lhe usurpar o trono. *"10 Enviou Absalão emissários secretos por todas as tribos de Israel, dizendo: 'Quando ouvirdes o som das trombetas, direis: Absalão é rei em Hebrom!' 11 De Jerusalém foram com Absalão duzentos homens convidados, porém iam na sua simplicidade, porque nada sabiam daquele negócio. 12 Também Absalão mandou vir Aitofel, o gilonita, do conselho de Davi, da sua cidade de Gilo; enquanto ele oferecia os seus sacrifícios, tornou-se poderosa a conspirata, e crescia em número o povo que tomava o partido de Absalão."* (2Sm 15:10-12).

Geralmente, a vítima é a última a saber do que se passa. Os homens maus estavam conspirando e tramando contra o servo de Deus, buscando tirar-lhe a vida, mas ninguém lhe dizia nada diretamente, apontando os nomes principais da conspiração. Nesse momento, ninguém queria se envolver; ninguém sabia de nada; havia apenas boatos. Mas havia muita murmuração, e atrás de todo boato há um fundo de verdade. Isso tirou a paz, o sossego e a tranquilidade de Davi.

Hoje acontece o mesmo contra os filhos de Deus. Muitas vezes estamos sendo traídos, sem mesmo desconfiar do perigo que nos cerca, por causa de certas pessoas em quem confiamos. Há muita traição da parte de inimigos desconhecidos, ou de pretensos amigos. Mas nós podemos repetir confiantes as palavras do salmista, dirigindo-nos ao Protetor dos perseguidos: *"Tirar-me-ás do laço que, às ocultas, me armaram, pois Tu és a minha Fortaleza"* (v. 4).

2. Os Inimigos Praticavam a Idolatria. Eles eram idólatras: *"adoram ídolos vãos"*, disse o salmista (v. 6); eles não adoravam a Deus como Davi e todos os justos. Eles adoravam aos ídolos de pedra, madeira e ouro. Em nosso tempo, eles são mais sutis e adoram ao sexo, à tecnologia, aos artistas da televisão e do cinema, à filosofia e ao dinheiro. Eles adoram a si mesmos e a Satanás.

Mas, embora ainda exista muita sutileza na adoração de falsos ídolos, há muitos que ainda orientados pelo romanismo, adoram diretamente a ídolos em suas procissões, e exaltam à virgem Maria como sendo a "mãe de Deus", conduzindo os seus ídolos que nada podem fazer. Multidões estão sendo enganados por falsos líderes que estimulam essa idolatria de imagens de escultura que têm boca, mas não falam; têm braços, mas estão inertes.

Têm ouvidos, mas nãos os ouvem, e é o nosso dever adverti-los, a fim de que sejam salvos os que temem a Deus, e O servem na ignorância. Outros adoram os ídolos do paganismo, do budismo e do xintoísmo, talhados em pau e pedra. Eles se esquecem do Deus que os criou, e ignoram as evidências que demonstram que há um Deus de majestade e excelência, que não pode ser adorado por imagens de escultura. Eles desatendem os apelos do Espírito Santo convidando-os para a salvação.

3. Os Inimigos Praticavam a Ameaça. De acordo com o verso 21, no contexto do Salmo 31, eles sitiaram a cidade de Jerusalém, a cidade de Davi, e ele se encontrava em um grande perigo. Quando uma cidade antiga era sitiada, faltava água e alimento, que se encontravam fora da cidade. E como consequência, havia fome, crimes internos, como a morte de filhos para satisfazer aos pais que os matavam para se alimentar. Havia revoltas, e muito sofrimento, enquanto os inimigos sitiando a cidade zombavam deles e destruíam as suas cearas e tapavam os seus poços, e ameaçavam entrar, destruir a cidade e matar a todos. Mas Deus libertou a Davi e o seu reino desta situação aflitiva.

Ainda teremos de enfrentar a ameaça dos nossos inimigos antes da volta de Cristo e após o milênio. Nesse tempo, os justos estarão dentro da cidade querida, a nova Jerusalém, enquanto todos os ímpios do lado de fora estarão nos ameaçando juntamente com Satanás, sitiando "a cidade querida" com todos os preparativos de guerra para invadir a cidade de ouro e cristal. Mas então, desce fogo do céu e consome a todos. Será a mais esmagadora derrota e destruição de todos os ímpios de todos os tempos, para nunca mais se levantar a angústia por duas vezes (Ap 20:7-10).

4. Os Inimigos Praticavam a Mentira. No v. 18, o salmista revela o caráter desses homens: "Emudeçam os lábios mentirosos"; eles são mentirosos, e devem ser calados: *"que se cale toda boca, e todo o mundo [de ímpios] seja culpável perante Deus."* (Rm 3:19).

Há muitos mentirosos em nosso tempo, mas você pode ter certeza de que nenhum deles é cristão. Alguém pode se dizer cristão e ainda praticar a mentira; mas isto é outra história. Pode haver um cristão professo e ser mentiroso, mas não pode haver um cristão verdadeiro e ser mentiroso, porque os mentirosos são filhos de Satanás. Disse Jesus Cristo, a uma classe de mentirosos e hipócritas: *"Vós sois do Diabo, que é vosso pai, e quereis satisfazer-lhe os desejos*

Ele foi homicida desde o princípio e jamais se firmou na verdade, porque nele não há verdade. Quando ele profere mentira, fala do que lhe é próprio, porque é mentiroso e pai da mentira." (Jo 8:44). Mas a parte que cabe aos mentirosos é *"o lago que arde com fogo e enxofre, a saber a segunda morte."* (Ap 21:8).

5. Os Inimigos Praticavam o Orgulho. No v. 18, o salmista continua ainda pintando o quadro do caráter dos inimigos: *"Falam insolentemente contra o justo, com arrogância e desdém."* Como se não bastasse a mentira para serem punidos os ímpios, eles ainda adicionam à mentira o pecado do orgulho, da arrogância e o desprezo dos filhos de Deus. Mas, o salmista lembra que *"o Senhor preserva os fiéis, mas retribui com largueza ao soberbo"* (v. 23).

Não ficarão sem castigo aqueles que menosprezam os fiéis, falando insolentemente contra eles e se levantando em tribunais para condená-los, desprezando aqueles que são preciosos à vista de Deus. Esta é a promessa divina para o cristão: *"Toda arma forjada contra ti não prosperará; toda língua que ousar contra ti em juízo, tu a condenarás; esta é a herança dos servos do Senhor e o seu direito que de Mim procede, diz o Senhor."* (Is 54:17).

II – Os Atos de Davi

O que deveria fazer Davi diante de tantos atos detestáveis dos seus inimigos?

1. Davi confiava em Deus. *"Em ti, Senhor, me refugio"*. *"Confio no Senhor."* *"Quanto a mim, confio em Ti, Senhor. Eu disse: Tu és o meu Deus."* (v. 1, 6, 14) Para Davi, Deus é SENHOR, Jeová (Yahweh, v. 1), que significa "o Eterno". Para Davi, Deus é o seu Refúgio (v. 1). Ele é o seu Castelo forte (v. 2), uma Cidadela fortíssima (v. 2), uma Rocha inquebrantável (v. 3).

A "minha Fortaleza" (v. 3, 4). Deus é o Pastor que conduz o justo pelo caminho da justiça (v. 3). Ele é o Redentor (v. 5) que me redimiu. Ele é o "Deus da verdade" (v. 5), em quem habita a plenitude do conhecimento. Ele é Onisciente, e sabe de tudo o que se passa comigo, conhece a aflição de minha alma, as angústias que me são tão próprias (v. 7). Sua presença é o esconderijo dos justos (v. 20). Ele é a nossa única Esperança (v. 24) Se nosso Deus possui tantas e infinitas qualidades, não é de se admirar que Davi confie tanto nEle.

O que é mais de admirar é que sendo Deus como Ele é de fato e de verdade, haja tantos milhões que não podem confiar nEle, porque confiam mais em si mesmos, fracos pecadores sem noção das realidades da vida espiritual. Entretanto, Deus é plenamente confiável; é Alguém que não pode falhar, fiel em todas as Suas múltiplas promessas da esperança, poderoso para cumprir tudo o que disse para o nosso bem eterno. Assim como o salmista, sempre podemos confiar em Deus.

2. Davi clamou por libertação. Ele disse: *"Tirar-me-ás do laço que, às ocultas, me armaram"*. *"Pois tenho ouvido a murmuração de muitos, terror por todos os lados; conspirando contra mim, tramam tirar-me a vida."* (v. 4, 13). Ele era vítima de traição de seus próprios súditos e oficiais, além de ter sido traído por seu próprio filho Absalão, que procurou matá-lo para lhe usurpar o trono. Então, ele clama desse modo: *"Livra-me por tua justiça. Inclina-me os ouvidos, livra-me depressa!"* *"Livra-me das mãos dos meus inimigos e dos meus perseguidores."* (vs. 1-2, 15úp).

"Livra-me depressa!" Davi se sentiu acossado, pressionado de todos os lados, e pediu que fosse liberto "depressa". A pressa do pedido indica o aperto e a intensidade da aflição. Quanto maior é a dor, maior é a pressa por alívio, mais pressa por socorro. Davi pediu um "pronto socorro" numa libertação imediata e eficaz.

Entretanto, "a pressa é inimiga da perfeição". Deus estava testando o seu servo a fim de que ele percebesse que a sua confiança ainda era fraca, e devia esperar e suportar um pouco mais a aflição, a fim de que pudesse se fortalecer. Disse Davi, reconhecendo isso mesmo: *"Eu disse na minha pressa: estou excluído da Tua presença!"* (v. 22). Mas mesmo quando nossos amigos, vizinhos e conhecidos nos esquecem e nos desprezam e nos alienam de sua presença (11-12), Deus nunca nos abandona. Davi vacilou em sua angústia. *"Não obstante,"* reconheceu ele, imediatamente: *"ouviste a minha súplice voz!"* (v. 22).

Quão precipitados somos muitas vezes, para julgar a Deus que é tão compassivo para conosco. Agar tinha sido despedida do seu lar, onde habitava como serva de Sara e de Abraão, com quem tivera um filho que atendia pelo nome de Ismael. Mas foram ambos, mãe e filho mandados embora pelo deserto de Berseba, porque a convivência deles não era mais suportável, visto que Ismael zombava de Isaque, o filho da promessa. Lá estavam agora num deserto, sem água e sem alimento. Então, chegou o momento crítico, em que Agar colocou o menino Ismael, seu filho, a uma distância razoável, para que não visse morrer o menino.

E chorou. *"Mas Deus ouviu a voz do menino; e o Anjo de Deus chamou do céu a Agar e lhe disse: Que tens, Agar? Não temas, porque Deus ouviu a voz do menino, daí onde está. Ergue-te, levanta o rapaz, segura-o pela mão, porque eu farei dele um grande povo."* (Gn 21:17-18).

Agar chegara a um ponto em que não podia fazer nada mais, senão chorar. Não havia recursos naquele deserto, não havia possibilidade de sobrevivência. Somente um milagre poderia salvar o seu filho. E ela, em profunda angústia, desesperando até da vida, chorou, sem se lembrar de que no Céu há um Deus de amor que cuida dos Seus filhos. Quão apressados somos muitas vezes para nos considerar alienados dos planos de Deus.

3. Davi orou a Deus. Davi era um homem de oração. Ele orava muitas vezes, clamando, invocando, suplicando, adorando, externando suas aflições, derramando a sua alma diante de Deus, em Quem ele tanto confiava e esperava respostas para as suas preces, dizendo: *"Inclina para mim os Teus ouvidos* (v. 2). Ele tinha a certeza de que Deus ouvia as suas preces: *"Ouviste a minha súplice voz, quando clamei por teu socorro"* (v. 22)."

(1) Davi orou pela vitória. Esta parecia ser a situação mais embaraçosa que poderia ter vindo a Davi. Ele estava sendo humilhado por seu próprio filho Absalão (2Sm 15:10-12). Quando dois exércitos se enfrentam, a vergonha virá certamente ou para um ou para outro. Mas Davi se apega a Deus e Lhe diz, iniciando o salmo com estas palavras: *"Não seja eu jamais envergonhado" "Não seja eu envergonhado, Senhor, pois te invoquei"* (v. 1,17).

É uma situação muito embaraços a ser envergonhado ou confundido, mas ele argumenta com Deus e Lhe diz por que Ele devia atender à sua prece: *"pois Te invoquei!"* Esta é a maior razão, este é o maior argumento que temos a nosso favor para dizer a Deus que nos atenda – porque O invocamos, a Ele o Soberano dos reis da terra, o Salvador dos aflitos.

Aquele que morreu por nós na Cruz do Calvário, e está disposto a socorrer a todos os que O invocam. Disse Ele: *"Invoca-me no dia da angústia; Eu te livrarei, e tu me glorificarás."* (Sl 50:15). *"Invoca-me, e te responderei; anunciar-te-ei coisas grandes e ocultas, que não sabes."* (Jr 33:3). *"Porque: Todo aquele que invocar o nome do Senhor será salvo."* (Rm 10:13).

Davi coloca a vergonha nos ombros merecidos dos ímpios: *"Envergonhados sejam os perversos, emudecidos na morte. Emudeçam os lábios mentirosos, que falam insolentemente contra o justo, com arrogância e desdém"* (v. 17-18). Vergonha era o vexame dos derrotados. Davi ora contra aqueles que eram não só os seus inimigos, mas eram também adversários de Deus, pois eram idólatras (v 6.)

E perseguidores dos Seus filhos (v. 15). E Davi faz uma prece clamando pela vitória esmagadora contra os inimigos de Deus, a fim de que a vergonha seja o seu manto e o opróbrio o seu vestido.

(2) Davi orou por compaixão, e dá as razões: *"Compadece-te de mim, Senhor, porque me sinto atribulado; de tristeza os meus olhos se consomem, e a minha alma e o meu corpo. Gasta-se a minha vida na tristeza, e os meus anos, em gemidos; debilita-se a minha força, por causa da minha iniquidade, e os meus ossos se consomem. Tornei-me opróbrio para todos os meus adversários, espanto para os meus vizinhos e horror para os meus conhecidos; os que me veem na rua fogem de mim. Estou esquecido no coração deles, como morto; sou como vaso quebrado."* (v. 9-12).

Davi se sentia atribulado e triste; passava por um momento de profunda melancolia, sentida no mais íntimo de sua alma, perdendo suas forças físicas. Sua vida se consumia em gemidos e na fraqueza de seus ossos, sofria as dores mais lancinantes. Ele estava doente. Era um momento de intensa depressão. E para aumentar os seus sofrimentos, os seus conhecidos, amigos e vizinhos o alienaram, o abandonaram, além de ser ridicularizado e considerado como opróbrio perante os seus adversários.

E ele dá a razão para todo esse estado de coisas: *"por causa da minha iniquidade"* (v. 10). Compaixão é para quem peca. Porque o pecado nos leva à miséria, e precisamos de compaixão para sermos restaurados e perdoados. Se Deus nos dá a compaixão, nos perdoa e nos restaura, então teremos muita força contra os inimigos. Então, Davi pediu a compaixão amorosa de Deus, o perdão completo dos seus pecados e foi atendido (v. 22), porque Deus nunca desampara os Seus filhos que Lhe pedem a compaixão e o perdão. Se nos aproximarmos dEle com nosso humilde pedido de compaixão, Ele Se aproximará de nós com o Seu grande e exorbitado amor.

(3) Davi orou por salvação. Deus era para Davi *"cidadela fortíssima que me salve"* (v. 2). *"Salva-me por Tua misericórdia."* (v. 16). Há os que pregam hoje que a salvação no Antigo Testamento era pelas obras, e que a salvação no Novo Testamento é pela graça.

Mas o salmista diz: *"Salva-me por Tua misericórdia."* Misericórdia é compaixão despertada pela miséria alheia. Misericórdia é a graça de Deus se manifestando pela miséria do homem. Mas o mesmo salmista já dizia no Salmo 6:4: *"Salva-me por Tua graça."* Davi conhecia o plano de Deus e não confiava em suas obras para obter a salvação. De fato, *"porque pela graça sois salvos, mediante a fé; e isto não vem de vós; é dom de Deus; não de obras, para que ninguém se glorie."* (Ef 2:8-9).

A doutrina da salvação pelas obras é uma doutrina estranha que não é ensinada pela Bíblia. Desde que o pecado entrou no mundo, a salvação foi oferecida pela graça de Deus que desdobrou o plano da salvação logo aos nossos primeiros pais. Falando no Jardim do Éden, onde aconteceu para primeiro e principal pecado, porque decisivo, disse Deus: *"Porei inimizade entre ti [Satanás] e a mulher [a igreja], entre a tua descendência [os filhos do Diabo (Jo 8:44)] e o seu descendente [Jesus Cristo, Filho da igreja (Gl 3:16)]. Este [Jesus] te ferirá a cabeça [após o milênio], e tu lhe ferirás o calcanhar [na Cruz]."* (Gn 3:15). Estas palavras dirigidas à serpente, contém o princípio do concerto da graça, pela qual todos os homens poderiam obter a salvação.

4. Davi se entregou a Deus. *"Nas tuas mãos, entrego o meu espírito."* *"Não me entregaste nas mãos do inimigo."* *"Nas tuas mãos, estão os meus dias."* (v. 5, 8, 15pp). Davi se entregou nas mãos de Deus, inteiramente. Ele temia as mãos assassinas dos ímpios e perversos. Ele reconhece a libertação das mãos dos inimigos do passado, e confia presentemente que Deus o livrará das mãos dos inimigos no futuro.

Cristo mesmo usou as palavras proféticas de Davi. Quando o Salvador do mundo pendia na Cruz do Calvário, quando havia trevas espessas, relâmpagos e trovões, quando Jesus Cristo sentiu a angústia suportada pelos nossos pecados, quando fora abandonado por todos, sentindo a ira divina sobre Si mesmo, e sentindo que a morte estava chegando, Ele ainda pôde Se entregar a Deus: *"Então, Jesus clamou em alta voz: Pai, nas tuas mãos entrego o meu espírito! E, dito isto, expirou."* (Lc 23:46). Tal exemplo de renúncia, desprendimento e abnegação deve ser seguido por todos. Davi, quando foi ameaçado por seus inimigos, ele entregou o seu espírito a Deus.

Entregou todos os seus dias, e estava pronto a morrer se isso fosse a vontade de Deus. Mesmo Cristo, o Filho amado de Deus Se entregava diariamente a Deus para que se cumprisse a Sua vontade nEle. Mas ao chegar a hora da morte, mesmo sofrendo a ira divina sobre Si mesmo, Ele foi pronto a Se entregar a Deus, e confiar em Sua eterna justiça. E quanto a nós? Estamos dispostos a nos entregar inteiramente ao nosso amorável Criador e Redentor? Já fizemos uma entrega sem reservas ao nosso Deus?

5. Davi se regozijava. *"Eu me alegrarei e regozijarei na tua benignidade, pois tens visto a minha aflição, conheceste as angústias de minha alma e não me entregaste nas mãos do inimigo; firmaste os meus pés em lugar espaçoso."* (v. 7-8). Davi se alegra na bondade de Deus porque tinha visto a sua aflição frente aos seus inimigos e o livrou deles. A vida dos cristãos é cheia de alegria, não por algum divertimento banal, não por causa das ilusões do mundo. Mas porque Deus está sempre nos livrando de nossos inimigos espirituais. Ele firma os nossos pés em terreno seguro, de tal modo que podemos andar confiantes.

6. Davi louvava a Deus. *"Bendito seja o Senhor, que engrandeceu a Sua misericórdia para comigo"* (v. 21). Ele não só se alegrou na bondade, mas louvou a misericórdia de Deus, porque essa se engrandecera sobremaneira. Mas em que circunstâncias Davi pôde contemplar a misericórdia de Deus engrandecida? "Numa cidade sitiada!" Quando Jerusalém foi sitiada e cercada, quando Davi estava sendo ameaçado por seus inimigos, ele viu a misericórdia divina, salvando a si mesmo e a todo o povo da aliança divina. Quando Jerusalém mais tarde foi sitiada pelo exército romano, no ano 70 DC.

Os cristãos puderam ver a misericórdia de engrandecida sobremaneira, porque todos eles foram preservados e salvos. E quando a cidade da nova Jerusalém for novamente sitiada pelo mais numeroso exército de todos os tempos, sitiada por um número de inimigos tão numeroso como a areia do mar, então, os justos novamente poderão louvar a misericórdia de Deus que será infinitamente engrandecida numa vitória esmagadora contra Satanás, seus demônios e todos os ímpios.

7. Davi apelou aos justos. No verso 23, Davi faz um apelo veemente a todos os que temem a Deus: *"Amai o Senhor, vós todos os seus santos."* Este é o maior apelo encontrado na Bíblia: Temos que amar àquele que nos amou antes da fundação do mundo, porque nos amou primeiro. E amor desperta amor. Se Deus nos amou, Ele espera que nós O amemos também, embora não exija isso. Mas para o nosso bem eterno, Ele nos aconselha que O amemos também.

Como devemos amar a Deus? João nos deixou claro esse ponto, quando disse: *"Porque este é o amor de Deus: que guardemos os Seus mandamentos; ora, os seus mandamentos não são penosos."* (1Jo 5:3). Cristo repetiu as palavras que Ele mesmo havia dito no passado a Moisés: *"Amarás o Senhor, teu Deus, de todo o teu coração, de toda a tua alma e de todo o teu entendimento."* (Mt 22:37). Mas, para não nos deixar nenhuma dúvida, Deus relacionou o amor à adoração em forma de mandamentos.

Os Dez Mandamentos foram dados para que soubéssemos como amar e adorar a Deus. Mas apesar de termos muitas razões para amar a Deus, o salmista enfatiza também a nossa esperança: *"Amai o Senhor..."*, e logo dá a razão: *"O Senhor preserva os fiéis, mas retribui com largueza ao soberbo."* (v. 23).

Estas palavras podem ser entendidas num contexto imediato para quem está sofrendo a perseguição de algum inimigo. Mas também podem ser entendidas de modo mais amplo, ou seja: Deus nos preserva para o seu Reino eterno, e fará isso de modo especial na vinda de nosso Senhor Jesus Cristo, quando virá para levar os fiéis ao Céu, e para retribuir aos injustos toda a injustiça feita por eles contra os justos, e então, serão destruídos todos os ímpios.

8. Davi encorajou aos cristãos, no v. 24: *"Sede fortes, e revigore-se o vosso coração, vós todos que esperais no Senhor."* Estamos vivendo nos últimos dias da história deste mundo agitado. Nunca a igreja se viu tão ansiosa pelo retorno de Cristo; jamais esteve tão empenhada em trabalho missionário para proclamar a volta do Senhor Jesus Cristo. Jamais se falou tanto de esperança como agora, quando até os tímidos estão pregando que a nossa esperança está por se concretizar, em breve. Mas também enfrentamos muita oposição da parte de muitos falsos cristãos que dizem estudar a Bíblia, mas negam os seus ensinos. Sabemos que a ira de Satanás contra a igreja remanescente há de se intensificar.

Portanto, as palavras de encorajamento escritas 1.000 anos AC nos chegam como um bálsamo: *"Sede fortes, e revigore-se o vosso coração, vós todos que esperais no Senhor."*(v. 24). Você espera no Senhor? Então, deve ser forte, confiando na força do Seu poder. Você espera mesmo no Senhor? Então, deve revigorar o seu coração num grande reavivamento da alma. Como? Basta confiar e buscar a Jesus Cristo que derramou o Seu precioso sangue em seu lugar, e enviou o Seu Espírito para produzir esse reavivamento.

Publicado em 10/04/2012 por Blog Sétimo Dia - Pr. Roberto Biagini

Salmo 32 – A Importância do perdão

Nada trará mais paz de espírito ao ser humano do que fazer as pazes com seu Criador. Sem dúvida o perdão de Deus pode curar todos os males existentes na alma do pecador que vão além de uma simples dor física à cura total de sua alma.

Ao confessarmos nossos delitos e pecados ao Senhor e nos entregarmos sem reservas aos seus cuidados somos restaurados por completo no mais íntimo do nosso ser, as velhas manchas que antes cobriam-nos de vergonha e infelicidade serão apagadas, dando lugar a uma nova vida de vitórias e alegrias.

Davi aprendeu isso a altos custos, depois de ter ficado em silêncio, tentando ocultar do Altíssimo seus pecados, padeceu grandemente até se render e pedir perdão. Na sua oração ao Pai, ele disse: *"Quando eu guardei silêncio, envelheceram os meus ossos pelo meu bramido em todo o dia. Porque de dia e de noite a tua mão pesava sobre mim, o meu humor se tornou em sequidão de estio.*

Confessei-te o meu pecado, e a minha maldade não encobri. Dizia eu: Confessarei ao Senhor as minhas transgressões e tu perdoaste a maldade do meu pecado" **Salmos 32:3-5**

Quando confessamos ao Senhor nossos delitos com toda a sinceridade de nosso coração ele se compadece e concede-nos o perdão, isso nos trás conforto e paz de maneira a deixar de sentir a angústia que antes matava nossa alma e nos impedia de alcançar a verdadeira felicidade.

Devemos agir iguais a Davi e não permitir que o orgulho e a arrogância nos impeçam de nos humilharmos diante daquele que pode mudar nossa atual situação como pecadores mortos em completa rebeldia contra as ordenanças divinas. Precisamos compreender que o sacrifício de Cristo na cruz do Calvário foi para que pudéssemos nos reaproximarmos do nosso Pai, como filhos verdadeiramente arrependidos.

A Bem-Aventurança do Perdão

Baseado no Salmo 32.

Vou começar com uma pergunta: Existe Felicidade? Há várias teorias: alguns dizem que felicidade é apenas um sonho.

Um ideal inatingível e que, portanto, ela não existe. Outros dizem que felicidade é formada por momentos felizes, e que felicidade é a soma desses momentos agradáveis. Entretanto, a Bíblia afirma que embora existam momentos e tempos de tribulação para todos, podemos ser felizes, e que a felicidade existe. Vamos estudar hoje a base e o fundamento da verdadeira felicidade, em 4 Partes do Salmo 32:

O Homem Feliz (v. 1-2)

O Homem Infeliz (v. 3-4)

3- Como ser Feliz (v. 5-7)

4- A Vida Feliz (v. 8-11)

I – O HOMEM FELIZ

Versos 1-2: *"1 Bem-aventurado aquele cuja iniquidade é perdoada, cujo pecado é coberto. 2 Bem-aventurado o homem a quem o SENHOR não atribui iniquidade e em cujo espírito não há dolo."* Aqui temos uma bem-aventurança. Isso significa felicidade. *"Bem-aventurado"* é o homem feliz. O salmista começa com um glorioso clímax, como era o método do pensamento hebreu. Ele começa com a melhor parte. Quem é bem-aventurado? Quem é o homem feliz? O homem feliz é o homem que foi perdoado.

Mas De que é que esse homem foi perdoado?

O salmista apresenta 4 palavras que descrevem o caráter desse homem: no v. 1, a palavra é transgressão, (heb. pesha) que significa rebelião contra as leis de Deus; a outra palavra pecado (chatâ-âh – katáh), que significa uma ofensa a Deus; a 3ª palavra é iniqüidade ('âvôn), que quer dizer perversidade, injustiça, ou o contrário de eqüidade. E temos a 4ª palavra que é dolo, ou engano (remiyâh) que significa traição. **Quem é o homem feliz?** É o homem que foi perdoado da sua transgressão, do seu pecado, da sua iniqüidade e da sua traição.

Se eu perguntasse, O que é pecado? Que resposta você daria?

O apóstolo Paulo faz uma lista dos pecados da carne, que *"são: a prostituição, a impureza, a lascívia, a idolatria, a feitiçaria, as inimizades, as contendas. Es ciúmes, as iras, as discórdias, as dissensões, os partidos, as invejas, as bebedices... ...As glutonarias, e coisas semelhantes a estas, contra as quais eu vos declaro, como já antes vos preveni, que não herdarão o reino de Deus os que tais coisas praticam"* (Gál 5:19-21).

Você tem uma outra lista? O que é pecado para você?

– Irreverência é pecado; tomar o nome de Deus em vão é pecado

– Trabalhar ou falar palavras profanas no sábado é pecado

– Reter os dízimos e ofertas é pecado de roubo a Deus

– Comer demais, tomar cerveja ou vinho é o pecado da intemperança

– Ociosidade, gastar tempo em coisas inúteis, desperdício das horas

– Pornografia, imoralidade, fornicação e adultério é pecado

– Assassinato, homicídio é pecado; mas odiar também dá no mesmo

– Mentira, mexerico, fofoca, falar mal dos outros é pecado

– Orgulho, vaidade, avareza, ciúme, cobiça e inveja – é tudo pecado.

Mas a base de todo o pecado está no egoísmo, no egocentrismo, na egolatria – a adoração do próprio "eu", em oposição à adoração do verdadeiro Deus.

Quem é o homem feliz? É o homem que foi perdoado de qualquer desses pecados ou de todos eles ao mesmo tempo, sem distinção de qualquer um.

Mas Qual é o pecado que Deus não perdoa? Não existe um pecado que Deus não possa perdoar. Alguém poderia contradizer isso afirmando que a blasfêmia contra o Espírito Santo é o pecado que Deus não perdoa.

Mas eu respondo que o pecado contra o Espírito Santo é justamente a recusa para obter o perdão. Se alguém não quer o perdão de Deus, então, o problema está com ele, não com o Salvador.

Deus perdoa a qualquer pessoa de qualquer pecado. Você pode imaginar um grande criminoso, culpado das maiores atrocidades, das maiores perversidades e blasfêmias. Imagina a um bandido que entra numa casa de noite e para roubar uma família mata primeiro os filhos na presença dos pais e depois mata a estes também. Pode Deus perdoar a um homem assim? Pode. E ele ainda pode ser feliz pelo perdão divino, enquanto o povo fica admirado ou revoltado diante de tão grande amor.

E, no entanto, quantos são pecadores? Quantos precisam de perdão? Todos, sem distinção. Imagine uma grande multidão, e você olha para muitas pessoas: vê aquele homem, alto ou baixo; magro ou gordo; bonito ou feio; branco ou negro; rico ou pobre. Você jamais falou com uma pessoa que não fosse um pecador. Você jamais se encontrou com um homem ou uma mulher que não fosse um pecador. Você jamais olhou para um ser humano que não fosse um pecador.

Mas apesar **disso, Quem é o homem feliz?** É o homem que foi perdoado. A transgressão foi perdoada (a rebelião foi esquecida). O pecado foi coberto (a ofensa foi aplacada pelo sangue expiatório de Cristo). A iniquidade não lhe é atribuída, porque Deus que é o grande Juiz justificou o pecador.

Os registros do livro do Céu foram apagados e nada mais existe para condenar. Esse homem é considerado como se nunca houvesse pecado. Ora, se não há mais transgressão, pecado, iniquidade e engano, o homem está liberto e será realmente feliz. Esta é a verdadeira felicidade de que nos fala a Bíblia, desde as primeiras páginas.

II – O HOMEM INFELIZ (vs. 3-4)

Versos 3-4: *"3 Enquanto calei os meus pecados, envelheceram os meus ossos pelos meus constantes gemidos todo o dia. 4 Porque a tua mão pesava dia e noite sobre mim, e o meu vigor se tornou em sequidão de estio. "*Agora, o salmista descreve o homem infeliz. Davi foi esse homem e aqui ele conta a sua própria experiência. Era um tempo de guerra e os exércitos de Israel estavam em campo aberto enfrentando o inimigo. Mas Davi se encontrava ocioso em uma bela tarde, passeando pelo palácio, quando avistou uma mulher no quintal de sua casa tomando banho e se expondo sensualmente. A seguir ele mandou que os seus servos trouxessem aquela mulher para o palácio a fim de ele conversar com ela.

Então, ele a levou para a sua cama, e adulterou com ela. Daí, achou que tudo estava certo, e que nada haveria de acontecer; afinal, ele era o rei de Israel e tinha certos privilégios! Mas Bate-Seba mandou lhe dizer que estava grávida, e isso o deixou aturdido; a princípio, não sabia o que fazer. Ele havia cometido um pecado grave e agora precisava esconder o seu pecado. Como ele fez isso? Escondeu o pecado com outro pecado mais grave ainda.

Ele planejou a morte do esposo da mulher com quem ele havia adulterado com o propósito de esconder isso dele. Urias estava no campo de batalha e foi chamado para conversar com o rei no palácio, e Davi o tratou muito bem, com muita gentileza e amabilidade, recebendo-o com um rico presente (já era de se desconfiar que alguma coisa estivesse mal!) e sugeriu que ele fosse à sua casa descansar um pouco e ver a sua esposa.

Mas o homem era de caráter nobre e não quis descansar nem se alegrar com a sua esposa, enquanto o seu exército estava lutando na batalha. Davi ficou sem palavra, porque Urias demonstrou muita nobreza de caráter e ele ficou sem poder responder a tais argumentos. Falhou o primeiro plano de Davi.

Entretanto, o medo de ser descoberto levou Davi a arquitetar o plano B, cometendo outra perversidade, procurando encobrir um pecado com outro pecado: escreveu uma carta e pediu que Urias a entregasse para Joabe, o comandante do seu exército. A carta dizia o seguinte: *"Põe a Urias na linha de frente na maior força da peleja, e deixa-o sozinho, para que seja ferido e morra."* (2Sam. 11:15). Urias conduziu em suas próprias mãos a sua sentença de morte, e morreu como valoroso soldado de guerra.

Davi calou os seus pecados, e calar é esconder, é ocultar o pecado, e isso gera o remorso, e o remorso cria um problema de consciência que vai atacar o seu corpo e atingir até os ossos. A Medicina explica e a Bíblia já afirmava isso muito antes: Há uma íntima relação entre o corpo e a mente; há uma influência da mente sobre o corpo, de tal modo que se a mente sofre, fatalmente o corpo vai padecer.

Um especialista em artritismo e reumatismo fez a seguinte afirmação: *"51% dos casos de artritismo, reumatismo e colites em pacientes que tenho examinado no hospital, tiveram sua origem no remorso que*

Lhes estava atormentando a consciência." Davi ficou por um ano inteiro nessa situação. Sua vida foi um desastre, depois desse pecado. Ele sentiu uma angústia muito profunda que carcomia a sua alma e o seu corpo. Até os seus ossos enfraqueceram, e se encheram de dores. Ele gemia de dia e de noite.

Davi entrou em pânico e desespero com receio de ter sido abandonado por Deus. E falando da angústia de sua alma, disse: *"Senhor, a tua mão pesava fortemente sobre mim".* Era a lembrança da culpa que tanto o atormentava, mas que lhe parecia ser a mão de Deus, porque era Deus mesmo que conservava essa memória diante dele. E como um resultado, perdeu as forças vitais, e se sentiu em sequidão.

O filósofo francês Jean Jacques Rousseau (1712-1778), quando jovem viveu na cidade de Turin, na casa de uma mulher de Verecelli. Em suas confissões ele escreveu: *"Desta casa levo comigo um terrível fardo de culpa que depois de 40 anos ainda está indelével em minha consciência, e quanto mais velho fico, mais pesado é o fardo de minha alma."*

Ele havia roubado um objeto de valor da dona da casa. Posteriormente, quando a perda foi descoberta, lançou a culpa sobre a servente da casa, que como resultado perdeu o emprego e a dignidade. Ele continua: *"Acusei-a como ladra, lançando assim uma jovem honesta e nobre na vergonha e na miséria. Ela me disse então:*

'O senhor lançou a desgraça sobre mim, mas eu não desejo estar no seu lugar.' A lembrança frequente disto dá-me noites de insônia, como se fosse ontem que tal fato aconteceu. É certo que algumas vezes minha consciência esteve adormecida, mas agora ela me atormenta como nunca dantes. Este fardo está mais pesado agora sobre o meu coração; sua lembrança não morre. Tenho que fazer uma confissão."

Este era um homem infeliz. E assim se encontrava Davi.

III – COMO SER FELIZ? (vs. 5-7)

O que fez Davi? Ele disse a mesma coisa que o filósofo francês Rouseau disse, muito tempo antes de ele nascer. Disse Davi: ***"Tenho que fazer uma confissão!"*** A diferença entre esses dois homens foi que Rousseau fez uma confissão para homens, enquanto que Davi fez uma confissão para Deus. Disse ele no verso 5.: *"Confessei-te o meu pecado e a minha iniquidade não mais ocultei.*

Disse: confessarei ao SENHOR as minhas transgressões; e tu perdoaste a iniquidade do meu pecado. " Como foi a sua confissão? Deus sabia que ele estava sofrendo e enviou o profeta Natã para falar com ele. Natã era um verdadeiro pastor da alma em pecado. Ele contou a Davi a história de um homem rico que roubou uma ovelha de um homem pobre.

A ovelha que era um animal de estimação do pobre homem, ele a roubou para dar um banquete em sua casa. Davi que era um homem muito sensível respondeu prontamente: *"Tão certo como vive o Senhor, esse homem deve morrer!"* Davi proferiu a sua própria sentença de morte. E Natã respondeu: *"Tu és este homem!"* E, profundamente emocionado, Davi reconheceu de imediato: *"Pequei contra o Senhor!"* Mal ele proferia estas palavras, o profeta lhe dá as boas novas: *"Também o Senhor te perdoou o teu pecado; não morrerás!"* Qual é a conclusão de Davi, ao contar a sua dramática experiência para todo o povo de Israel neste salmo e para todo o mundo?

Versos 6-7: *"6 Sendo assim, todo homem piedoso te fará súplicas em tempo de poder encontrar-te. Com efeito, quando transbordarem muitas águas, não o atingirão. 7 Tu és o meu esconderijo; tu me preservas da tribulação e me cercas de alegres cantos de livramento."*

"Sendo assim", ou *"portanto"*, se Deus me perdoou tão grande pecado, a mim que devido a minha posição como rei, eu sou o mais culpado, *"todo homem piedoso te fará súplicas"*. Ele será perdoado; ele estará seguro contra as convulsões da natureza; ele poderá se refugiar em Deus como o seu esconderijo e será preservado da tribulação e cercado de alegres cantos de livramento.

Mas note as palavras: *"em tempo de poder encontrar-Te"*. **Sabe quando é o tempo oportuno de encontrar a Deus e ser perdoado?** É hoje. Amanhã poderá ser tarde demais, porque haverá um tempo em que os homens terão fome e sede, não de pão eu sede de água, mas de ouvir a Palavra de Deus, e não a acharão!

O tempo da graça vai terminar e muitos que hoje estão deixando de confessar os seus pecados vão correr de uma parte a outra para alcançar uma palavra de alívio e consolação, mas não acharão nenhum consolo. Como são oportunas as palavras de Isaías: *"Buscai ao Senhor, enquanto se pode achar; invocai-O enquanto está perto."* (Isa. 55:6).

IV – A VIDA DO HOMEM FELIZ (vs. 8-11)

Versos 8-11: *"8 Instruir-te-ei e te ensinarei o caminho que deves seguir; e, sob as minhas vistas, te darei conselho. 9 Não sejais como o cavalo ou a mula, sem entendimento, os quais com freios e cabrestos são dominados; de outra sorte não te obedecem. 10 Muito sofrimento terá de curtir o ímpio, mas o que confia no SENHOR, a misericórdia o assistirá. 11 Alegrai-vos no SENHOR e regozijai-vos, ó justos; exultai, vós todos que sois retos de coração."*

A seguir o salmista Davi apresenta a vida feliz do homem perdoado.

1- A vida feliz é uma vida de instrução.

Deus nos diz: *"Instruir-te-ei e te ensinarei o caminho que deves seguir!"*

Os filhos de Deus recebem instrução completa. Deus nos dá abundância de luz espiritual pela Bíblia. Além disso, o Espírito Santo nos orienta dizendo: *"Este é o caminho; andai nele"*. Ou nos adverte dos perigos do caminho errado, após indicar o caminho certo para a felicidade e o sucesso em nossa vida cristã. O cristão não anda no conselho dos ímpios.

2- A vida feliz é uma vida de obediência. *"Não sejais como o cavalo ou a mula"*. A palavra chave é *"obedecem"*. Os animais obedecem apenas quando são dominados por freios e cabrestos. Mas uma pessoa perdoada e feliz obedece voluntariamente, sem constrangimento, sem obrigação. Os cristãos sabem que a Lei de Deus foi dada para ser obedecida e não para ser discutida e negada. Eles obedecem aos mandamentos de Deus.

3- A vida feliz é uma vida de confiança. *"O que confia no SENHOR, a misericórdia o assistirá".* Nossa confiança será depositada no Senhor que é cheio de misericórdia. Essa será a rotina da pessoa que foi perdoada e é feliz: ela viverá sempre confiando em Deus, não importam as circunstâncias. Na alegria, na provação, na dor, na provação, você sempre pode confiar que Deus o ajudará e nunca será desamparado. A vida do ímpio será de sofrimento sem escape; a vida do justo será de confiança, misericórdia e consequentemente gratidão.

4- A vida feliz é cheia de alegria. *"Alegrai-vos no SENHOR e regozijai-vos, ó justos".* Há 3 verbos, que fecham o salmo com chave de ouro: **Alegrai-vos, regozijai-vos** e **exultai**. Este é o convite, é o imperativo que nos indica como será a vida feliz da pessoa que foi perdoada. Como disse o apóstolo Paulo, repetindo estas palavras: *"Alegrai-vos no Senhor, outra vez vos digo: alegrai-vos".* Depois de tudo o que se passou na vida de um cristão, de como ele foi perdoado e transformado, só pode ser esta a sua vida: alegria, regozijo e felicidade. De fato, ele está cercado de *"alegres cantos de livramento"* (v. 7):

Um pregador conferencista recebeu um belo cartão postal de um respeitado advogado e juiz. Ele escreveu: "Desde que o senhor me ajudou a endireitar minha vida, sinto-me outro. Minha mente é clara e de novo amo minha profissão e meu trabalho. Até meus passeios frequentes no parque pela margem do rio, parece realizarem-se numa atmosfera mudada. Agora encontro prazer em apreciar as belezas naturais.

O cântico dos pássaros nas árvores é como confortante música aos meus ouvidos. Antes, eu não tinha prazer em observar as flores e as plantas, nem em ouvir os pássaros cantarem nas árvores. Oh! Muito obrigado. Agora vale a pena viver!" Você tem um cântico de alegria e gratidão? Ou você ainda não foi perdoado? Está ainda sofrendo com um pecado acariciado? Busque a Deus e confesse ao Senhor Jesus Cristo. Faça como Davi! E seja feliz!

Publicado em 11/04/2012 por Blog Sétimo Dia - Pr. Roberto Biagini

Salmo 33 - Louvor e Adoração

Numa de suas orações o próprio salmista perguntou ao Senhor o porque dele se preocupar com a humanidade, se nada somos ou temos para lhe oferecer. Suas palavras, foram: **"Que é o homem mortal para que te lembres dele? e o filho do homem, para que o visites? " (Salmo 8:4)** De fato, se pararmos para pensar, qual o motivo de um Ser tão poderoso se importar tanto com indivíduos feito do pó da terra?

As Escrituras afirmam que Deus nos tem como a coroa de sua Criação, nada para ele tem mais valor que a alma do homem. Então, levando em conta esta verdade, paremos para analisar e nos perguntemos de não temos o dever de adorar e reverenciar alguém que mesmo tão incrivelmente poderoso se dá ao trabalho de nos reconhecer como seus filhos e a parte mais valiosa de sua obra neste mundo?

Todos nós sabemos que ele é o maior arquiteto do Universo, através de sua Palavra r das suas próprias mãos criou tudo o que aqui existe, inclusive cada ser vivo, cada um de nós.

Quando olhamos para o alto admiramos o firmamento, os astros e estrelas, pensamos como tudo foi criado e lembramos da imensidão da sua glória. Como não adorar um Deus tão poderoso? Davi compreendia a vastidão da glória divina e adorava ao Senhor de todo o seu coração.

O salmista conclama neste Salmo para que todos nós possamos juntamente adorar e enaltecer o glorioso nome do Altíssimo, reconhecendo, assim, sua superioridade sobre nossas vidas, seu extenso domínio e infinita pureza, bondade, misericórdia, santidade e amor por todos nós, bons ou maus. Tudo isso já é motivo de sobra para que possamos louvar e engrandecer seu santo nome durante todos os dias de nossa curta existência.

A Soberania de Deus

Baseado no Salmo 33

Este é um cântico de adoração. Este salmo traduz a experiência pessoal em um hino nacional de ação de graças. Este poema é uma expressão conjunta de louvor e adoração marcada por um equilíbrio de pensamento e simetria de estrutura. O **Salmo 33** é um dos mais belos e impressionantes salmos. É composto de muita beleza e contém muito ensinamento teológico. Através dele podemos conhecer mais acerca de algumas das doutrinas da Bíblia. Neste salmo, podemos aprender mais de Deus e de Seus atributos.

É muito proveitoso e gratificante conhecê-lo mais em um tempo de tanta insegurança e temor. A estrutura do salmo pode ser vista da seguinte forma:

A. Apelo dos Justos [1-3]

B. O Caráter de Jeová [4-5]

C. Jeová é Criador [6-9]

D. Jeová é Governador [10-17]

E. A Vigilância de Jeová [18-19]

F. Confiança dos Justos [20-22]

Introdução

Notemos as palavras iniciais do salmo: **v. 1-3**: *"1 Exultai, ó justos, no Senhor! Aos retos fica bem louvá-lo. 2 Celebrai o Senhor com harpa, louvai-o com cânticos no saltério de dez cordas. 3 Entoai-lhe novo cântico, tangei com arte e com júbilo."*

O salmo começa com um apelo, diferentemente do esperado, porque os apelos ficam para o final. Este é um forte apelo para adoração com alegria. Os justos são convidados a adorar ao Senhor com júbilo. Porque adorar sem alegria é uma incongruência. Não podemos imaginar um grupo de crentes que vão adorar a Deus em Seu templo com o coração cheio de ressentimento, mágoas e dissabores.

Aos retos fica bem louva-lo com alegria. Já estamos fartos de legalismo que é uma tentativa de adorar sem alegria. Portanto, vamos usar também os instrumentos musicais que dão um sabor de júbilo e entusiasmo ao louvor. Inicialmente este salmo nos convida a louvarmos a Deus, e logo nos dá as razões por que Ele

Se demonstra Soberano, Altíssimo, Excelso através de todo o Salmo. Este Salmo apresenta 4 Razões por que Deus é Soberano e, portanto, tem o direito de ser louvado, exaltado e engrandecido.

I – Deus é Soberano Porque Tem Caráter Excelente (4-5)

Por que temos de louvar a Deus com alegria? *"Porque a palavra do Senhor é reta, e todo o seu proceder é fiel."* **(v. 4)** O caráter de uma pessoa tem que ver com sua palavra. Para conhecermos o caráter de alguém, basta deixá-la falar por algum tempo.

Aqui temos o caráter divino que se manifesta em Sua Palavra. Temos que louvar a Deus, porque a Sua Palavra é reta, correta, sem erro, verdadeira e por isso perfeita. E se a Sua palavra é perfeita, Ele tem caráter perfeito. Disse o apóstolo Tiago: *"Se alguém não tropeça no falar, é perfeito."* **(Tg 3:2)**. Deus é soberano por Seu caráter excelente, que se revela em Sua palavra que é reta. Todos os conceitos divinos são retos, corretos; não são tortos, tortuosos, não nos iludem com promessas falsas.

Mas nos indicam um caminho proveitoso e, portanto, ao nós descobrirmos essa retidão da Palavra de Deus por experiência, a nossa alma encontra a alegria e louvor. Retidão e alegria sempre vão de mãos dadas, e estão intimamente relacionadas. Temos que provar a retidão da Palavra em nós mesmos, ao ter um contato diário com os Escritos Inspirados, através dos quais ouvimos a voz de Deus.

Então, saberemos por experiência própria o que significa a retidão da Palavra de Deus. O coração que encontrou a retidão da Palavra encontra verdadeira satisfação e regozijo para louvar e engrandecer ao Senhor por Seu caráter soberano. O salmista continua descrevendo o caráter divino, no **v. 4**: *"... e todo o Seu proceder é fiel."* O caráter tem que ver com as palavras e as ações. O caráter tem que ver com a coerência entre as palavras e os atos. As palavras não serão retas se o proceder não for fiel.

A palavra tem que estar em harmonia com o proceder. A fala tem que ser coerente com o fazer. Muitas vezes as pessoas demonstram um caráter fraco e defeituoso quando as palavras não são coerentes com o que dizem. Eles falam, mas não fazem, e isso se chama de hipocrisia. Muitos pretensos cristãos têm semelhante caráter: as suas palavras não estão em consonância com as suas obras. Há muitos que são considerados "tratantes", porque tratam uma coisa e fazem outra.

Pode ser alguém que desfaz um negócio por falta de palavra. Pode ser outro que marca um encontro, mas não aprece na hora marcada. Ou pode ser uma pessoa que não cumpre os seus compromissos pontualmente. Mas Deus, que tem um caráter perfeito, pelo contrário, tem uma palavra reta e um procedimento fiel. Todos os seus atos estão baseados naquilo que Ele já falou e estão ambos, a palavra e o proceder, em harmonia.

As Suas obras são fiéis, porque estão de conformidade com o que Ele disse. O Seu proceder é fiel, porque Ele cumpre todas as Suas promessas feitas através de Sua Palavra. O caráter tem que ver com a coerência e a excelência. Mas, qual é a excelência do caráter divino? Quais são as máximas virtudes do caráter divino?

"Ele ama a justiça e o direito; a terra está cheia da bondade do Senhor." **(V. 5)**. Justiça e amor são duas palavras que revelam toda a excelência do caráter de Deus. Aqui temos as duas palavras que representam em essência a perfeição do caráter divino: justiça e amor. E estas duas palavras estão sintetizadas na palavra santidade. É por isto que Ele é chamado em Isaías como *"o Santo de Israel"*: porque somente Deus é santo (Ap 15:4).

(1) **"Ele ama a justiça e o direito."** Ele é justo, porque todos os Seus atos estão adornados pela justiça, e é impossível que Ele pratique qualquer injustiça. *"Ele ama a justiça e o direito."* Isto significa ser justo, a tal ponto que Deus pratica a justiça não por seguir uma série de regras, mas porque Ele faz tudo por amor. Disse o salmista acerca do Filho de Deus: *"Amas a justiça e odeias a iniquidade."* **(Sl 45:7)**. É impossível amar a justiça e a iniquidade ao mesmo tempo. Ele ama tanto a justiça ao ponto de odiar a iniquidade. O seu trato com pessoas é justo. Não importa se as pessoas são justas ou ímpias, Ele permanece justo e imparcial em todas as circunstâncias. E isto indica a Sua perfeição de caráter, em um aspecto. Mas há um outro aspecto:

(2) **"A terra está cheia da bondade (amor) do Senhor."** O outro aspecto do caráter divino é o amor. Não seria perfeito o caráter divino [dizemos isso com reverência e gratidão], se Deus fosse apenas justo, sem amor. João descreve esse aspecto de tal modo intenso que chega a identificar

o Seu Possuidor com a virtude dEle, dizendo que *"Deus é amor"* **(1Jo 4:8)**. Esta é a perfeição da santidade. O amor de Deus é uma expressão da Sua santidade. Assim como a Sua justiça, o Seu amor é dirigido para maus e bons, justos e injustos. E Jesus Cristo completa dizendo que assim é que Deus é perfeito (Mt 5:43-48). E é por isso que *"a terra está cheia da bondade do Senhor"*, que é apenas um reflexo do Seu exorbitado amor.

Quando você ouve o canto dos pássaros, quando você sente o perfume das flores, quando contempla os céus e o mar em sua beleza e imensidão, você pode vislumbrar a bondade do Senhor em toda a terra. Quando vemos a perfeita adaptação de toda a natureza para a felicidade e subsistência do homem, quando vemos as bênçãos de prosperidade, crescimento e riqueza das nações, as novas descobertas tecnológicas deste século, vemos a Sua bondade em toda a terra. Justiça e amor são a base do trono de Deus (Sl 89:14). Ao lado da justiça estão todas as outras virtudes correlatas, como equidade, correção, retidão, direito, fidelidade etc. Ao lado do amor estão todas as outras virtudes que lhe são correlatas, como bondade, benevolência, misericórdia, piedade, longanimidade etc.

Portanto, o Seu trono tem a base sólida de duas virtudes excelentes: justiça e amor, que representam todas as virtudes do caráter santo e perfeito de Deus.

II – Deus é Soberano Porque Tem Poder Excelente (v. 6-9)

Lemos esta impressionante declaração: *"6 Os céus por Sua palavra se fizeram, e, pelo sopro de Sua boca, o exército deles. 7 Ele ajunta em montão as águas do mar; e em reservatório encerra as grandes vagas. 8 Tema ao Senhor toda a terra, temam-no todos os habitantes do mundo. 9 Pois Ele falou, e tudo se fez; Ele ordenou, e tudo passou a existir."*

Por que Deus é soberano? Ele é soberano por Sua Criação que revela as maravilhas da onipotência do Seu excelente poder. Esse poder maravilhoso é digno de adoração e louvor: é pelo poder de Deus que existimos e podemos ver tudo o que existe como manifestação do Seu poder onipotente.

Os céus com seus bilhões de galáxias, com o seu exército inumerável de estrelas, planetas, satélites, cometas e outros corpos celestes – tudo testifica do poder onipotente de Deus. E tudo isso foi criado com os seus trilhões de seres habitando esse universo infinito, seres de mundos desconhecidos – todos eles prontos para louvar e engrandecer o seu amorável, justo e soberano Criador Todo-poderoso, que *"falou, e tudo se fez; Ele ordenou, e tudo passou a existir."*

Qual é o nosso privilégio? Temos o privilégio de erguer os nossos olhos para o alto e contemplar os céus das estrelas que podemos ver e reconhecer e louvar a grandiosidade daquele em cuja palavra trouxe todas essas maravilhas à existência. Não precisamos de nenhum cientista incrédulo que nos diga qual é a origem de tanta grandiosidade celeste, pois é *"pela fé, [que] entendemos que foi o universo formado pela palavra de Deus.*

De maneira que o visível veio a existir das coisas que não aparecem." **(Hb 11:3)**. Qual deve ser a nossa atitude diante de tanto poder? O salmista responde de modo claro e sucinto: *"Tema ao Senhor toda a terra, temam-no todos os habitantes do mundo. Pois Ele falou, e tudo se fez; Ele ordenou, e tudo passou a existir."* **(Vs. 8-9)**. O temor de Deus é o respeito que devemos prestar à onipotência do Seu maravilhoso poder.

De fato, quando nos defrontamos com esse aspecto de Deus e compreendemos parcialmente os Seus atributos como um Criador Todo-poderoso, não temos outra atitude senão manifestar o nosso amor, respeito e reverência diante de tanta glória. E seguramente, louvamos a Deus pelo que Ele é e faz. E reconhecemos, humildes, a Sua soberania.

III– Deus é Soberano Porque Tem Governo Excelente (10-12)

Deus governa o universo e todas as nações deste mundo são obrigadas a fazer o que Ele quer. *"10 O Senhor frustra os desígnios das nações e anula os intentos dos povos. 11 O conselho do Senhor dura para sempre; os desígnios do seu coração, por todas as gerações."*

Ele é o Grande Comandante, que governa a terra e todo o universo. O próprio nome de Deus é Senhor dos Exércitos. Como Deus governa as nações? Pelos Seus propósitos, planos e desígnios.

Os propósitos de Deus são soberanos, porque Ele faz o que quer e não permite que os Seus planos sejam frustrados. Ninguém pode impedi-los. Ele cumpre toda a Sua vontade. Se Deus determina que uma nação deve dominar o mundo todo, assim acontecerá de fato, não importa o que dirão ou o que farão as outras nações, assim será de fato.

Temos visto muitos exemplos disso nos anais da história universal. Deus escolhia uma nação e aquela dominava o mundo. Mas quando Ele escolhia outra nação, ninguém podia impedi-lo. Assim aconteceu com Babilônia, Medo-Pérsia, Grécia e Roma, no passado, e continua acontecendo hoje, com os povos. Os propósitos de Deus são justos e portanto, Ele frustra os desígnios maus das nações ímpias que não se conformam com a vontade divina. Ele muitas vezes *"anula os intentos (malévolos) dos povos"*.

Muitas vezes se encontram anjos poderosos em meio às assembleias dos políticos que não podem explicar por que os seus planos vão à bancarrota. Assim aconteceu com **Napoleão Bonaparte, Hitler, Mussolini, Carlos V, Carlos Magno** – todos eles queriam unir as nações da terra e se tornarem reis do mundo inteiro.

Mas Deus não permitiu que isso acontecesse, porque Ele já havia determinado por meio do profeta Daniel que as nações da Europa jamais se uniriam (Dn 2:43). Como é o Conselho de Deus? O Seu conselho é eterno, dura para sempre, porque é o conselho de Jeová cujo nome indica esse fato por ser igualmente eterno. Tudo o que o Senhor faz é realizado propositalmente, e isto permanece firme.

Deus ignora todos os intentos humanos, e faz com que estes sirvam aos seus propósitos; ninguém é capaz de impedir que os planos eternos de Deus se cumpram, fato que para nós é dos mais surpreendentes. Qual é o estado de quem procura o conselho de Deus? O salmista também descreve a felicidade do povo escolhido. **V. 12**: *"Feliz a nação cujo Deus é o Senhor, e o povo que Ele escolheu para Sua herança."*

Nesta seção, Davi está falando dos povos e nações e não seria justo esquecer a nação que tem a Deus como o seu Senhor e é feliz por isso. Dentre todas as nações da terra, este é o povo que Deus escolheu para ser o Seu povo e nação. Dentre todos os povos da terra, esse é o povo mais feliz. De fato, a felicidade está em escolher a Deus e ser escolhido por Ele. E Deus manifesta a Sua soberania por escolher a nação que Ele deseja como o povo que dissemina a Sua verdade para a salvação dos outros povos.

Como se processa a Eleição divina? Esta é outra realidade no Plano da salvação. O apóstolo Paulo escreveu: *"3 Bendito o Deus e Pai de nosso Senhor Jesus Cristo, que nos tem abençoado com toda sorte de bênção espiritual nas regiões celestiais em Cristo, 4 assim como nos escolheu nEle antes da fundação do mundo, para sermos santos e irrepreensíveis perante ele.*

E em amor 5 nos predestinou para Ele, para a adoção de filhos, por meio de Jesus Cristo, segundo o beneplácito de Sua vontade." **(Ef 1:3-5)**. Aqui notamos que a eleição divina acontece quando estamos *"nEle"* (em Cristo). Ou seja: Deus escolhe e predestina a todos os que escolhem a Cristo como o seu Senhor e Salvador pessoal. Esses são predestinados para a salvação. Esta é a única Eleição verdadeira.

IV – Deus é Soberano Porque Tem Visão Excelente (13-19)

A visão do Senhor é excelente porque se revela por Sua onisciência. Note as palavras: *"13 O Senhor olha dos céus; vê todos os filhos dos homens; 14 do lugar de Sua morada, observa todos os moradores da terra, 15 Ele, que forma o coração de todos eles, que contempla todas as suas obras."* **(Vs.13-15).** Qual é o alcance da visão de Deus? Ele vê a todos os habitantes da Terra, independente da distância, do lugar de morada e esconderijo.

Ele vê a todos, independente do caráter, da posição ou raça. Sua visão é ampla e nada foge ao Seu olhar penetrante, perscrutador e onisciente. O Senhor olha dos céus e vê os moradores da terra em suas mais distantes habitações.

Aquele que forma o coração dos homens contempla todas as suas obras. Ele vê o seu interior, os motivos do coração: *"Eu, o Senhor, esquadrinho o coração. Eu provo os pensamentos; e isto para dar a cada um segundo o seu proceder, segundo o fruto das suas ações."* **(Jr 17: 10).**

Alguém poderia perguntar: Como pode Deus ser um Deus pessoal e ainda assim ser onipresente e estar em todos os lugares ao mesmo tempo? Os panteístas dizem que Deus está em toda a matéria, diluindo-Se nos átomos da natureza. Mas isto é despersonalizar a Deus que sabemos que é um Ser pessoal. Deus está além da matéria, e a Sua visão penetra além do que é visível.

Mas, se Deus tem uma forma (Jo 5:37), como pode ser onipresente? A resposta está aqui nos **versos 13-14**: *"O Senhor olha dos céus; vê todos os filhos dos homens; do lugar de sua morada, observa todos os moradores da terra."* Isso Ele consegue pela Sua onisciência. A onipresença divina se revela através da Sua onisciência. Ele está lá no Seu trono, Ele está lá na sua morada, nos Céus dos céus, Ele não precisa sair de lá, e, no entanto, Ele está presente em todos os lugares mais longínquos através de Sua onisciência, que é a capacidade de saber de todas as coisas do universo, no exato momento em que acontecem. Ele vê a tudo e a todos.

Mas ao contemplar a todos os homens, Qual é a visão de Deus? Aquele Deus que está muito interessado nos seres humanos, vê a nossa urgente necessidade de salvação porque sabe que *"Não há rei que se salve com o poder dos seus exércitos; nem por sua muita força se livra o valente. O cavalo não garante vitória; a despeito de sua grande força, a ninguém pode livrar."* **(Vs.16-17).**

Deus vê as limitações do homem para se salvar. Não há rei que se salve com o poder do seu exército. Não há rico que se salve com a sua riqueza. Não há valente que se salve com a sua coragem. Não há sábio que se salve com sua sabedoria. Não há ninguém que se salve por si mesmo. Você não pode se salvar por suas boas obras; não pode se salvar por seus sacrifícios, ou por seus méritos. Você não pode se salvar por seu batismo, por suas observâncias ou pelo dízimo que você devolve a Deus. Essas boas obras são obras de Deus na pessoa que se salvou (Ef 2:10), mas não são o meio de salvação para o pecador.

Então, como é que podemos nos salvar? Note ainda a visão de Deus agora sobre uma outra classe de pessoas: **V. 18**: *"Eis que os olhos do Senhor estão sobre os que O temem, sobre os que esperam na Sua misericórdia."* Você só pode se salvar temendo a Deus e confiando na Sua misericórdia, através de Jesus Cristo. Os olhos de Deus estão *"sobre os que O temem"*:

Temer ao Senhor significa respeitar tanto a Deus que vamos temer praticar o mal, e como vemos a nossa total incapacidade de guardar os Seus mandamentos, então, só podemos confiar na Sua misericórdia. Somente a misericórdia divina pode nos salvar. Ou como disse o apóstolo Paulo, somente a graça de Deus pode nos salvar, porque a graça é a fonte de Sua misericórdia, que por sua vez está baseada em Seu amor (Ef 2:1-10).

Mas em que consiste a misericórdia de Deus? Com que objetivo Deus *"derrama"***(Rm 5:5)** o Seu amor sobre os que esperam na Sua misericórdia? **V. 19**: *"Para livrar-lhes a alma da morte, e, no tempo da fome, conservar-lhes a vida."*

Qual é a grande lição sobre a nossa alma? A misericórdia de Deus se manifesta em livrar a nossa alma da morte. Muitos cristãos evangélicos e católicos crêem sinceramente na doutrina da imortalidade da alma, porque foram desde cedo ensinados assim. Eles crêem que a sua alma é indestrutível e imortal. Mas aqui o texto fala da morte da alma dos justos, que confiam em Deus e na Sua misericórdia. A alma é perecível e está sujeita à morte. É por isso que necessitamos que Deus por Sua misericórdia livre da morte a nossa alma. Ele não precisaria fazer isso se nós fôssemos imortais e indestrutíveis. Mas a alma pode ser destruída e morta (Ez 22:27; 13:18-19; 18:4,20).

Qual é a nossa esperança? Tanto a alma dos ímpios como a alma dos justos é mortal, perecível. Mas pela misericórdia divina, todos podem salvar a sua alma da morte, tanto literalmente como espiritualmente.

E é por isso que louvamos a Deus pela Sua visão maravilhosa e cheia de amor que paira por sobre todos quantos O buscam em sinceridade para serem salvos. E quando Jesus Cristo voltar, Ele nos salvará a alma da morte eterna, a fim de que possamos viver com Ele para sempre no Céu (Rm 5:9; Jo 14:1-3).

Deus vê o fim desde o princípio; Sua visão é excelente, e ninguém mais pode prever o que virá. Somente Deus pode ser exaltado como o Excelso e Soberano. Ele sabe de todas as coisas e pode ver todas as necessidades do ser humano. Ele sabe de suas aflições e pode socorrê-lo em tempo de carência e angústia. Você pode confiar nesse Deus porque Ele é Todo-poderoso e, portanto, soberano. **(v. 20-22)** Portanto, temos o dever e o privilégio de louvar a Deus porque Ele é Soberano, **por 4 razões** apresentadas neste Salmo:

1) Porque Ele tem Caráter Excelente

2) Porque Ele tem Poder Excelente

3) Porque Ele tem Governo Excelente

4) Porque Ele tem Visão Excelente

Então, o Salmo 33 finaliza com 3 coisas:

1. Esperança: V. 20: *"Nossa alma espera no Senhor, nosso Auxílio e Escudo."* *Esperamos em Deus porque confiamos nEle como o "nosso Auxílio e Escudo".* Ele é a nossa proteção e segurança. De nada nos aproveitaria confiarmos em nossas aquisições, em nosso intelecto, em nosso salário, em nossas riquezas. A nossa única segurança para esta vida e para a vida eterna é o nosso Deus.

2. Alegria. *"NEle, o nosso coração se alegra, pois confiamos no Seu santo nome. "*Quando você encontra uma pessoa justa e correta, você confia e se alegra com ela. Deus é a Fonte de nossa alegria, porque confiamos em Seu nome. Não há outro nome igual ao Seu, porque é santo. E desse modo o salmo termina como iniciou: com alegria. Se no princípio temos um apelo para louvar com alegria (vs. 1-3), no final (v. 21), temos uma declaração de que *"o*

nosso coração se alegra" porque confiamos em Deus, cujo nome é santo.E aqui vemos mais um estímulo à santidade, que será a razão de nossa alegria e júbilo, porque ninguém pode ter alegria verdadeira se continuar a viver no pecado.

Confiamos no *"santo nome"* de Deus, buscamos a santidade e oramos: *"santificado seja o Teu nome"*, como Jesus nos ensinou em Sua Oração Modelo.

2. Misericórdia: V. 22: *"Seja sobre nós, Senhor, a Tua misericórdia, como de Ti esperamos."* Esta deve ser a nossa oração: Como esperamos, assim oramos: que a misericórdia de Deus seja sobre nós como igreja e indivíduos. Nossa esperança está em Deus que nos confere a Sua misericórdia a cada dia.

"As misericórdias do Senhor são a causa de não sermos consumidos, porque as Suas misericórdias não têm fim; renovam-se cada manhã." **(Lm 3:22-23).**

Publicado em <u>12/04/2012</u> por <u>Blog Sétimo Dia</u> = <u>Pr. Roberto Biagini</u>

34 - *Louvores e Agradecimentos a Deus*

Este pode ser considerado um Salmo escrito no objetivo único de adorar e ao mesmo tempo ser grato a Deus por bênçãos alcançadas. O salmista inicia o primeiro verso demonstrando sua gratidão ao Senhor por todas as vitórias que ele lhe possibilitou alcançar no decorrer da sua vida, desde os tempos em que atuava como pastor das ovelhas de seu pai até aquele momento, enquanto rei de Israel.

Todos nós que estudamos as sagradas Escrituras somos sabedores das diversas batalhas que foram travadas entre o exército israelita, sob a liderança de Davi, contra seus adversários que insistentemente tentavam invadir suas terras. E em todas elas saíram vitoriosos graças as intervenções divinas em favor dos filhos de Deus. Por essa razão, consciente de como ele próprio e toda a nação deveria ser agradecida pelos muitos livramentos recebidos, o rei afirma: *"Bendirei o Senhor o tempo todo! Os meus lábios sempre o louvarão. Minha alma se gloriará no Senhor. Salmos 34:1,2*

Nas linhas seguintes Davi ordena ao povo que sigam seu exemplo e adorem ao Libertador de Israel, que reconheçam sua importante atuação como seu Defensor, dizendo:

"Proclamem a grandeza do Senhor comigo; juntos exaltemos o seu nome. Salmos 34:3 Ele não se contentava em engrandecer, louvar, reverenciar a Deus sozinho, visto que todos ali haviam provado do mesmo livramento.

Na semelhança do salmista todos nós, cristãos, devemos demonstrar contínua gratidão ao Senhor pelo sacrifício feito por ele no Calvário, que nos permitiu ser resgatados dos grilhões do pecado, da escravidão imposta por satanás e da condenação eterna.

Um Poema a Deus

"O Salmo 34 é mais um poema alfabético ou acróstico (ver p. 705). Ele mescla gratidão pessoal e ações de graças coletivas. ... O salmo tem 22 versículos, 23 no hebraico, sendo que o v. 1 é o subtítulo. Cada um deles começa com uma letra do alfabeto hebraico na ordem regular, com as seguintes exceções: a letra *wav* é omitida e a letra *pe'* aparece como a primeira letra do último versículo. *CBASD – Comentário Bíblico Adventista do Sétimo Dia*, vol. 3, p. 800.

3 Engrandecei o SENHOR comigo. O salmista convida os "humildes" a se unirem com ele no louvor a Yahweh. Exaltamos a Deus quando O engrandecemos (ver Dt 32:3). ... Na adoração na sinagoga moderna o Salmo 34:3 é lido no momento que se retira a *Torah* da arca. *CBASD*, vol. 3, p. 801.

4 Busquei ao SENHOR e Ele me acolheu. O salmista começa a expressar o motivo de sua gratidão. É grato pelo que Deus fez por ele, pelo que fez por outros e pelas lições que Deus lhe ensinou nas adversidades. *CBASD*, vol. 3, p. 801.

5 Contemplai-O e sereis iluminados. Ver 2Co 3:18. Quando Deus olha para o ser humano, seu semblante se torna radiante. ... Ao fugirmos de inimigos, visíveis ou não, parece que estamos sós, abandonados, impelidos na escuridão sombria de novas perplexidades que ameaçam destruir tanto o corpo quanto a mente.

Então, de repente, de modo inesperado vem o livramento. Percebemos que uma Presença invisível mais uma vez transforma erros passados em degraus para a vitória. O coração se enche de gratidão e louvor, e outro marco de experiência é levantado para servir de encorajamento em provas futuras. Verdadeiramente, o Senhor é bom! *CBASD*, vol. 3, p. 801.

7 O anjo do SENHOR acampa-se. Ver Gn 32:1, 2; 2Rs 6:26, 17. A contínua presença des anjos da guarda é uma das certezas mais doces do cristão. *CBASD*, vol. 3, p. 801.

8 Oh! Provai e vede. O salmista convida outros não para confiar na sua palavra, mas para provar por si mesmos. Provai" vem da palavra heb. *ta'am*, "experimentar o sabor de". Nesta passagem, significa "experienciar" (ver Hb 6:5; 1Pe 2:3). A prova mais segura da religião se encontra na experiência pessoal. Sem a experiência cristã a religião de Cristo é apenas teoria, e como mera teoria não tem poder para salvar. *CBASD*, vol. 3, p. 801.

Bom. Do heb. *tob*, uma palavra que expressa diversas qualidades, como "bondoso", "gentil" e amigável". Refletir sobre este atributo divino pode ajudar a corrigir o indiferente senso de justiça. É preciso ser sensível aos elementos mais nobres do caráter de Deus, e pensar neste atributo divino quando se é tentado a esquecer da amabilidade no relacionamento com os semelhantes. *CBASD*, vol. 3, p. 801.

homem. Do heb. *geber*, "o homem jovem, vigoroso". Não há quem não precise da ajuda divina. No plano divino não há lugar para a autossuficiência. O ser humano precisa de Deus. *CBASD*, vol. 3, p. 801.

9 santos. Do heb. "qedoshim, "santos" (ver com. dp Sl 16:3; Lv 19:2). *CBASD*, vol. 3, p. 801.

12 ama a vida. A pergunta envolve as "ambições"psicológicas básicas do ser humano. Todo ser humano quer ter uma vida longa e feliz. *CBASD*, vol. 3, p. 803.

14 Aparta-te do mal e pratica o que é bom. Ver Sl 37:27; Is 1:16, 17. O viver do cristão envolve aspectos positivos e negativos.

Deve-se distanciar do mal e fazer o bem. Evitar fazer o mal apenas não é o suficiente; é preciso praticar o bem. *CBASD*, vol. 3, p. 803.

17 livra. Várias vezes na vida presente e definitivamente na vida porvir.

A promessa não garante o livramento completo neste mundo, mas, no caso do justo, o Céu garante a libertação de todos os problemas. *CBASD*, vol. 3, p. 803.

18 dos que têm o coração quebrantado. Um coração quebrantado pela tristeza e pelo sofrimento está pronto a aprender as lições mais importantes que Deus tem a ensinar (ver Sl 119:71). A ideia do "coração quebrantado" é frequente na Bíblia (ver Sl 51:17; Is 61:1; 66:2). *CBASD*, vol. 3, p. 803.

19 Muitas são as aflições. O cristão necessariamente está isento de aflição, mas Deus lhe dá forças para enfrentar os problemas. Porém, tem-se observado que os sofrimentos do cristão são menores que os do incrédulo, que sofre também com os efeitos da intemperança, do crime, dos maus hábitos. Algumas das recompensas do viver correto são desfrutadas já nesta vida. *CBASD*, vol. 3, p. 803.

20 nenhum deles. O princípio geral é que os justos estão sob a proteção divina. Na Bíblia, princípios gerais são expressos com frequência por meio de linguagem concreta. Em cumprimento das Escrituras, os ossos de Jesus não foram quabrados (ver Jo 19:36; cf Êx 12:46; Nm 9:12; DTN, 771, 772). *CBASD*, vol. 3, p. 803.

21 O infortúnio matará o ímpio. O pecado consome a si mesmo. A morte é a consequência natural e inevitável do pecado. *CBASD*, vol. 3, p. 803.

Blog "Por Sua Palavra" - web

SALMO 34 – COMO ALCANÇAR A LONGEVIDADE?

INTRODUÇÃO (1-3)

Este cântico de louvor é um acróstico: cada verso inicia com as letras em sequência do alfabeto hebraico. Quanto ao conteúdo, é um cântico de Ação de Graças, semelhante no pensamento ao livro de Provérbios.

Pode ser descrito como um salmo didático, que nos ensina lições extraordinárias, lições que procedem da experiência pessoal de Davi. O suave cantor de Israel, que muito mais do que todos, sabe o que é ser atribulado, mas que sabe também o que é ser liberto. Davi se introduz com **uma promessa** de que louvará a Deus. Verso 1: "Bendirei o Senhor em todo o tempo, o seu louvor estará sempre nos meus lábios."

Não basta louvar a Deus apenas em alguns momentos em que estamos emocionados diante das muitas maravilhas divinas. É um estilo de vida louvar a Deus em todo o tempo, ininterruptamente, porque isso passa a ser parte de nossa atitude mental. Não pode ser diferente, se você está com o coração cheio da Sua graça e amor.

Então, o salmista apresenta **o resultado de louvar a Deus** em todo o tempo: o seu louvor ajudará outros a conhecerem a Deus e estes passarão a louva-lo também. A resolução de louvar a Deus continuamente é a base para levar outros a magnificar e exaltar o Senhor. V. 2: "Gloriar-se-á no Senhor a minha alma; os humildes o ouvirão e se alegrarão."

Muitos se gloriam nas suas aquisições, nos seus carros novos, em suas casas ou terras férteis. Outros se gloriam no seu conhecimento, nas suas aquisições intelectuais, nos seus doutorados. Outros ainda se gloriam nos seus talentos, nas suas habilidades, nos seus recursos humanos. E há até os que se gloriam no seu cônjuge, no seu casamento, e nos seus filhos.

Mas o salmista aqui se gloria no Senhor: toda a sua glória, todo o seu valor, todo o seu mérito, toda a sua riqueza estava em Deus. A glória do seu passado, a realidade do seu presente e a esperança do seu futuro estavam centralizadas em Jeová, o Deus da aliança. Mas enquanto Davi fala em se gloriar, ele destaca que isso não deveria se confundir com orgulho porque louvar a Deus é uma **atividade dos humildes**: "os humildes o ouvirão e se alegrarão."

A humildade é essencial para louvar a Deus, porque esse louvor exige a necessidade de reconhecer, não só a nossa pecaminosidade completa e a incapacidade de nos salvar, como também exige a necessidade de reconhecer as virtudes e qualidades de um Deus

Criador, Mantenedor e Salvador. Portanto, Jesus Cristo inicia o seu maior discurso com um glorioso estímulo aos humildes: "Bem-aventurados os humildes de espírito, porque deles é o reino dos céus." (Mt 5:3). Então, Davi faz um **convite universal**, no v. 3: "Engrandecei o Senhor comigo, e todos à uma lhe exaltemos o nome."

Este convite é dirigido a todos. Não importa quão pobres sejam os adoradores. Não importa quão desprezados sejam os que O louvam. Não importa quão pecadores sejam os que O buscam. Se eles começarem a louvar a Deus, eles deixarão os seus pecados e se voltarão para Aquele que é poderoso para salvar, bendizendo-O por Sua gloriosa salvação.

Os Justos Que Louvam A Deus Buscam 3 Coisas:
Libertação, Longevidade E Aprovação.

I – OS JUSTOS BUSCAM LIBERTAÇÃO (4-10)

V. 4: "Busquei o Senhor, e Ele me acolheu." Davi buscava a Deus continuamente, tanto nas horas boas, como nos momentos difíceis. Buscava ao Senhor quando estava feliz, mas também O buscava quando se sentia muito infeliz. Buscava o Seu Libertador quando estava alegre, mas também O buscava quando se sentia triste. E o seu testemunho é de que ele nunca foi decepcionado; pelo contrário, sempre foi acolhido. Assim como Davi, temos que buscar ao Senhor nosso Deus em todas as circunstâncias, porque Ele sempre nos acolherá.

1. Deus nos liberta do temor. Davi podia comprovar esse fato. Ele pôde testificar: O Senhor "livrou-me de todos os meus temores" (verso 4). Davi tinha muitos temores. Temor de animais selvagens, temor de pessoas invejosas, temor de gente hipócrita no palácio, temor de traidores, temor da guerra, temor de seus muitos inimigos, temor de falsos amigos, temor de não ser perdoado, temor de perder a salvação, temor de ser abandonado por Deus.

Mas o Senhor o livrou de todos esses temores, e como Ele fez com o Seu servo, pode fazer com você. Vivemos em um mundo de temor. O homem moderno vive acicatado pelo temor. O homem de nosso tempo vive atormentado pelo medo.

O homem tem medo do escuro, da sexta-feira 13, tem medo de perder o emprego, teme um colapso cardíaco, tem medo da velhice, tem medo da vida, tem medo da morte, e teme o que virá depois da morte, e teme se perder no fogo do inferno. Mas Deus prometeu livrá-lo de todos esses temores. Disse Davi: O Senhor "livrou-me de todos os meus temores". (v. 4).

2. Deus nos liberta do vexame: V. 5: "Contemplai-O e sereis iluminados, e o vosso rosto jamais sofrerá vexame." O sentimento de vergonha é inato no ser humano decente, naquele que tem caráter. Note o sentimento dos cristãos romanos, em relação ao tempo de sua vida pregressa: "Quando éreis escravos do pecado, ... Naquele tempo, que resultados colhestes? Somente as coisas de que, agora, vos envergonhais; porque o fim delas é morte." Rm 6: 20-21.

Davi também olhava para o seu passado e temia que os outros lançassem em seu rosto os seus erros e pecados. Senão, vejamos. Ele tinha cometido adultério com a mulher de Urias, esposa de um de seus mais valorosos oficiais. Para piorar a situação, Davi, longe de Deus, planejou e executou a morte de Urias, a fim de ocultar o seu pecado. Pouco depois, Amnon, filho de Davi, se apaixonou por sua irmã Tamar e, arquitetando um plano diabólico, praticou um pecado de incesto e estupro contra ela, arruinando a sua vida e a vida dela.

Ora, o povo reclamava por justiça, e Davi foi tentar censurar o pecado de Amnon, seu filho, atribuindo-lhe o castigo merecido. Mas quando Davi foi lhe falar em castigo, Amnon riu de sua cara e lhe lançou os seus próprios pecados em rosto. Pode imaginar a vergonha de Davi diante dos seus oficiais, com o rosto ruborizado, sem nenhuma moral para repreender o filho, ao dizer-lhe que era digno de morte, quando o filho era menos culpado que o próprio pai que agora o ameaçava?

Davi sentiu um grande complexo de inferioridade por causa de seus pecados. Nós também sentimos muitos complexos de inferioridade por causa do sexo, por causa da cor, ou a profissão, pela falta de conhecimento, pela falta de habilidade, mas também sentimos um grande complexo de inferioridade por causa de nossos pecados. Mas agora, Davi nos fala como evitar a vergonha:

"Contemplai-O e sereis iluminados, e o vosso rosto jamais sofrerá vexame." Em outras palavras: "Buscai a Deus, contemplai-O, e então, vocês serão iluminados com a luz fulgurante de Sua glória; então, nunca sofrereis a vergonha de seus pecados, porque estes serão perdoados e esquecidos." Contemplar a Deus não significa passar 4 horas em meditação vazia, como sugere a doutrina do yoga.

Contemplar a Deus significa meditar no Seu caráter, nos Seus atributos e no Seu poder. O Seu caráter é justo, santo e bom. Os Seus atributos são a imortalidade, a imutabilidade e a eternidade. Já o Seu poder se mede pela onisciência, onipresença e onipotência.

Quando contemplamos a Deus desse modo, somos iluminados, conforme nos disse Davi, e somos transformados, conforme disse Paulo: "E todos nós, com o rosto desvendado, contemplando, como por espelho, a glória do Senhor, somos transformados, de glória em glória, na sua própria imagem, como pelo Senhor, o Espírito." (2Co 3:18).

Quando contemplamos a Deus, somos transformados à semelhança do Seu caráter, e somos iluminados de tal modo que vencemos toda a espécie de complexos. Nessa feliz contemplação, nós teremos a solução de todos os problemas espirituais e psicológicos. Conhece pessoas que ficam com o rosto vermelho facilmente? Aqui está o segredo para vencer esse tipo de constrangimento: Contemplar a Deus pela fé, a fim de ver não os nossos pecados, mas o próprio Libertador.

Disse Paulo: "Olhando firmemente para o Autor e Consumador da fé, Jesus, o qual, em troca da alegria que lhe estava proposta, suportou a cruz, não fazendo caso da ignomínia, e está assentado à destra do trono de Deus." (Hb 12:2)."Olhar firmemente" é contemplar. Temos que contemplar mais Aquele que é o Autor e Consumador de nossa fé, Jesus, o qual morreu numa ignominiosa cruz para que não precisássemos sentir ignomínia, vergonha de nada, mas para que fôssemos capazes de levantar a cabeça e sairmos vitoriosos em nossa vida espiritual.

3. Deus nos liberta da dúvida: V. 6: "Clamou este aflito, e o Senhor o ouviu." Davi duvidou de que seria ouvido por Deus em sua oração de angústia. A sua dúvida é provada por seu forte clamor buscando a Deus em momentos em que parecia que Ele estava muito longe, cuidando de Suas galáxias. Mas as suas dúvidas acabavam porque, quando Davi clamava Deus o ouvia, e Se fazia entender em Suas claras respostas ao Seu servo aflito.

Assim pode acontecer conosco. Assim ocorrerá com você: quando você clamar com fé, com inteireza e confiança, Deus o ouvirá. Naturalmente, Deus ouve todas as suas orações, mas aqui "ouvir" significa atender, responder, tornar-se propício. Nossas dúvidas devem ser todas dirimidas, porque Ele nos ouve, atende e se torna propício para conosco, abrindo um mar de esperanças, mesmo quando estamos desesperados, sem ver nenhuma saída para os nossos intrincados problemas.

4. Deus nos liberta da tribulação. Davi passou muitas vezes pela experiência de que Deus "o livrou de todas as suas tribulações". Muitas foram as suas tribulações, mas Deus o livrou de todas.

A palavra "todas" é significativa. Não somos libertos de algumas tribulações; não somos libertos apenas de umas poucas tribulações. Não somos deixados sozinhos quando as tempestades da tribulação nos afligem, porque o Senhor nos livra de "todas" as nossas tribulações.

Ou podem vir angústias, aflições de espírito, melancolia de alma. Podem nos visitar as provações, os testes em nossa vida familiar, ou no trabalho, ou mesmo na vida espiritual. Deus nos prova a todo o momento, a fim de desenvolvermos um caráter à Sua semelhança. Mas Ele promete nos valer em todas as nossas tribulações.

5. Deus nos liberta do perigo: V. 7 "O anjo do Senhor acampa-se ao redor dos que O temem e os livra." A Bíblia nos informa em muitos lugares que o Anjo do Senhor foi o próprio Jesus Cristo, que andava entre o Seu povo no Antigo Testamento. Deus enviou o Seu Anjo para Josué, antes da destruição de Jericó. E ele viu um homem diante dele com uma grande espada reluzente, e lhe perguntou: "És tu dos nossos ou dos nossos adversários?" E o Anjo lhe respondeu:

"Não; sou Príncipe do Exército do Senhor e acabo de chegar." Era o Senhor Jesus Cristo que se manifestava diante dele, em forma de um anjo, e aceitou a sua adoração. (Js 5:13-15; At 5:31). Com efeito, Deus manda o Seu Anjo para nos visitar e proteger. Mas esse texto (Sl 34:7) também se aplica à verdade de que cada um de nós tem o seu anjo da guarda.

Davi sofreu muitos perigos. Sua experiência começou quando cuidava de seu rebanho e teve de enfrentar um leão e logo um urso; depois, teve de enfrentar o perigo de lutar com o gigante Golias; então, teve de se livrar do rei Saul que lhe atirou uma lança tentando matá-lo, movido de inveja; e tratou de persegui-lo de morte, caçando a sua vida como a um bandido, tentando destruí-lo.

Davi enfrentou o perigo nas guerras combatendo os inimigos de fora, perigos entre inimigos de dentro dos limites de Israel, perigos entre os seus próprios filhos, sendo perseguido por Absalão, que, além de cometer os crimes incestuosos com suas mulheres, tentou matá-lo para lhe usurpar o trono.

Mas o anjo do Senhor se acampou ao seu redor, e o livrou de todos esses perigos, dando-lhe a força descomunal para salvá-lo, preservando-lhe a vida e o trono até ditosa velhice. Paulo, como Davi, passou por muitos perigos: "Cinco vezes recebi dos judeus uma quarentena de açoites menos um; fui três vezes fustigado com varas; uma vez, apedrejado.

Em naufrágio, três vezes; uma noite e um dia passei na voragem do mar; em jornadas, muitas vezes; em perigos de rios, em perigos de salteadores, em perigos entre patrícios, em perigos entre gentios, em perigos na cidade, em perigos no deserto, em perigos no mar, em perigos entre falsos irmãos; em trabalhos e fadigas, em vigílias, muitas vezes; em fome e sede, em jejuns, muitas vezes; em frio e nudez." (2Co 11:24-27).

Vivemos em um tempo de muitos perigos, muito mais do que em épocas antigas, por mais perigosas que fossem. Enfrentamos hoje perigos na natureza, perigos de enchentes, de ciclones, de furações, de terremotos, de maremotos, de tsunamis como jamais houve em outras épocas.

Temos o perigo de pessoas, em roubos, assaltos à mão armada, estupros, pedofilia, incesto e assassinatos. Temos perigos políticos que geram as guerras, as revoluções e os levantes, além de roubos em grande escala da riqueza pública. Temos perigos dentro e fora de casa.

Enfrentamos o perigo em uma loja comercial, num banco ou andando numa praça com nossos filhos, ou passeando em nosso carro com a família. Mas a grande promessa é de que Deus enviará o Seu anjo para nos livrar de qualquer perigo, se nós, ao invés de colocar o temor mórbido no homem, colocarmos o nosso temor saudável em Deus. O Seu anjo nos cercará com as asas de Sua proteção a fim de nos preservar a vida.

6. Deus nos liberta da necessidade: V. 8: "Oh! Provai e vede que o Senhor é bom". As bondades de Deus são a certeza de que não passaremos nenhuma necessidade. Somos desafiados a testar ao Senhor, a fim de provar que, de fato, a bênção é reservada aos que põem nEle a sua confiança, e experimentam a felicidade. Portanto, é "bem-aventurado o homem que nEle se refugia" quando surge a necessidade ameaçadora.

Podem vir privações. Isto significa que a pobreza pode bater à nossa porta. Um problema financeiro na China ou na Grécia, uma decisão do governo nas poupanças (como em 1990), uma guerra inoportuna, um sequestro, um assalto à mão armada, e lá se vão as nossas economias de uma vida toda.

De uma hora para outra, os ricos podem se tornar pobres, e os pobres tornam-se miseráveis. Mas Deus nos liberta das privações e necessidades. O salmista continua enfatizando esse aspecto, e nos estimula a temer ao Senhor em vista de Suas bondades, e ilustra o fato na própria natureza: V. 9 e 10: "Temei o Senhor, vós os seus santos, pois nada falta aos que O temem. Os leõezinhos sofrem necessidade e passam fome, porém aos que buscam o Senhor bem nenhum lhes faltará."

II – OS JUSTOS BUSCAM A LONGEVIDADE (11-14)

Davi tem uma orientação para dar aos filhos de Deus. V. 11: "Vinde, filhos e escutai-me; eu vos ensinarei." Aqui ele se coloca na posição de pai e professor, pela experiência que já demonstrou de tantas tribulações na sua vida. A matéria é o seu conhecimento experimental que lhe deu o direito de ensinar aos outros. O auditório é composto por aqueles que são chamados de filhos, pessoas humildes e capazes de aprender, discípulos de todas as idades.

O método é através de perguntas e respostas didáticas como fazem os homens sábios, na sua simplicidade. O tema é a vida, não a vida física simplesmente, herdada de um processo biológico, mas a vida espiritual e como pode ser prolongada e bem vivida, em paz e felicidade.

Aqui está o convite do salmista: V. 11: "Vinde, ... eu vos ensinarei o temor do Senhor." O grande tema geral é o temor de Deus. Este é um tema que engloba toda a nossa vida espiritual. O temor do Senhor está enraizado na vida de todos os que Lhe pertencem e desejam fazer a Sua vontade.

No verso 12, temos a pergunta retórica: "Quem é o homem que ama a vida e quer longevidade para ver o bem?" Aqui está a proposição: quem ama a vida deseja saber como viver mais e melhor. "Quem de vós ama tanto a vida que deseja longevidade, mais vida ainda?" Longevidade não só para viver e apreciar a vida, mas para viver uma vida eterna na companhia de um Deus amorável.

Anote as 3 simples regras do suave cantor de Israel:

1 – Domínio das palavras: V. 13: "Refreia a língua do mal e os lábios de falarem dolosamente." Todos têm a capacidade de falar, mas nem todos dominam a arte de falar bem. Temos que ter o domínio da linguagem, refreando a língua do mal. Mas não é fácil dominar a arte de falar, dominar as palavras. Tiago falou desse assunto:

"Porque todos tropeçamos em muitas coisas. Se alguém não tropeça no falar, é perfeito varão, capaz de refrear também todo o corpo." (Tg 3:2). Porque virão muitas consequências desastrosas, se nós não atentarmos cedo na vida para esta simples regra. Mas então, onde está o segredo para dominarmos a arte de falar bem e refrearmos a língua do mal?

Jesus Cristo fez a mesma pergunta nestas palavras: "Como podeis falar coisas boas, sendo maus?" O seu auditório ficou esperando que Ele mesmo desse a resposta. E Ele completou: "Porque a boca fala do que está cheio o coração." (Mt 12:34). Então, eles concluíram que o problema está no coração; resolvendo o problema do coração, podemos refrear a língua do mal. O coração é um símbolo de nossa mente. A língua está sempre pronta para falar aquilo que está na mente. Se temos a mente cheia do mal, do que é que falaremos? Portanto, precisamos renovar o nosso coração, a nossa mente.

Paulo disse: "Não vos conformeis com este século, mas transformai-vos pela renovação da vossa mente, para que experimenteis qual seja a boa, agradável e perfeita vontade de Deus." (Rm 12:2). Renovamos a nossa mente quando lemos a Bíblia, e somos iluminados pelo Espírito Santo. Temos que encher a nossa mente com as coisas espirituais. Então, teremos domínio de nossa língua e falaremos as palavras de Deus.

2 – Domínio dos atos: V. 14: "Aparta-te do mal e pratica o que é bom." Temos uma luta que não termina senão apenas na morte. Temos uma natureza má, cheia de paixões, tendências para o mal. Assim nasceram todos os habitantes desta terra. Mas podemos, mercê de Deus, dominar as paixões de nossa natureza pecaminosa. Podemos dominar os nossos atos.

Temos muitos exemplos na Escritura de homens justos que se desviavam do mal e praticavam o que era bom. José do Egito, um padrão de pureza e retidão de vida, não só fugia literalmente do pecado, como salvou aquela nação da extinção pela fome. O patriarca Jó foi descrito como um "homem íntegro e reto, temente a Deus e que se desviava do mal." (Jó 1:1).

Disse o mesmo Jó que Deus falou ao homem: "Eis que o temor do Senhor é a sabedoria, e o apartar-se do mal é o entendimento." (Jó 28:28). Disse também Jesus Cristo que é do coração que vem todo o mal: "Porque de dentro, do coração dos homens, é que procedem os maus desígnios, a prostituição, os furtos, os homicídios, os adultérios, a avareza, as malícias, o dolo, a lascívia, a inveja, a blasfêmia, a soberba, a loucura." (Mc 7:21-22).

Portanto, assim como más palavras procedem de um coração mau. Assim procedem os maus atos de um coração maligno. Desse modo, concluímos como antes: o problema está no coração; se o coração for consertado, daí procederão só boas práticas e boas ações. Nós estaremos nos desviando do mal e praticando o que é bom.

3 – Domínio dos pensamentos. V. 14: "Procura a paz e empenha-te por alcançá-la." Isto significa que devemos buscar a paz de tal modo que não desistimos até que a encontremos.

Deus é a Fonte da paz, chamado o "Deus da paz" (Rm 15:33), e temos de buscar a paz em Deus porque só Ele a pode dar. Ele primeiro nos dá a paz judicial, que significa o perdão dos pecados. Isto se consegue através da justificação, que nos vem quando recebemos a Jesus Cristo, o "Príncipe da Paz" (Is 9:6). "Justificados, pois, mediante a fé, temos paz com Deus por meio de nosso Senhor Jesus Cristo" (Rm 5:1). Depois como resultado, Ele nos dá a paz mental.

Paz é uma virtude da mente ligada em Deus. É a harmonia do pensamento humano com o divino: quando todos os pensamentos estão em harmonia, temos paz com Deus, paz conosco mesmos e paz com os semelhantes. Esta é uma virtude que está diretamente relacionada com a mente humana.

É por isso que Satanás está muito preocupado em dominar as mentes de homens e mulheres. Porque, se ele conseguir isso, então conseguirá dominá-los completamente. Se Satanás tiver o domínio da mente, poderá dominar as palavras e os atos do homem. Desse modo, não haverá limites para o mal.

Portanto, precisamos do temor de Deus a fim de receber o Seu poder que nos capacita a dominar a mente e em consequência os nossos pensamentos. E o conselho de Davi é para que dominemos os pensamentos, as palavras e os atos: Refreando a língua, desviando-nos do mal, e buscando a paz, como base fundamental de tudo o mais. Temos que seguir as regras de Davi que é uma regra tríplice: boas palavras, bons atos, e bons pensamentos. Palavras sem dolo, atos do bem, e pensamentos de paz.

A ordem é um costume oriental e hebraico de colocar o principal no fim, quando nós ocidentais colocamos o principal no início: pensamentos, palavras e atos. O que Davi quer dizer é que, se temos dificuldades com as palavras, se temos dificuldades com os atos, na sua prática, então, temos que avaliar os nossos pensamentos. Portanto, ele coloca isso em último lugar, didaticamente, em um grande clímax: cuide dos pensamentos, harmoniosamente, e tudo estará bem. Este é o máximo domínio que está à nossa disposição. Aqui está o segredo da longevidade, o segredo da vida longa. E a base está no temor de Deus.

Muito tem se feito em busca da longevidade. Esse tema tem despertado o interesse de todos os povos. Todos querem viver muito e com muita felicidade, porque longevidade só tem graça se estiver ao lado da felicidade. Mas longevidade e felicidade só podem ser conquistadas se tivermos a Deus como o centro de nossa vida e de nossos pensamentos.

Se nós tivermos o nosso "eu" como o centro de tudo, logo haverá desarmonia nos pensamentos, não estaremos em paz com o nosso mundo, nem com as pessoas próximas ou distantes, e não estaremos em paz nem conosco mesmos. O resultado será degenerescência e morte, não vida prolongada.

III – OS JUSTOS BUSCAM A APROVAÇÃO (15-18)

1 – Os justos buscam a aprovação de Deus: V. 15: "Os olhos do Senhor repousam sobre os justos, e os seus ouvidos estão abertos ao seu clamor." Muitas vezes teremos de clamar a Deus e buscar a Sua aprovação. Às vezes estamos angustiados com muitos problemas e muitos conflitos em nossa vida. Quando buscamos ao Senhor e a Sua aprovação, somos surpreendidos com o fato maravilhoso de que Ele já tem os Seus olhos repousando sobre nós e os Seus ouvidos atentos ao nosso clamor.

Mas isso não acontece com os ímpios sobre quem impende a desaprovação divina. V. 16: "O rosto do Senhor está contra os que praticam o mal, para lhes extirpar da terra a memória." O rosto de Deus Se demonstra a favor ou contra uma pessoa consciente e livre para agir. Se ele age pelas práticas do bem, Deus se lhe mostrará com Seu rosto favorável. Mas se ele pratica o mal conscientemente, a terrível desaprovação divina virá contra ele e logo, se ele não se arrepender, a sua memória será apagada e extinta da terra.

2 – Os justos clamam a Deus. V. 17: "Clamam os justos, e o Senhor os escuta e os livra de todas as suas tribulações." Este verso é uma repetição do que Davi havia dito no v. 6, onde ele declara que esta foi a sua experiência. Se Deus podia cuidar de Davi desse modo tão amorável, Ele também pode cuidar de nós da mesma forma. Quando clamarmos com inteireza de coração. Assim também somos estimulados a clamar ao Senhor. Não basta apresentar diante de Deus uma oração vazia, desconcentrada e sem alma. Você tem que colocar todo o seu coração e toda a sua esperança em Deus.

Ao clamar em oração fervente. É preciso erguer a voz com sentimento e interesse real. E a promessa é de que seremos ouvidos, atendidos e libertos de todas as tribulações.

3 – Os justos sentem a presença de Deus. V. 18-19: "Perto está o Senhor dos que têm o coração quebrantado e salva os de espírito oprimido. Muitas são as aflições do justo, mas o Senhor de todas o livra."

Aqui está a definição do que é um justo: ele sente a presença divina. Ele tem uma noção muito clara da presença de Deus consigo mesmo. Ao passar por muita opressão ocasionada pelos ímpios, ele tem o seu coração quebrantado e oprimido porque é humano e padece, mas tem a consoladora certeza da presença divina. Ele sabe que Deus o livrará de todas as suas aflições. Consola-se com a convicção de que Deus sabe de tudo o que se passa com ele e o salvará.

4 – Os justos são protegidos de Deus: V. 20: "Preserva-lhe todos os ossos, nem um deles sequer será quebrado." Esta é uma vívida figura de completa preservação. Esta afirmação foi literalmente cumprida na experiência de Cristo, após a Sua morte (Jo 19:36). Os Seus ossos não Lhe foram quebrados, por não ser isto necessário, porque Ele já estava morto, segundo interpretação do costume da época, mas isso ocorreu com os outros dois crucificados, cujas pernas foram-lhe quebradas. Portanto, este salmo tem nesta parte uma aplicação messiânica.

Davi sentiu a proteção física de modo extraordinário, sendo perseguido pela lança de Saul, pelas flechas do inimigo e pela espada dos soldados gentílicos que também buscavam a sua morte. Ele foi preservado e seus ossos não foram quebrados. Assim, os justos serão preservados, no tempo de angústia: nenhum osso lhes será quebrado. Mas isto não acontecerá com os ímpios: "Deus tirou do Egito a Israel, cujas forças são como as do boi selvagem; consumirá as nações, seus inimigos, e quebrará seus ossos, e, com as suas setas, os atravessará." (Nm 24:8).

Mas esta é a promessa de Deus para aqueles que O servem: "O Senhor te guiará continuamente, fartará a tua alma até em lugares áridos e fortificará os teus ossos; serás como um jardim regado e como um manancial cujas águas jamais faltam." (Isaías 58:11).

(21-22) Os dois últimos versos do salmo 34 podem ser considerados como uma **conclusão** e um **resumo** de todo o salmo: Só há duas classes de pessoas: os justos que são absolvidos.

E os ímpios que serão condenados. Este é um dos principais temas de todo o livro dos Salmos: o justo que será salvo da perseguição do ímpio que por sua vez será condenado.

E sua memória extinta para sempre. Isto acontecerá com o ímpio, porque "o infortúnio matará o ímpio, e os que odeiam o justo serão condenados". (v. 21).

1 – Os ímpios serão condenados. Aqui está a própria razão por que serão condenados os ímpios: eles "odeiam o justo".

De fato, não serão condenados os ímpios à morte, basicamente, porque cometem alguns pecados, como assassinatos, ou adultérios. Porque isto também aconteceu com alguns homens de Deus. Os ímpios serão condenados porque "odeiam os justos" que são protegidos por Deus, e odeiam a Deus porque protege os justos. Se não podemos amar os filhos de Deus a quem vemos, como poderíamos amar a Deus a quem não vemos? (1Jo 4:20). Os ímpios estão condenados porque odeiam os justos. E quem odeia é assassino e está em trevas. (1Jo 3:15; 2:11).

2 – Mas os justos serão justificados: V. 22 "O Senhor resgata a alma dos seus servos, e dos que nEle confiam nenhum será condenado." Davi compreendia o Evangelho: Deus resgata a alma dos que O servem, daqueles que confiam nEle, pela fé em Seu poder, providência, proteção e, finalmente na Sua salvação. Os justos são chamados "justos" porque já foram justificados e perdoados no passado, vivem uma vida justa no presente e porque no futuro serão também justificados diante do tribunal divino.

Davi sabia muito bem a definição do Evangelho: são as boas novas que podem nos tornar sábios e justificados para a salvação. Como disse Paulo: "Agora, pois, já nenhuma condenação há para os que estão em Cristo Jesus." "Quem intentará acusação contra os eleitos de Deus? É Deus quem os justifica. Quem os condenará? É Cristo Jesus quem morreu ou, antes, quem ressuscitou, o qual está à direita de Deus e também intercede por nós." Rm 8:1,33-34.

E como é com você meu prezado amigo? Este salmo pôde falar ao seu coração? Você tem a aprovação de Deus e já foi muitas vezes liberto de muitas tribulações? Deus enviará o Seu Anjo para protegê-lo, o próprio Salvador Jesus Cristo. Você sente a presença de Deus com você agora mesmo? Você se sente justificado diante de Deus tendo os seus pecados perdoados? Aquele que confia em Deus e aceita o Seu plano de salvação será justificado, jamais será condenado.

Você está ansiando por longevidade, vida longa e feliz? Saiba que isso depende de sua ligação com Deus que dá o poder para dominar os pensamentos, palavras e atos. Portanto, aceite a Jesus Cristo como Salvador pessoal. Busque a Deus e a Sua Libertação. Busque a Vida verdadeira, que está no temor do Senhor, e domine pelo Seu poder os seus pensamentos, palavras e atos. Busque a Sua aprovação. Você terá paz e felicidade, e muita vida, a própria vida eterna.

Pr. Roberto Biagini - Mestrado em Teologia 15/08/2019

Salmo 35 - Vingança Contra os Inimigos

Existem na Bíblia vários tipos de Salmos, aqueles que são de adoração a Deus, gratidão, confissão, intercessão e os chamados de "Imprecatórios", ou seja, onde o salmista aparece pedindo vingança e morte para seus inimigos. A oração imprecatória consiste em o orador clamar ao Senhor para que faça justiça diante de uma injustiça, que seus perseguidores sejam perseguidos e destruídos.

Davi escreveu vários Salmos onde faz esse tipo de pedido a Deus, clamando para que ele defenda sua causa diante dos que o perseguiam e desejavam-lhe mal. Por mais estranho que pareça as petições dele sempre eram atendidas.

Mesmo as Escrituras nos ensinando que devemos saber perdoar e interceder por nossos inimigos diante do Todo Poderoso, as vezes é necessário pedir que a justiça divina se cumpra na vida dos que sem causa nos perseguem. O Senhor atendia aos pedidos de Davi contra seus opressores porque entendia que ele era inocente, lhe era fiel, estava sendo injustiçado.

Seus acusadores eram ao mesmo tempo os mesmos que desejavam destruir seu povo, Israel, e porque se não intervisse seu servo certamente iria perecer. Apesar de Jesus Cristo nos ensinar nos Evangelhos que devemos sempre perdoar e jamais revidar as afrontas sofridas, não quer dizer que o cristão deva suportar sem reagir de alguma forma às perseguições impostas pelos incrédulos. Quando nos manda dar a outra face aos adversários, na verdade está a nos dizer que sejamos pacientes até que Deus possa agir a nosso favor.

Que não temos o direito de fazer a justiça com nossas próprias mãos e sim esperar pela intervenção divina contra os que nos apedrejam. Mas para que ele possa intervir e defender a nossa causa é necessário que oremos e deixemos claro diante dele que precisamos de sua ajuda. O escritor da carta aos Hebreus, afirma: "Pois conhecemos aquele que disse: "A mim pertence a vingança; eu retribuirei"; e outra vez: "O Senhor julgará o seu povo" (Hb 10:30)

SALMO 35 – QUE ORAÇÕES VOCÊ PUBLICARIA?

Se você fosse Deus, que orações você publicaria?

Pense bem: você publicaria na sua Bíblia as mais belas orações? Somente as orações que fossem sempre inspiradoras? Você editaria orações que pudessem representar belamente o seu caráter? Você publicaria apenas os anseios que dignificassem os escritores, seus auxiliares nessa publicação? Assim não fez o nosso Deus: Ele publicou os chamados **"Salmos Imprecatórios"**. A expressão parece bonita, mas não o seu significado. Ele registrou orações que poderiam ser mal compreendidas e até comprometer o Seu caráter. Mas Deus é muito imprevisível mesmo. Isso não deveria nos surpreender.

Mas como podemos entender esses salmos imprecatórios, salmos em que os autores pedem vingança contra os seus inimigos? Como podemos entender estas orações inspiradas pelo Espírito Santo (At 1:16,20) em que os salmistas pedem o mal para os seus adversários, quando Cristo nos ordenou amar os inimigos e orar pelos que nos perseguem? (Mt 5:44).

A primeira resposta que devemos manter é que esta decisão de Deus não foi errada, porque Ele é onisciente, conhece todas as coisas e sabe que estamos lendo um salmo difícil de compreender. Ele sabe que isso haveria de surpreender a muitas pessoas; mas Deus é um Deus é de surpresas mesmo. Ele deve ter as suas razões para agir assim. Mais: ele deve ter algumas lições para nós ao publicar esse tipo de oração.

Portanto, devemos estudar os salmos imprecatórios ao lado dos outros que nos parecem mais "inspiradores", a fim de descobrir qual foi o propósito de Deus ao deixar publicar tais orações. Uma coisa a mais devemos manter: Deus não está disposto a defender a causa dos nossos inimigos; antes, defende a nossa causa, quando estamos de fato ao lado da justiça e da verdade. Mas Ele não estará a defender-nos se mudarmos a nossa posição.

Esboço e estrutura do Salmo 35:

I. APELO POR VINDICAÇÃO (1-10)

A. Razão do Apelo (1-3)

B. Apelo por Vindicação (4-8)

C. Promessa dc Louvor (9-10)

II. APELO POR LIBERTAÇÃO (11-18)

A. Razão do Apelo (11-16)

B. Apelo por Libertação (17)

C. Promessa de Louvor (18)

III. APELO POR JUSTIFICAÇÃO (19-28)

A. Razão do Apelo (19-22)

B. Apelo por Justificação (23-26)

C. Promessa de Louvor (27-28)

Por que foram escritos, publicados e registrados na Bíblia os Salmos imprecatórios? Por que encontramos Davi e outros salmistas, além dos profetas, escrevendo orações que pedem a vingança contra os inimigos?

HÁ OITO RAZÕES que respondem a esta pergunta, e estão claras no Salmo 35, que é um dos mais drásticos que encontramos em toda a Bíblia. Este é um salmo dividido em três partes, sendo que no final de cada parte temos um louvor, e no início de cada parte, temos as razões do apelo que será feito. E são 3 os apelos de Davi para Deus: VINDICAÇÃO, LIBERTAÇÃO E JUSTIFICAÇÃO.

I. APELO POR VINDICAÇÃO (1-10)

A. Razão do Apelo (1-3): Os inimigos estão contendendo, lutando e guerreando contra Davi. Ele introduz o salmo pedindo a Deus que assuma as contendas e lutas que ele tinha com os seus inimigos, e o represente, usando uma linguagem legal e militar: "Contende, Senhor, com os que contendem comigo; peleja contra os que contra mim pelejam."

As circunstâncias deste salmo são a fuga de Davi escapando da perseguição de Saul com o seu exército de 3.000 homens, no deserto de En-Gedi (1Sm 24:1,2). Note as palavras de Davi para Saul naquele dia, após ter poupado a sua vida: "Seja o Senhor o meu juiz, e julgue entre mim e ti, e veja, e pleiteie a minha causa, e me faça justiça, e me livre da tua mão" (1Sm 24:15). Seguramente, o Salmo 35 foi um desdobramento disso.

A 1ª razão dos salmos imprecatórios é que temos inimigos e não adianta você se desculpar, dizendo que não temos inimigos, que somos cristãos, porque certamente eles estão por aí, em todo o lugar, embora sejam inimigos não de nossa parte (Rm 12:18). Pois basta que alguém seja um cristão para sofrer perseguições (2Tm 3:12).

Davi tinha inimigos entre os pagãos, inimigos entre o povo de Israel, inimigos dentro do palácio, inimigos dentro dos parentes, inimigos dentro da própria família, e dentro de si mesmo, e sem falar dos inimigos demoníacos e do próprio Satanás (1Cr 21:1).

Nunca vi alguém que tivesse tantos inimigos na vida exceto Jesus Cristo (Sl 69:4; Jo 15:25). Nós também temos muitos inimigos: No trabalho, na escola, na rua, em casa, entre os parentes, na família e dentro da própria igreja, sem falar dos demônios e de nossa natureza pecaminosa – todos conspirando contra nós.

A 2ª razão dos salmos vindicativos é que precisamos aprender a deixar os inimigos nas mãos de Deus. Assim como fez Davi. Estava Davi se vingando dos inimigos com as suas próprias mãos? Não. Ele deixou a vingança nas mãos de Deus. Não adianta contendermos com eles, não vai ajudar nada lutarmos contra os adversários. Não podemos vencê-los. Isso exigiria possuir armas próprias, mas muitas vezes são eles os que possuem as armas mais poderosas.

Por isso Davi pede que Deus use as Suas armas: "2 Embraça o escudo e o broquel e ergue-te em meu auxílio. 3 Empunha a lança e reprime o passo aos meus perseguidores." Portanto, é Deus que deve agir no seu tempo certo, para guerrear as nossa batalhas com as Suas armas. Portanto, a Bíblia diz mais: "Não vos vingueis a vós mesmos, amados, mas dai lugar à ira; porque está escrito: A mim me pertence a vingança; Eu é que retribuirei, diz o Senhor." (Rm 12:19). Os salmos imprecatórios nos ensinam a clamar a Deus e deixar a nossa luta com o Todo Poderoso. Você tem alguns inimigos? Deixe-os com Deus.

A 3ª razão para esse tipo de salmos, é nos lembrar de quem é o nosso único e suficiente Salvador que nos liberta dos nossos adversários. O cristão não é ignorante de Seu Libertador. Ele nunca diz:

"Quem me livrará do corpo desta morte?" (Rm 7:24), porque ele conhece o Salvador. Portanto, um salmo imprecatório é uma oração em que o salmista clama pela salvação que há em Deus somente, quando ele está desesperado em uma situação de grave perigo de vida. O salmista não tinha dúvida sobre isso. Davi diz a Deus o que Ele deveria dizer ao Seu servo: "Dize à minha alma: Eu sou a tua salvação." (v. 3).

Ele raciocinava assim: "Se Deus disser para mim que Ele é a minha salvação, então, estarei completamente seguro, muito mais do que se eu disser isso". Com efeito, Davi já havia dito isso, no salmo 27: "O Senhor é a minha luz e a minha salvação; de quem terei medo?" Mas no verso 9 (Sl 27:9), ele teve medo da ira de Deus e medo de se perder, e no verso 12, ele teme a crueldade dos seus adversários.

Portanto, nada melhor do que ouvir a voz de Deus nos dizendo que Ele é a nossa Salvação. Não importa a multidão de inimigos que tenhamos (Sl 3:1). Se Deus está ao nosso lado, não importa quem seja, nem quantos sejam os nossos inimigos. Deus é o nosso Refúgio e Fortaleza. Ele diz à nossa alma: "Eu sou o teu Salvador." Podemos cantar com Davi e fazer nossas as suas palavras, dizendo a Deus para nos dizer a nós as palavras que mais nos consolam:

"Fala à minha alma ó Cristo, fala-lhe com amor!

Segreda com ternura: 'Eu sou Teu Salvador!'

Faze-me bem disposto para te obedecer

Sempre louvar Teu nome dedicar-te o ser.

Faze-me ouvir bem manso, em suave murmurar;

Na cruz verti meu sangue, para te libertar;

Fala-me cada dia, fala com terno amor;

Segreda-me ao ouvido: 'Tu tens um Salvador.'"

B. NOVO APELO POR VINDICAÇÃO. (VS. 4-8)

Qual era o grande apelo de Davi? Digo isso em 3 frases:

1. Que os inimigos sejam envergonhados. "Sejam confundidos e cobertos de vexame os que buscam tirar-me a vida; retrocedam e sejam envergonhados os que tramam contra mim" (4). Davi ora por vindicação. A maior vergonha do inimigo é ser derrotado em campo de batalha. Se Deus estivesse com Davi a defendê-lo, é certo que os adversários sofreriam o maior vexame, a derrota mais esmagadora de que se tem ouvido.

2. Que os inimigos sejam perseguidos. "5 Sejam como a palha ao léu do vento, impelindo-os o anjo do Senhor. 6 Torne-se-lhes o caminho tenebroso e escorregadio, e o anjo do Senhor os persiga." Após a vergonha da derrota, o jeito é fugir. Mas assim como perseguiram os justos, merecem a perseguição de um simples justo que aplica a justiça.

124

Deus enviaria o Seu anjo. No Salmo anterior, lemos que "O anjo do Senhor acampa-se ao redor dos que O temem e os livra." (Sl 34:7). É nessa confiança que Davi suplica a perseguição dos adversários, a fim de que possam em justiça sentir a amargura do que significa perseguir aos que temem a Deus.

3. Que os inimigos sejam destruídos. "8 Venha sobre o inimigo a destruição, quando ele menos pensar; e prendam-no os laços que tramou ocultamente; caia neles para a sua própria ruína." Davi estava certo em pedir a destruição dos seus inimigos? Davi não deveria amar e orar a favor dos inimigos? Mas ele aqui estava orando contra eles.

Não são palavras fáceis de se ler e muito menos de se explicar. Mas o salmo todo pode nos elucidar as razões que justificam tal oração que roga a destruição dos inimigos. Estas são as orações de vingança de Davi contra os seus inimigos. Mas por que não compreendemos as suas palavras? Muitas vezes lemos as maldições, sem ler as suas razões. Por que são justas as reivindicações de Davi? Os inimigos perseguiam a Davi (v. 3), buscavam tirar-lhe a vida (4), tramavam contra ele (4,7), abriram uma cova para a sua vida (7), e tudo "sem causa" (7). Os adversários não podiam apontar nenhum defeito na vida de Davi, mas mesmo assim, por mera crueldade e truculência, eles queriam devorar a sua vida.

A 4ª razão para os salmos imprecatórios, é que eles são corretos porque os inimigos são culpados do sangue inocente, e estão perseguindo aos justos "sem causa". De fato, os inimigos merecem a punição reivindicada com justiça pelos filhos de Deus. Lemos que a voz do sangue inocente clama, desde o justo Abel (Gn 4:10) até os mártires de todos os séculos: "Clamaram em grande voz, dizendo: Até quando, ó Soberano Senhor, santo e verdadeiro, não julgas, nem vingas o nosso sangue dos que habitam sobre a terra?" (Ap 6:10). Esta é mais uma oração imprecatória dos justos registrada no Novo Testamento, por vontade de Deus.

A 5ª razão porque as orações vindicativas foram registradas é que Deus prometeu vingar o sangue inocente dos Seus filhos. Deus vingará os inimigos do seu povo, em tudo o que fizeram contra ele. Disse Moisés: "O Senhor fará justiça ao Seu povo e se compadecerá dos seus servos ... porque o Senhor vingará o sangue dos seus servos, tomará vingança dos seus adversários" (Dt 32:36,43). Aqueles que tocam nos cristãos, tocam na "menina dos olhos" de Deus (Sl 17:8). Ferem aqueles a quem o Salvador mais preza e por quem se entregou em sacrifício na Cruz do Calvário. Deus não pode deixar de exercer a Sua justiça em favor dos Seus filhos e contra os Seus inimigos.

Ele sempre aplica a justiça punitiva ou salvadora. "Porquanto derramaram sangue de santos e de profetas, também sangue lhes tens dado a beber; são dignos disso" (Ap 16:6).

I. PROMESSA DE LOUVOR (VS. 9-10)

A seguir, Davi promete que há de se alegrar e louvar: "9 E minha alma se regozijará no Senhor e se deleitará na sua salvação. 10 Todos os meus ossos dirão: Senhor, quem contigo se assemelha? Pois livras o aflito daquele que é demais forte para ele, o mísero e o necessitado, dos seus extorquiadores.

"Este ponto parece mais difícil de entender. Como pode se alegrar na aniquilação dos seus inimigos? Davi não deveria estar orando pelo bem dos seus inimigos? Não deveria amar aos seus inimigos e orar pelos que o perseguiam? (Mt 5:44).

A 6ª razão deste salmo vindicativo é que a alegria do salmista está "no Senhor". É claro que é difícil separar a libertação do fato de que isso implica na destruição do inimigo, mas isto provoca uma alegria pelo Deus que temos, em Quem nos regozijamos pelo fato de que Ele pratica a justiça. Ao sermos libertos, podemos dizer: "Quem, Senhor, contigo se assemelha?" Isto significa o nosso reconhecimento da superioridade da justiça divina.

O salmista poderia até ficar penalizado pela morte de alguns inimigos, que anteriormente eram seus amigos; ele pode ficar triste pela perda de muitos deles e até lamentar o fato de sua perdição. Mas a sua alegria estava "no Senhor" e no fato de ser Deus o seu Salvador, em quem habita a justiça. "No Senhor", não nos inimigos destruídos. Isto foi ilustrado na ocasião em que Davi foi perseguido pelo seu filho Absalão, juntamente com uma grande multidão de amigos que se colocaram ao lado do filho rebelde e se tornaram seus inimigos.

No final da batalha em que foram derrotados todos os seus inimigos e morto o seu filho, Davi lamentou a morte do filho que caçava a sua vida para lhe usurpar o trono. Quando Davi soube da morte do filho, o que fez? "Então, o rei, profundamente comovido, subiu à sala ... e chorou; e, andando, dizia: Meu filho Absalão, meu filho, meu filho Absalão! Quem me dera que eu morrera por ti, Absalão, meu filho, meu filho!" (2 Samuel 18:33). Eram sentimentos controversos - um misto de alegria e tristeza ao mesmo tempo, querendo dar a vida pela vida do filho.

Não admira que Davi foi considerado o homem segundo o coração de Deus, que enviou o Seu Filho para morrer em lugar de nós outros, Seus filhos perdidos.

II. APELO POR LIBERTAÇÃO (11-18)

A. Razão do Apelo (11-16): Os amigos traíram a Davi, e se tornaram em seus piores inimigos. Sabe qual foi a maior tribulação de Davi? Não eram os seus inimigos. Eram os amigos que se tornaram em inimigos. Eram os amigos que o traíram. Alguém poderia se lembrar das palavras de Cristo sobre amar os inimigos e orar por eles? Mas note como Davi fez exatamente isso:

"11 ¶ Levantam-se iníquas testemunhas e me arguem [acusam] de coisas que eu não sei. 12 Pagam-me o mal pelo bem, o que é desolação para a minha alma. 13 Quanto a mim, porém, estando eles enfermos, as minhas vestes eram pano de saco; eu afligia a minha alma com jejum e em oração me reclinava sobre o peito, 14 portava-me como se eles fossem meus amigos ou meus irmãos; andava curvado, de luto, como quem chora por sua mãe."

É evidente o profundo amor e afeição de Davi por esses "amigos", tratados como irmãos, e lamentados "como quem chora por sua mãe", mas que se revelaram em seus piores inimigos. Mas agora, veja o resultado de amar e orar por aqueles inimigos! "15 Quando, porém, tropecei, eles se alegraram e se reuniram; reuniram-se contra mim; os abjetos, que eu não conhecia, dilaceraram-me sem tréguas; 16 como vis bufões em festins, rangiam contra mim os dentes".

A 7ª razão dos salmos de vingança é que os inimigos já foram longe demais. Eles são falsas testemunhas contra nós. Pagam o mal pelo bem que lhes fizemos. Alegram-se de nossas desgraças, quando o mal nos abate. Reúnem-se para tramar a morte daqueles que os amaram e suplicaram com jejum e orações, rogando por sua vida e saúde. Torturam e dilaceram aos que seguem o caminho de Deus. Revelam o seu ódio selvagem contra todos os que amam a Deus. E finalmente, desejam a morte daqueles que os ajudaram e clamaram por sua salvação. Os ímpios, que são alvos dessas orações que reivindicam a sua condenação, ultrapassaram os limites da misericórdia divina; não há como converter esses corações empedernidos. Pecaram contra o Espírito Santo. Não há salvação para eles.

É claro que não podemos julgar a espiritualidade dos outros; só Deus pode saber quem vai se salvar e quem vai se perder. Mas Davi não colocou os nomes deles, ao lado de seus pecados. Ele nem colocou o nome de Saul, que foi o pior de todos, e já estava condenado por Deus! Davi sentiu bater-lhe o coração acelerado quando se aproximou de Saul para lhe cortar o manto (1Sm 24:5) e poupou a sua vida, por duas vezes! Mas tudo isso deixava o salmista em uma grande tribulação, ainda penalizado por seus amigos traidores. Como Jesus, que parecia não suportar a separação de Judas.

NOVO APELO POR LIBERTAÇÃO (V. 17)

Davi apela por libertação: "17 ¶ Até quando, Senhor, ficarás olhando? Livra-me a alma das violências deles; dos leões, a minha predileta. 18 Dar-te-ei graças na grande congregação, louvar-te-ei no meio da multidão poderosa. "

Este é um apelo urgente (Até quando, Senhor?) visando a onisciência divina (V. 17: "Ficarás olhando?"; V. 22: "Tu, Senhor, os viste."), buscando a libertação. De fato, somente um Deus onisciente poderia ver todas as coisas, e a todas as pessoas, bons e maus, em todos os lugares do universo, para atender a todos os Seus filhos, e libertá-los dos seus inimigos que "tramam enganos contra os pacíficos da terra" (20). Mas Davi sabia disso, e apela por Sua sabedoria e visão onisciente para garantir a sua libertação.

Agora, chegamos na 8ª razão dos salmos imprecatórios: Deus publicou essas orações para nos ensinar a essência da verdadeira oração, sem falsas cortesias, e sem reservas. "Até quando, Senhor, ficarás olhando?" Você ora desta maneira para Deus? Nós somos muito finos e corteses em nossas orações, não querendo falar coisas impróprias numa oração por temor a Deus.

Mas a verdadeira oração lança fora essa falsa delicadeza, esse fino trato, no qual tentamos esconder mesmo de Deus as muitas coisas que estamos remoendo em nosso coração. Entretanto, a verdadeira oração revela os sentimentos mais secretos da alma. Quando estivermos prontos a orar e falar exatamente como nos sentimos, e quais são os pensamentos que nutrimos; quando estivermos prontos a revelar os mais íntimos segredos da alma, então, sim, estaremos começando a orar de fato e manteremos a verdadeira comunhão com o nosso Deus. Daí, virão as respostas às nossas preces mais profundas, às nossas mais indizíveis aspirações.

Veja como Davi ora: "Até quando, Senhor, ficarás olhando?" "Até quando terei de esperar, sem que faças coisa alguma?" Não parece descortês? Onde está a delicadeza, o fino trato e o respeito para com o Eterno? Mas Davi falava com sinceridade de alma. Ele tinha verdadeira intimidade com Deus. Abria o coração como a um amigo. Confiava-Lhe todas as tribulações. Note a sua angústia: "Livra-me a alma das violências deles; dos leões, a minha predileta." Ele não tinha receios de falar a verdade para Deus e Deus gostava tanto de Davi, que falou dele como alguém que era segundo o Seu coração (At 13:22).

Davi se dirige a Deus, como Alguém que tem a visão da onisciência, lamenta-se da violência de seus cruéis inimigos, suplica a libertação e promete-Lhe dar graças pela libertação. Ele crê que sua promessa de gratidão e louvor há de ser um argumento muito forte para fazer de Deus o seu Libertador naquele momento de perseguição terrível.

NOVA PROMESSA DE LOUVOR (V.18)

Davi cantou a segunda promessa de que haveria de louvar a Deus diante das multidões reunidas: "18 Dar-te-ei graças na grande congregação, louvar-te-ei no meio da multidão poderosa." Davi antevê a grande vitória de seu Libertador sobre os seus inimigos.

III. APELO POR JUSTIFICAÇÃO (19-28)

A. Razão do Apelo (19-22): Os "inimigos gratuitos" odeiam a Davi e planejam a guerra contra ele. Mas Deus sabe de tudo isso. Nesta terceira parte do salmo, Davi fala sobre a alegria malévola dos seus inimigos. E acrescenta o tipo de adversários que possuía: eles são "inimigos gratuitos" (v. 19), ou seja: eles não podem dizer por que são meus inimigos. Eles "me odeiam sem causa!" Essas palavras foram usadas por Cristo para Se referir aos Seus inimigos, fazendo delas uma profecia messiânica: "Quem me odeia, odeia também a meu Pai. Se eu não tivesse feito entre eles tais obras, quais nenhum outro fez, pecado não teriam; mas, agora, não somente eles têm visto, mas também odiado, tanto a mim como a meu Pai. Isto, porém, é para que se cumpra a palavra escrita na sua lei: Odiaram-me sem motivo." Jo 15:23-25.

20: "Não é de paz que eles falam." A intenção dos inimigos era promover a guerra literal e fisicamente para destruir o ungido de Deus. 21: "Escancaram contra mim a boca e dizem: Pegamos! Pegamos! Vimo-lo com os nossos próprios olhos. 22 Tu, Senhor, os viste; não te cales; Senhor, não te ausentes de mim." Aqui temos a certeza de triunfo da parte dos adversários de Davi, que afirmam que já o viram em meio aos seus esconderijos. Mas ele apela a Deus que já os vira muito antes em suas ações de complô contra o Seu servo. A onisciência divina é invocada pela segunda vez (17,22).

NOVO APELO POR JUSTIFICAÇÃO (VS. 23-26)

Este é o 3º apelo do salmista e agora ele ora por justificação: "23 Acorda e desperta para me fazeres justiça, para a minha causa, Deus meu e Senhor meu. 24 Julga-me, Senhor, Deus meu, segundo a tua justiça; não permitas que se regozijem contra mim." Davi não só apela por justiça, mas que Deus o julgue, a fim de proceder a sua justificação perante os inimigos.

Em circunstâncias diferentes ou lutando com algum pecado, Davi não pediria para que Deus o julgasse, porque a Sua justiça haveria de quebrantá-lo; antes clamaria pela misericórdia. Mas agora, ele está precisando da justiça e apela para o mesmo Deus, porque Davi conhece muito bem o caráter divino e sabe que ele é constituído de muitas e infinitas misericórdias, mas também de justiça que absolve os justos.

Davi sabe que o juízo divino não é de se temer porque será justo. Muito mais são de temer os juízos humanos, por muitas razões e principalmente porque são injustos. Portanto, ele confia em que a justiça de Deus seja feita em prol de sua causa, a fim de que ele seja justificado diante dos seus inimigos.

Mas há uma expressão que nos é muito familiar: "Deus meu e Senhor meu." (23) Estas palavras nos indicam um íntimo relacionamento de Davi com Deus. A religião verdadeira está baseada não em regras e cerimônias, mas em um relacionamento próprio com Deus.

Tomé, depois de um tempo de dúvidas e incertezas, completamente convertido diante do seu maravilhoso Salvador, disse a Jesus em atitude de adoração: "Senhor meu e Deus meu" (Jo 20:28). Necessitamos desse íntimo relacionamento com Jesus Cristo especialmente em nosso tempo quando cresce o número dos inimigos em proporção geométrica.

Promessa de Louvor (Vs. 27-28)

Davi faz um convite para todos os que temem ao Senhor, e sentem prazer na justiça e retidão dos justos: "27 Cantem de júbilo e se alegrem os que têm prazer na minha retidão; e digam sempre: Glorificado seja o Senhor, que se compraz na prosperidade do seu servo!"

Então, promete Davi louvar a justiça pela qual ele será justificado: "28 E a minha língua celebrará a tua justiça e o teu louvor todo o dia."

Esta é a 3ª vez em que Davi promete louvar e engrandecer a Deus (9,18,27-28). São três apelos e três louvores. Aqui ele convida aos seus verdadeiros amigos que têm prazer sua integridade, a se unirem a ele e glorificarem ao Deus que lhe concede a vitória esmagadora sobre os seus inimigos. Meu prezado amigo, por acaso você está orando contra os seus inimigos? Ou a favor deles? É possível que inimigos sejam transformados em amigos, e depois sejam salvos. Deus responde as agonizantes e fervorosas orações dos cristãos.

Ou será que alguém está orando e rogando impropérios contra você? Será que há entre nós alguém que esteja roubando propriedades, dinheiro ou a reputação dos outros? Será que há alguém que está tramando o mal e arruinado a felicidade de outros? Eu conheço pessoas que se dizem cristãos e agem exatamente assim. Tudo isso é motivo para orações a Deus.

Mas se você está orando contra alguém, será que essa pessoa não é especial para Deus? Você quer o mal para alguém que confia no sacrifício de Jesus Cristo? Por acaso você persegue a alguém que é reputado segundo o coração de Deus? Então, cuide para que esse mal não se volte contra si mesmo.

Davi dizia sobre os seus inimigos: "Não digam eles lá no seu íntimo: Agora, sim! Cumpriu-se o nosso desejo! Não digam: Demos cabo dele!" (25). Davi dizia para os seus amigos: "Digam sempre: Glorificado seja o Senhor!" Mas para o Senhor, Davi dizia: "Dize à minha alma: Eu sou a tua salvação."

Cantemos sempre e louvemos ao nosso Redentor:

"Fala à minha alma ó Cristo, fala-lhe com amor!

Segreda com ternura: 'Eu sou Teu Salvador!'

Faze-me bem disposto para te obedecer

Sempre louvar Teu nome dedicar-te o ser.

Faze-me ouvir bem manso, em suave murmurar;

Na cruz ver o meu sangue, para te libertar;

Fala-me cada dia, fala com terno amor;

Segreda-me ao ouvido: "Tu tens um Salvador.'"

Pr. Roberto Biagini

Mestrado em Teologia

prbiagini@gmail.com

30/11/2012

O que é Domínio Próprio?

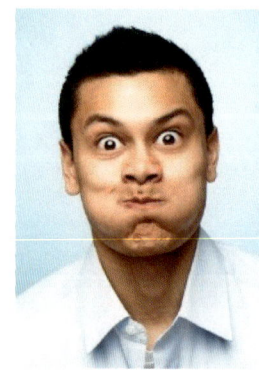

"Mas o fruto do Espírito é: amor, alegria, paz, longanimidade, benignidade, bondade, fidelidade, mansidão, domínio próprio. Contra estas coisas não há lei" (Gl 5.22-23). Quando lemos a lista de virtudes do "fruto do Espírito", é fácil perceber que só Deus é mesmo capaz de produzir tais coisas de modo consistente em nossas vidas.

Ainda assim, a Bíblia nos orienta a buscar tais virtudes com zelo e na dependência da ação do Espírito Santo. A última das virtudes dessa lista é o "domínio próprio".

Tal virtude expressa a ação de exercer controle sobre si mesmo a fim de dominar os desejos em lugar de ser dominado por eles. Tem como sinônimos a temperança e o autocontrole. Quando pensamos em autocontrole, a primeira coisa que nos vem à mente é o necessário controle sobre os desejos da carne, como a lascívia e a imoralidade. Na verdade, o domínio próprio é bem mais abrangente.

E não tem influência apenas sobre as coisas que não podemos fazer, mas também sobre as coisas que temos de realizar e que nossa vontade reluta em executar. A batalha do domínio próprio começa no dia da conversão a Cristo e termina no encontro com Jesus nos céus. É uma luta que dura a vida toda e nos inflige derrotas sobre derrotas, exigindo esforço, dependência do Espírito e amor ao Salvador Jesus.

Paulo, o apóstolo que teve a seu encargo a maior tarefa missionária da igreja apostólica e a maior responsabilidade em termos de escritos do Novo Testamento, fala da sua luta pessoal para subjugar a vontade pecaminosa interior a fim de servir bem a Deus. Ele diz: "Todo atleta em tudo se domina; aqueles, para alcançar uma coroa corruptível; nós, porém, a incorruptível. Assim corro também eu, não sem meta; assim luto, não como desferindo golpes no ar. Mas esmurro o meu corpo e o reduzo à escravidão, para que, tendo pregado a outros, não venha eu mesmo a ser desqualificado" (1Co 9.25-27). Mais do que a figura de um treino esportivo, essa é a descrição de uma batalha pessoal interna.

Todo bom estrategista militar sabe quais os melhores campos de batalha para enfrentar o inimigo e as melhores táticas de guerra. Nós, como guerreiros de Deus contra o mal e o pecado, também precisamos saber onde lutar a fim de ter êxito em exercitar o autocontrole. O primeiro passo é cuidar para que o inimigo não receba suprimentos e munições que possam ser usados contra nós. Portanto, devemos começar a batalha controlando nossa mente e o que entra nela.

Se rechearmos nossa mente com pensamentos maus, não podemos esperar combater bem a tentação quando ela atacar justamente as áreas em que encontra as melhores condições de nos invadir, visto ter infiltrados inimigos dentro da fonte dos pensamentos. Você pode pensar o que quiser, mas se seus pensamentos não forem puros, dificilmente sua vida o será. Se você não pode dominar sua mente, como espera conseguir dominar seu corpo? Não há como falar de todas as áreas da vida e do corpo que precisamos dominar para haver real santificação.

Precisaríamos de vários volumes que falassem sobre os olhos, ouvidos, pensamentos, desejos, preguiça, gula, impulsos sexuais, ira, rancor, autocompaixão, vanglória, cobiça e inúmeros pecados referentes à natureza humana que necessitam ser dominados. Para exemplificar o padrão da conduta temperante e do resultado positivo que ela tem na comunhão com Deus, lancemos mão apenas de um exemplo: a língua.

É óbvio que não se trata do órgão anatômico localizado dentro da cavidade bucal, mas daquilo que nós falamos. A mesma boca pode abençoar enormemente outras pessoas, ou pode causar destruições sem tamanho e é incrível como a segunda opção é sempre mais frequente que a primeira. Quanto ao controle sobre o que dizemos, a Bíblia diz: "Porque todos tropeçamos em muitas coisas. Se alguém não tropeça no falar, é perfeito varão, capaz de refrear também todo o corpo" (Tg 3.2).

Esse é o padrão do controle sobre os desejos de pecado e só acorrentando tais inimigos é que podemos almejar a perfeição que agrada a Deus e a santidade que ele ordena. Mas não é preciso dominar apenas os pecados e os desejos do ego. É necessário haver autocontrole mesmo sobre coisas que em si mesmas são boas ou neutras. Por exemplo: o alimento, que é algo bom que Deus nos deu para o suprimento do corpo físico. Na verdade, ele é tão importante que somos instruídos a agradecê-lo todas as vezes que o recebermos.

Entretanto, se abusamos na quantidade do que comemos e no excessivo prazer nele, cometemos pecado. Outro caso que ilustra bem é a companhia dos amigos. Somos incentivados a ter comunhão com os bons amigos no Senhor, mas se somos tão frequentes à sua casa, podemos enfadá-los e causar dano à comunhão sadia, ao invés de fortalecê-la. O excesso das boas coisas geralmente é pecado e precisa ser dominado para que não nos domine. O livro de Provérbios diz: "Achaste mel? Come apenas o que te basta, para que não te fartes dele e venhas a vomitá-lo.

Não sejas frequente na casa do teu próximo, para que não se enfade de ti e te aborreça" (Pv 25.16-17). A verdade é que somos frequentemente dominados pelo que amamos. Se você ama muito alguém, alguma coisa ou até você mesmo, é bem provável que não haverá controle sobre as circunstâncias que ferirem tais áreas. Portanto, a melhor maneira de manter o controle pessoal e o domínio próprio é amar a Deus acima de todas as coisas e, assim, ser dominado inteiramente pelo seu Espírito.

Pr. Thomas Tronco — Igreja Batista da Redenção

36 – A Maldade do Ímpio e o Refúgio em Deus

Há um grande contraste entre o verdadeiro cristão e aqueles que vivem sob o domínio das trevas. Neste Salmo Davi faz uma análise sobre essa diferença e afirma que os pensamentos dos céticos é continuamente dizer que Deus não existe. Lendo esta oração do salmista lembro-me de um renomado cientista que faleceu no início deste ano (2019) que dizia não existir um Ser Todo Poderoso e que isso era uma grande piada, criada pelos cristãos por não serem capazes de explicar o surgimento do Universo nem crer no que a ciência ensina.

Davi afirmou: *"Há no meu íntimo um oráculo a respeito da maldade do ímpio: Aos seus olhos é inútil temer a Deus. Ele se acha tão importante, que não percebe nem rejeita o seu pecado. As palavras da sua boca são maldosas.*

E traiçoeiras; abandonou o bom senso e não quer fazer o bem. Até na sua cama planeja maldade; nada há de bom no caminho a que se entregou, e ele nunca rejeita o mal. Salmos 36:1-4

São assim todos os incrédulos, eles duvidam da existência do Senhor e blasfemam contra seu santo nome. A arrogância deles é tão grande que levam suas vidas desregradas, em festas e banquetes.

M Brindam juntos ao pecado e a todo tipo de imoralidades por ter consciência que depois da morte nada mais existe e tudo é apagado, esquecido, sem qualquer punição pelos seus erros. Porém o salmista faz menção da justiça divina e o galardão do justo, quando declara:" *A tua justiça é firme como as altas montanhas; as tuas decisões insondáveis como o grande mar. Tu, Senhor, preservas tanto os homens quanto os animais. Como é precioso o teu amor, ó Deus!*

Os homens encontram refúgio à sombra das tuas asas. Eles se banqueteiam na fartura da tua casa; tu lhes dás de beber do teu rio de delícias. Pois em ti está a fonte da vida; graças à tua luz, vemos a luz. Estende o teu amor aos que te conhecem, a tua justiça aos que são retos de coração. Salmos 36:6-10

E não esquece de revelar o fim trágico dos impiedosos, ao dizer: "Não permitas que o arrogante me pisoteie, nem que a mão do ímpio me faça recuar. Lá estão os malfeitores caídos, lançados ao chão, incapazes de levantar Salmos 36:11,12

LUGAR DE REFÚGIO - Salmo 36

Como é precioso o teu amor, ó Deus! Toda a humanidade encontra abrigo [refúgio] à sombra de tuas asas.

Esconderijo de Criança

Um lugar de refúgio, aonde correr, é uma necessidade universal, tanto de seres humanos como de animais. Sempre que nos vemos ameaçados, especialmente nós as criaturas humanas, a tendência natural é buscar um lugar de abrigo.

Pense, por exemplo, nas crianças: na infância é muito comum para meninos e meninas as brincadeiras de esconde-esconde. Todas elas correm para se abrigar em baixo da mesa, atrás do sofá ou da cortina, em baixo da cama, dentro do guarda-roupas, de alguma cômoda e por aí vai...

Quando eu era pequeno, amava me esconder em baixo da mesa da casa da avó Frauzina. Era um móvel muito antigo, cuja base, no formato de um caixote, servia perfeitamente bem como esconderijo ou abrigo, principalmente com o forro enorme, cobrindo a mesa do topo até quase tocar o chão. Era fascinante me refugiar naquele local.

Na adolescência, meu lugar de refúgio era o telhado de nossa casa, na Rua Rio Verde, nº 1104, St. Campinas (a casa está lá até hoje!). Lá em cima, bem no cantinho do telhado da garagem eu construí uma nave espacial — acima das telhas subia as paredes da varanda, formando uma triangulação perfeita para a construção daquele "OVNI".

Os botões de controle eram todos de tampinhas de refrigerantes e os painéis de controle e o leme todos criativamente improvisados com todo tipo de materiais. Enfim, era encantador me refugiar naquele lugar de abrigo. Sentia-me perfeitamente abrigado para voar para outros mundos encantadores e bem mais seguros. Falando em voar...

Recordo-me a primeira vez que entrei num avião. Meu pai me levou ao Aeroporto Santa Genoveva e me colocou dentro do avião do dono da empresa que ele trabalhava. Naquele tempo, os daquele porte eram chamados de teco-teco. Lembro-me que lá dentro eu fiquei encantado com o abrigo proporcionado pela aeronave.

Bem pequena, tudo muito apertadinho, mas, para a cabeça inocente de uma criança, um lugar perfeito para se abrigar e voar à procura de refúgio. Disse, então, ao papai: "Papai, aqui é muito seguro! Se o avião cair ninguém morre, né?" Acho que foi à partir daquela experiência que eu tive a brilhante ideia de construir minha aeronave sobre o telhado.

Lugar de Refúgio - Refúgio é sinônimo de segurança. No Antigo Testamento existem diversas palavras hebraicas que evocam imagens de refúgio ou abrigo — todas falam de alternativas para quem precisa, por exemplo, de segurança face ao perigo. Defesa contra o inimigo, alívio do estresse, proteção contra o tempo, etc. As imagens bíblicas mais comuns descrevem *rocha ou fortaleza* (geralmente um posto militar no deserto) aonde buscar refúgio nas batalhas.

casa ou lar como lugar aonde voltar e lugar permanente de abrigo e refúgio. Também encontramos *asas e torre* (cerca de cem vezes cada no Antigo Testamento) — *asas* para voar em busca de abrigo ou lugar aonde se refugiar; e *torre* como lugar de refúgio ou abrigo. O ser humano, definitivamente, precisa de um lugar de refúgio. O versículo que nós lemos inicialmente (Sl 36.7) não poderia ser mais claro:

[7]Como é precioso o teu amor, ó Deus! Toda a humanidade encontra abrigo [refúgio] à sombra de tuas asas.

Este salmo é muito parecido com o primeiro salmo do Saltério; ou seja, contrasta os caminhos dos justos com os dos ímpios, revelando suas diferentes naturezas, diferentes escolhas e diferentes destinos. Há, porém, duas diferenças básicas entre o trigésimo sexto e o primeiro dos salmos.

Primeiro, *a ordem é inversa*. No Salmo 1, primeiro se descreve o justo (vv. 1-3), depois o ímpio (v. 4) e, então, o destino de ambos é apresentado em contraste (vv. 5-6). No Salmo 36 a ordem é a seguinte: primeiro os ímpios (vv. 1-4), depois os justos (vv. 5-9) e, por fim, o contraste entre eles (vv. 10-12).

Segundo, *a ênfase é diferente*. No Salmo 36 a seção sobre o justo não foca, principalmente, no justo em si, mas em Deus, cujas qualidades ou atributos apenas os justos apreciam e desfrutam com fé e esperança. Em tudo o que se deseja destacar é que Deus, somente Deus, é o nosso lugar de refúgio. Hoje o que faremos é passear por este salmo, o 36, fazendo algumas observações à partir de cada uma das estruturas do salmo. Então, vamos lá...

1. Precisamos de refúgio! De quê?

Nos quatro primeiros versículos, Davi desenha uma imagem falada de homens perversos, homens que não temem a Deus e que perseguem o povo de Deus. Observem:

Sl 36.1-4 | *¹O pecado do ímpio sussurra ao seu coração; ele não tem o menor temor de Deus. ²Em sua cega presunção, não percebe quão grande é sua perversidade.*

³Tudo que diz é distorcido e enganoso; não quer agir com prudência nem fazer o bem. ⁴Mesmo à noite, trama maldades; suas ações nunca são boas, e não se esforça para fugir do mal.

A fonte do pecado é o coração — o pecado sussurra ou prega ao coração do ímpio (oráculo da impiedade no coração — como se o pecado fosse seu deus ou profeta).

A raiz de tudo é o coração (Mc 7.20), e dele procedem todos os tipos de males (Mc 7.21-22): *"maus pensamentos, imoralidade sexual, roubo, homicídio, adultério, cobiça, perversidade, engano, paixões carnais, inveja, calúnias, orgulho e insensatez."* Todas as coisas desprezíveis vêm de dentro; são elas que nos contaminam (Mc 7.23). Portanto, transformações que realmente mudam as coisas são as que modificam o coração. Quem confia ou segue o coração sempre cairá em ruína.

O fruto do pecado no coração é devastador para os seres humanos: cauterização da mente e da consciência (v. 1); cegueira de orgulho e presunção (v. 2); língua felina e mentirosa (v. 3a); inclinação obstinada para o mal (v. 3b); ansiedade descontrolada (v. 4a); sem qualquer desejo real de mudança pela pessoa pecadora (v. 4b). **Nós precisamos de refúgio: em *primeiro lugar*, refúgio de nós mesmos, de nossas maldades, de nosso coração pecaminoso e miserável.**

Que, por natureza, sempre nos inclina para a prática da maldade; em *segundo lugar*, precisamos de refúgio desse mundo mal, permeado de pessoas como nós mesmos, isto é, maldosas, ímpias e perversas. Precisamos de refúgio... bem longe do pecado e da ira de Deus.

2. A vida no refúgio! Como é?

Agora, após descrever o coração e o comportamento dos ímpios (vv. 1-4), Davi, abruptamente (vv. 5-9) — tão abruptamente que comentaristas liberais do texto bíblico. Equivocadamente, falam de duas composições distintas aglutinadas no mesmo salmo (vv. 1-4 e vv. 5-9) — passa a descrever alguns atributos de Deus

(i.e., amor, fidelidade, justiça e sabedoria) e os privilégios de quem encontra refúgio no Senhor (i.e., provisão, proteção, satisfação e iluminação). Observem:

Sl 36.5-9 | *⁵Teu amor, SENHOR, é imenso como os céus; tua fidelidade vai além das nuvens. ⁶Tua justiça é como os montes imponentes, teus decretos, como as profundezas do oceano; tu, SENHOR, cuidas tanto das pessoas como dos animais. ⁷*

Como é precioso o teu amor, ó Deus! Toda a humanidade encontra abrigo à sombra de tuas asas. ⁸Tu os alimentas com a fartura de tua casa e deixas que bebam de teu rio de delícias. ⁹Pois és a fonte de vida, a luz pela qual vemos.

Para desfrutar de tudo isso, quem no Senhor se refugia, precisará aprender a viver pela fé:, pela fé é que nós provamos do amor, da fidelidade, da justiça e da sabedoria de Deus, é a graça, por meio da fé, que derrama sobre nós provisão, proteção, satisfação e iluminação.

A vida no refúgio, portanto, é vivida pela fé na graça futura de Deus. Tanto é verdade que o salmista conclui o seu poema com uma oração de fé:

Sl 36.10-12 | *¹⁰Derrama teu amor sobre os que te conhecem, concede justiça aos sinceros de coração. ¹¹Não permitas que os arrogantes me pisoteiem, nem que os perversos me empurrem. ¹²Vejam! Caíram os que praticam o mal! Foram derrubados e nunca **mais** se levantarão.*

Percebeu? É pela fé, em oração, que nós provamos do amor, da fidelidade, da justiça e da sabedoria de Deus. Sem fé na graça futura de Deus (fé no que Deus tem para nós) não há como desfrutar da provisão, da proteção, da satisfação e da iluminação que o Senhor, em Cristo, por meio do Espírito Santo, nos dispensa. Refugiamo-nos em Deus pela fé. Pela fé, assim é que é a vida no refúgio.

3. Jesus Cristo é o nosso refúgio

Tudo o que Deus tem a nos oferecer só será encontrado em Jesus Cristo: Nele, Cristo, é que nós provamos do *amor* de Deus (ele nos deu Jesus), recebemos a *justiça* de Deus (em Cristo somos justificados), desfrutamos da *sabedoria* de Deus (que nos salva pela loucura da pregação da cruz).

E conhecemos a *fidelidade* de Deus (jamais nos lançará fora; começou e terminará a obra de salvação em nossas vidas); Cristo é quem nos prove *salvação*, quem nos dá *proteção*, quem nos enche de *satisfação* e, pelo Espírito, nos oferece *iluminação*. Jesus Cristo é o nosso refúgio! Mt 23.37 | *Jerusalém, Jerusalém, cidade que mata profetas e apedreja os mensageiros de Deus!*

Quantas vezes eu quis juntar seus filhos como a galinha protege os pintinhos sob as asas, mas você não deixou.

As massas dos dias de Jesus recusaram o refúgio oferecido por Deus e *"Foram derrubados e nunca mais se levantarão"* (Sl 36.12). Ainda hoje acontece a mesma coisa. A maioria foge de Jesus Cristo e procura refúgio noutros lugares. Não seja você um desses que, no final, por causa do engano do pecado, sempre tropeçam e caem por viverem na prática do mal.

Venha agora mesmo a Jesus e encontre refúgio. Cante como o salmista (Sl 36.7): *Como é precioso o teu amor, ó Deus! Toda a humanidade encontra abrigo [refúgio] à sombra de tuas asas.* **Refugie-se em Jesus e viva pela fé na graça futura de Deus; viva da esperança do céu:**

Hb 6.18-20 | *[18] A promessa e o juramento não podem ser mudados, pois é impossível que Deus minta. Portanto, nós que nele nos refugiamos estamos firmemente seguros ao nos apegarmos à esperança posta diante de nós. [19] Essa esperança é uma âncora firme e confiável para nossa alma.*

Ela nos conduz até o outro lado da cortina, para o santuário interior. [20]*Jesus já entrou ali por nós. Ele se tornou nosso eterno Sumo Sacerdote, [...]* Jesus é o nosso lugar de refúgio; quem nele se refugia é transportado para o reino eterno.

Igreja batista em Goiânia – S.D.G. Peixoto

Salmo 37 - A Aparente Prosperidade dos Ímpios

Quantas vezes nos perguntamos a razão desse contraste entre a vida de grande parte dos incrédulos que prosperam e muitos cristãos que buscam viver em harmonia com a vontade de Deus e o que ensinam as Escrituras Sagradas? Com certeza o leitor já deve ter se perguntado o porquê do seu vizinho possuir um carro do ano, uma casa nova, um emprego e o salário maior e melhor que o seu...Afinal, porque os ímpios parecem ser mais abençoados do que os discípulos de Jesus?

Uma das coisas que devemos lembrar é que Cristo não veio a esse mundo para nos dá riquezas materiais e sim espiritual, o Senhor não está nem um pouco em nos ver caindo no abismo e sabe que se colocar muitos tesouros em nossas mãos iremos esquecê-lo e nos voltar para o materialismo desse mundo consumista.Muitos que enriqueceram já fizeram isso, abandonaram o templo onde antes adoravam a Deus e firmavam sua fé, trocaram a vida eterna pelas lentilhas que satanás lhes ofereceu e passaram a ver a igreja como um povo medíocre e sem a menor importância.

Porém, isso não quer dizer que os filhos do Altíssimo precisem viver na miséria, porém, ele somente enriquecerá aqueles que de antemão escolheu para determinada coisa, pois estes já nasceram preparados para possuírem riquezas e não se contaminar com os enganos das trevas.

Quando oramos e pedimos bens materiais a Deus ele sonda nossos pensamentos, nossos corações, nossos objetivos futuros e visualiza o resultado da soma de todos estes fatores de risco. Se porventura não formos aprovados a petição não será aceita, nem atendida. Jesus Cristo perguntou aos seus ouvintes:

"E qual o pai de entre vós que, se o filho lhe pedir pão, lhe dará uma pedra? Ou, também, se lhe pedir peixe, lhe dará por peixe uma serpente?

Se vós, pois, sendo maus, sabeis dar boas coisas aos vossos filhos, quanto mais vosso Pai, que está nos céus, dará bens aos que lhe pedirem?" (Mt 7:9,10)

Ele afirmou que daria o que lhe pedíssemos com fé, entretanto alertou sobre o perigo de colocar nossos corações no amor ao dinheiro, pois isso nos afastaria da comunhão com o Pai Celestial. Deus quer o nosso bem e sabe que se nos encher de bens materiais perderemos a nossa espiritualidade.

Então, limita-se a nos dar somente o bastante para que vivamos bem e em paz. Se alguém deseja possuir as riquezas deste século e não se encontra preparado para continuar servindo ao Senhor em espírito e em verdade, se há riscos desta pessoa se perder, certamente não terá suas petições atendidas. E nisso muitos já morreram na fé.

Pois como não receberam o pediram a Deus decidiram agir com astúcia. E foram buscar riquezas de outros meios, lá fora, e até encontraram o que queriam possuir, mas hoje encontram-se caminhando pelas veredas da morte e sem salvação. Os ímpios, como ainda não se voltaram para Deus, lutam e conquistam seus objetivos materialista, pois não sendo um filho do Altíssimo é responsável por seu próprio erro.

Mas a igreja, como Noiva do Cordeiro, precisa ser bem cuidada e o Noivo impedirá que algo de ruim lhe aconteça. Sempre que ela pensar em dá um passo em falso ele irá segurar em suas mãos e a livrará de tropeçar ou cair num profundo abismo. Precisamos compreender que quem quiser andar com Cristo deve esquecer das coisas deste mundo perdido, mas se alguém anseia pelos prêmios do mal, como fez o profeta Balaão, que desista do caminhar com o nosso Redentor.

Ao lado de Deus não há espaço para o materialismo, as riquezas desta vida, os tesouros que de nada servem para quem escolheu um dia habitar nas mansões celestiais, tão pouco há vagas para os ambiciosos. A "doutrina da prosperidade" criada e ensinada em determinadas religiões, onde seus idealizadores ensinam os cristãos a ajunta tesouros na terra, partiu da mente obscurecida de homens dominados pela ganância, presos às trevas espirituais onde o diabo os colocou, isso não procede de Deus.

Salmo 37 – Como Podem Os Ímpios Prosperar?

Como pode um Deus justo ficar aparentemente inerte frente à injustiça da prosperidade dos ímpios? O tema do salmo 37 está expresso nas palavras do verso 7, e trata do grande problema da prosperidade dos ímpios, que muitas vezes nos deixa perplexos e sem resposta.

Esta era a preocupação do salmista Davi: Como podem os ímpios prosperar? Como Deus aparentemente não vê tanta iniquidade, tanta violência e tanto crime, adicionados a tanto roubo, opressão e corrupção descabidos? Como podem prosperar os perversos e corruptos, quando os justos e bons muitas vezes estão sofrendo na miséria?

Em suas profundas meditações e grande experiência de alguém já idoso (V.25), além de ser poeta e profeta inspirado e rei da nação israelita, Davi apresenta os imperativos para todo o seguidor de Jeová Deus e de Jesus Cristo, a fim de que tenha esse assunto claro em sua mente, e não venha a decair em sua fé. Ele responde a indagação com um salmo em forma de acróstico, no original. Ele apresenta como resposta mais convincente o destino dos ímpios em contraste com a recompensa dos justos.

Qual deve ser a nossa atitude frente ao problema da prosperidade imerecida dos ímpios? OS 10 IMPERATIVOS do salmista nos ajudam a enfrentar o problema. O primeiro imperativo de sua coleção é este, embora pareça estranho:

1 – NÃO TE INDIGNES (V. 1)

"Não te indignes por causa dos malfeitores" (v.1) Este é o primeiro imperativo de Davi.

Davi passou por essa experiência. Imagine o salmista encerrado em uma caverna, escondido para que o seu rei [Saul] a quem ele tanto ajudara, não o mate com o seu exército armado. Imagine o grande rei Davi com vestes reais, atravessando um rio gelado com a família, mulheres e crianças.

Acompanhados de amigos fiéis, levando bagagem pesada, passando fome e frio pelo caminho, enquanto que os seus adversários estavam festejando a vitória sobre ele. Não estaria ele se perguntando: Como podem prosperar os ímpios na sua iniquidade? Como pode um Deus Todo-poderoso deixar que isso aconteça? Ele diz: "Não te indignes por causa dos malfeitores."

Mas Davi não nos deixa apenas no seu imperativo. Ele nos dá a resposta divina para a nossa inquietação e perplexidade no verso 2: "Pois eles dentro em breve definharão como a relva e murcharão como a erva verde." Ou seja: Não se preocupe se os ímpios prosperam. A prosperidade deles é passageira, efêmera, porque eles mesmos passarão,

E tudo quanto possuem será dado aos justos que possuirão a terra de modo exclusivo e final. Ora, se os ímpios são tão fugidiços, tão transitórios, por que você gastaria tempo e energia em se preocupar com eles? Aqui podemos ver claramente o Destino dos Ímpios. A maioria dos teólogos protestantes e católicos prega a doutrina do castigo eterno em que os ímpios sofrerão eternamente nos fogos ardentes do Inferno.

Eles dizem que enquanto os justos recebem a vida eterna no Céu, os ímpios sofrerão a vida eterna no Inferno. Mas isto seria multiplicar a impiedade, o pecado, a irreverência e a transgressão, porque preservar o malfeitor equivale a preservar o mal e a iniquidade. Graças a Deus, esta doutrina não encontra eco nas Escrituras.

Além disso, prolongar a vida dos perversos a fim de prolongar eternamente o seu castigo não se combina com a justiça de um Deus cujo caráter é amorável e justo por excelência. Como poderia o ímpio sofrer com justiça por toda a eternidade, enquanto Deus existir, se pecou por muito pouco tempo, cerca de 70 anos, em comparação com a eternidade? No mínimo, isso seria completamente desproporcional.

Mas a Bíblia afirma que há gradações de culpa (Lc 12:47-48), além de também afirmar a extinção dos ímpios. Mesmo a retribuição de um ser humano depois de um certo tempo se limita e clama, dizendo: "Basta! Deixai-o, já sofreu tanto que chega!" Robert G. Ingersoll (1833-1899), crítico da religião cristã, se tornara cético e crente no agnosticismo, após ouvir a mentira de que o fogo do Inferno arderá por toda a eternidade. A queimar pobres e indefesas criaturas humanas. Ele atacou a Bíblia, usou todos os argumentos da incredulidade contra as Escrituras, e morreu na descrença. Eu li os ataques dele contra a Bíblia.

Mas, se eu pudesse lhe entregar uma mensagem de esperança, eu lhe diria: Robert, não se preocupe, porque, embora você tenha combatido contra Deus e contra as Sagradas Escrituras, o "fogo eterno" do Inferno não arderá eternamente; isso foi um engano dos seus líderes espirituais!" Mas, infelizmente, não posso dar esse recado ao meu xará, porque os mortos não têm mais a possibilidade de saber ou se comunicar conosco (Ec 9:5-6).

O que nos diz o salmista Davi? Ele apresenta a doutrina bíblica a respeito dos malfeitores: Os ímpios não participam da vida eterna, nem no Céu nem no Inferno. Seu castigo será terrível; porém, não eterno. O seu fim logo virá. Eles serão consumidos para sempre. Isto é dito no Antigo e Novo Testamentos. Note o que disse o salmista neste Salmo 37:

1 - Os ímpios murcharão: "Pois eles dentro em breve definharão como a relva e murcharão como a erva verde" (v. 2,20).

2 - Os ímpios serão exterminados: "Os malfeitores serão exterminados" (v. 9, 22,28,34,38).

3 - Os ímpios passarão: "Mais um pouco de tempo, e já não existirá o ímpio; procurarás o seu lugar e não o acharás" (v. 10).

4 - Os ímpios serão traspassados: "A sua espada ... lhes traspassará o próprio coração" (15).

5 - Os ímpios serão quebrados: "Pois os braços dos ímpios serão quebrados" (v. 17).

6 - Os ímpios perecerão: "Os ímpios perecerão" (20).

7 - Os ímpios serão aniquilados: "Os inimigos do Senhor serão... aniquilados" (v. 20).

8 - Os ímpios se desfarão: "Se desfarão em fumaça" (v. 20).

9 - Os ímpios serão destruídos: "Quanto aos transgressores, serão, à uma, destruídos" (v. 38).

10 - Os ímpios desaparecerão: "Vi um ímpio prepotente a expandir-se qual cedro do Líbano. Passei, e eis que desaparecera; procurei-o, e já não foi encontrado" (v. 35-36). Depois destas 10 afirmações, exceto se passou por uma lavagem cerebral, ninguém pode *em sã consciência* afirmar que os malfeitores continuarão a sua vida denegrindo o caráter de Deus com as suas blasfêmias no Inferno por toda a eternidade.

As afirmações mais categóricas do salmista são usadas para responder à pergunta: Para onde irão estes ímpios que prosperam apesar de sua impiedade? O seu destino já está reservado: eles serão destruídos, se desfarão em cinzas, serão exterminados completamente, e desaparecerão para sempre. Jamais serão vistos novamente, jamais lembrados, jamais viverão outra vez. Extinção completa, aniquilamento e esquecimento total. Nada de Inferno eterno. O Universo inteiro será purificado da mácula do pecado para sempre. Voltará a felicidade dos justos eternamente.

2 – NÃO TENHAS INVEJA (V. 1)

"Nem tenhas inveja dos que praticam a iniquidade".

A prosperidade é algo que atrai a inveja dos que desejam ter uma vida fácil e confortável. É por isso que muitos enveredaram pelo caminho do tráfico das drogas e da corrupção. Mas, quem, em um momento de lucidez, invejaria um ímpio que prospera? É muito interessante a afirmação de um pregador: "Quem invejaria ao boi gordo com faixas e grinaldas que o decoram, quando é levado ao matadouro? Pois bem, … o ímpio rico não é mais que um animal engordado para o matadouro."

Colocados um ao lado do outro estes dois imperativos. Não te indignes, nem tenhas inveja] longe de serem sinônimos, são antagônicos. Indignação é uma repulsa, enquanto que a inveja é um desejo de posse. Indignação é agressiva, enquanto que a inveja parece passiva. Aqui temos dois sentimentos contrários. O indignado rejeita, o invejoso aceita. Entretanto, muitos que parecem indignados, estão apenas lamentando por não estar na posição dos invejados.

Portanto, considerando a nossa natureza sutil, uma pessoa que se demonstra externamente indignada, irada, revoltada, está às vezes, revelando a sua inveja interna. Isso aconteceu com os líderes judeus que se indignaram diante da alegada blasfêmia de Cristo apenas por inveja (Mc 2:7; 15:10).

Mas eles estavam apenas acariciando sentimentos maus contra um homem justo, o que é totalmente inaceitável. Ora, se é inaceitável qualquer sentimento de ira ou mesmo de inveja contra um justo, alguém poderia dizer que isto é justificável para com os ímpios e maus. Entretanto, qualquer sentimento de ira, inveja ou vingança contra eles será um julgamento contra a administração de Deus.

Que, com Sua infinita e insondável sabedoria, preserva os ímpios mesmo em sua mais crassa impiedade e corrupção. Nunca esqueçamos as palavras do sábio Salomão: "Não te aflijas por causa dos malfeitores, nem tenhas inveja dos perversos". "O ânimo sereno é a vida do corpo, mas a inveja é a podridão dos ossos." Pv 24:19; Pv 14:30.

3 – CONFIA NO SENHOR (V. 3)

Este é o 3º imperativo, um imperativo duplo, porque um completa e resulta no outro: "Confia no Senhor e faze o bem".

No contexto deste salmo, é mister confiar em Deus, quando nos vem à lembrança que os ímpios estão prosperando e nós indo de mal a pior, em posições contrárias (2Tm 3:13). Há homens do passado que tiveram de confiar em Deus, depois de passarem por idêntico problema. O patriarca Jó que sofria sem saber por quê e acusado pelos amigos (Jó 21); José como escravo do Egito (Gn 39:1,20); Davi neste Salmo (Sl 37) e Asafe que quase desistiu (Sl 73: 2-3), além de Jeremias que disse:

"Por que prospera o caminho dos perversos, e vivem em paz todos os que procedem perfidamente?" (12:1), e o povo do tempo de Malaquias que dissera: "Ora, pois, nós reputamos por felizes os soberbos; também os que cometem impiedade prosperam, sim, eles tentam ao Senhor e escapam." (Ml 3:15) – todos estes alcançaram a vitória porque confiaram em Deus plenamente.

Confiar em Deus é uma necessidade de todos os que se sentem fracos e dependem de Alguém que é Todo-poderoso. Precisamos confiar em Deus quando os ímpios tramam contra nós enfurecidos, rangendo os dentes (v. 12). Precisamos confiar em Deus quando "os ímpios arrancam da espada e distendem o arco para abater o pobre e necessitado, para matar os que trilham o reto caminho" (v. 14).

Precisamos confiar em Deus quando temos pouco e os ímpios tem em abundância, sabendo que o pouco dos justos vale mais (v. 16). Precisamos confiar em Deus para não sermos envergonhados no dia do mal, e nos dias da fome sermos fartos (v. 19), porque o justo jamais será desamparado (v. 25). Devemos confiar em Deus quando "o perverso espreita ao justo e procura tirar-lhe a vida" (v. 32).

Sabendo que o Senhor não nos deixará nas mãos homicidas dos ímpios, nem nos condenará no dia em que formos julgados em tribunal (v. 33). Mas muitas pessoas ficam só na primeira parte do imperativo. Muitos ficam numa confiança imóvel. Entretanto, temos que agir: "Faze o bem" (v. 3), diz o poeta. O que significa fazer o bem? "Habita na terra e alimenta-te da verdade" (v. 3), ou seja: Vive no lugar em que Deus o colocou em amor e justiça, e na esfera em que Ele deseja que você atue; você não precisa ficar vagueando de um lugar para outro, pela sua segurança e estabilidade. Fazer o bem significa praticar as obras da justiça divina no lugar onde Deus determinou para nós. Então, demonstre que a verdade de Deus tem poder em sua vida, porque você se alimenta dela.

Alimentar-se da verdade é alimentar-se do próprio Cristo que é a Verdade, o Pão que desceu do Céu: "Declarou-lhes, pois, Jesus: Eu sou o Pão da vida; o que vem a mim jamais terá fome; e o que crê em mim jamais terá sede." "Está escrito nos profetas: E serão todos ensinados por Deus. Portanto, todo aquele que da parte do Pai tem ouvido e aprendido, esse vem a Mim." (Jo 6:35,45; 14:6).

E mais: Você poderá dizer ao mundo ímpio que você é livre mesmo quando eles o prenderem em suas celas, porque a verdade liberta os seus possuidores, e você estará pronto a dar o seu testemunho a favor da verdade, só a verdade e nada menos do que a verdade. Disse Cristo: "Conhecereis a verdade e a verdade vos libertará" (Jo 8:32).

Especialmente quando a verdade é um alimento diário, quando temos o privilégio de nos alimentarmos dela continuamente, assim como nos alimentamos de nosso pão cotidiano. Enquanto confiamos em Deus, fazemos o bem e andamos na verdade. Esta será a maior arma contra os inimigos que desejam nos condenar: eles não terão nada de que nos acusar, a não ser buscar alguma coisa em nossa devoção.

Isso aconteceu com Daniel, mas ele foi logo livrado da boca dos leões famintos. Ele confiava em Deus, mas continuou a fazer o bem, orando ao Altíssimo, habitando na terra onde Deus o colocara, alimentando-se da verdade, e levando a sério a sua devoção, sem se importar com o que os outros diziam.

4 – AGRADA-TE DO SENHOR (V. 4)

Aqui temos um imperativo seguido de uma promessa: "Agrada-te do Senhor e Ele satisfará os desejos do teu coração" (v. 4). A Bíblia tem ordens e imperativos, mas sempre acompanhados de promessas e bem-aventuranças.

Quando obedecemos às ordens, podemos esperar o cumprimento das promessas. "Ele satisfará os desejos do teu coração." O que significa esse imperativo? Agradar-se do Senhor é uma experiência de relacionamento pessoal de amor para com Deus, de tal modo que O amamos independentemente das circunstâncias que nos envolvem. O cristão vive para agradar-se de Deus, através de um relacionamento de amor que ele obtém dEle, porque "Deus é amor" (1Jo 4:8). Isto inclui mesmo passarmos por sofrimento ocasionado por ímpios que nos afligem e prosperam.

Não podemos concordar com os maus; porém, nos agradamos de Deus que nunca nos decepcionou. E como Maria, mãe de Jesus, a música de nosso coração será: "A minha alma engrandece ao Senhor, e o meu espírito se alegrou em Deus, meu Salvador" (Lc 1:46-47).

Agradar-se do Senhor é ser, viver e fazer tudo para agradá-lO. E como nós podemos agradar ao Senhor? Fazendo a Sua vontade, que é boa, agradável e perfeita (Rm 12:2). Quando fazemos a vontade de Deus sinceramente, nós nos agradamos do Senhor. Mas de que modo conseguimos isto?

Guardando a Sua Lei e os Seus mandamentos que são santos, justos e bons (Rm 7:12). Nisto, temos o exemplo do próprio salmista Davi que se deleitava em Deus. Ele mesmo disse: "*Agrada-me* fazer a Tua vontade, ó Deus meu; dentro do meu coração, está a Tua lei" (Sl 40:8). E neste salmo (37:31), ele diz de todo justo que "no coração tem ele a Lei do Seu Deus".

Agradar-se do Senhor, significa que teremos a maior alegria em recebe-lo no Seu santo dia: "Se desviares o pé de profanar o sábado e de cuidar dos teus próprios interesses no Meu santo dia; se chamares ao sábado deleitoso e santo dia do Senhor, digno de honra, e o honrares não seguindo os teus caminhos, não pretendendo fazer a tua própria vontade, nem falando palavras vãs, *então, te deleitarás no Senhor*" (Is 58:13-14). Então, "deleitar-te-ás, ... no Todo-Poderoso e levantarás o rosto para Deus" (Jó 22:26).

Mas o que significam as palavras da promessa: "Ele satisfará os desejos do teu coração"? Pareceria que agora temos o cumprimento de nossos mais íntimos desejos e tendências, mesmo que irrelevantes ou pecaminosos? Bastaria nos agradar de Deus? Temos aí a garantia de que todas as nossas orações ainda nem apresentadas serão atendidas? De fato, como serão os nossos desejos, quando nós nos deleitamos em Deus? É evidente, como vimos, que nossos desejos estarão afinados de acordo com a justiça e sabedoria da Lei de Deus, gravada em nosso coração (Sl 37:30-31).

Deleitar-se em Deus é tanto um privilégio como um dever. Mas Ele não prometeu satisfazer os apetites pervertidos do corpo, a sua intemperança ou o temperamento da vaidade, mas os desejos da alma renovada e santificada. Qual é o desejo de um homem renovado que tem a Lei de Deus no coração? É conhecer, amar e servir a Deus. Os seus desejos serão lícitos e justos, além de serem também agradáveis a Deus, que Se deleita nos filhos que se agradam dEle (Mt 3:17).

Nisto consiste a sua alegria e a recompensa apenas segue como um resultado: "Ele satisfará os desejos do teu coração."

5 – ENTREGA O TEU CAMINHO AO SENHOR (V. 5).

"Entrega o teu caminho ao Senhor, confia nEle, e o mais Ele fará" (v. 5)

. Uma ordem, seguida de outra ordem, porque ambas se explicam, seguidas de uma grande promessa. Uma das coisas mais difíceis de fazer é entregar o nosso caminho a Deus. Muitos não entregam o seu caminho a Deus porque se julgam mais sábios do que Ele. Ou têm receio de que a Sua vontade exija sacrifícios de sua parte. Queremos dirigir os nossos passos em um caminho que já traçamos por nossa própria sabedoria, e julgamos que vamos indo muito bem. E até nos elogiamos por nossas proezas. No final, vemos que perdemos tempo, energia e propriedades, simplesmente por não seguirmos o caminho de Deus.

Então, resta lamentar e prometermos a nós mesmos não fazer mais isso, apenas para repetirmos a mesma rotina no dia seguinte. O que significa entregar o nosso caminho a Deus? Salomão nos ajuda a identificar o nosso caminho, em um verso paralelo, dizendo: "Confia ao Senhor as tuas *obras*, e os teus desígnios serão estabelecidos" (Pv 16:3). Nosso caminho são as nossas obras, todos os afazeres e negócios da vida, as coisas que fazemos, e nas quais andamos. Devemos entregar todas as nossas obras, os nossos planos, as nossas afeições, os nossos sentimentos, e desejos do coração.

Tribulações, provações, aflições pelas quais estamos andando. Tudo deve ser entregue a Deus, em forma submissa e contente. Portanto, entregar o caminho ao Senhor é outra maneira de dizer "Confia no Senhor" (v. 3), pois aqui estão as palavras do salmista, em seu duplo imperativo: "Entrega o teu caminho ao Senhor, [ou seja:] confia nEle" (v. 5), em forma de paralelismo sinônimo.

Quando entregamos o nosso caminho a Cristo Jesus, Senhor nosso, nós confiamos a Ele todas as coisas em que estamos envolvidos, buscando dEle a direção, quanto às nossas vontades e necessidades, certos de que Ele cumprirá todas as Suas promessas. Portanto, há um estreito relacionamento entre confiar e entregar. Quando você entrega, é porque você já confia. Por exemplo:

Você entregaria o seu carro, a uma pessoa que você sabe que não tem carteira de motorista? Você só entrega se você confia. Se você não confia, você não vai entregar. Desse modo, é por isso que o salmista está repetindo a ideia de confiar (V. 3) e vai repeti-la por mais 3 vezes (vs. 7,9,34). Entregar e confiar estão muito relacionados. Entregar já contém a confiança implícita. Porque confiar é essencial para todas as coisas espirituais. Enfim, entregar o caminho a Deus significa mais: "Consagre-se a Deus pela manhã; faça disso a sua primeira atividade. E ore:

'Toma-me, ó Senhor, para ser Teu inteiramente. Deponho todos os meus planos a Teus pés. Usa-me hoje para o Teu serviço. Fica comigo, e que tudo o que eu fizer seja operado por Ti.' Essa e uma questão diária. Cada manhã consagre-se a Deus para aquele dia. Entregue-Lhe todos os seus planos para saber se devem ser levados avante ou não, de acordo com o que Sua providência indicar. Assim, dia após dia, você poderá entregar sua vida nas mãos de Deus, e ela será cada vez mais moldada segundo a vida de Cristo." (EGW, Caminho a Cristo, p. 45).

Você tem problemas, tribulações, privações? Entrega isso a Deus. Você precisa se casar? Entrega isso ao Senhor. Você precisa estudar e não sabe em que faculdade? Entrega isso a Deus. Você precisa fazer compras? Entrega isso ao Senhor. Você precisa viajar, mas tem alguma dúvida? Entrega isso a Deus. Você precisa pregar e não sabe qual é o assunto que Deus deseja que você pregue? Entrega isso a Ele. Você precisa falar com o patrão sobre o sábado? Entrega isso a Deus, e Ele lhe dirá as palavras mais sábias e oportunas. Portanto, entregar o nosso caminho a Deus significa uma completa dependência dEle, em todas as coisas de nossa vida.

É uma questão de prioridades: Antes de qualquer coisa, entregue o seu caminho a Deus. Antes dos seus planos, coloque os planos de Deus. Antes de suas opiniões, coloque as opiniões de Deus. Antes da sua vontade, antes dos seus desejos, antes das suas afeições, coloque a vontade, os desejos e as afeições de Deus. Antes dos seus pensamentos, palavras e atos, coloque os pensamentos, palavras e os atos de Deus em sua vida.

Antes da sua visão e antes das suas prioridades, coloque a visão e as prioridades de Deus no seu dia a dia. Faça de Deus a sua maior prioridade e coloque tudo nas Suas mãos. E aqui temos a Sua promessa que acompanha o imperativo de entregarmos tudo a Deus: "Ele tudo fará" (v. 5). Isso não significa que ficaremos na ociosidade, de braços cruzados, sem fazer nada, apenas esperando que Deus faça todas as coisas por nós. De fato, aquilo que nós podemos realizar, Ele Se nega a fazer.

Lázaro estava morto, e diante da sepultura do Seu amigo, Cristo ordenou que tirassem a pedra que cobria a entrada. Jesus podia ter dado um sopro e a pedra seria rolada e removida. Mas Ele não faz aquilo que nós podemos fazer. Ele não poderá fazer tudo se não entregarmos tudo a Ele. Portanto, entregar o nosso caminho a Deus significa entregarmos tudo o que temos a Deus, e esperar que Ele faça tudo de acordo com a Sua vontade. E a Sua vontade inclui fazermos tudo o que Ele nos ordenar.

Independentemente daquilo que já planejamos em contrário. "Buscai, pois, o reino de Deus e a Sua justiça e todas essas coisas vos serão acrescentadas" (Mt 6:33). O que mais o Senhor fará? "Fará sobressair a tua justiça como a luz e o teu direito, como o sol ao meio-dia" (v.6). Qual é a nossa justiça? Nossa justiça está em Cristo, nosso Salvador e "Senhor, Justiça Nossa" (Jr 23:6; 33:16). De nós mesmos não temos justiça própria, mas Deus nos dá a justiça de Cristo e o direito de nossa vida está em Suas mãos. Ele nos cobre simbolicamente com as vestes da justiça de Cristo que passa ser nossa e resulta em atos de amor e justiça dos cristãos. O apóstolo João escreveu acerca disso: "O linho finíssimo são os atos de justiça dos santos" (Ap 19:8).

A promessa do salmo é que a nossa justiça há de sobressair como o sol ao meio dia. Cristo, o Sol da justiça será visto em nossa vida, de modo fulgurante, e todos poderão contemplar a salvação de Deus em nós. Foi por isso que Jesus disse no sermão do monte: "Assim brilhe também a vossa luz diante dos homens, para que vejam as vossas boas obras e glorifiquem a vosso Pai que está nos céus" (Mt 5:16).

6 – DESCANSA NO SENHOR (V. 7)

O 6º imperativo é triplo: "Descansa no Senhor e espera nele, não te irrites por causa do homem que prospera em seu caminho, por causa do que leva a cabo os seus maus desígnios."

Aqui temos a ordem tríplice para descansar, esperar, e não se irritar. E aqui de modo mais claro se destaca o tema deste salmo: "por causa do homem [ímpio] que prospera em seu caminho!" Deus sabe que precisamos de descanso. Estamos cansados deste mundo de pecado, cheio de mentiras, desonestidades e crimes. Estamos cansados de ver pessoas cansadas da justiça. Como disse o grande Rui Barbosa:

"De tanto ver triunfar as nulidades, de tanto ver prosperar a desonra, de tanto ver crescer a injustiça, de tanto ver agigantarem-se os poderes nas mãos dos maus, o homem chega a desanimar da virtude, a rir-se da honra, a ter vergonha de ser honesto" (Obras Completas, v. 41, t. 3, 1914, p. 86). Jesus Cristo sabe que necessitamos de descanso. Ele ainda nos convida: "Vinde a mim, todos os que estais cansados e sobrecarregados, e Eu vos aliviarei.

Tomai sobre vós o Meu jugo e aprendei de mim, porque sou manso e humilde de coração; e achareis descanso para a vossa alma. Porque o meu jugo é suave, e o meu fardo é leve" (Mt 11:28-30). Descansar em Deus no original hebraico é ficar em silêncio diante dEle. "Aquietai-vos e sabei que eu sou Deus" (Sl 46:10). É preciso parar de falar, parar de reclamar e de se indignar diante dos ímpios e perante Deus. É preciso parar de acusar a Deus porque os ímpios não são castigados logo que cometem a iniquidade, ou porque os justos não são recompensados ou reconhecidos de imediato.

Temos que aprender a calar ou descansar na sabedoria divina, e esperar nEle, confiando em todas as ocasiões, que tudo está em Suas mãos e que Ele a Seu tempo dará um final justo e perfeito ao nosso mundo para testemunho do universo.

7 – DEIXA A IRA (V. 8)

"Deixa a ira, abandona o furor; não te impacientes; certamente, isso acabará mal. Porque os malfeitores serão exterminados, mas os que esperam no Senhor possuirão a terra" (v. 8-9).

Aqui temos novamente um imperativo em ampliação: Há aqui outro imperativo tríplice: "Deixa a ira (1), abandona o furor (2), não te impacientes (3)." Há uma admoestação: "Certamente isso acabará mal!" Há uma razão convincente: "Porque os malfeitores serão exterminados!" E há também uma promessa alvissareira: "Os que esperam no Senhor possuirão a terra." Observando as condições prevalecentes em nosso mundo moderno, vemos tantos malfeitores, tantos pecadores, tantos perversos, ladrões, assassinos e corruptos. Mas muitas vezes não podemos deixar de ficar impacientes ao ver como prosperam os ímpios em sua maldade. Como ficar inertes diante de bandidos que roubam a sua casa e ainda matam toda a sua família diante dos seus olhos e você impotente tem que contemplar a barbárie de homens ímpios, perversos e maus, que ainda saem dando risadas escarnecedoras?

Este sentimento de ira não precisa ser erradicado, mas controlado. Como disse Lutero sobre o Salmo 37: "Aqui está a paciência dos santos." Com efeito, o cristão não é caracterizado pela ira, pelo furor, ou pela impaciência, mas pela mansidão. Mas eles não podem competir com os justos porque a garantia é de que os malfeitores serão exterminados e desaparecerão do universo, "mas os mansos herdarão a terra e se deleitarão na abundância de paz" (v. 10, 11).

Cristo usou essas palavras e acrescentou um elogio aos mansos no Seu Reino (Mt 5:5): "Bem-aventurados os mansos, porque herdarão a terra." Esta é a promessa de Cristo e está em toda a Bíblia. Há uma crença errônea de que os justos hão de morar no Céu, eternamente, com os anjos. Assim dizem muitos teólogos protestantes e católicos. Mas os ensinos e as promessas da Palavra de Deus indicam para outra direção. A Bíblia ensina no Apocalipse que haveremos de morar com Deus no Céu onde Ele está hoje, por mil anos (Ap 20), mas depois disso, todos os justos e anjos virão para esta Terra, quando a Nova Jerusalém descerá do Céu (Ap 21:2).

E Deus estabelecerá o Seu trono de glória aqui neste mundo (Ap 21:3) para sempre (Dn 7:14). A razão para isto está no fato de que Cristo esteve aqui pessoalmente, morrendo na Cruz do Calvário, e derramando o Seu precioso sangue por nossa Salvação, exaltando a importância desta Terra por toda a eternidade e diante de todo o Universo.

Então, se cumprirá a promessa: "Os que esperam no Senhor possuirão a terra" (v. 9); "Os mansos herdarão a terra e se deleitarão na abundância de paz" (v. 11); "Os justos herdarão a terra e nela habitarão para sempre" (v. 29); "Pois eis que Eu crio novos céus e nova terra; e não haverá lembrança das coisas passadas" (Is 65:17); "Nós, porém, segundo a Sua promessa, esperamos novos céus e nova terra, nos quais habita justiça" (2Pe 3:13) "Vi novo céu e nova terra, pois o primeiro céu e a primeira terra passaram, e o mar já não existe" (Ap 21:1).

8 – APARTA-TE DO MAL (V. 27)

"Aparta-te do mal e faze o bem, e será perpétua a tua morada. Pois o Senhor ama a justiça e não desampara os seus santos; serão preservados para sempre" (v. 27-30)

No grande conflito entre o bem e o mal, o salmista nos orienta: "Aparta-te do mal e pratica o bem" (v. 27). Vivemos em um mundo cheio de mal; porém, precisamos nos apartar do mal, hoje mais do que nunca. Quando deixamos a ira, estamos nos apartando do mal. Quando evitamos os maus sentimentos, estamos nos apartando do mal. Quando deixamos de lado a violência, estamos nos apartando do mal. Quando evitamos a sensualidade, estamos nos apartando do mal. Os homens santos do passado tinham a coragem de obedecer a este imperativo, que é o clamor da consciência espiritual: "Aparta-te do mal."

Isso requer muito poder espiritual, porque o mal em nossa natureza clama por satisfação. Não basta dizer como a grande maioria sem Cristo diz: "Eu sou bom, porque eu não mato, não roubo, não adultero, não desejo o mal para o meu próximo, não fumo, não bebo, não uso drogas,..." e a lista vai longe de coisas que não fazem, mas que, contudo, não se constituem numa forte tentação.

É preciso ir mais a fundo e perceber a maldade da natureza nas coisas mais sutis, mais básicas como a cobiça, o egoísmo, a avareza, a preguiça, a gulodice, a inveja, a luxúria, e por aí vão os pecados capitais. Destes pecados devemos nos apartar com o auxílio do Espírito Santo, que nos fortalece a vida espiritual.

Mas mesmo isso não é suficiente. Não basta nos apartarmos do mal, negativamente. É preciso ir além disso. Muitos pensam que a vida cristã se resume em não fazer o que é considerado mal. Não praticam o pecado e se satisfazem com isso, achando que esta é a sua parte. Mas isso não é suficiente. O 10º imperativo duplo se completa ao dizer mais: "Faze o bem!" Não só nos aparatamos do mal, mas ao mesmo tempo fazemos o que é bom, e praticamos o bem. Acerca de Jó, lemos que ele se desviava do mal (Jó 1:1). Mas ele não ficou só nisto, por mais importante que isto seja. Jó adorava ao verdadeiro Deus, negando os falsos ídolos (Jó 31: 24-28); ele repartia o seu pão com os pobres e com as viúvas (v. 16-17).

 Ele cobria os necessitados com roupas e cobertas (v. 19); praticava a justiça nos tribunais e defendia os órfãos (v. 21); ele atendia bem aos seus servos, dando-lhes a razão (v. 13); ele respeitava os seus inimigos (29-30); hospedava os estrangeiros e praticava a hospitalidade sem acepção para com os viajantes (v. 32). Leia o capítulo todo (Jó 31), e você verá o que significa realmente apartar-se do mal e praticar o bem!

Para fazer o bem, precisamos amar a verdade, amar a justiça e odiar o pecado. De Cristo, lemos: "Amaste a justiça e odiaste a iniquidade" (Hb 1:9). Certa vez, um pastor encontrou um membro de sua igreja fumando. Quando ele percebeu que não podia mais se esconder e disfarçar o cigarro, disse ao pastor: "Você me pegou. Mas eu odeio esse vício." O pastor lhe perguntou: "Até que ponto você o odeia? Você odeia esse vício a ponto de largá-lo?" Então, o homem lhe disse: "Agora, você me pegou de novo. Eu quero deixá-lo e de agora em diante, eu odeio isso de fato, e deixo de fumar!" O pastor fez uma oração e aquele homem nunca mais voltou ao vício. Ele agora estava pronto para fazer o bem.

Para fazer o bem, é preciso se purificar primeiro, apartar-se do mal, odiando o pecado e a iniquidade, e praticar a verdade e a justiça. E qual será a recompensa? Qual é a promessa? Leia de novo essas palavras cheias de esperança, no v. 27: "E será perpétua a tua morada!" Que gloriosa promessa! Que esperança estimulante! Vivemos em um mundo em que a nossa morada é transitória e passageira.

Outras pessoas vão nos substituir, e ocupar ao nosso lugar, onde agora habitamos. Mas, se nos separamos do mal, praticamos o bem, então, satisfeitas as condições, a promessa nos pertence, com todas as letras! Logo, temos a segurança de quem nos deu a promessa, v. 28-29: "Pois o Senhor ama a justiça e não desampara os Seus santos; serão preservados para sempre, mas a descendência dos ímpios será exterminada. Os justos herdarão a terra e nela habitarão para sempre." A nossa morada será perpétua, eterna, junto a um Deus imortal! Nunca temos um imperativo sem uma gloriosa promessa. Pois se Deus ama a justiça, os Seus santos refletem essa justiça: "A boca do justo profere a sabedoria, e a sua língua fala o que é justo" (V. 30).

9 – ESPERA NO SENHOR (V. 34)

"Espera no Senhor, segue o Seu caminho, e Ele te exaltará para possuíres a terra." Aqui temos um outro imperativo duplo e uma promessa de exaltação e prosperidade para os humildes e mansos. Ninguém gosta de esperar, mesmo que seja por Deus. Aliás, a tendência é pensar que, se Deus é Todo-poderoso, então, não precisamos esperar por Ele; Ele é que tem que esperar por nós que somos tão limitados. Mas, Ele pensa diferente de nós, tem planos que para nós são impenetráveis e desconhecidos.

E muitas vezes, perdemos a paciência com Ele, e há certas pessoas que até dizem que Deus os decepcionou. Mas, pacientemente, depois de esperar muitas vezes por nós, Ele nos ordena que esperemos igualmente por Ele: "Espera no Senhor!" E, se o único Senhor de toda a Bíblia é Jesus Cristo (1Co 8:6; Ef 4:5), então, esperar no Senhor é esperar em Jesus Cristo, o nosso Salvador, que morreu por nós.

Portanto, temos em Cristo Aquele que é o nosso Salvador, mas também é o nosso Senhor. Nunca nos esqueçamos de que primeiro Ele nos salva e depois, recebemos o Seu amorável convite: "Segue-Me!" (Mt 9:9). E, como Mateus, que ouviu este convite, haveremos de segui-Lo, deixando tudo para trás. Portanto, Davi se dirige a nós e nos diz neste penúltimo imperativo duplo do Salmo 37: "Segue o Seu caminho!" (v. 34).

Se já seguimos o seu caminho como nosso Salvador, por que não O seguiríamos como o Senhor de nossa vida? Se Ele já deu a Sua vida por nós, o que não faríamos por Ele? Daí, teremos o cumprimento de Sua promessa: "Ele te exaltará para possuíres a terra" (v. 33). Davi sabia muito bem o que era ser humilhado, diante do seu povo, diante de sua família e diante de Deus. Mas também sabia o que era ser exaltado, porque, depois de tanta humilhação, ele foi enaltecido.

Colocado como o rei de Israel como ninguém jamais fora, além de ser um tipo de Cristo, e pai do Messias. Mas, mesmo depois de ser assim exaltado, Davi ainda não chegou a possuir a terra, porque ele, como outros heróis da fé, ainda não pôde ver a concretização da promessa (Hb 11:32,39). Isso acontecerá após o Milênio (Ap 20-21). Então, todos os justos serão exaltados para receber o reino eterno de Deus para todo o sempre (Dn 7:27).

10 – OBSERVA O HOMEM ÍNTEGRO (V. 37)

"Observa o homem íntegro e atenta no que é reto; porquanto o homem de paz terá posteridade" (v. 37).

A Bíblia disse a respeito de Jó, cito novamente o patriarca do sofrimento e da paciência: "Havia um homem na terra de Uz, cujo nome era Jó; homem íntegro e reto, temente a Deus e que se desviava do mal" (Jó 1:1). Por que será que isso foi escrito na Bíblia? Foi escrito para que nós pudéssemos observar homens íntegros, a fim de aprendermos deles, e imitarmos o seu exemplo em nossa vida.

Jó foi um dos homens de Deus que enfrentou o grande problema da prosperidade dos ímpios. Ele não podia entender esse assunto e disse: "Como é, pois, que vivem os perversos, envelhecem e ainda se tornam mais poderosos? ... Passam eles os seus dias em prosperidade e em paz descem à sepultura. E são estes os que disseram a Deus: Retira-te de nós!" (Jó 21:7, 13-14). Mas Jó saiu vitorioso e recebeu de volta em dobro todas as coisas e os filhos que perdeu.

Mas qual foi o segredo de Jó? Apesar de muitas dúvidas a respeito das razões do seu sofrimento, pôde dizer: "Eu sei que o meu Redentor vive e por fim se levantará sobre a terra" (Jó 19:25). Disse o salmista em seu décimo imperativo: "Observa o homem íntegro!" Contemple o patriarca Noé. Disse Deus a respeito dele:

"Eis a história de Noé. Noé era homem justo e íntegro entre os seus contemporâneos; Noé andava com Deus." (Gn 6:9).Ao observarmos a esse homem íntegro, veremos que ele era de tal fibra de caráter, não em uma cidade celestial, mas em uma terra cheia de corrupção e violência (v. 11).

No entanto, pôde revelar aos homens antediluvianos que ele era diferente, porque andava com Deus. Aqueles homens ímpios não terão desculpas no dia do Juízo. O homem que é íntegro se torna vitorioso. Ele não se intimida com o problema da prosperidade dos ímpios, porque todos eles serão exterminados, assim como aconteceu no Dilúvio.

Mas o último imperativo também é duplo e nos diz mais: "Atenta no que é reto" (v.37). Assim como observamos aos homens íntegros, contemplamos a retidão, as virtudes que são a expressão da justiça de Deus, e continuamos praticando o que agrada a Deus e seguindo o caminho reto. E pela contemplação seremos transformados.

E qual será a nossa recompensa? A promessa que nos estimula ao cumprimento do seu último imperativo? "O homem de paz terá posteridade" (v. 37). Os transgressores serão destruídos e a descendência dos ímpios será exterminada (v. 38), mas os justos terão uma posteridade abundante como a areia do mar, senão aqui lá no Céu.

Imagina, quantos filhos, quantos amigos e companheiros e anjos que nunca pecaram nós teremos lá! Sem contar com os amigos dos bilhões de mundos afora em todo o universo! Lá poderemos contar a nossa história e de quão maravilhoso foi Jesus Cristo para conosco! Esta é a verdadeira posteridade e com ela a verdadeira prosperidade. Como Davi termina este salmo? Quais são as últimas promessas inspiradas na conclusão do Salmo?

"Vem do Senhor a salvação dos justos; Ele é a sua Fortaleza no dia da tribulação. O Senhor os ajuda e os livra; livra-os dos ímpios e os salva, porque nEle buscam refúgio." (v. 39-40). Portanto, vamos buscar o refúgio em nosso grande e maravilhoso Deus, que certamente nos dará a salvação hoje e eternamente. Vamos confiar em Deus e entregar o nosso caminho e todos os nossos projetos ao Todo-poderoso.

Vamos descansar e esperar nEle, e vamos seguir o Seu Caminho. Porque disse Jesus: "Eu sou o Caminho, a Verdade e a Vida! ninguém vem ao Pai senão por mim." (Jo 14:6). O contexto dessa mensagem é o grande problema e a grande solução para a prosperidade dos ímpios, mas esta grande solução serve para todos os maiores problemas e tribulações da existência. Portanto, guarde bem para os 10 IMPERATIVOS:

1- **Não Te Indignes**

2- **Não Tenhas Inveja**

3- **Confia No Senhor**

4- **Agrada-Te Do Senhor**

5- **Entrega O Teu Caminho**

6- **Descansa No Senhor**

7- **Deixa A Ira**

8- **Aparta-Te Do Mal**

9- **Espera No Senhor**

10- **Observa O Homem Íntegro**

Pr. Roberto Biagini - Mestrado em Teologia prbiagini@gmail.com

Salmo 38 – As Consequências do Pecado

Apesar de vivermos num mundo onde surgem a cada dia novas enfermidades, muitas delas incuráveis, que levam ao leito r a óbito milhares de pessoas, mesmo com a evolução da ciência e da medicina, precisamos compreender que nem sempre as doenças são causadas pela contaminação natural do corpo humano por vírus e bactérias existentes neste planeta. A maioria das situações ocorridas nas pessoas podem, também, ser fruto do alastramento do pecado em suas vidas

Depois de terem desobedecido ao Criador, no Éden, o casal recebeu do Senhor uma sentença de maldição que ao mesmo tempo foi derramada sobre toda a terra onde habitamos. Assim disse o Senhor, a Adão: "E ao homem declarou:

"Visto que você deu ouvidos à sua mulher e comeu do fruto da árvore da qual eu lhe ordenara que não comesse, maldita é a terra por sua causa; com sofrimento você se alimentará dela todos os dias da sua

vida. Ela lhe dará espinhos e ervas daninhas, e você terá que alimentar-se das plantas do campo.

Com o suor do seu rosto você comerá o seu pão, até que volte à terra, visto que dela foi tirado; porque você é pó e ao pó voltará". <u>Gênesis 3:17-19</u>

Observe que a sentença divina não atingiu somente o casal transgressor, mas toda a terra. Por causa da transgressão cometida no jardim, contra o Criador, toda a humanidade foi condenada a morte física e eterna, bem como o planeta inteiro passou a ser considerado "maldito". Desde o princípio que o homem é o grande responsável por tudo de ruim que acontece neste mundo.

Sua desobediência a Deus tem trazido, como consequência as enfermidades, doenças incuráveis como a AIDS, diabetes, câncer e outras. Enquanto os céticos prosseguem negando a real existência de um Ser sublime e infinitamente poderoso, buscando em seu próprio conhecimento, limitado, as respostas para toda a desgraça que cai dia e noite sobre as pessoas, as Escrituras explicam claramente a verdadeira origem de todo esse mal.

SALMO 38 – DOENÇA POR CAUSA DO PECADO?

Vivemos em um mundo de sofrimento e doenças. Apesar do desenvolvimento da ciência médica, continuamos com nossas doenças, que geram muito sofrimento e dor. Muitos de nós sofremos e nos perguntamos: "Por quê?" "Por que eu estou sofrendo desta doença? Que mal eu fiz, qual é o pecado de minha alma, pelo qual sofre o meu corpo?" Muitas vezes, o sofrimento vem de outras causas que não estão relacionadas com algum pecado particular. Jó é um exemplo clássico desta verdade. Após perder todos os filhos e as propriedades.

Ele sofria de dores lancinantes e intensas na flor da pele, e os seus amigos o "consolavam" dizendo que ele era culpado de pecado. Mas no final da história da grande provação desse patriarca, ficou provado que o seu sofrimento não era causado pelo pecado de que tanto o acusavam. Ele estava sendo provado por Deus e o expunha como um homem íntegro diante de todo o universo.

No tempo de Cristo, os discípulos viram um cego de nascença, e Lhe perguntaram: "Mestre, quem pecou, este ou seus pais, para que nascesse cego?" E Jesus, percebendo logo o erro e o engano em que estavam envolvidos os discípulos, respondeu prontamente: "Nem ele pecou, nem seus pais; mas foi para que se manifestem nele as obras de Deus" (Jo 9:2-3). Portanto, nem sempre a doença é o resultado direto de algum pecado. Entretanto, isso foi diferente no caso de Davi, como ele mesmo descreve no Salmo 38, onde lemos sobre os seus sofrimentos por causa de doença que foi claramente o resultado do seu pecado.

Este Salmo pode ser dividido em 3 partes, e são 3 palavras que se destacam: DOENÇA, DESAMPARO e DECISÃO.

I – DOENÇA (1-8)

"1Ó Senhor, não me repreendas na tua ira, nem me castigues no teu furor. 2 Porque as tuas flechas se cravaram em mim, e sobre mim a tua mão pesou. 3Não há parte sã na minha carne, por causa da tua indignação; nem há saúde nos meus ossos, por causa do meu pecado. 4Pois já as minhas iniquidades se elevam acima de minha cabeça; como carga pesada excedem as minhas forças. 5 As minhas chagas se tornam infectas e purulentas, por causa da minha loucura. 6 Estou encurvado, estou muito abatido, ando lamentando o dia todo.7 Pois os meus lombos estão cheios de ardor, e não há parte sã na minha carne. 8 Estou aflito e muito quebrantado; dou gemidos por causa do desassossego do meu coração."

Davi começa com uma súplica a Deus, a fim de que ele não fosse repreendido, nem castigado pela Sua ira. Muitas pessoas começam negando a ira de Deus, afirmando que Ele não tem ira, que Deus nunca fica irado. Mas não podemos negar a ira divina, que ocorre na Bíblia cerca de 700 vezes. Este não é o caminho, muito menos a explicação.

A melhor atitude é orar como Davi, para que Deus desvie a Sua indignação de nós e use de Sua imensa misericórdia. Neste ponto é bom sabermos que a ira divina, mencionada na Bíblia não é uma ira apaixonada como a ira humana. É por isso que muitos querem negar a ira de Deus. Não podem aceitar que um Deus de amor e cheio de misericórdia tenha acessos de ira.

Confundem a ira divina com a ira humana. Mas a ira divina, pelo contrário, é uma indignação motivada e despertada pelo nosso pecado, reclamando a justiça. Davi usa uma linguagem figurada para descrever a ação da ira de Deus sobre ele.

"2 Porque as tuas flechas se cravaram em mim, e sobre mim a tua mão pesou." E no verso 3, ele relaciona 3 coisas: a doença, a ira e o pecado:

"Não há parte sã na minha carne, por causa da tua indignação; nem há saúde nos meus ossos, por causa do meu pecado." Aqui está a verdadeira causa da ira divina. O pecado, a iniquidade, a desobediência e a rebelião trazem a ira e a manifestam. E aqui está a verdadeira causa de muitas doenças. Davi sofria de uma doença que desconhecemos, mas como ele mesmo reconhece, era motivada pelo seu pecado. O pecado traz a indignação, a ira e o furor divinos. Paulo tinha em mente a mesma verdade quando escreveu aos Romanos: "Pois do céu é revelada a ira de Deus contra toda a impiedade e injustiça dos homens que detêm a verdade em injustiça." (Rm1:18).

Davi sentia agora em sua própria carne a realidade da ira divina. Mas não deixou de esclarecer que isso era motivado pelo pecado de sua alma: "4 Pois já as minhas iniquidades se elevam acima de minha cabeça; como carga pesada excedem as minhas forças. "Doente, com a saúde debilitada, sem forças, sentindo um fardo pesado, os seus ferimentos estavam infeccionando: "5 As minhas chagas se tornam infectas e purulentas, por causa da minha loucura." Davi não esconde que o culpado de todo esse sofrimento é ele mesmo.

Muitas pessoas são apressadas em culpar a Deus por seus problemas, doenças e todo o tipo de sofrimentos. "Por que Deus permite que eu sofra tanto assim?" perguntam. Mas, muitas vezes, nós somos os culpados. Quebramos as regras da saúde, desobedecemos a Deus, transgredimos as Suas leis, e ainda inculpamos ao nosso amorável Criador.

Muitas estão sofrendo de câncer do pulmão por causa do vício de fumar. Outros sofrem de cirrose no fígado, pelo vício de beber. Muitos estão sofrendo de obesidade por culpa de sua intemperança no comer. Ainda outros estão sofrendo com o vírus da AIDS, por motivo de sua imoralidade. Outros estão doentes por causa vício das drogas.

Conheci um jovem que era cego, mas reconhecia que ficou assim devido a diabete, que por sua vez ocorreu por causa de suas extravagâncias anteriores. Mas conheci um jovem que ficou paralítico por causa de sua bebedeira, que ocasionou um acidente de moto, e ao visitá-lo, culpava a Deus por sua infelicidade.

Conheci um jovem que estava à beira da morte, sofrendo do vírus da AIDS, e mesmo convertido, agora lamentava a devassidão de sua vida passada. Entretanto, não somos deixados sem esperança. Assim como Davi, seja lá qual for o nosso caso, podemos clamar a Deus e pedir que a Sua ira seja aplacada pela Sua misericórdia, a fim de que afaste de nós o Seu justo castigo de nossos merecidos pecados. Como Habacuque orou: "Na Tua ira, lembra-Te da misericórdia" (Hb 3:2).

II – DESAMPARO (vs. 9-12)

"9Na tua presença, Senhor estão os meus desejos todos, e a minha ansiedade não te é oculta. 10 Bate-me excitado o coração, faltam-me as forças, e a luz dos meus olhos, essa mesma já não está comigo. 11 Os meus amigos e companheiros afastam-se da minha praga, e os meus parentes ficam de longe. 12Armam ciladas contra mim os que tramam tirar-me a vida; os que me procuram fazer o mal dizem coisas perniciosas e imaginam engano todo o dia."

Por quem foi Davi desamparado?

1. Davi não foi desamparado por Deus. "Na Tua presença, Senhor!" (v.10). Ele sente a presença do Senhor. Pode ter alguma esperança uma pessoa que está muito doente porque viveu em vícios e pecados? Será que Deus abandona uma pessoa que de tanto pecar ficou enferma? Somos fracos pecadores, muitas vezes despertamos a indignação de Deus contra nós por causa de nossos pecados, mas Ele nunca nos abandona, nunca nos desampara. Se nos voltarmos a Ele com fé e confiança, Ele voltará para nós com perdão, paz e proteção. Jesus Cristo não abandonou ao paralítico de Cafarnaum, que ficou doente por pecados de extravagante imoralidade. E Deus não abandonou a Davi, que sofria uma doença por causa de seus pecados.

Então, Davi apresenta uma oração modelo para aqueles que estão aflitos e em pecado: ele apresenta todos os seus desejos e toda a sua ansiedade diante de Deus, não ocultando nada do que se passa em seu coração. Davi apresenta todos os seus motivos diante do Senhor. Assim disse o apóstolo Pedro que devemos fazer: "lançando sobre Ele toda a vossa ansiedade, porque Ele tem cuidado de vós" (1Pe 5:7).

Amigo, quais são os desejos do seu coração? Pode ser que você queira a cura divina, o restabelecimento de uma doença incurável e pede um milagre de Deus. Você pode pedir ao Todo-poderoso que é grande em poder e misericórdia. Pode ser que você muito mais do que um milagre, deseje o Seu perdão, a cura da alma, a vitória sobre um pecado ou um vício oculto. Mas este é o maior milagre que pode ser visto em nossa vida. O que você deseja? Apresente todos os seus desejos diante da presença de Deus, que é rico em graça e abundante em misericórdia.

2. Davi foi desamparado pelos seus "amigos". "Bate-me excitado o coração" (v. 10). Ele está com o seu coração tenso, agitado, pulsando descompassadamente. Mas por quê? Qual é o problema que o aflige tanto? Aqui estão os seus problemas: "Os meus amigos e companheiros afastam-se da minha praga, e os meus parentes ficam de longe" (v. 11).

Esta era a sua grande tribulação: ele estava doente, quase cego (v. 10), com feridas purulentas, fétido, e as pessoas se afastavam dele. Já aconteceu isso com você? As pessoas se afastaram de você quando você estava doente? Quando você ficou pobre, por acaso os seus amigos ainda permaneceram com você? Quando mais precisamos dos "amigos" parece que eles somem.

Os amigos de Davi se transformaram em **inimigos**: "Os meus amigos e companheiros afastam-se da minha praga, e os meus parentes ficam de longe" (v. 11). Os amigos e até os seus parentes se afastaram dele, como se ele estivesse leproso. É uma situação muito triste ficar doente e perder os amigos e ver os parentes se afastando e dando desculpas esfarrapadas. Davi se sentiu triste e solitário.

Os amigos de Davi se transformaram em **inimigos cruéis**: "Armam ciladas contra mim, os que tramam tirar-me a vida." (v. 12). Havia um perigo de morte contra o rei de Israel. Havia aqueles que desejavam a sua morte, mas se fingiram de "amigos" até que pudessem dar o golpe e ser promovidos. Como em nosso tempo, quando você se sobressai em seu emprego ou negócio ou nos estudos.

Ou mesmo dentro da igreja você se destaca em um cargo especial, sempre há os invejosos querendo o seu lugar, e tramando derrubar a sua reputação.

De que modo os inimigos de Davi planejavam conseguir os seus maus intentos? "Dizem coisas perniciosas, e imaginam engano todo o dia" (v. 12, úp). Eles não falavam de paz, eles não falavam das grandes obras que o rei havia realizado, nem da segurança do reino que Davi tinha alcançado. Não falavam das grandes vitórias do grande herói de Israel.

Eles falavam de coisas perniciosas, malévolas ou malignas. Falavam de como poderiam enganar os outros contra o rei. Hoje mais do que nunca precisamos de pessoas que falem de coisas boas, agradáveis e encorajadoras a respeito dos outros. Já estamos cansados de tanto falatório e maledicência contra pessoas íntegras.

Pessoas na liderança ou fora dela, mas que são um alvo certo das palavras ameaçadoras, palavras malévolas, que estragam a reputação dos melhores homens e mulheres que temos em nossa igreja. Como é com você, amigo? Você sempre tem palavras sinceras, palavras agradáveis, palavras que constroem a boa reputação dos seus irmãos? Não podemos nem calcular a influência das palavras que refletem para o bem ou para o mal de uma pessoa. Não nos esqueçamos da advertência que nos deixou Cristo em Mateus 12: "36Digo-vos, pois, que de toda palavra fútil que os homens disserem, hão de dar conta no dia do juízo. 37 Porque pelas tuas palavras serás justificado, e pelas tuas palavras serás condenado" (Mt 12).

III – DECISÃO (vs. 13-22)

"13 Mas eu, como um surdo, não ouço; e sou qual um mudo que não abre a boca. 14 Assim eu sou como homem que não ouve, e em cuja boca há com que replicar. 15 Mas por ti, Senhor, espero; tu, Senhor meu Deus, responderás. 16 Rogo, pois: Ouve-me, para que eles não se regozijem sobre mim e não se engrandeçam contra mim quando resvala o meu pé. 17 Pois estou prestes a tropeçar; a minha dor está sempre comigo.

18Confesso a minha iniquidade; entristeço-me por causa do meu pecado. 19 Mas os meus inimigos são cheios de vida e são fortes, e muitos são os que sem causa me odeiam.20 Os que tornam o mal pelo bem são meus adversários, porque eu sigo o que é bom.

21 Não me desampares, ó Senhor; Deus meu, não te alongues de mim. 22 Apressa-te em meu auxílio, Senhor, minha salvação."

Qual foi a reação de Davi diante da triste situação que ele estava enfrentando? Ele decidiu fazer 4 coisas:

1. Davi decidiu calar. V. 13: "Mas eu, como um surdo, não ouço; e, qual mudo, não abro a boca. Sou, com efeito, como quem não ouve, e em cujos lábios não há réplica" (v. 13-14). Diante de tantas acusações que lhe chegavam, diante de tantas infâmias, diante de tantas maledicências, Davi resolveu se calar.

Ele sabia que há muita sabedoria em se calar em certas circunstâncias. Noutro Salmo, ele orou ao Senhor: "Põe guarda, Senhor, à minha boca; vigia a porta dos meus lábios" (Sl 141:3). Este foi o conselho do profeta Miqueias, no mesmo contexto: "Não creiais no amigo, nem confieis no companheiro. Guarda a porta de tua boca" (Mq 7:5). E Cristo diante das acusações dos Seus inimigos, "guardou silêncio", "nada respondeu" (Mt 26:63; Mc 15:5), vindo os governantes a se admirar sobremaneira.

Muitas vezes, deveremos seguir o mesmo exemplo de Davi, de Miqueias e de nosso Senhor Jesus Cristo. Sabiamente, Salomão disse que há um "tempo de estar calado e tempo de falar" (Ec 3:7). Quando os nossos inimigos estiverem rugindo suas maledicências contra nós, quando estiverem ofendendo as nossas sensibilidades, machucando injustamente os nossos sentimentos, então é o "tempo de estar calado".

2. Davi decidiu confiar. Somente Deus poderia ajudá-lo e atendê-lo em sua aflição. "Pois em Ti, SENHOR, espero; Tu me atenderás, Senhor, Deus meu" (v. 15). Há aqui 3 invocações feitas por Davi. Na primeira, ele usa a palavra Jeová, no original, que significa "o Eterno" (Yahweh, Jehovah). Ele resolveu confiar em um Deus Eterno. Na segunda invocação, ele usa a palavra Adonay, que significa Senhor, e, como Senhor do universo, Ele é digno de obediência. Davi, ao usar essa palavra, decide ter uma nova vida de obediência e submissão ao Senhor de sua vida.Na terceira invocação, Davi usa as palavras messiânicas "Deus meu", que foram as palavras usadas por Cristo na Cruz, ao dizer: "Deus meu, Deus meu, por que Me desamparaste?" (Mt 27:46). Cristo foi desamparado, a fim de que jamais fôssemos desamparados por Deus.

Cristo foi abandonado, a fim de que jamais fôssemos abandonados. Assim como Davi, podemos decidir confiar nesse Deus maravilhoso que fez um imenso sacrifício entregando o Seu amado Filho numa infamante Cruz, a fim de nos salvar. Podemos decidir colocar a nossa suprema esperança e gloriosa confiança em nosso Deus, ainda que todos estejam contra nós, assim como todos estavam contra Davi.

3. Davi decidiu confessar. Davi estava em uma grande angústia, padecendo pela sua doença, em um intenso sofrimento, tendo a sua dor continuamente presente: "Pois estou prestes a tropeçar; a minha dor está sempre perante mim" (v. 17). O que você faria, se estivesse doente por causa de seu pecado, se todos os seus amigos estivessem acusando e prometendo matá-lo, tendo sido abandonado por seus parentes, e sofrendo ainda a dor de ter magoado o coração de Deus, por causa de seu pecado?

Davi decidiu confessar o seu pecado que tanto o atormentava: "Confesso a minha iniquidade; suporto tristeza por causa do meu pecado." Este é o verdadeiro arrependimento: Confissão, tristeza e abandono do pecado que se confessa e pelo qual se sente tristeza por ter ofendido a Deus. Você conhece a história dos dois irmãos, em que o menino escravizava a irmã? Ambos moravam com seus pais numa fazenda. Num belo dia, a menina brincava como irmão que era mais velho, e jogou uma pedra que acertou no pato, e ele depois de agonizar um pouco, morreu. Disse o irmão: "Vou contar para a mamãe que você matou o pato!" "Não, por favor, não conta. Ela vai brigar muito comigo, porque esse era o seu pato predileto."

Daí, o menino, querendo se aproveitar do fato, disse: "Então, me puxa no carrinho comigo dentro!" Ela concordou para não sofrer que ele contasse a história do pato para a sua mãe. Mas os dias foram passando e o irmão sempre fazia a mesma chantagem, apelando para a ameaça de contar a história do pato morto para a mamãe, se a irmã não fizesse tudo o que ele queria. Então, veio-lhe uma grande ideia: ela decidiu contar ela mesma para a mamãe e foi confessar o que tinha feito. A mãe a perdoou, e disse que já sabia de tudo e que só esperava que ela contasse para se livrar da escravidão que o irmão tinha imposto a ela.

Assim, quando todos estavam condenando a Davi por seu pecado, e quando ele já estava doente por causa de tudo isso, então, ele mesmo foi contar ao seu Pai celeste, tudo o que ele tinha feito, e confessou todo o seu pecado e a sua iniquidade diante de Deus. Quando você se sentir abandonado por todos, com a consciência acusando de pecado, siga o exemplo de Davi, confessando o pecado ao nosso amorável Deus que é grande em misericórdia.

4. Davi decidiu comungar. "21 Não me desampares, Senhor; Deus meu, não te ausentes de mim. 22 Apressa-Te em socorrer-me, Senhor, salvação minha!" Comungar significa aproximar-se, comunicar-se, manter comunhão. Davi queria o seu Deus perto dele, em uma feliz comunhão.

Então, ele teria a certeza de não ser desamparado. Então, ele teria o socorro que vem de um Deus eterno. Então, ele teria a salvação do Senhor. Davi começou procurando livrar-se da repreensão e do castigo de Deus, em Sua ira. Contou de sua doença, do seu abandono de seus amigos, que eram fortes e vigorosos e injustos, pois lhe pagavam o mal pelo bem que receberam, procurando tirar-lhe a própria vida com ódio sem causa no coração (v. 19,20). Mas então, Davi decidiu agir e finalmente se entregou completamente nas mãos de um Deus eterno, alcançando a certeza da salvação em seu Senhor.

Siga o seu exemplo, amigo. Quando se sentir doente, fraco, abatido, vacilante, busque a Deus. Não se desespere, mas confie. Pede ao Senhor que lhe conceda a Sua misericórdia, pede-Lhe a Sua gloriosa graça, apresente-Lhe os argumentos da Cruz do Calvário, em que foi morto o Senhor Jesus Cristo para salvar a sua vida do pecado e do mal, e garantir a sua entrada no Céu.

Pr. Roberto Biagin = Mestrado em Teologia prbiagini@gmail.com
12/09/2013

"Esse é chamado de salmo penitencial, porque nele Davi expressa tristeza por seu pecado (38:18). Ele declara que seu pecado causou problemas de saúde (38:1-8) e o separou de Deus e de outros, causando extrema solidão (38:9-14). Ele então confessa seu pecado e se arrepende (38:15-22). *Life Application Study Bible Kingsway.*

O Salmo 38 é uma oração de arrependimento (ver Sl 6; ver também p. 703[CBASD]). O salmista retrata um sofrimento intenso, tanto físico quanto mental. Ele descreve seu corpo sendo atormentado pela dor, e sua mente, pela angústia, porque se sente condenado ou porque teme seus inimigos. O sofrimento se intensifica ao perceber que os que deveriam ser seus amigos o abandonaram quando ele mais precisa da compreensão e do consolo deles. *CBASD – Comentário Bíblico Adventista do Sétimo Dia*, vol. 3, p. 816.

Título ARA: "Em memória"; NKJV: "Para trazer à lembrança"; NVI: "Uma petição".

2 Tuas setas. Símbolos do castigo divino (ver Sl 7:13). *CBASD*, vol. 3, p. 816.

3 Não há parte sã. Ver Is 1:6. Os sintomas descritos, somados ao fato de seus amigos o deixarem sozinho (ver v. 7, 11), dão a entender que a doença era extremamente repulsiva. *CBASD*, vol. 3, p. 817.

Saúde. Do heb *shalom*, "paz", fim do sofrimento. *CBASD*, vol. 3, p. 817.

Não Há Saúde. O pecado do salmista exercera efeitos sérios sobre a sua saúde. em alguns casos, o pecado e a culpa são a causa das enfermidades, mas nem sempre as enfermidades resultam de pecados cometidos pela pessoa que sofre (Livro de Jó; Jó 9:1-12). *Bíblia de Genebra.*

Pór Causa Do Meu Pecado. O salmista sente que seu sofrimento é uma punição por seus pecados.

Todo sofrimento é resultado da entrada do pecado no universo e, muitas vezes, o sofrimento pessoal é resultado direto de atos errados. ... Deus não faz um milagre para impedir que o ser humano sofra as consequências de violar as leis da natureza (ver CRA, 29).

Se fossem protegidos dos resultados desastrosos de se praticar o mal, os pecadores se sentiriam encorajados na iniquidade. Porém, nem todo sofrimento é resultado direto do pecado pessoal da parte do sofredor. Antigamente, muitos consideravam que toda aflição era castigo de algum erro, fosse do sofredor ou de seus pais (ver Jo 9:2). Julgavam o grau de culpabilidade pela intensidade de sofrimento. ... Eis a verdadeira filosofia do sofrimento: "O sofrimento é infligido por Satanás, mas Deus predomina sobre ele para fins misericordiosos" (DTN, 471). A razão por que Deus nem sempre protege Seus filhos da enfermidade e do sofrimento é que, se fizesse isso, Satanás

O acusaria como fez no relato do livro de Jó. ... Deus deve dar a Satanás a oportunidade de afligir os justos, para que no fim seja provado que todas as acusações de injustiça não possuem fundamento. Assim, o sofredor pode encontrar conforto na ideia de que, embora um "mensageiro de Satanás" o esbofeteie (ver 2Co 12:7), Deus está no controle para fins misericordiosos e fará com que a aflição se transforme em bênção (ver Rm 8:28). *CBASD*, vol. 3, p. 817.

5-10 Uma descrição do sofrimento físico e o sofrimento moral que sempre acompanham a prática do pecado (cf Is 1.5-6). *Bíblia Shedd.*

7 Ardem-me os ombros. Os sintomas parecem indicar uma enfermidade repulsiva com inflamação intensa. *CBASD*, vol. 3, p. 817.

9 Na Tua Presença, Senhor, estão os meus desejos todos. O salmista reconhece que Deus sabe de seu desejo de perdão e cura, e que não há necessidade de repetir a oração. A oração mais débil é ouvida no Céu. Não precisamos falar muito para que Deus ouça a nossa oração.

Ele observa os propósitos do coração e nossa devoção a Ele. "A verdadeira oração requer as energias da alma e afeta a vida" (T4, 535). Este versículo é o único lampejo de conforto nos v. 1 a 14. Para o salmista é suficiente saber que pode derramar seu coração a um Deus que o conhece e que Se importa com ele. *CBASD*, vol. 3, p. 817, 818.

11 Os meus amigos. Comparar com Sl 31:11. Eles não estão dispostos a se aproximarem do enfermo, provavelmente por temer o contágio.

(Ver Jó 19:13-20). Talvez esse distanciamento seja uma das setas do v. 2. *CBASD*, vol. 3, p. 818.

13, 14 É extremamente difícil ficar em silêncio quando outros nos destroem porque queremos proteger a nossa reputação. Achamos difícil não fazer nada enquanto eles atacam algo tão precioso para nós. Mas não precisamos contra-atacar em vingança ou justificar nossa posição; Podemos confiar em Deus para proteger nossa reputação. Jesus ficou calado diante dos Seus acusadores (Lucas 23: 9, 10); Ele deixou Seu caso nas mãos de Deus (1 Pedro 2: 21-24). Este é um bom lugar para deixar o nosso caso também! *Life Application Study Bible Kingsway*.

Quando somos esbofeteados e humilhados, a atitude correta é a do Senhor. Como a ovelha muda perante seus tosquiadores, ele não abriu a Sua boca! *Comentário Bíblico Devocional – Velho Testamento*, F. B. Meyer. O salmista não leva em conta a calúnia de seus inimigos e permanece em silêncio ao ser perseguido. *CBASD*, vol. 3, p. 818.

15 No versículo 15 o tom se torna mais calmo. A alma volta a voltar ao seu centro de gravidade em Deus. ... A fé dispõe os seus argumentos. ... Como Sansão, ela acha mel na carcaça do leão. Mas Deus não nos abandonará, Nunca, nem por um momento retirará de nós sua atenção. O Refinador se assenta junto ao crisol, e resfriará o calor no momento em que a obra estiver terminada. *Comentário Bíblico Devocional – Velho Testamento*, F. B. Meyer.

19, 20 Pecou contra o Senhor, mas é inocente de qualquer injustiça cometida contra os que atacam. *Bíblia de Estudo NVI Vida.*

Mas os meus inimigos. O salmista está perplexo com o fato de os ímpios continuarem prosperando e com boa saúde. *CBASD*, vol. 3, p. 818.**20 porque eu sigo o que é bom**. A razão por trás da conduta dos inimigos é que ele era um homem bom, que fazia o bem. O pecado não tolera o que é bom. A depravação total abomina a justiça.

22 Salvação minha. Ver Sl 27:1. As últimas palavras do salmo mostram os resultados positivos do sofrimento do salmista. As provas fizeram com que clamasse com fervor a Deus, a quem reconhece como sua única esperança de salvação. *CBASD*, vol. 3, p. 818. "

Pr. Heber Toth Armi— Blog - Reavivados Pela Sua Palavra – web

Salmo 39 – A Angústia do Salmista

Quem de nós nunca passamos na vida por uma grande tribulação ao ponto de desejarmos a morte? Certamente que cada um de forma diferente, uns por causa de uma grave enfermidade, pela dor de perder alguém que amava, o desemprego, uma separação amoroso, perseguições e calúnias de seus inimigos... Enfim, são vários os motivos que acabam por levar o ser humano ao desespero, onde muitos que por serem mais fracos que outros acabam sucumbindo-se.

Não está bem claro as razões que o deixaram naquele estado, mas Davi estava muito aflito. Tudo indica que ele estaria acometido de uma grave enfermidade e por ficar no leito seus inimigos zombavam de sua fé num Deus Poderoso que parecia pouco interessado em lhe enviar a cura. Mas, ao invés de dar crédito aos céticos ele simplesmente orou e perguntou ao Senhor a razão de ele mesmo ter lhe lançado aquele mal. É interessante perceber que tanto Davi, quanto Jó, eram homens conscientes que de Deus vem o bem e o mal, como ele afirmar ao profeta em Isaías 45: 5-9,.

177

E jamais atribuem ao diabo suas mazelas, desconhecendo sua capacidade em tocá-los, visto serem propriedades exclusiva do Senhor. Os cristãos modernos ficam o tempo todo dando crédito a satanás pelas duras provações pelo que passam, dando vangloria a quem não merece. Para aqueles dois servos do Altíssimo tudo o que acontecia nas suas existências era proveniente do Santo de Israel, satanás era desprezado, esquecido, não recebia nenhuma glória, nem mesmo pelo mal que sobre suas cabeças recaia.

As igrejas dos dias atuais estão cheias de animadores de palco, sem nenhuma intimidade com o verdadeiro Deus e como sacos vazios ficam criando artimanhas para entreter seus ouvintes, até entrevistam os demônios durante seus cultos. O salmista entendia que era provado na fé e meio a tribulação recorria ao Senhor e dele pedia misericórdia, cura, livramento e que defendesse sua causa.

SABER QUEM SOMOS

O salmista olha para a sua própria vida, mergulhada na tristeza, por razões que não diz (isto é da arte), e procura um caminho para voltar a sorrir. Sua primeira tentação foi soltar a língua e falar tudo o que lhe viesse à mente. Olhou em volta e desistiu. Suas palavras seriam mal interpretadas. Decidiu, então, se calar, mas não deu certo. Sua angústia solitária só aumentou.

Tomou, por último, a melhor escolha: decidiu orar e abrir seu coração, com sinceridade, falando tudo o que lhe ocorresse mas ao Senhor Deus. Em seu pedido, ele reconhece a sua fragilidade e a inutilidade dos seus esforços em direção à felicidade. Ao fazê-lo, mistura afirmações contraditórias, entre a bondade e a severidade de Deus. Termina, dizendo que só Deus pode lhe restituir a alegria da vida.

É como se o poeta cantasse também assim:

SALMO 39

Esqueço da realidade posta além do momento:
o diâmetro dos meus dias é a largura de um copo;
quando olho a envergadura do divino escopo
noto que, mesmo longo, é ínfimo o meu tempo.

Meu vigor é como o calendário de um sopro.
Valho tanto quanto o dinheiro lançado ao vento:
Sou tão sólido quanto a sombra de um corpo.
Não passo de um estrangeiro à espera de documento.

Próximo estou -- eu o sei -- de deixar de existir
para então existir num horizonte sem fim
numa casa que Deus me tem preparado.

Distante dEle sou apenas o templo do pecado,
mas com Ele comigo eu sou o perdoado
que desde já a alegria plena pode sentir.

Deste salmo, que tem um conjunto de ensinos para uma vida sábia, podemos fazer algumas aplicações para as nossas vidas.

1. PRECISO SABER QUEM EU SOU.

O poeta faz um autorretrato que nos descreve. Três certezas ele tem de si mesmo. **ELE É FRÁGIL** -- Para falar de como é frágil, ele compara a sua vida a um sopro (versos 5 e 11)

Como fazem outros autores (como no Salmo 78.33 -- "Por isso, ele encerrou os dias deles como um sopro e os anos deles em repentino pavor"; no Salmo 62.9 -- "Os homens de origem humilde não passam de um sopro, os de origem importante não passam de mentira; pesados na balança, juntos não chegam ao peso de um sopro"; no Salmo 144.4 -- "O homem é como um sopro; seus dias são como uma sombra passageira", e em Isaías 2.22 -- "Parem de confiar no homem, cuja vida não passa de um sopro em suas narinas. Que valor ele tem?")

Então, compara a sua vida breve (verso 4) ao cumprimento de um palmo (verso 5). Quando olha para suas conquistas, sobretudo as patrimoniais, vê que a riqueza -- que tanto valor tem -- que acumular não terá para ele qualquer valor (verso 6) quando não mais existir.

Ele lembra ainda que não passa de um estrangeiro que, por melhor que esteja em outra pátria, será o que é: estrangeiro. Assim somos nós também: completamente frágeis. Somos tão frágeis que, com dificuldade para conviver com a realidade, inventamos a arrogância para negar a nossa fragilidade.

ELE É INFLUENCIÁVEL -- O poeta começa seu salmo como uma dupla promessa: "Vigiarei a minha conduta e não pecarei em palavras; porei mordaça em minha boca enquanto os ímpios estiverem na minha presença". (verso 1) O salmista, como todo ser humano, está cercado de pessoas.

Ele não precisa temer as pessoas de boa índole, mas sabe que precisa temer aquele/aquela que gosta de falar da vida alheia (eu não disse "falar mal", porque os maledicentes não acham que falam mal, apenas falam ou apenas falam a verdade...).

Sabe precisa temer aquele/aquela que enche as suas bocas de palavras torpes, sabe que precisa temer aquele/aquela, sabe que precisa temer aquele/aquela que acha que o fim (ganhar dinheiro) justifica o meio, sabe que precisa temer aquele/aquela que o prazer está acima do pecado. O salmista sabe que essas práticas são perigosas.

Primeiro, elas são abominadas. Depois, são relativizadas. Depois, são valorizadas. Depois, são imitadas. Somos influenciáveis. Nenhum de nós está imune à influência, mesmo aquela inicialmente considerada perniciosa e algo a ser evitado. Cercados por ímpios, podemos cair na sua armadilha de pensar como eles pensam ou de agir como eles agem.

ELE É PECADOR -- "Livra-me de todas as minhas transgressões" (verso 8) -- eis o que pede o poeta, consciente que o pecado tem consequências (verso 11 -- "Tu repreendes e disciplinas o homem por causa do seu pecado") Eis um de nossos problemas: achar que o pecado não tem um salário, como se Deus não visse quando o praticamos ou como Deus também gostasse dele. O pecado não confessado é um impedimento a que tenhamos comunhão com Deus. O pecado confessado é a antessala da comunhão com Deus. A comunhão com Deus termina quando o pecado entra na nossa vida. A comunhão com Deus começa quando abrimos o nosso coração para confessar que somos pecadores e que pecamos especificamente e sempre contra Ele, porque todo pecado é pecado contra Deus.

2. POSSO FALAR COM DEUS.

A primeira tentação do poeta, em sua experiência desolada, é falar mal de Deus para os maus. Ele se corrige e, em sua experiência desolada, passa a falar com Deus. Nele começa com o pensamento voltado para os ímpios, com a boa intenção de não os imitar. Mas ele vai imita-los, a menos que olhe para Deus. Num primeiro momento, essa contemplação o deprime ainda mais ("Meu coração ardia-me no peito e, enquanto eu meditava, o fogo aumentava" -- verso 3), ao perceber a grandeza de Deus e a sua nulidade.

No entanto, a medida que vai conversando com Deus, vai encontrando paz, ao ponto de concluir que em Deus estava a sua esperança. Esta certeza nasce de uma convicção: Deus o ouve. Por isto, pede: "Ouve a minha oração, Senhor; escuta o meu grito de socorro; não sejas indiferente ao meu lamento. Pois sou para ti um estrangeiro, como foram todos os meus antepassados" (verso 12).

Entendemos este verso, quando olhamos para o modo como Deus vê o estrangeiro na experiência do povo Hebreu. Como estrangeiros, foram libertados, deixando a terra da escravidão. A partir daí, os estrangeiros entre os hebreus deviam ser tratados como Deus os tratou. A legislação era firme a este respeito:

. **"Não maltratem nem oprimam o estrangeiro, pois vocês foram estrangeiros no Egito. (Êxodo 22.21)**

. "Não passem duas vezes pela sua vinha, nem apanhem as uvas que tiverem caído. Deixem-nas para o necessitado e para o estrangeiro. Eu sou o Senhor, o Deus de vocês". (Levítico 19.10)

. "Amem os estrangeiros, pois vocês mesmos foram estrangeiros no Egito". (Deuteronômio 10.19)

. 'Maldito quem negar justiça ao estrangeiro, ao órfão ou à viúva'. Todo o povo dirá: 'Amém!' (Deuteronômio 27.19)

O laço de fita aparece na imagem acerca do próprio Deus como sendo aquele que "defende a causa do órfão e da viúva e ama o estrangeiro, dando-lhe alimento e roupa". (Deuteronômio 10.18)

Quando o salmista, então, fala de si mesmo como estrangeiro, está simplesmente dizendo que sabe como Deus o ama, tratando-o como alguém que precisava (e o era) ser protegido por Deus.

Não é o que acontece conosco? Olhamos para dentro de nós mesmos e não vemos saída. Olhamos para fora e não vemos saída. Olhamos para Deus e tudo se ilumina! Somos alcançados pela certeza de que Deus cuida de nós.

O desespero dá lugar à esperança. O verso 4 anuncia o desespero: "Mostra-me, Senhor, o fim da minha vida e o número dos meus dias, para que eu saiba quão frágil sou". O verso 7 prenuncia o contentamento: "Mas agora, Senhor, que hei de esperar? Minha esperança está em ti". Deus não se importa que reclamemos dele com Ele. Se formos honestos, veremos onde está o problema. Se falamos com Ele, com franqueza, vamos ser conduzidos a uma visão melhor de Quem Ele é.

v. 12 Tenho quem me ouve.

Se continuarmos, notaremos que precisaremos tirar os sapatos dos pés, porque os nossos sapatos vão se incendiar diante da santidade de Deus. Precisaremos andar descalços, porque os pés descalços são os pés santos. Quanto mais nos aproximarmos de Deus, mais o pecado não confessado doerá no nosso estômago. Mas veremos o quanto Deus é santo e mais notaremos o quão pecadores somos e mais desejaremos ser santos.

Quando falamos com Deus, em sinceridade, longe da lisonja e cauteloso com o clichê, menos cínicos (diante do nosso próprio pecado) seremos. Os cínicos são os que pecam e negam o seu pecado. Os cínicos são os que pecam e não lutam para não pecar. Os cínicos são os que pecam e querem ser aprovados em seu erro. Os cínicos são os que pecam e continuam tocando suas vidas no "piloto automático" como se a energia divina do seu veículo não tivesse sido cortada.

3. SEI QUE HÁ ESPERANÇA PARA MIM.

Qual é tema deste salmo?

O tema só aparece explicitamente uma vez, e no verso 7: "Mas agora, Senhor, que hei de esperar? Minha esperança está em ti". Contudo, todo o salmo cheira esperança.

Então, o poeta ora, agora cheio de esperança.

E o que ele pede? O que nós podemos pedir!

O poeta pede perdão para suas transgressões (verso 8), de modo a não sentir mais o peso do seu pecado (verso 11). O poeta não quer manter escondido o seu pecado, mas quer ser purificado (verso 11), mesmo que isto lhe custe um preço. O poeta reconhece que tudo está sob o controle de Deus. Até mesmo os ímpios estão sob o domínio de Deus. Então descansa (verso 9). Sabe por que não descansamos? Porque achamos que Deus perdeu o controle.

O poeta sabe que Deus o socorre no dia da dificuldade (verso 12).

O poeta desiste de toda forma de alegria, cuja fonte não é Deus (verso 13).

Está dado o roteiro para a nossa felicidade.

Pr. Israel Belo De Azevedo

Salmo 39 – Depressão E Esperança

Vamos estudar o Salmo 39. É um salmo de Davi que estava enfrentando alguns problemas particulares. Trata-se de um dos mais belos poemas escritos por Davi, embora expresse muita tristeza, depressão e descontentamento. Mas ainda reflete a esperança naquele que atende as nossas mais ardentes súplicas, à semelhança do livro de Jó. O contexto do Salmo 39 indica que Davi estava deprimido, porque ele sentia as consequências dos seus pecados e iniquidades.

Os ímpios começaram a criticá-lo por seus erros e a falar contra seu o Deus. Isso geralmente acontece. Quando nós, como filhos de Deus, erramos, os ímpios se aproveitam de nossas falhas e ridicularizam o Deus em quem cremos. Davi, não querendo desabafar com outras pessoas, falou no íntimo de sua alma: "Disse comigo mesmo: guardarei os meus caminhos, para não pecar com a língua; porei mordaça à minha boca, enquanto estiver na minha presença o ímpio" (v.1).

Ele parece muito virtuoso, porque decidiu não pecar com a língua. Disse o apóstolo Tiago que aquele que não peca com a língua é homem perfeito (ver Tg 3:2). Mas Davi tinha um cuidado especial diante dos ímpios. Quando estamos com nossos amigos, não precisamos nos preocupar com o que falamos ao abrir nosso coração. Mas quando estamos com os ímpios, devemos nos lembrar que eles vigiam nossas palavras e as modificam, se puderem, para nos atingir. Mas, qual foi a experiência do salmista? "Emudeci em silêncio, calei acerca do bem, e a minha dor se agravou" (v.2).

Ele guardou silêncio, emudeceu. Muitas vezes, é sábio ficar calado. Hoje as pessoas querem muito mais falar do que ficar em silêncio. E há pessoas que falam demais. Diante dos ímpios, deveríamos imitar o que fizeram Davi e Jesus Cristo: ficaram calados. E acerca de Jesus, lemos que os governantes ficaram muitíssimo admirados ao vê-Lo silencioso, ao ser julgado por Caifás, Herodes e Pilatos.

Como, aquele que fazia poderosos milagres, que andou pelas espumejantes águas, que repreendeu os demônios e fez emudecer os próprios líderes judeus com Suas sábias respostas, poderia agora ficar calado e não se defender? Mas qual foi o problema do salmista Davi? Ele se calou "acerca do bem". A palavra "bem" no original hebraico [*towb*] também significa "correto, agradável, bom, excelente".

O problema do salmista foi que ele deixou de falar aquilo que era bom, agradável, perfeito diante dos ímpios a quem ele deveria ter testificado. Disse Paulo que a vontade de Deus é "boa, agradável e perfeita" (Rm 12:2). Quando os ímpios estavam acusando a Deus, Davi deixou de lhes falar sobre a boa, agradável e perfeita vontade de Deus. Ele deixou de falar sobre a verdade de Deus, e não falou sobre a vocação, o chamado de Deus para salvar até mesmo os ímpios.

E qual foi o resultado? Davi deixou de pregar aos ímpios e como resultado, ficou deprimido por ter-se calado, quando deveria ter falado. "...a minha dor se agravou. Inflamou-se no meu peito o coração; enquanto eu meditava, ateou-se o fogo (v. 2,3)Enquanto ele meditava a respeito de sua vida, do que fizera diante das acusações contra Deus, e de sua omissão, por ter ficado em silêncio, e não falar a verdade acerca de Deus para os outros, suas emoções se inflamaram, e ele sentiu o fogo a lhe arder no peito.

O remorso, a consciência culpada e a omissão ardem como uma dor em nosso coração quando não fazemos o trabalho de revelar a verdade, a vontade e a vocação de Deus. Esta advertência foi registrada pelo profeta Ezequiel, em que Deus mesmo falou: "Se eu disser ao perverso: Ó perverso, certamente, morrerás; e tu não falares, para avisar o perverso do seu caminho, morrerá esse perverso na sua iniquidade, mas o seu sangue eu o demandarei de ti.

Mas, se falares ao perverso, para o avisar do seu caminho, para que dele se converta, e ele não se converter do seu caminho, morrerá ele na sua iniquidade, mas tu livraste a tua alma" (v. 8,9). Como tem sido nossa atitude de falar claramente, diante dos outros que perecem no pecado, a respeito da santa vontade de Deus para sua vida? Davi deixou de falar, e só em lembrar disso se encheu de remorso e caiu em depressão. Mas, deprimido, desanimado, sem forças, ele se ergue para Deus como a sua esperança.

Ele falou, no verso 7: "E eu, Senhor, que espero? Tu és a minha esperança." Estas são as únicas palavras luzentes de fé e a confiança neste salmo. De fato, as orações revelam qual é a nossa esperança. Quando você ora ao Senhor demonstra qual é sua esperança, quais são as coisas que você espera de Deus. Assim aconteceu com o salmista. Davi sublinha neste salmo, ao orar ao Senhor, que tem cinco razões para esperar em Deus, e cinco pedidos que ele faz, evidenciando a sua esperança.

I – ESPERANÇA DE LONGEVIDADE (V. 4-6)

"Dá-me a conhecer, SENHOR, o meu fim e qual a soma dos meus dias, para que eu reconheça a minha fragilidade. Deste aos meus dias o comprimento de alguns palmos; à tua presença, o prazo da minha vida é nada" (4,5).

Davi estava ansioso e deprimido por causa de sua vida tão curta, tão efêmera, tão passageira, tão fugidia. A duração de sua vida era tão breve, a extensão de sua vida lhe parecia nada, como se fossem apenas alguns palmos. Ele estava ansioso por sua vida. E ficou deprimido por isso. Algumas pessoas ficam com medo da morte, e caem na depressão. Então, acalentam muitos pensamentos negativos que podem diminuir o tempo de sua vida. Como pensa em sua alma, assim se cumpre, disse Salomão.

Então, Davi faz uma oração que Deus não responde: "Dá-me a conhecer, SENHOR, o meu fim." Davi repetiu o mesmo pedido, mais tarde, o que é sinal de que não obteve resposta: "Quantos vêm a ser os dias do Teu servo?" (Sl 119:84). Deus não respondeu a Davi qual seria o seu fim, e quantos seriam os anos de sua vida. Deus não respondeu qual seria o fim de Jó, quando ele disse: "Por que prolongar a vida, se o meu fim é certo?" (Jó 6:11). Deus não revelou a Ló o fim de sua esposa, que seria transformada numa estátua de sal. Deus não mostrou qual seria o fim de Abraão, Isaque e Jacó, e tampouco o de seus descendentes, porque Deus nos oculta o dia de nossa morte.

Mas o que aconteceria a um homem se Deus revelasse o seu fim, a soma dos seus anos? Se Ele lhe dissesse que você tem apenas mais dois meses de vida? Como seria se Deus revelasse o nosso fim? Alguns entrariam em depressão e desânimo. Outros afrouxariam as mãos operosas. Muitos amaldiçoariam a Deus, acusando-

O de ser injusto. Outros haveriam de se desesperar, pondo logo um fim à vida pelo suicídio. Jesus sabia o Seu fim desde o início de Sua vida. Ele veio para morrer e salvar o homem. Sabia qual era o dia de Sua morte, e ansiava por ela. A palavra "Senhor" no original hebraico, no verso 4 é Jeová [Iahweh], que significa eterno. Davi sabia que podia ter a esperança da vida eterna, mas estava ansioso por esta vida. Através de sua oração, pedindo a soma dos seus anos, estava escondida a esperança de viver para sempre.

Ele queria viver mais; se não nesta vida, na vida por vir. Portanto, ele pede que Deus revele o número de anos que ainda terá, a fim de poder sentir a sua fragilidade e transitoriedade. Então ele poderia louvar ao Deus eterno que lhe poderia conceder mais vida. E no fim de sua vida, ele disse a Salomão: "Eu vou pelo caminho de todos os mortais!" (1Rs 2:1). Davi continua a sua análise do homem, baseado em sua própria experiência: "Na verdade, todo homem, por mais firme que esteja, é pura vaidade" (v. 5, up). O salmista define o que é o homem diante de um Deus eterno: "Todo homem," não era somente ele, como diziam os seus inimigos, mas todos estão incluídos nesta realidade.

"Por mais firme que esteja, é pura vaidade." Salomão começou o livro de Eclesiastes (1:2) dizendo que "tudo é vaidade". Vaidade significa aquilo que é vão, uma nulidade. Por mais forte que seja um homem, tudo nele é pura vaidade. Portanto, não há razão para o orgulho, a arrogância e a prepotência. Certa vez, Billy Graham se dirigiu a um jovem atleta e lhe perguntou: "Como vai?" Ele respondeu: "Ah, pregador, eu vou muito bem!" e lhe mostrou os músculos.

O evangelista elogiou aquele jovem e lhe disse: "Aceita a Jesus, porque os seus músculos não são a maior garantia!" Sabe o que aconteceu? Duas semanas depois descobriram que aquele jovem estava morrendo de câncer. Ademais, o salmista lamenta: "Com efeito, passa o homem como uma sombra; em vão se inquieta; amontoa tesouros e não sabe quem os levará" (v. 6)

Dizia o pensador Fábio Cunha Silva que "tudo passa". "Tudo passa. A dor passa, a tristeza passa, a alegria passa, o ódio passa, a traição passa, a felicidade passa, o prazer passa, o desejo passa, a vontade passa, a vitória passa, a derrota passa." E eu acrescentaria: Passam os reinos, passam os impérios, passam os países, passam as cidades, passam as vilas. E disse Davi que passam os homens. Passam os pequenos, passam os grandes, passam os famosos, passam os fortes, passam todos como a sombra que logo se desvanece.

Disse mais o salmista: "...em vão se inquieta [o homem]!" Estamos nós nos inquietando? A doença mais comum de nossos dias também é a ansiedade, a inquietação, a agitação, o nervosismo, o estresse, e finalmente o pânico. Mas tudo isso é em vão; apenas vaidade, que logo se desvanece. Mas, por que se inquieta tanto o homem? "Amontoa tesouros, e não sabe quem os levará." Muitos estão se preocupando de modo enlouquecido com as posses materiais, ansiosos em amontoar, em acumular e se encher de riquezas. Trabalham demais, a fim de cumprir esse propósito. Mas é tudo vão, porque ele vai passar e deixar essa riqueza para outros.

Como disse Cristo na parábola do rico insensato: "Louco, esta noite te pedirão a tua alma, e o que tens preparado, para quem será?" (Lc 12:20). Vendo esta realidade, Davi não colocava a sua esperança nas riquezas, mas em Deus. "E eu, Senhor, que espero? Tu és a minha esperança!" (v. 7) Ele tinha esperança de longevidade em Deus, embora soubesse que para esta vida lhe faltavam poucos anos, e que tudo estava passando como ele mesmo, inclusive as suas imensas riquezas.

II – ESPERANÇA DE LIBERTAÇÃO [V. 8-9]

"Livra-me de todas as minhas iniquidades; não me faças o opróbrio do insensato. Emudeço, não abro os lábios porque tu fizeste isso."

Davi sabia que Deus é um Deus perdoador, ele tinha experiência disso através de toda a sua vida. Mas agora não pede apenas perdão; ele pede libertação. Perdão é um ato judicial; libertação é um ato experimental. Ele queria mesmo ser liberto de todas as iniquidades, pecados e transgressões, porque estas coisas estavam atrapalhando a sua vida no seu reino. Ele ainda era o opróbrio dos insensatos. Ainda sofria com a zombaria dos ímpios. E ele queria ser liberto de tudo isso. Então, diz:

"Emudeço, não abro os lábios, porque Tu fizeste isso!" Agora, à semelhança de Jó, Davi acusa a Deus dizendo que Ele fez isso: a zombaria e o sofrimento, disse ele que foram causados por Deus. Afinal, Deus poderia ter evitado tudo isso. Claro, poderia ter evitado, mas a culpa não era de Deus, mas dos pecados e iniquidades de Davi, das quais ele pedia libertação. Davi se encontrava confuso, como acontece com pessoas ansiosas e deprimidas. Mas, apesar de tudo, ele tinha a esperança de libertação. Se não fosse assim, ele não teria pedido isso.

III – ESPERANÇA DE PROPICIAÇÃO [V. 10-11]

"Tira de sobre mim o teu flagelo; pelo golpe de tua mão, estou consumido."

Davi sentia a praga de Deus e o Seu flagelo, o golpe de Sua mão caindo por sobre ele, sentindo-se consumido.

Então, ele pede por propiciação. Propiciação é a retirada da pena do castigo de alguém para outra pessoa. No final de tudo, isso foi cair sobre Jesus Cristo. Disse o apóstolo João: "Filhinhos meus, estas coisas vos escrevo para que não pequeis. Se, todavia, alguém pecar, temos um advogado junto ao Pai, Jesus Cristo, o Justo; e Ele é a propiciação pelos nossos pecados e não somente pelos nossos próprios, mas ainda pelos do mundo inteiro." (1Jo 2:1-2).

Mas Davi continua se dirigindo a Deus: "Quando castigas o homem com repreensões, por causa da iniquidade, destróis nele, como traça, o que tem de precioso. Com efeito, todo homem é pura vaidade" (v. 11). A pergunta que não quer calar é esta: Será que Deus castiga ao homem? Fiz esta pergunta para uma igreja, ao expor este salmo, e ninguém levantou a mão, exceto a minha esposa e uma visitante. Muitos pregadores em nosso tempo dizem que Deus não castiga. Mas estão contradizendo a própria Bíblia que trata de modo muito claro deste assunto.

Você vai achar em muitos lugares onde as Escrituras dizem que Deus castiga (Ez 5:15; e outros textos). Deus castigou nossos primeiros pais, expulsando-os do Éden. Deus castigou Sodoma e Gomorra, que foram destruídas com fogo e enxofre. Deus castigou até o Seu povo de Israel que foi levado ao cativeiro egípcio, assírio e babilônico. E finalmente, os judeus foram destruídos pelos romanos, que incendiaram o seu templo e as suas cidades.

Mas de que modo Davi fala do castigo? Com que Deus castiga? Ele castiga de muitas maneiras. Ele castiga com a espada, com a fome e com a peste (ver Ez 5:17). Ele castiga com furacões, com inundações, com terremotos, com tsunamis. Mas Davi fala que Deus castiga "com repreensões". Basta uma repreensão divina para que fiquemos deprimidos. Muitas vezes o Sermão do Monte nos repreende; outra vezes por meio de uma passagem da Bíblia no livro dos Salmos, ou em Jeremias.

Outras vezes um simples convite, um folheto nos repreende, ou um texto da Internet. Às vezes uma pessoa diz alguma coisa sobre a vida espiritual e isso nos repreende. Deus usa muitos meios e diversas maneiras para repreender Seus filhos. Por causa do que somos repreendidos? "Por causa da iniquidade." Por causa do pecado, das nossas transgressões, e da injustiça. De fato, Paulo disse que "a ira de Deus se revela do Céu contra toda a impiedade e injustiça" (Rm 1:18). Na Cruz do Calvário Cristo pagou o preço de nossa redenção e derramou Seu sangue por nossos pecados de modo pleno.

Entretanto, o castigo que Deus nos dá tem por objetivo não de punir, não que devêssemos realizar um pagamento, mas com o fim de corrigir. Portanto, Ele nos castiga com repreensões. O que acontece quando somos castigados? Davi falou que Deus destrói no homem como traça aquilo que ele tem de precioso. Não falou o que ele tem de mais precioso, porque o que o homem tem de mais preciso, o que é? A vida. Mas quando Deus repreende, Ele ainda não destrói a sua vida; antes disso, o Seu propósito é recuperar e salvar. Quando alguém é repreendido, ele perde uma coisa preciosa: a autoestima. Daí, podemos ficar deprimidos. Mas então, Deus envia o Espírito Santo para nos consolar, e nos animar e fortalecer-nos com o Seu perdão.

IV – ESPERANÇA DE RESPOSTAS [v. 12]

"Ouve, Senhor, a minha oração, escuta-me quando grito por socorro; não te emudeças à vista de minhas lágrimas, porque sou forasteiro à tua presença, peregrino como todos os meus pais o foram" (v. 12).

Davi tem a esperança de que as suas orações sejam respondidas. Ele clama e espera que Deus o ouça: "Ouve, Senhor, a minha oração!" Deus sempre ouve as nossas orações. Satanás quer nos dizer que não adianta orarmos porque Deus não ouve orações. Isso é mais uma de suas mentiras, porque Deus sempre ouve a todas orações. Mas Davi pede que Deus ouça e escute a sua prece. Há uma diferença entre ouvir e escutar. No paralelismo da poesia hebraica, aqui estão colocadas em forma de ampliação: Uma expressão amplia o significado da anterior. Ouvir significa perceber os sons; escutar significa prestar atenção.

Mas há ainda uma terceira palavra: atender. Deus nem sempre atende nossas preces, mas ouve e escuta a todas elas: Seus ouvidos não estão surdos para não ouvir. Ele não atende sempre, porque Ele sabe o que é melhor para nós, e muitas vezes nós estamos impedindo que Ele atenda as nossas preces. Mas o salmista está esperançoso de que Deus lhe dará as repostas que procura. No salmo anterior, ele disse: "Pois em Ti, Senhor espero; Tu me atenderás, Senhor, Deus meu!" (Sl 38:15). O salmista continua: "Não Te emudeças à vista de minhas lágrimas!"

Davi começou o salmo dizendo que ele ficou emudecido e não falou a verdade de Deus para os ímpios (v. 2). Depois ele disse que diante de Deus ele emudecia (v. 9). Mas agora, ele espera que Deus não faça o mesmo, emudecendo diante de suas súplicas, ficando calado diante de sua oração. Ele tem esperança de obter as respostas à sua oração insistente e perseverante. Davi tem uma razão e um argumento forte para que Deus o atenda: "...porque sou forasteiro à tua presença, peregrino como todos os meus pais o foram." Assim como Deus ensinou no passado que o Seu povo deveria tratar bem aos estrangeiros, assim ele espera ser tratado por um Deus de amor.

V – ESPERANÇA DE MISERICÓRDIA

"Desvia de mim o olhar, para que eu tome alento, antes que eu passe e deixe de existir."

Davi ainda estava deprimido, e termina esse salmo na esperança da misericórdia. O olhar de Deus repousa sobre todos para abençoar, ajudar e salvar. Mas esse olhar de que Davi está falando é o olhar de alguém que está irado e cheio de cólera por causa que o pecado e a iniquidade despertam a ira divina (Rm 1:18). Se o olhar de Deus não se desviasse, Davi poderia ser destruído, e deixaria de existir.

Mas a esperança de Davi é que Deus desvie esse olhar penetrante e que na Sua ira Se lembre da misericórdia, a fim de que ele possa tomar alento, possa se animar, e se regozijar, e louvar ao Senhor para sempre. Assim também a nós, depois de nossos erros e pecados, não nos resta nada senão reconhecer nossa fragilidade e pecaminosidade e suplicar de Deus a Sua misericórdia, porque "as misericórdias do Senhor são a causa de não sermos consumidos, porque as suas misericórdias não têm fim" (Lm 3:22).

Podemos aprender algumas lições desse salmo:

1.   Podemos evitar a depressão, se buscarmos a Deus para resolver os nossos problemas.

191

2. Não nos preocupemos com o que os outros estão dizendo sobre nós.

3. Vamos falar aos que perecem sobre a verdade, a vontade e a vocação de Deus.

4. Vamos esperar sempre em Deus, de modo que a nossa esperança seja inabalável.

Pr. Roberto Biagini - Mestre em Teologia - prbiagini@gmail.com

Salmo 40 - Livramento

O Senhor sempre foi para Davi seu porto seguro, em quem ele colocava sem sombra de dúvidas e incertezas toda a sua confiança. Neste Salmo, em particular, ele expressa a Deus toda a sua gratidão pelos livramentos que dele recebeu nos piores e mais difíceis momentos de sua vida.

Todos nós, que depositamos nossa fé no Criador, devemos esperar nele com a certeza de que não irá nos decepcionar. Ele sabe que somos falhos, imperfeitos, descumpridores de nossas promessas e muitas vezes infiéis, mas sua Palavra afirma que jamais falhará naquilo que se propôs nos ajudar.

Jesus Cristo ensinou que em nenhum momento nos abandonaria, que retornaria para o céu e iria enviar o Espírito Santo para nos consolar nas tribulações e resolver aqueles problemas impossíveis para nós. Então precisamos descansar nas suas garantias, porque ele não falhará.

Assim como o salmista foi ouvido e atendido nós também seremos, se como Davi procurarmos nos manter firmes na caminhada que um dia nos propomos seguir e nunca duvidar que àquele com quem nos comprometemos em seguir é imensamente poderoso para abrir todas as portas, destravar todas as trancas, preparar nosso caminho e proporcionar nossas vitórias.

SALMO 40 – O PREÇO DA REDENÇÃO

Temos para aqui mais uma mensagem cristocêntrica. Encontramos a Jesus Cristo do Gênesis ao Apocalipse. Nós O encontramos nos Livros Históricos, no Velho e Novo Testamento. Nós O encontramos nos Profetas e nos Salmos. E nós hoje queremos encontrar a Jesus Cristo no Salmo 40. Escrito há quase 3.000 anos atrás, tem, contudo, uma mensagem atual. Esta é mais uma gloriosa mensagem de Davi, o vate de Israel.

Comecemos no verso 1. Aqui temos a essência da vida cristã: Davi faz algumas coisas que são próprias de um cristão: "Esperei confiantemente!" Davi esperou pelo Senhor. Que grande mensagem para os nossos dias. São palavras muito adequadas para nós que vivemos neste século agitado e cheio de tantas exigências modernas, que nos roubam o tempo para esperar.

Estamos acostumados à velocidade: tudo queremos em um momento. Apertamos alguns botões, algumas teclas nos aparelhos de um Banco, e temos resultados rápidos. Mas ai de nós se demoramos um pouquinho! Atrás de nós já estão impacientes alguns que não podem esperar. Corremos para o trabalho, para as compras, para a igreja, para os nossos compromissos, e não sabemos mais esperar. "Esperei pelo Senhor", diz o salmista. De que modo ele esperou? "Confiantemente". É preciso esperar e confiar no Senhor nosso Deus. Esperar confiantemente pelo Senhor é a vida cristã, e o salmista fez isso. Então o que aconteceu? Deus Se "inclinou".

A princípio parecia que Deus não queria atender, parecia indiferente à angústia de Davi, às suas súplicas. Isso lembra daquela mulher siro-fenícia, que buscava, que implorava uma bênção de Jesus, mas Ele não atendia. Ele parecia não dar importância. Até que os discípulos chamaram a Sua atenção: "Senhor, atende a essa mulher." Ele respondeu: "Não é bom dar o pão dos filhos aos cachorrinhos."

Mas aquela mulher esperava confiantemente pelo Senhor Jesus, enquanto clamava, e respondeu: "Mas Senhor, os cachorrinhos se alimentam das migalhas que caem da mesa." Jesus Se voltou para elogiá-la: " Ó mulher, grande é a tua fé! Faça-se contigo como queres. E, desde aquele momento, sua filha ficou sã." [Mt 15:28].

Às vezes parece que Deus não nos atende. Visitei certa vez uma jovem adventista, e entre algumas coisas que me falou, disse: "– Pastor, parece que as minhas orações não passam do teto. Eu oro, mas não encontro resposta às minhas preces."

Ocorre isso com você? Você ora, mas parece que o Pai Celestial Se encontra à distância? Não, Ele vai se inclinar para recebê-lo, para ouvi-lo. Mas é preciso clamar, enquanto você confiantemente espera. Temos que clamar, temos que orar intensamente. Não basta pedir mecanicamente. Não basta orar displicentemente, friamente, formalmente; não, nós necessitamos orar com fervor. Quando nos vem a tentação, você terá que clamar muitas vezes. Então, só então, Ele vai se inclinar e atender.

Certa vez Pedro andava por sobre o mar, andava sobre as espumejantes vagas. Ele estava se saindo bem, mas reparando na força dos ventos se atemorizou, e quando se sentiu afundando, clamou por socorro; e ao ver-se perdido, proferiu a oração mais curta do evangelho: "Senhor, salva-me." E Jesus Cristo Se inclinou para salvá-lo. Temos que clamar. E então, teremos o socorro.

I – LIBERTAÇÃO DO PECADO

Deus socorreu a Davi? Que tipo de socorro? Versos 2, 3 – "Tirou-me de um poço de perdição, de um tremedal de lama; colocou-me os pés sobre uma rocha e me firmou os passos. E me pôs nos lábios um novo cântico, um hino de louvor ao nosso Deus; muitos verão essas coisas, temerão e confiarão no SENHOR."

Deus tomou algumas providências.

(1) Primeiro, Deus tirou-o de UM POÇO.

Davi caíra num poço. Não é nada agradável você cair num poço. Ele teve muitas dificuldades. Mas aqui Davi descreve o poder salvador de Deus ao tirá-lo do poço. Que tipo de poço? Poço de perdição: Quem caísse naquele poço estaria perdido, porque não poderia sair, e certamente haveria de morrer de fome, frio e comido de vermes naquele poço imundo, lamacento, cheio de sujeira e vermes nojentos. Um poço de lama. A lama não é sólida, firme, mas é insegura e pode ser movediça, algo terrível que puxa para baixo.

O pecado é um profundo poço, escuro, ávido, ameaçador e leva à morte. Davi cometera um pecado de adultério, e para cobrir esse pecado, ele cometeu outro pecado, o pecado de assassinato, e para encobrir esse pecado, ele tentou tomar algumas providências, mas quanto mais ele tentava escapar do poço, mais ele afundava na lama. Toda a tentativa do salmista de se salvar a si mesmo levava-o para mais fundo: quanto mais ele se mexia, mais fundo penetrava na lama do pecado. E o diabo lhe disse: "Davi, lembra-se de Saul? Ele não pôde sair do poço e se suicidou. Você também está perdido. Você nunca mais poderá sair do poço."

Certa vez um homem comum resolveu atalhar o caminho para casa. Ele fazia um trajeto longo da casa ao trabalho, e resolveu atalhar o caminho de volta. E havia um cemitério entre o lugar do seu trabalho e o seu lar. E ele resolveu ir pelo cemitério, encurtando distâncias. Foi bem no 1º dia, no 2º dia, e passou-se uma semana. Numa tarde, ele teve que trabalhar mais, e saiu de noite de volta para casa. E entrou no cemitério como de costume. Mas era uma noite escura, quando ele entrou no cemitério. Andou por alguns minutos, quando de repente, sentiu um puxão para baixo, escorregou e caiu num poço.

Era uma vala muito profunda, e naquela tarde havia chovido, e havia muita lama. De modo que o homem começou a se esforçar, tentando sair; e se apegou nas paredes, sujou mais as mãos, o sapato, a roupa. Tentou colocar as pernas entre 2 paredes, mas escorregava e caía de novo naquele poço de lama. Ele se esforçava, mas quanto mais se mexia, mais afundava na lama. E ele começou a pensar: "Muito bem, agora me aconteceu isso. Eu estava indo para casa, já tarde, e agora não posso sair daqui, não tem ninguém que pode me ajudar por aqui."

E naquele momento se aproximava outra pessoa por ali, e de repente caiu no mesmo poço cheio de lama. E quando ele caiu, o outro que já estava lá, disse: "– Você nunca mais sairá daqui!" E o 2º visitante ficou tão apavorado que deu um salto até em cima, pensando que lhe falara a alma de algum morto, e saiu correndo, de modo a nunca mais voltar por aquele cemitério.

E o outro continuou a pensar: "Muito bem, quando eu pensava que havia chegado uma ajuda, fui falar aquilo, e eis que se foi a minha única chance." Satanás disse a Davi, e vai dizer a você também: "Você está perdido! Você não pode sair do poço! Você nunca mais sairá daqui!" Então, como fez Davi, você também fará: Ele clamou por socorro, e deixou o Diabo no poço, porque Deus o socorreu, e o tirou do poço do pecado.

(2) Em 2º lugar, Deus o colocou sobre uma ROCHA, e firmou bem os seus pés.

Ele antes andava com os pés na lama, sem segurança, numa areia movediça. Mas agora ele estava com os pés numa rocha. Este foi o contraste. Em Cristo, nós temos segurança econômica, segurança física, segurança espiritual. A salvação em Cristo é completa: não só nos tira de um poço de lama do pecado, mas nos coloca numa rocha firme, num lugar seguro. A rocha é símbolo de Jesus Cristo. Ele é o nosso Único Refúgio. Em um mundo cheio de todo tipo de insegurança, em um mundo agitado pela violência, ameaçado por guerras e revoltas e assassinatos, ergue-se majestosa a Figura incomparável de Cristo Jesus – a Rocha Eterna dos séculos.

(3) Em 3º lugar, Deus não apenas colocou a Davi sobre a Rocha, mas também lhe deu um NOVO CANTO.

"E me pôs nos lábios um novo cântico, um hino de louvor ao nosso Deus." Ele agora tinha alegria, contentamento, motivo para cantar: Você pode cantar? Encontro muitos cristãos que são taciturnos, que vivem lamentando. Você tem um motivo para cantar, para ter um sorriso nos lábios. Deus o tirou da lama da perdição, Deus o tirou da lama do pecado.

Tenho comigo uma carta de um homem que tinha motivos para cantar. Era muito culto, mas era agnóstico. Antes ele vivia com uma amante, uma vida irregular. Nervosíssimo, a esposa não sabia o que fazer para agradá-lo. Ele praticava aquele pecado oculto, e temia ser descoberto. Mas após assistir a uma série de conferências adventistas do Pr. Walter Schubert, enviou-lhe uma carta, dizendo:

"Meu querido amigo: Ao andar agora pelas ruas de minha cidade, olho as árvores, os pássaros que cantam; quando passo junto a um rio, todas as coisas possuem para mim um novo encanto. Tudo é beleza, alegria e gozo.

Antes de abraçar a doutrina da Santa Bíblia, não via nada inspirador, porque levava o coração oprimido pelas penas de minhas culpas. Agradeço-lhe muito por suas conferências, pois agora tenho paz e tranquilidade de espírito." Este homem podia cantar porque encontrou o gozo e a alegria da salvação. Que lição podemos tirar? Onde você põe a sua confiança? Davi indica onde devemos colocar a nossa confiança: Verso 4 – "Bem-aventurado o homem que põe no Senhor a sua confiança e não pende para os arrogantes, nem para os afeiçoados à mentira."

Muitos põem a sua confiança em riquezas, nas posses materiais, nas aquisições econômicas. Outros dependem de seus amigos, do seu grupo social. Outros põem sua confiança em suas próprias forças. Aqui temos Davi que põe sua confiança em Deus, na Pessoa do Todo-Poderoso, no seu Criador, não nas coisas deste mundo. Após a descrição da maneira como Deus o salvou, Davi faz um veemente apelo para que nós sejamos como o homem que confia em Deus: porque ele é feliz; e nós também seremos felizes, se também confiarmos em Deus e na Sua salvação.

"Bem-aventurado o homem que confia no Senhor" – o homem que confia em Deus é feliz. O homem que confia em Deus "não pende para os arrogantes" porque estes não têm fé e não se humilham diante de Deus. Os arrogantes pendem para as coisas do mundo, que são inimizade contra Deus. Ele também não se associa com "os afeiçoados à mentira" porque os mentirosos não podem ter segurança.

O orgulho e a mentira andam juntos para perder os ímpios. (4) Então Davi, exalta as MARAVILHAS de Deus: Verso 5 – "São muitas, Senhor, Deus meu, as maravilhas que tens operado e também os teus desígnios para conosco; ninguém há que se possa igualar contigo. Eu quisera anunciá-los e deles falar, mas são mais do que se pode contar."

Davi deixa de falar no homem e agora ele exalta a Deus. Ele tem muitos motivos para louvar: Ele foi salvo maravilhosamente, ele foi criado de modo excelente. E agora canta um cântico das maravilhas divinas. "– O meu Deus é maravilhoso. Ele me libertou deste poço de perdição." Agora, ele era livre como   uma   pomba.

II – O PREÇO DA LIBERTAÇÃO

A esta altura Davi responde a uma pergunta não levantada, que se expressa nestes termos: Qual é o preço da libertação? O que poderia o salmista Davi dar em benefício de tudo o que Deus me fez? O que é que eu poderia pagar por minha salvação? O que Deus não aceita? Verso 6 – "Sacrifícios e ofertas não quiseste; abriste os meus ouvidos; holocaustos e ofertas pelo pecado não requeres." Sacrifício de bodes e carneiros, sacrifício de animais são insuficientes, são impotentes para pagar o preço desta salvação. O livro de Hebreus deixa claro que o sangue de animais sacrificados foi uma experiência ilustrativa. Não há possibilidade de pagar o preço da salvação com sangue de animais.

O sangue de touros e bodes não pode libertar do pecado. As exigências da lei não podem ser satisfeitas simplesmente com um sangue tão barato, comum. O preço desta redenção é demasiado caro para que se aceite o sangue de animais. Deus não aceitou. Ele exige algo melhor do que sangue de cordeiros. Mas então, o que Deus aceita? Versos 7, 8 – "Então, eu disse: eis aqui estou, no rolo do livro está escrito a meu respeito; agrada-me fazer a tua vontade, ó Deus meu; dentro do meu coração, está a tua lei."

Temos aqui algo significativo. Davi não apresenta holocausto de animais, porque sabe que Deus não os aceita. Na Velha Dispensação eles serviram apenas para simbolizar o plano da Salvação: significavam apenas uma lição objetiva da redenção. Sucede então algo inédito:

"– Ora, se Deus não quer o sangue de animais, então estou aqui e me entrego a mim mesmo." Davi se entrega como um sacrifício, para pagar o preço da redenção. Ele não leva um sacrifício de animais; ele mesmo se oferece para morrer e pagar com o seu sangue essa grande salvação.

"No rolo do livro está escrito a meu respeito." E isso é uma profecia: estava escrito que Davi haveria de morrer pela salvação do homem. E antes de morrer ele teria de viver toda a vontade divina. Davi se entrega para uma vida de perfeita obediência, para morrer e pagar o preço da redenção.

Mas este não é o Davi que conhecemos. Davi sem pecado!!? Como entender essa história de Davi? Como poderia Davi morrer para pagar pelo seu pecado, para se remir, ele deveria ser sem pecado a fim de pagar pelo seu próprio pecado? Impossível. Ele deve estar falando de outra pessoa. De fato, Davi está escrevendo uma profecia que não se refere a si mesmo, mas ao Messias. Davi era um tipo do Messias (Ez 34:24). Em Hebreus 10:4-7 temos a explicação. A Bíblia não nos deixa desapontados. Ela sempre nos dá uma resposta: Paulo está citando a passagem do salmo que nós estamos estudando.

Ele interpreta o Salmo 40 como sendo uma profecia messiânica, em que se diz que Jesus Cristo foi morto pelos pecados do mundo, para fazer a vontade de Deus: "Eis aqui estou para fazer, ó Deus, a tua vontade. ...Nessa vontade é que temos sido santificados, mediante a oferta do corpo de Jesus Cristo, uma vez por todas." [Hb 10:9-10]. Jesus, a Perfeição e Pureza do Céu, veio a este mundo pela Encarnação, viveu uma vida de justiça, morreu para pagar a nossa redenção, ascendeu ao Céu e está prestes a voltar, a fim de reinar como Príncipe eternamente [Ez 37:25].

Mas, voltemos agora ao Salmo 40. Versos 9, 10 – "Proclamei as boas-novas de justiça na grande congregação; jamais cerrei os lábios, tu o sabes, Senhor. Não ocultei no coração a tua justiça; proclamei a tua fidelidade e a tua salvação; não escondi da grande congregação a tua graça e a tua verdade."

Isso também se cumpriu em Jesus Cristo. Ele pregou o Evangelho, as Boas Novas de justiça aos cativos do pecado. Ele falou na sinagoga e também a grandes multidões como também a auditórios de apenas uma alma. Falou do amor de Deus e de Sua fidelidade. Declarou a verdade e a graça de Deus abertamente. [Jo 17:4, 6, 8].

III – O PREÇO DO PECADO

Mas prossigamos ao Verso 12: "Não têm conta os males que me cercam; as minhas iniquidades me alcançaram, tantas, que me impedem a vista. São mais numerosas que os cabelos de minha cabeça.

E o coração me desfalece. "Parece muito grave. Mas, se antes Davi falava do Messias, como Aquele que haveria de pagar pela redenção dele e pela de todos nós, agora, ele volta a contar de sua própria experiência. Nos Versos 1-5, o salmista apresenta sua própria experiência: libertação, lições e resultados. Nos Versos 6-10, o salmista fala como tipo de Jesus Cristo. Ele representara o Messias. Isso a Bíblia é clara em afirmar.

No entanto, no Verso 12, ele retoma à sua experiência novamente. Ele não está mais representando a Jesus Cristo. Ele agora, que antes falava pelo Messias, fala por si mesmo. Reconhecendo os seus pecados que são mais numerosos do que ele podia contar, Davi anseia a salvação daquele Jesus Cristo que ele representava.

Você esperava que ele dissesse: "Eu sou um homem justo!"? Mas qual é a reação de um homem que foi salvo por Jesus Cristo? Esta é a reação: "Meus pecados são muitos, são tão numerosos como os cabelos de minha cabeça." Mas alguém poderia pensar: "Como ele pode dizer isso? Ele não foi salvo de um poço de perdição, de um tremedal de lama? Não foi liberto?"

Entretanto, o homem salvo e justificado, ele não se sente santo e perfeito. Diante de Deus se você está em Jesus Cristo está sem pecado, purificado. No entanto, após ser liberto, Davi se humilha e diz que os seus pecados são mais do que os cabelos de sua cabeça. É certo falar desse modo? Ouvi um pregador dizer que isso é errado.

Mas o salmista não se sentia santo, porque esta é a atitude do cristão – ele não se sente sem pecado. Diz a escritora Ellen White: "Não há nada mais agradável à vista de Deus do que a contínua humilhação da alma diante dEle" [MM 1992, p. 151].

Em Jesus Cristo somos vistos como santos. Nossos pecados são colocados sobre Jesus Cristo na Cruz e Sua justiça é creditada a nosso favor. Deus não vê nossos pecados, e sim a perfeição de Cristo em nós. O pecado é um poço profundo, de lama, sujeira e areia movediça. Quanto mais o homem se mexe tentando escapar, tanto mais se aprofunda no lodo e na poça.

Você quer um exemplo, a maior prova de que o pecado é um poço profundo de lama? Considere o pecado de Adão e Eva. Eles receberam uma ordem para não comer da árvore do conhecimento do bem e do mal. Era apenas um fruto. Mas não era só o fruto; era a desobediência – o poço do pecado, em todas as profundezas de degradação.

E hoje vemos os resultados:

A degeneração, a escravidão, a inimizade contra Deus, contra o homem, as doenças, a morte, a extinção completa no lago de fogo. Este é o poço do pecado do qual somos salvos. O perigo é pensarmos que só os bandidos, as meretrizes e assassinos que estão no poço, e nos julgarmos muito justos. Não é assim, porque ainda temos uma natureza pecaminosa. Você também está num poço de lama e quer sair, mas não consegue? Davi conseguiu sair, quando ele clamou a Deus. Você também precisa clamar, você também precisa derramar sua alma perante Deus – e Ele Se inclinará para ouvi-lo.

Um jovem estava enfrentando problemas com o sexo. Então ele clamou a Deus, dizendo: "– Ah, se existe um Deus no Céu, eu vou vencer." E Deus o ouviu, e ele saiu do poço. Colocou os seus pés sobre a Rocha, e se tornou um pastor destacado na Obra de Deus. Um outro jovem deu o seu testemunho. Ele caíra no poço das drogas. Ele me disse pessoalmente: – "Eu fui influenciado por falsos amigos, que me deram a droga; depois eu me viciei; aí eu tinha que comprar.

A princípio, eu pedia dinheiro do meu pai; mas os meus pais não me deram mais. Eu já tinha vendido tudo – vendi nove tênis, e outros pertences – já não tinha mais nada." "Então, eu comecei a roubar dinheiro do meu pai, e ele começou a desconfiar: 'Alguém está tirando o meu dinheiro.' Então eu fui roubar dinheiro de uma igreja. Até isso eu tive que fazer para sustentar o vício."

Ele fumou maconha, LSD, e quando lhe deram o crack, aí ele ficou doido. Ele disse na mesma hora: "Me dá mais", – ele ficou como louco desvairado. Já não pensava em mais nada. Não queria mais estudar, só queria praticar o vício. Então, os seus pais começaram a desconfiar e ele precisava agora fumar escondido; mas eles não tinham a mínima noção do que significa isso.

Um dia ele foi ao banheiro usar a droga. E a sua mãe bateu à porta, e ele precisava esconder as cinzas do crack. Já fazia vários dias que não tomava banho. Quando ele tirou a roupa de baixo, estava grudada, saiu a pele, e ficou tudo cheio de pus, em carne viva.

Daí ele passou a detestar a droga. "A droga já não era mais legal para mim. Eu fui preso por causa da droga. Eu clamei à minha mãe: ' – Mãe, eu estou morrendo, estou na miséria. Me tira disso. Eu preciso de ajuda.' "Ele foi levado a uma casa de recuperação de drogados, e foi restaurado.

Então ele lança esse apelo: "Meu jovem, eu vou lhe dar esse conselho: 'Por amor à sua própria alma, não entra nesse caminho, não usa droga. Por favor, foge disso, porque a droga vai arruinar a sua vida.'" Hoje ele está liberto do poço, o profundo poço de lama das drogas. Mas, notemos como o salmista Davi termina o Salmo 40. Verso 17: "Eu sou pobre e necessitado, porém o Senhor cuida de mim; tu és o meu amparo e o meu libertador; não te detenhas, ó Deus meu!" Aqui está o resumo do Salmo, a súmula, a essência da mensagem de Davi: "Eu sou pobre e necessitado, porém o Senhor, cuida de mim."

Davi havia dito no Verso 4 que os fiéis, os bem-aventurados não são orgulhosos. O homem que tem fé, não tem orgulho. A fé é exclusivista, não admite o orgulho. "Não há nada mais agradável à vista de Deus do que a contínua humilhação da alma diante dEle" [MM 1992, 151]. Agora aqui no Verso 17 Davi nos dá um exemplo de humildade: "Eu sou pobre."

Davi era pobre? Não; Davi era riquíssimo. O seu reino era o mais rico de toda a Terra. Davi não necessitava de coisa alguma. Ele poderia dizer: "Eu sou rico; tenho tudo e de nada tenho falta." Mas ele não possuía o espírito de Laodicéia. Pelo contrário, ele reconhece sua pobreza: ele fala de bens espirituais. Ele deseja a salvação que estava no Messias sobre quem ele profetizara.

Gostaríamos de terminar dizendo que esta é a atitude que devemos ter: "Eu sou pobre e necessitado, mas o Senhor cuida de mim." Jesus Cristo nos livra desta lama da natureza pecaminosa: "Ele cuida de mim." Você se sente pobre e necessitado, espiritualmente? Não se esqueça de que Jesus Cristo cuida de você. Nossa única esperança de salvação está em reconhecer nossa pobreza espiritual e lançar toda nossa confiança em Jesus Cristo, o nosso amorável Salvador. Ele é o "meu amparo e meu Libertador". Jesus também é o seu Libertador?

Pr. Roberto Biagini - Mestrado em Teologia - prbiagini@gmail.com

41 - Amor e Misericórdia

Davi tinha consciência da importância de saber dar apoio aos seus semelhantes nas horas mais adversas. Neste Salmo ele afirma que todo aquele que estender suas mãos para prestar ajuda ao necessitado, seja ele quem for e independente dos erros que tenha cometido, será recompensado pelo Senhor.

Isso nos faz pensar se Deus não tivesse usado de misericórdia para conosco e levasse em conta nossos pecados e delitos, deixando de enviar seu Filho para morrer na cruz e nos conceder a oportunidade de arrependimento e salvação, o que seria da humanidade?

Em que situação iríamos nos encontrar agora se ele não tivesse se compadecido de nossa vã maneira de viver e nos deixasse a mercê das próprias fraquezas? Sem dúvida, o exemplo que nos foi dado pelo amor do Pai que deu a vida de seu único Filho na cruz para que pudéssemos alcançar a redenção de nossas muitas transgressões deve servir de incentivo.

Para que possas aprender a amar nossos semelhantes, como propôs Davi e estender-lhes nossas mãos para ajuda-los a levantar da queda, ao invés de criticá-los.

Salmo 41 – O Auxiliador dos pobres

A promessa é firme: o Bem-aventurado seria livre, conservado em vida, abençoado na terra e o Pai não o deixaria à mercê dos seus inimigos (v. 2), contudo, o prêmio proposto só foi alcançado porque Jesus esvaziou-se, voluntariamente, da sua glória (Fl 2:7 -8), o que O tornou sujeito ao dia do mal "Olhando para Jesus, autor e consumador da fé, o qual, pelo gozo que lhe estava proposto, suportou a cruz, desprezando a afronta, e assentou-se à destra do trono de Deus" (Hb 12:2).

SALMO 41

BEM-AVENTURADO é aquele que atende ao pobre; o SENHOR o livrará no dia do mal. O SENHOR o livrará, e o conservará em vida; será abençoado na terra, e tu não o entregarás à vontade de seus inimigos. O SENHOR o sustentará no leito da enfermidade; tu o restaurarás da sua cama de doença.

De posse da informação de que os salmos são profecias (1Cr 25:1), e que eles fazem referência a pessoa de Cristo (Lc 24:44), constataremos se o texto do Salmo 41 também aplica-se a pessoa e vida de Cristo (Jo 5:39 ; Sl 40:7).

Para interpretar este salmo é necessário identificarmos quem atende o pobre e quem é o pobre. O salmista faz imprecações de bênçãos a alguém em específico que atende, ou seja, que socorre os pobres. Seria o salmista Davi? Não!

Quem é que atende o pobre?

Socorrer os pobres é ação exclusiva do Senhor, sendo certo que esta glória Ele não dará a ninguém "Pela opressão dos pobres, pelo gemido dos necessitados me levantarei agora, diz o SENHOR; porei a salvo aquele para quem eles assopram" (Sl 12:5).

A previsão de Davi neste salmo faz referência ao seu Descendente e Senhor, que é Cristo (Sl 22:43), pois de seu Filho disse pelo Espírito: "Disse o Senhor ao meu Senhor: assenta-te à minha mão direita até que eu ponha os teus inimigos por estrado de teus pés" (Mt 22:44 ; Sl 110:1), o Senhor que se levantará para por a salvo os pobres.

Certo é que o Senhor que se 'levantará' do Salmo 12 verso 5 diz de Cristo, assim como o Bem-aventurado que atende o pobre do Salmo 41 verso 1, e aquele que se compadece do aflito e do pobre salvando a alma dos necessitados "Compadecer-se-á do pobre e do aflito, e salvará as almas dos necessitados" (Sl 72:13). Cristo é o nome pelo qual Deus salva os pobres e aflitos livrando os necessitados que clamarem (Sl 72:12), por isso mesmo todos os reis se prostrarão perante Ele (Sl 72:11), e n'Ele todas as nações serão abençoadas (Sl 72:17).

Ele é o bem-aventurado em quem os homens serão abençoados "O seu nome permanecerá eternamente; o seu nome se irá propagando de pais a filhos enquanto o sol durar, e os homens serão abençoados nele; todas as nações lhe chamarão bem-aventurado" (Sl 72:17); "E abençoarei os que te abençoarem, e amaldiçoarei os que te amaldiçoarem; e em ti serão benditas todas as famílias da terra" (Gn 12:3).

Quem é o pobre?

Os pobres, por sua vez, não se tratam dos descamisados do povo, dos homens desprovidos de posses, dos mendigos.

Dos maltrapilhos, dos sem pátria, etc., pois na Lei está claro e Jesus reiterou: nunca deixará de haver pobre na terra (Dt 15:11 ; Mt 26:11). Os termos 'pobres', 'necessitados', 'tristes', 'quebrantados', etc., são figuras bíblicas utilizadas para fazer menção a uma condição espiritual pertinente aos homens, quer detentores de muitos bens materiais ou totalmente desprovidos deles, homens que reconhecem a sua miséria em decorrência do pecado herdado de Adão e, que em consequência, procuram se socorrer de Deus. São termos que apresentam uma figura profética para fazer referência aos errados de espírito que se deixam ser instruir pelo Senhor Jesus.

"E os errados de espírito virão a ter entendimento, e os murmuradores aprenderão doutrina" (Is 29:24);

"Os aflitos e necessitados buscam águas, e não há, e a sua língua se seca de sede; eu o SENHOR os ouvirei, eu, o Deus de Israel não os desampararei" (Is 41:17).

É por isso que Jesus disse: "Bem-aventurados os pobres de espírito, porque deles é o reino dos céus" (Mt 5:3), pois Cristo é o descanso do cansado e o refrigério daqueles que atenderem o convite: "Vinde a mim, todos os que estais cansados e oprimidos, e eu vos aliviarei" (Mt 11:28); "Ao qual disse: Este é o descanso, dai descanso ao cansado; e este é o refrigério; porém não quiseram ouvir" (Is 28:12).

'Pobre' e 'abatido' são figuras para fazer referencia a todos que obedecem (treme) a palavra de Deus "Porque a minha mão fez todas estas coisas, e assim todas elas foram feitas, diz o SENHOR; mas para esse olharei, para o pobre e abatido de espírito, e que treme da minha palavra" (Is 66:2 ; Is 11:4).

Os que confiam no Senhor faz parte dos conselhos dos pobres (Sl 14:6 ; Lc 4:18 ; Is 29:19), contrastando com o conselho dos ímpios, que são os loucos, os arrogantes, os ricos (Sl 1:1 ; Ap 3:17).

O salmista registra, pelo Espírito, a promessa de que Deus há de livrá-Lo no dia do mal, ou seja, um dia em que o Filho de Davi e Senhor haveria de entregar o seu espírito nas mãos do Pai (v. 1). Mas, para que Cristo se tornasse o Bem-aventurado e aquele que socorre os pobres e aflitos, teve que primeiro se sujeitar ao dia mal, tornando se menor que os anjos por causa da paixão da morte (Hb 2:9), e em tudo tornar-se semelhante aos homens para aniquilar o que tinha o império da morte (Hb 2:14). Somente após sujeitar-se ao dia mal, Cristo alcançou o sacerdócio possibilitando-O a interceder pelos seus irmãos (Hb 2:17), conquistaria o poder de livrar os pobres que estavam por toda a existência sujeitos ao pecado (Hb 2:17).

A promessa é firme: o Bem-aventurado seria livre, conservado em vida, abençoado na terra e o Pai não o deixaria à mercê dos seus inimigos (v. 2), contudo, o premio proposto só foi alcançado porque Jesus esvaziou-se, voluntariamente, da sua glória (Fl 2:7 -8), o que O tornou sujeito ao dia do mal "Olhando para Jesus, autor e consumador da fé, o qual, pelo gozo que lhe estava proposto, suportou a cruz, desprezando a afronta, e assentou-se à destra do trono de Deus" (Hb 12:2).

As promessas continuam no verso 3, onde é garantido ao Bem-aventurado guarida mesmo no leito de 'enfermidade' e, por fim, a promessa de restauração (v. 3). Cristo só foi restituído a sua glória porque primeiro se despiu dela e, como servo foi obediente até a morte "E, achado na forma de homem, humilhou-se a si mesmo, sendo obediente até à morte, e morte de cruz" (Fl 2:8 ; Jo 17:5).

Cristo é o bem-aventurado que atende ao pobre, pois:

Deus o livrou no dia do mal (v. 1);

Deus o livrou e o conservou em vida (v. 2);

Deus não o entregou à vontade de seus inimigos;

Deus o restaurou da sua cama (morte) de doença (v.3).

4. Dizia eu: SENHOR, tem piedade de mim; sara a minha alma, porque pequei contra ti.

O Salmo 41 dá ênfase às agruras que o Servo do Senhor se sujeitou segundo a vontade do Pai, aspecto diferente da ênfase que o Salmo 38 apresenta, onde é apresentado o Servo perfeito: cego e mudo. A partir do verso 4 o próprio Senhor que atende o pobre, em Espírito, toma a palavra na previsão do salmista e utiliza o pronome na primeira pessoa: "Dizia eu: Senhor, tem piedade de mim…" (v. 4).

Por que o Bem-aventurado clama por piedade? Porque só o Pai podia livrá-lo da morte "O qual, nos dias da sua carne, oferecendo, com grande clamor e lágrimas, orações e súplicas ao que o podia livrar da morte, foi ouvido quanto ao que temia" (Hb 5:7).

Para compreender por que o Bem-aventurado roga ao Pai para que a sua alma seja curada, faz-se necessário considerar que Ele tomou sobre si as enfermidades e as dores da humanidade, ou seja, o que o tornou 'enfermo' foi o pecado dos homens, pois é certo que o Servo do Senhor não pecou "Verdadeiramente ele tomou sobre si as nossas enfermidades, e as nossas dores levou sobre si. E nós o reputávamos por aflito, ferido de Deus, e oprimido" (Is 53:4); "O qual não cometeu pecado, nem na sua boca se achou engano" (1Pe 2:22 ; Is 53:9).Cristo rogou ao Pai em decorrência das 'enfermidades' e 'dores' que tomou sobre si.

Pois foi em decorrência das transgressões e iniquidades que Ele foi ferido e moído (Is 53:5). Pelo fato de ter levado sobre si o pecado de muitos, em suplica ao Pai disse por intermédio da pena de Davi: "SENHOR, tem piedade de mim; sara a minha alma, porque pequei contra ti" (v. 4), isto porque, foi constituído por Deus sacerdote e teve que ser participante da mesma natureza dos homens para ser Mediador, sendo que na intercessão inclui-se entre os que precisam de salvação "E possa compadecer-se ternamente dos ignorantes e errados; pois também ele mesmo está rodeado de fraqueza" (Hb 5:2).

O Senhor Jesus esteve no 'leito da enfermidade' (v. 3), porque foi do agrado do Pai moê-lo quando tomou sobre si o pecado de muitos (Is 53:12), porque foi posto por expiação do pecado (Is 53:10) e Deus fez cair sobre Ele a iniquidade de todos "… porque as iniquidades deles levará sobre si" (Is 53:11 ; Is 53:6 ; Lv 16:21). Ao verso 4 aplica-se a mesma abordagem do salmos 38 e 40, pois se faz necessário considerar que Cristo é o Servo do Senhor cego e mudo. Que o bode da expiação e o bode emissário são figuras representativas da sua pessoa e obra redentora e, que, portanto, quando da leitura dos salmos onde se tem um verso semelhante a este:

"Porque eu declararei a minha iniquidade; afligir-me-ei por causa do meu pecado" (Sl 38:18), basta verificar se há alguma alusão à cegueira ou surdez, como se lê: "Mas eu, como surdo, não ouvia, e era como mudo, que não abre a boca (…) e em cuja boca não há reprovação" (Sl 38:13 -14), para poder concluir que o salmo aplica-se ao Messias, pois se na boca não há reprovação, segue-se que o coração é humilde e manso, pois a boca fala do que há no coração (Mt 12:34).

5 Os meus inimigos falam mal de mim, dizendo: Quando morrerá ele, e perecerá o seu nome.

6 E, se algum deles vem ver-me, fala coisas vãs; no seu coração amontoa a maldade; saindo para fora, é disso que fala.

7 Todos os que me odeiam murmuram à uma contra mim; contra mim imaginam o mal, dizendo.

8 Uma doença má se lhe tem apegado; e agora que está deitado, não se levantará mais.

O verso 5 apresenta o anseio dos inimigos do Messias: a sua morte (Jo 8:37), e o verso 6 aponta a análise que Ele faria da exposição doutrinária dos seus inimigos: coisas vãs (v. 6), pois da abundância que havia em seus corações enganosos, mentirosos, disso falava a boca (Mt 12:34).

O salmista prevê que os opositores de Cristo o odiariam e murmurariam constantemente e, que sempre presumiriam o mal contra Ele "E agora digo-vos: Dai de mão a estes homens, e deixai-os, porque, se este conselho ou esta obra é de homens, se desfará" (At 5:38); "Salvou os outros, e a si mesmo não pode salvar-se. Se é o Rei de Israel, desça agora da cruz, e crê-lo-emos" (Mt 27:42); "Dizendo: Senhor, lembramo-nos de que aquele enganador, vivendo ainda, disse: Depois de três dias ressuscitarei" (Mt 27:63 , Mt 27:1).

9 Até o meu próprio amigo íntimo, em quem eu tanto confiava, que comia do meu pão, levantou contra mim o seu calcanhar.

O apóstolo João registrou quando o próprio Mestre interpreta este salmo e aplica este verso a Sua pessoa e a de Judas Iscariotes "Não falo de todos vós; eu bem sei os que tenho escolhido; mas para que se cumpra a Escritura: O que come o pão comigo, levantou contra mim o seu calcanhar" (Jo 13:18 -27 ; Jo 6:71).

10 Porém tu, SENHOR, tem piedade de mim, e levanta-me, para que eu lhes dê o pago.

11 Por isto conheço eu que tu me favoreces: que o meu inimigo não triunfa de mim.

12 Quanto a mim, tu me sustentas na minha sinceridade, e me puseste diante da tua face para sempre.

13 Bendito seja o SENHOR Deus de Israel de século em século. Amém e Amém.

Diante do quadro funesto, visto que o seu 'amigo' íntimo aliou-se aos seus inimigos, o Servo obediente enfatiza a sua confiança na piedade de Deus que o 'erguerá' do leito de enfermidade (morte), dando lhe a oportunidade de retribuir aos seus inimigos segundo as suas obras (v. 10 ; Sl 62:12).Os seus inimigos pensavam na sua morte como a queda de um homem, no entanto, o triunfo do Messias estava além-túmulo.

Pois ao entregar-se na morte concluiu sua obra "Ele verá o fruto do trabalho da sua alma, e ficará satisfeito; com o seu conhecimento o meu servo, o justo, justificará a muitos; porque as iniquidades deles levará sobre si" (Is 53:11), e quando ressurgiu conquistou poder acima de todos os principados e potestades "E, despojando os principados e potestades, os expôs publicamente e deles triunfou em si mesmo" (Cl 2:15).

Através da ação de Deus, que o favorece, o Messias tem certeza plena de que o seu inimigo, o inimigo da humanidade, não triunfará (v. 11). O Bem-aventurado reconhece o amor do Pai por retribuir-lhe segundo a sua retidão: a presença do Pai é segurança eterna "Quanto a mim, contemplarei a tua face na justiça; eu me satisfarei da tua semelhança quando acordar" (v. 12 ; Sl 17:15).O salmo termina com o salmista bendizendo ao Senhor Deus de Israel (v. 13).

https://estudobiblico.org/salmo-41-o-auxiliador-dos-pobres/

Vaga-Lumes Não Trazem Luz ao Evolucionismo

(Amar o Semelhante é uma forma de reconhecer o seu valor

Muitos finais de tarde de minha infância foram dedicados à captura de vaga-lumes em frascos de vidro de maionese vazios. Aqueles curiosos insetos nos fascinavam e o espetáculo era ainda mais bonito quando sobrevoavam a mata sem postes de luz por perto. A espécie de vaga-lume (ou pirilampo) que víamos era provavelmente a*Lampyris noctiluca*, a mais prevalente em nosso país, na qual apenas os machos são alados.Além dos vaga-lumes, muitas outras criaturas produzem sua própria luz a partir de um processo químico chamado de bioluminescência.

Em que uma molécula com capacidade de emitir luz fria é oxidada pela ação de uma enzima chamada luciferase — com eficiência até superior a lâmpadas fluorescentes e de LED. Insetos, centopeias e milípedes, caracóis, minhocas, equinodermos, fungos, peixes, lulas, cogumelos e alguns micróbios produzem luz.

Trazendo mais complexidade ao tema, algumas criaturas bioluminescentes não podem produzir sua própria luz, mas dependem de outras para fazer o trabalho por meio de um processo conhecido como simbiose, como acontece com vários gêneros de lulas que usam bactérias para produzir sua luz. Além disso, alguns predadores oceânicos são bioluminescentes, mas são incapazes de produzir sua própria luciferina. Eles têm todos os órgãos e enzimas necessários, mas precisam obter a luciferina se alimentando de organismos marinhos que a possuem.

A bioluminescência tem sido descrita para muitos fins: acasalamento, atrair presas, distrair predadores e comunicação. Em alguns casos, o uso é desconhecido, como em alguns tipos de cogumelo, em que sua bioluminescência pode atrair insetos para comer as porções luzentes onde não estão os esporos que precisam ser espalhados. E as desvantagens para sobrevivência não param por aí, pois no caso do vaga-lume, sua luz, sim, o auxilia no processo de acasalamento, mas traz uma fatal desvantagem de os identificar mais facilmente para lagartixas, uma de suas predadoras!

Segundo a hipótese mais proeminente do evolucionismo, abioluminescência surgiu como um mecanismo de proteção antioxidativa após a fotossíntese ter vindo à existência, causando crescente aumento de oxigênio na atmosfera.

Todavia, a teoria possui dificuldades reconhecidas — inclusive por evolucionistas —, pois há várias outras enzimas oxidativas que não seriam tão energeticamente dispendiosas como o complexo luciferina-luciferase para lidar com o excesso de oxigênio.

Além disso, os atuais níveis de oxigênio da atmosfera não são prejudiciais, mas necessários para alguns organismos bioluminescentes e as variantes da luciferase são tão grandes, mesmo dentro do mesmo filo, que impossibilita o estabelecimento de uma origem evolucionária comum plausível para o fenômeno. Até mesmo a integração do sistema nervoso, o código genético, a luciferina e a luciferase, bem como a comunicação luminosa entre o vaga-lume macho e fêmea, são críticos para a teoria da evolução.

Porque tal situação nos leva facilmente a um quadro de "complexidade irredutível" que só se faz possível tendo o surgimento simultâneo de todos os componentes — como o que aconteceu, de fato, pelas mãos do Criador. Quanto às pressuposições centrais do evolucionismo, seus proponentes devem assumir que todas as características que observam devem servir (ou ter servido) algum propósito de sobrevivência.

Entretanto, a predação dos vaga-lumes pelas lagartixas, justamente devido à sua bioluminescência, traz um "apagão" para essa premissa evolucionista. Quanto às funções desconhecidas da bioluminescência, talvez a descubramos algum dia ou talvez nem existam além da intenção de Deus adornar sua criação para sua própria glória. Os cristãos podem glorificar a Deus pela busca de explicações científicas, ou apenas contemplando a beleza da criação.

Jesus Cristo nos ensinou (e ordenou) que seu rebanho brilhe Sua luz. Nós, por nossos próprios méritos e esforços, não podemos brilhar sozinhos e dependemos inteiramente do nosso Senhor para que cumpramos suas ordens (*Jo 15.5*). Ao invés de sermos bioluminescentes, somos, pelo poder do Espírito Santo, "Cristoluminescentes":

*"**Vós sois a luz do mundo.** Não se pode esconder uma cidade situada sobre uma montanha nem se acende uma luz para colocá-la debaixo do alqueire, mas sim para colocá-la sobre o candeeiro, a fim de que brilhe a todos os que estão em casa. **Assim, brilhe vossa luz diante dos homens, para que vejam as vossas boas obras e glorifiquem vosso Pai que está nos céus"** (Mt 5.14-16)*

42 - Os Sucessos e Insucessos da Vida

Certa vez conheci um pastor evangélico que no passado havia sido um grande líder espiritual de sua igreja, porém, após ter se tornado um homem de grande importância meio aos demais que o assistiam, foi covardemente traído por seus subalternos que ardiam em inveja pelo seu sucesso.

Depois disso ele foi deposto do seu cargo e por não saber lidar com tamanha desgraça que se abateu sobre ele acabou por entrar em depressão. Uma sequência de infelizes acontecimentos, passou a acontecer na sua vida e terminou como um mendigo pelas calçadas das ruas onde um dia evangelizou pecadores e lhes falou do amor de Deus.

Tornou-se vítima das zombarias daqueles que antes o elogiavam, transformou-se num alcoólatra e viveu por muitos anos na miséria material e espiritual, até que o Senhor usou alguém para entrar na sua vida e restabelecer tudo o que se havia perdido.

Durante sua estadia nessas condições o amado pastor soube compreender o que queria dizer a Deus o salmista nessa oração. Sem dúvida não há algo mais terrível do que tropeçar na vida e se tornar motivo de escárnio até mesmo por aqueles que antes comiam no mesmo prato e dividiam o mesmo teto.

Aqui, Davi desabafa ao Senhor sua mágoa de não poder contar sequer com a piedade dos que um dia disseram ser seus amigos, no momento mais difícil de sua existência. Então reconhece que seu verdadeiro e único amigo é mesmo Deus, que lhe resgatou da simplicidade e o fez rei sobre seu povo.

Salmo 42: 1-11 - DAVI CONVERSA COM SUA ALMA

Belíssimo salmo de Davi onde ele está a conversar com sua alma. Ele olha para si mesmo no profundo de seu desespero e luta e pergunta por que a sua alma está abatida? Ele sente sua alma abatida, mas isso não combina com a sua fé e crença no Deus Todo-Poderoso que com ele está. Neste salmo Davi está fugindo de Saul e de sua brutal e sem sentido alguma perseguição. Ele nada tinha feito contra ele.

Mesmo assim Saul o está obrigando a viver em exílio e ele se sente chateado com isso de ter de enfrentar tal situação gratuitamente. Forçado a viver uma vida assim, ele está ou tem todos os motivos para entrar no desespero e ser assaltado por ele. Por isso é que se derrama em orações com seu Deus sabendo que tudo aquilo era de seu conhecimento e que logo seu Deus haveria de intervir em seu favor. Nós também tendo recebido a promessa do Pai anunciada pela boca do Filho e testemunhada em nossos corações pelo seu Espírito Santo que ele nos deu como penhor. Também nós, fugindo de Saul, isto é do mundo e de tudo o que ele representa agora, somos tentados a entrar no desespero.

Calvino comenta isso muito bem em sua introdução abaixo deste Salmo.

Em primeiro lugar, David mostra que, quando ele foi forçado a fugir por causa da crueldade de Saul, e estava vivendo em estado de exílio, o que mais afligiu, foi privado da oportunidade de acesso ao santuário; pois preferiu o serviço de Deus a todas as vantagens terrenas. Em segundo lugar, ele mostra que, tentado com desespero, teve a esse respeito um assunto muito difícil de sustentar. Para fortalecer sua esperança, ele também apresenta oração e meditação sobre a graça de Deus. Por último, ele novamente faz menção ao conflito interno que ele teve com a tristeza que experimentou.

Para o principal músico. Uma lição de instrução aos filhos de Corá. O nome de Davi não é expressamente mencionado na inscrição deste salmo. Muitas conjecturas de que os filhos de Coré eram os autores dele. Isto, penso eu, não é provável. Como é composto na pessoa de Davi, quem, é bem sabido, foi dotado acima de todos os outros com o espírito de profecia, quem acreditará que foi escrito e composto por ele por outra pessoa? Ele era o professor em geral de toda a Igreja, e um instrumento distinto do Espírito.

Ele já entregou à companhia dos levitas, dos quais os filhos de Coré fizeram parte, outros salmos para serem cantados por eles. O que precisava, então, ter ele para emprestar a sua ajuda, ou para recorrer a sua assistência em uma questão que ele era muito melhor capaz de executar do que eles? Para mim, portanto, parece mais provável que os filhos de Coré sejam aqui mencionados porque este salmo foi cometido como um precioso tesouro para ser preservado por eles, como sabemos que, do número dos cantores, alguns foram escolhidos e nomeados para ser guardiões dos salmos.

Que não haja menção feita ao nome de Davi não envolve nenhuma dificuldade, já que vemos a mesma omissão em outros salmos, dos quais não há, no entanto, os fundamentos mais fortes para concluir que ele era o autor.

Quanto à palavra mskyl, maskil, já fiz algumas observações sobre isso no salmo trinta e dois. Esta palavra, é verdade, às vezes é encontrada na inscrição de outros salmos além daqueles em que Davi declara ter sido submetido à vara da disciplina de Deus. É, no entanto, a ser observado, que é aplicado corretamente aos castigos, uma vez que o objetivo deles é instruir os filhos de Deus, quando eles não se beneficiam suficientemente da doutrina. Quanto ao tempo particular da composição deste salmo, os expositores não estão totalmente de acordo.

Alguns supõem que Davi aqui se queixa de sua calamidade, quando ele foi expulso do trono por seu filho Absalão. Mas estou bastante disposto a exibir uma opinião diferente, fundada, se não me equivocar, por boas razões. A rebelião de Absalão foi logo suprimida, de modo que não impediria que Davi se aproximasse do santuário. E, no entanto, a lamentação que ele faz aqui se refere expressamente a um longo estado de exílio, sob o qual ele tinha sofrido, e, por assim dizer, aliviar o seu sofrimento.

Não é a tristeza meramente de alguns dias que ele descreve no terceiro verso; além disso, o escopo de toda a composição mostrará claramente que ele havia sofrido há muito tempo na miserável condição de que ele fala. Foi alegado como um argumento contra a referência deste salmo ao reinado de Saul, que a arca da aliança foi negligenciada durante o seu reinado, de modo que não é muito provável que Davi naquele tempo conduzisse os serviços de coral declarados no santuário; mas este argumento não é muito conclusivo: embora Saul só adorasse a Deus como uma mera questão de forma, ainda assim ele não estava disposto a ser considerado em nenhuma outra luz do que como um homem devoto.

E quanto a Davi, ele mostrou em outras partes de seus escritos com que diligência frequentava as assembléias sagradas, e mais especialmente nos dias dos festivais. Certamente, essas palavras em que nos encontraremos no Salmo 55:14: "Caminhamos até a casa de Deus em companhia", referem-se ao tempo de Saul.

Sl 42:1 Como suspira a corça pelas correntes das águas,

assim, por ti, ó Deus, suspira a minha alma.

Sl 42:2 A minha alma tem sede de Deus,
do Deus vivo;

quando irei e me verei perante a face de Deus?
Sl 42:3 As minhas lágrimas têm sido o meu alimento dia e noite,
enquanto me dizem continuamente:
O teu Deus, onde está?

Sl 42:4 Lembro-me destas coisas
- e dentro de mim se me derrama a alma -,
de como passava eu com a multidão de povo
e os guiava em procissão à Casa de Deus,
entre gritos de alegria e louvor, multidão em festa.
Sl 42:5

Por que estás abatida, ó minha alma?
Por que te perturbas dentro de mim?
Espera em Deus, pois ainda o louvarei,
a ele, meu auxílio e Deus meu.

Sl 42:6 Sinto abatida dentro de mim a minha alma;
lembro-me, portanto, de ti, nas terras do Jordão,
e no monte Hermom, e no outeiro de Mizar.
Sl 42:7 Um abismo chama outro abismo,
ao fragor das tuas catadupas;

todas as tuas ondas e vagas passaram sobre mim.

Sl 42:8 Contudo, o SENHOR, durante o dia,

me concede a sua misericórdia,

e à noite comigo está o seu cântico,

uma oração ao Deus da minha vida.

Sl 42:9 Digo a Deus, minha rocha:

por que te olvidaste de mim?

Por que hei de andar eu lamentando

sob a opressão dos meus inimigos?

Sl 42:10 Esmigalham-se-me os ossos,

quando os meus adversários me insultam, dizendo e dizendo:

O teu Deus, onde está?

Sl 42:11 Por que estás abatida, ó minha alma?

Por que te perturbas dentro de mim?

Espera em Deus, pois ainda o louvarei,

a ele, meu auxílio e Deus meu.

Por que está abatida a tua alma meu irmão?

Deus está no controle de tudo e de todas as coisas e você é especial para ele, como a menina de seus próprios olhos. Ele não se esqueceu de ti, por isso, como Davi, conclua dizendo para sua alma abatida: - espera em Deus mais um pouquinho que ainda o louvarei a ele que é meu Deus e auxílio meu.

A Deus toda glória! p/ Daniel Deusdete –

http://www.jamaisdesista.com.b

43 - A Ausência de Deus

É possível que todos nós, em um dado momento, tenhamos nos sentindo sozinhos e abandonados por todos, até mesmo pelo Senhor. Nessas horas nos perguntamos a razão de tamanho desprezo e se de fato somos merecedores de tal situação. Davi, como nós, diversas vezes se encontrou na mesma condição de um homem desprezado e sem ter a quem recorrer, até mesmo Deus calou-se e sua angústia era inexplicável.

Nesta oração o salmista pergunta ao Altíssimo o motivo dele estar ausente de sua vida, calado e sem responder suas súplicas. Quem sabe, naquele momento ele já tinha esgotado todas as suas tentativas de ouvir a voz do Senhor e encontrar nele a solução para o problema que estaria vivenciando. E em completa tristeza pergunta-lhe a razão de se manter distante.

Podemos considerar o salmo em estudo como o desabafo de uma alma cansada de sofrer e que anela ansiosamente pelo conforto divino. Perguntemos a nós mesmos se em algum momento de nossa árdua caminhada nunca passamos por essas horas angustiantes.

Se de igual maneira não nos sentimos sufocados com a ideia de estarmos a um fio da morte, se Deus igualmente não testou nossa fé.

Comentário devocional:

Apesar dos Salmos 42 e 43 estarem separados em nossas bíblias impressas, torna-se claro, pelo refrão que une os dois que eles, na verdade, compreendem realmente um único poema de desespero e esperança. "Por que estás abatida, ó minha alma?", o autor suplica em Sl 42:5,11 e em Sl 43:5. "Espera em Deus", ele clama. "Apesar de estar se sentindo como se tivesse sido levado a um país distante, não perca a esperança" Se tropeçamos e desapontamos a Deus e nos sentimos longe dEle, podemos receber encorajamento da experiência de homens piedosos do passado quando também se sentiram distantes da presença de Deus.

Depois de Abraão ter falhado com Deus em Gerar, ele voltou para Berseba e ali dedicou a si mesmo e sua família para Deus. Após a derrota em Siquém, Jacó levou sua família de volta para Betel e lá renovou seus votos de fidelidade a Deus. Ao andarmos na luz da Palavra de Deus, podemos também encontrar o nosso caminho de volta ao lugar da presença de Deus.

Mas, como Jesus disse à mulher no poço de Jacó: "Deus é Espírito, e os que O adoram devem adorá-lo em espírito e em verdade." (João 4:24) Nenhum local físico é melhor do que qualquer outro. Assim como os judeus exilados na Babilônia podiam adorar a Deus em uma terra estranha, nós também, quando cercados pela maldade, podemos entrar na presença do Pai e sermos abençoados. Aonde quer que estejamos, podemos amá-Lo e louvá-Lo e Lhe oferecer o sacrifício do serviço obediente.

Pai, restaura-me a saúde espiritual. Silencia os sentimentos agitados que me levam a duvidar de que o Senhor está próximo. Ajuda-me a conhecer o prazer do perdão e do reavivamento, e enche a minha boca com cânticos de louvor. Amém.

Helen Pyke - Universidade Adventista do Sul

Alguma vez você já reparou na mensagem do Salmo 43? mesmo com tão poucos versículos o Senhor já falou comigo através dele e com certeza pode falar de uma maneira muito especial com você.

Ano passado fui contratado para realizar um trabalho profissional - o treinamento de uma pessoa. Para isso foi combinado e ajustado uma remuneração a ser paga em duas vezes. Realizei o treinamento, mas não consegui ver a cor do dinheiro; nem meu transporte até o local foi reembolsado. Um prejuízo de fato inesperado e como aquele $ fez-me falta. Quem sabe você também esteja passando por dias parecidos? (Veja nota no rodapé escrita em 10.09.2008)

SALMO 43

"Faze-me justiça, ó Deus, e pleiteia a minha causa contra a nação contenciosa; livra-me do homem fraudulento e injusto. Pois tu és o Deus da minha fortaleza. Por que me rejeitas? Por que hei de andar eu lamentando sob a opressão dos meus inimigos?

Envia a tua luz e a tua verdade, para que me guiem e me levem ao teu santo monte e aos teus tabernáculos. Então, irei ao altar de Deus, de Deus, que é a minha grande alegria; ao som da harpa eu te louvarei, ó Deus, Deus meu.

Por que estás abatida, ó minha alma? Por que te perturbas dentro de mim? Espera em Deus, pois ainda o louvarei, a ele, meu auxílio e Deus   meu."

Primeiro Ato

Nos primeiros versículos do Salmo, o autor, muito chateado, reclama com Deus, pois sendo Ele poderoso por que não resolveu sua causa?

Depois, mudou de ideia, e ponderou que não valeria a pena ficar lamentando o prejuízo. isto já aconteceu comigo, e pode estar acontecendo com muitos - inclusive você.

Segundo Ato

Nos versos do segundo parágrafo, ele orou pedindo uma direção para se aproximar mais de Deus em lugar de ficar murmurando. Considerando que o Senhor tem muito mais a dar do que o inimigo para roubar, o salmista com ânimo renovado, vislumbrava dias vitoriosos, e por isto, já se via louvando ao Senhor com alegria ao som da harpa.

Terceiro Ato

Depois de recobrar o ânimo, e sentir a alegria da presença do Senhor, o salmista disse consigo mesmo: "Por que está abatida ó minha alma?" Por que ainda está perturbada olhando para aquele prejuízo que ficou lá atrás? Espera um pouco, só mais um pouco, porque logo, mais cedo do que pensa, há de me ver louvando e alegrando-me na Presença do Senhor, ao som da harpa, por uma bênção dez vezes maior está lá na frente.

O prazer do diabo é que você e eu fiquemos eternamente focando o passado e lamentando um prejuízo do passado, eternamente. Se nós, ao contrário, buscarmos a presença de Deus em oração - como fez o salmista - nos alegraremos com a presença de Deus e Ele com certeza tem bênçãos maiores no futuro. Isto é o que O Senhor sempre falou ao meu coração, e também a esta altura já falou com o seu. "Mas graças a Deus que nos dá a vitória, por nosso Senhor Jesus Cristo." I Coríntios 15:57.

João Cruzué — Blog Olhar Cristão

A Tua luz e a Tua verdade (Salmo 43)

Envia a Tua Luz e a Tua Verdade; elas me guiarão e me levarão ao Teu Santo monte, ao lugar onde habitas – Salmo 43:3

Andar na incerteza, na escuridão da dúvida é a experiência de quem não conhece a DEUS intimamente. Em nosso mundo estamos cercados de animais, sejam eles domésticos ou selvagens, grandes ou pequenos, ferozes ou amigos.

Para quaisquer tipos de animais o ontem não existe, nem o amanhã. Para eles são existe o agora, o hoje. Não existe a preocupação com aquilo que vão comer amanhã, onde vão dormir depois de amanhã, o que acontecerá no mês que vem.

Mas, para nós, os seres humanos, embora vivamos o momento presente, pesa o fato de que nosso amanhã está envolto em trevas, em escuridão. Somente nós, os seres humanos, sabemos que somos finitos, que a morte é uma certeza, e que não temos nenhum controle sobre nosso futuro.

Para quem não tem intimidade com DEUS, aquele que tem nossas vidas em Suas mãos, o futuro "é como escuridão", como nos assegura o livro de Provérbios 4:19. Também o profeta Jeremias no capitulo 23 do seu livro, verso 12 nos alerta de que "esse caminho será como lugares escorregadios, na escuridão". A Bíblia nos revela esse DEUS, que é o mesmo ontem, hoje e amanhã, em quem não há sombra de variação. Por isso, o autor do Salmo 43, um poeta da família de Coré, clama e suplica para que o Senhor envie a Sua Luz e a Sua Verdade, conforme verso 3. Luz e Verdade que estão na Santa Palavra de DEUS.

Precisamos de direção em nossa vida. Não sabemos o que nos reserva o amanhã, o futuro. É preciso pedir, urgentemente, luz para o caminho e lâmpada para os pés. Essa é a verdade que o Senhor Jesus diz quando afirma: "Eu sou o caminho, a verdade e a vida" – João 14:6.

Muitas vezes preenchemos o nosso tempo ouvindo louvores, que são na verdade substitutos da Palavra de DEUS. Convido você a buscar a Luz e a Verdade na meditação profunda da Palavra de nosso DEUS. Gaste tempo para ouvir a voz do Senhor. ELE vai te enviar Sua Luz e Sua Verdade. Que ELE a todos nos abençoe, abundantemente.

EXEGESE DOS SALMOS 42 E 43

"O livro de Salmos é uma coleção de 150 poemas dividida em 5 livros, compostos por vários autores, inspirados pelo Espírito Santo para nos revelar essa rica literatura de adoração.

As datas dos salmos abrangem, pelo menos, nove séculos. Moisés escreveu no 15º século a.C., e alguns dos salmos foram escritos depois da volta do cativeiro (por exemplo, Salmo 147.2), que aconteceu no 6º século a.C.

A maioria dos Salmos vem da época do reino unido, quando a arca da aliança foi levada a Jerusalém, e o templo foi construído naquela cidade.

A sua diversidade trás uma riqueza especial à sua qualidade como exemplos de adoração. Abordam toda espécie de experiência humana. Falam de vitórias e alegria; medo e perseguição. Refletem as emoções de homens espirituais gozando comunhão com o Criador, e de pecadores sentindo sua falta. Pedem bênçãos sobre os justos e punição dos ímpios. Muitos salmos louvam as qualidades de Deus, como o Salmo 93, que fala em poucos versículos da Soberana Majestade, do Poder, da Fidelidade, da Santidade e da Eternidade do Senhor.

Outros destacam características específicas de Deus como: sua justiça (96.13; 98.8-9), santidade (99), e sua misericórdia (136), etc. A leitura dos salmos nos impressiona com a profunda espiritualidade do louvor. O privilégio, através dos salmos, de ver de perto os corações de homens que realmente exultavam na presença de Deus.

"*Aleluia! Louvai o nome do Senhor; louvai-o, servos do Senhor*" (Sl 135.1). E os Salmos 42 – 43 objetos de estudo que forma uma única unidade literária, dá uma poderosa descrição de um profundo desejo do salmista pela presença do Senhor seu Deus, o Deus de Israel, por estar separado do templo de Deus, lugar de adoração. O salmista deseja voltar não só ao templo, mas também à segurança da presença de vivificante de Deus.

II – CONTEXTO DO LIVRO DE SALMOS

O título hebraico significa "*livro dos louvores*". O título adotado pela LXX não é muito apropriado, pois a palavra "*Psalmoi*" (salmos) é a tradução da palavra hebraica "*Mizmor*". O Codex Alexandrinus da LXX nomeia este livro de "*Psalterion*". A Vulgata adotou o seu título apenas transliterando da LXX.[1]

Geralmente através do título "*lamedh auctoris*"[2] pode-se identificar o autor. A preposição hebraica "*lamedh auctoris*" significar: escrito por; pertencente à; ligado com; dedicado à; a respeito de.   Sabe-se que Davi foi talentoso músico, e também era poeta (2 Sm 1.19-27). Homem de profunda sensibilidade e riqueza de imaginação. "*A riqueza da sua imaginação está patente na propriedade dos termos e nas freqüentes figuras que emprega*".[3] Era um homem capacitado pelo Espírito de Deus (1 Sm 16.13).

Algumas passagens do Antigo Testamento indicam Davi compondo cânticos para o santuário (1 Cr 6.31; 16.7; 25.1; Ed 3.10; Ne 12.24, 36.45-46; Am 6.5). Mas é importante lembrar que Davi não escreveu todos os salmos, vários autores o compuseram inspirados pelo Espírito Santo.

Este livro é uma coletânea. Atribuí-se 1 salmo a Moisés; a Davi 73; Salomão 2; Asafe 12; aos Filhos de Coré 12; Hemã, o ezraíta 1 salmo, Etã, o ezraíta 1 salmo; e 48 salmos anônimos. Os tradutores da Septuaginta sugerem a seguinte autoria: atribuí-se 15 salmos a Ezequias; 1 a Jeremias; 1 a Ageu; 1 a Zacaria; 1 a Esdras. [4]

O título indica a natureza literária de cada Salmo. 57 são chamados de "*Mizmor*" referem-se à música que deve ser cantada, acompanhada de instrumentos de cordas.

"*Shir*" cântico de qualquer qualidade ou espécie ocorre 30 vezes. "*Mashkil*" um cântico de especial qualidade, ocorre em 13 salmos, podendo significar vários tipos de cânticos: meditativos, didáticos. "*Miktam*" salmo com idéia de lamentação pessoal; "*Shiggayon*" ocorre uma vez (7). "*Tephillah*" significa "oração"; "*Tehillah*" "louvor" (145). [5]

O título também pode indicar a direção musical. A palavra "*Lamnatseach*" vem ao titulo de 55 salmos. A Vulgata traduz "*in finem*", e a Versão Almeida "*para o cantor mor*" (IBB), e "*ao mestre de canto*" (SBB). "*Neginoth*" aparece em 6 títulos, sempre combinado com "*Lamnatseach*". O termo significa "*instrumentos de cordas*". Quatro dos títulos em que aparece, vem associado ao termo "*Mizmor*". [6]

'*Al hashsheminith* ocorre duas vezes, nos Sl 6 e 12, significa "*sobre a oitava*". '*Al 'alamoth* se encontra no título do Sl 46, significa "*instrumentos de cordas*". "*Gittith*" aparece em três títulos, podendo significar "*canção de vindima*". "*Nehiloth*" só ocorre no Sl 5, é traduzido pela SBB "*para flautas*". "*Mahalath*" literalmente significa "*doença, aflição*", possivelmente, indicava um salmo fúnebre.

No título do Sl 88 aparece como "*Mahalath Leannnoth*", que a SBB traduz "*para ser cantado com cítara*". [7] "*Selah*" esta palavra não aparece nos títulos, mas no fim de algumas seções (Sl 46.7). É uma indicação musical, não para ser lida, mas significando uma pausa no cântico, para um interlúdio instrumental, ou, uma elevação de som (forte). Esta palavra chama a atenção por ocorrer 71 vezes no Livro I, 30 vezes no Livro II, 20 no Livro III, e 4 vezes no Livro V. [8]

O modo como podemos classificar os salmos é diverso. Nenhuma classificação é perfeita, mas todas são úteis e necessárias para entendermos os temas e ênfases dos salmos.

Hermann Gunkel foi o pioneiro a elaborar um esquema de classificação que divide o livro em cinco principais categorias, a partir do seu lugar vivencial (Sitz im Leben)[9]. Roland K. Harrison propõe a possibilidade duma classificação a partir da experiência religiosa[10].

Arnold B. Rhodes[11] realiza uma classificação mais detalhada dos salmos.

Quanto ao propósito Teológico de Salmos, ao cantar, o povo aprendia e refletia sobre quem Deus é, ou seja, meditava-se nos Atributos Divinos. Aprendiam acerca da Aliança da graça, sobre o perdão dos pecados, a justiça, o proceder do justo na santificação, acerca do Messias, a vida futura, etc.

Aage Bentzen[12] declara que os Salmos: "*Foi criado a fim de conter a expressão autoritativa da religião de Israel, da mesma forma que a Lei, os Profetas e a literatura sapiencial, que foram colecionados com o mesmo escopo*". [13]

Os salmos fazem parte da história de Israel, como também narram acerca desta história (Sl 78, 105, 106, 135 e 136). É um modelo para a prática devocional dos filhos de Deus. Um completo livro de louvor e oração, que ensina o crente a dirigir-se a Deus, como Ele mesmo requer.

Os crentes de todas as épocas e lugares percebem a unidade do povo de Deus, por possuírem os mesmos anseios, temores, tristezas, sofrimentos, dúvidas, e por poderem esperar em Deus com esperança e confiança o cuidado providencial do Deus da Aliança.

A estrutura do Livro de Salmos é dividido em 5 livros, que correspondem aos 5 livros da Lei: Primeiro Livro 1-41; Segundo Livro 42-72; Terceiro Livro 73-89; Quarto Livro 90-106; Quinto Livro 107-150.[14] Esta divisão não segue uma ordem cronológica. Está dividida por classificação literária.

Há certos grupos que seguem arranjos naturais: Uma sequência de 15 salmos intitulados "*cântico dos degraus*" ou "*cânticos da ascensão*" (120-134). A versão **ARA** traduz o título como "*cântico de romagem*", o que é uma tradução ruim da expressão hebraica original. A palavra "*romagem*" no português significa "*peregrinação à Roma*".

Uma alusão à prática idólatra da Igreja Católica Romana. O título hebraico é uma referência à peregrinação dos israelitas em suas idas anuais à cidade de Jerusalém, que ficava sobre o monte Sião ("*cântico da ascensão*"), quando chegavam e esperavam nas escadarias da porta do Templo. [15] Para interpretação dos Salmos certos princípios devem ser adotados.

a) Se o título dá a situação histórica, deve ser considerado. Se não, há pouca chance de recriar o contexto;

b) Tentar classificar o salmo segundo as formas já existentes, mas não forçá-lo a se enquadrar numa forma;

c) Identificar as figuras de linguagem, tipos de paralelismo, e explicar o significado.

É fácil perceber o absurdo de uma interpretação literal aplicado na poesia. Clyde [16] declara que:

"Interpretar as passagens poéticas do Velho Testamento de qualquer outra forma além da exaltação como se apresentam, é ignorar o método divino que acolhe poetas acima de todos os outros, a fim de acenar aos homens do passado e do futuro". [17]

21 Salmos referem-se à história de Israel (do êxodo ao retorno do exílio). Os Salmos apresentam o Messias de maneira semelhante aos evangelistas: a) Mateus como Rei (2; 18; 20; 21; 24; 47; 110; 132); b) Marcos como Servo (17; 22; 23; 40; 41; 69; 109); c) Lucas como Filho do Homem (8; 16; 40); d) João como Filho de Deus (19; 102; 118). [18]

III – DELIMITAÇÃO DA PERÍCOPE

A Delimitação da Perícope faz-se necessária, pois pressupomos que toda passagem bíblica tem uma unidade literária. E esta pode ser determinada na base de forma sintática e estilística.

A delimitação dos Salmos 42.1–43.5 como unidades independentes são determinadas pela **forma literária** desses dois salmos, sugerindo uma única composição.

Em qualquer estudo dos Salmos 42 e 43, a questão dos motivos que levaram os organizadores a separá-los é uma análise necessária, porém pouco provável de explicá-los, porém faz-se necessário argumentar sobre a unidade literária dessa composição:

- O Salmo 43, ao contrário do Salmo 42, não possui cabeçalho, mas segue a mesma sequência temática do Salmo 42. Por isso, é bastante forte a opinião dos principais exegetas de que, originalmente, os Salmos 42 e 43 formavam uma única oração

·

Os dois salmos se apresentam na mesma forma literária, bem como com o mesmo refrão (v. 42.5,11 e 43.5). Estes estão localizados no final de cada manifestação do salmista, acerca de sua situação pessoal e da possibilidade de celebrar no Templo, em Jerusalém: primeira estrofe (42.1-5), segunda estrofe (42.6-11) e terceira estrofe (43.1-5).

Justifica-se, assim, o argumento de que, originalmente, estes dois salmos formavam uma unidade literária. A presença de elementos literários do gênero lamentação individual, nestes dois salmos, fornece boas pistas para uma classificação. Observamos os elementos de queixa nos Salmos 42.3,7 e 43.1-2. Da mesma forma, percebemos uma declaração de fé em 42.8 e 43.2a.

Outros elementos, próprios de uma lamentação, são encontrados também: apelos por ajuda (43.1-3) e o voto (43.4). Diante disso, a situação vivencial do compositor poderia ser explicada com certa facilidade. Todavia, a sua situação de vida não pode ser esclarecida de modo conclusivo; a despeito de esses dois salmos possuírem a mesma marca de uma lamentação no Templo. Analisando as indicações de lamentação, como um todo, parece que esse conjunto literário foi usado para outra finalidade.

Para substanciar este argumento, basta observar que a queixa do autor não está relacionada, primariamente, à violência de inimigos ou qualquer tipo de enfermidade, a despeito das referências em 42.9 e 43.2. A queixa do salmista, comparada à dos salmos de lamentação pura (cf. Sl 11), é leve. Parece que há um objetivo maior no coração do compositor.

· Os três refrões marcam o fim de cada estrofe desta composição (42.5,11; 43.5). Eles constituem-se no melhor argumento em favor de uma composição única para os Salmos 42 – 43. Ao mesmo tempo, eles justificam a opinião que essa composição estava ligada à adoração no Templo. [19]

O conteúdo do refrão segue a linha temática dos Salmos 42 – 43.

"Por que estás abatida, ó minha alma, e por que te perturbas dentro de mim? Espera em Deus, pois ainda o louvarei, a Ele que é o meu socorro, e o meu Deus." (42.5,11 e 43.5). [20]

O salmista mostra sua *nefex* (vida) desintegrada. A expressão verbal *tixetoñañi*(estar desesperado, abatido) pode estar ligada tanto à raiz *xañañ* (inclinar-se, estar abatido), como à raiz *xiñ* (desfalecer-se, mostrar-se desesperado), todas as ocorrências no hitpael. Na verdade, o salmista se revela abatido, humilhado.

O sentido deste verbo fica mais claro quando o comparamos a *hamah*: gemer, inquietar-se (v. 42.5a,11a; 43.5a). Assim, o autor mostra-se duplamente abatido: humilhado e desesperado, a ponto de expressar gemidos, como em um momento de luto (cf. Sl 35.13; 38.6-7). [21]

A partícula hebraica *ki* (eis que) chama a atenção para um pronunciamento salvífico. A expressão *yexu'ot fanai* (salvações de minhas faces) contrasta com a situação negativa vivida pelo salmista. A primeira parte do refrão (42.5a,11a e 43.5a) mostra o autor destituído de suas forças e desintegrado em seu ser.

Porém, na segunda parte do refrão, Deus é apresentado como o salvador que levanta o seu rosto caído em terra (cf. Is 29.4).[22] Assim pode-se afirmar que os Salmos 42 e 43 formam uma única unidade literária.

IV – GÊNERO LITERÁRIO

Para Gerstenberger[23], a primeira parte desta composição (v. 1-5), é uma lamentação. Embora não seja possível, encontrar a terminologia completa de uma lamentação, a não ser alguns conteúdos em 42.3,4,9,10, e 43.1 Analisando estes salmos, eles não guardam todos os elementos que caracterizam uma lamentação pura, como encontramos nos Salmos 22, 53 e 54, entre muitos outros.

Basta perceber que os inimigos, aparentemente, não lhe causam tanta dor e opressão como em outros salmos desse gênero, cujos autores, pressionados por tanta agressão, chegam a praguejar seus inimigos (Sl 12.4; 54.7). [24]

No versículo 1 há uma comparação que pode não ser evidente a todos: "*Como o cervo brama pelas correntes das águas, assim suspira a minha alma por ti, ó Deus!*". [25]

Na Palestina, em certos lugares desertos, a água era encanada de uma grande distância em manilhas de barro. A corsa percebe que a água está correndo dentro do encanamento. E, sedenta, corre ao longo das manilhas, suspirando pela água refrescante. Com o mesmo desejo o salmista anela de Deus.

Estes dois Salmos (42 e 43) vão juntos e ficam relacionados pela oração "*Espera em Deus, porque ainda lhe darei graças, a Ele que é a salvação do meu rosto e Deus meu*", repetida em 42.5,11; 43.5. (42.11 deve ser corrigido para concordar com o versículo 5, segundo as versões dos LXX, Siríaca e Vulgata).[26]

Este desejo de Deus, que a alma tem desejo de conhecê-lo mais intimamente, tem sido o anelo do salmista, expressa nesses dois Salmos. Passando por vários estados de ânimo, uma vez elevado, outra vez abatido. Mas sempre seu pensamento e sua oração se voltam para Deus, que é a sua fortaleza e toda a sua esperança. Seu ânimo oscila entre lágrimas e louvores, entre perturbações e esperança, entre os abismos e o altar de Deus. [27]

Mas, contudo, não chega a ser uma lamentação. E sim exprime um desejo intenso, ardente do salmista em conhecer a Deus no mais profundo do seu ser. Estes dois Salmos é uma profunda adoração, pelo desejo de um dia voltar ao Templo do Senhor Deus de Israel, que está em Jerusalém, e lá ver sua face. Comparando seu desejo por estar no Templo com o desejo da corsa tem sede de água. Esta comparação expressa que a sua *nefex* (vida, garganta) tem sede (*ßama'*) de Deus. [28]

Trata-se de uma figura de linguagem; pois, a corsa vive nos semidesertos e carece de água para sua sobrevivência; assim a palavra "*nefex*" conduz também o significado de goela e garganta.

Partes do corpo humano, que também necessita de água para a preservação da vida humana. [29]

V – DESENVOLVIMENTO

COMENTÁRIO DO SALMO 42

Em primeiro lugar, é preciso ler e analisar o cabeçalho do Salmo 42. "*Ao mestre do cor. De Maskil, dos filhos de Corê*". O Salmo 43 não possui um cabeçalho, supostamente, porque, em sua origem, ele formava um conjunto literário com o Salmo 42. O cabeçalho não necessariamente está relacionado à composição do salmo. Na verdade, ele contém indicações relacionadas ao seu uso prático, nas celebrações; e são amplamente consideradas anotações tardias.

Feitas pelo pessoal encarregado das celebrações do culto. É importante observar que elas foram redigidas antes da primeira edição da Septuaginta (século III a.C.); por exemplo, a expressão lamenaßeh, que ocorre 55 vezes nos cabeçalhos de salmos, tem sua raiz verbal nßh. [30]

Não há uma explicação plausível para o seu significado, porém é possível levantar duas possibilidades a partir da História do Cronista:

1º – Em Ed 3.8; 1Cr 23.4, e 2Cr 2.1, a raiz verbal nßh possui o significado de sobrepujar, sobressair, distinguir-se, dirigir, estar à frente, liderar. Assim, o significado pode ser *"diretor de música"* ou *"mestre do coral"*.

2º – O texto de 1Cr 15.21 pode nos levar à segunda possibilidade. Aqui, nßh, provavelmente, significa *"fazer música"*. [31]

Em vista disso, Hans-Joachim Kraus[32] sugere que a expressão lamenaßeh deveria ser traduzida por *"para o desempenho musical"*.

Entretanto, como se trata de um Piel particípio, o verbo nßh poderia ser traduzido por *"fazer música"*. Assim, com o prefixo *"l"* o verbo no particípio forma uma expressão *"para o que faz música"*, isto é, aquele que dirige a música nas celebrações. [33]

A segunda palavra desse cabeçalho é a enigmática *maskil*. Também é uma forma verbal, da língua hebraica, hifil particípio, da raiz *"skl"* que, basicamente, significa compreender, perceber, ser perspicaz. Como substantivo, *"maskil"* significa uma canção de sabedoria ou ensinamento (cf. Sl 74), mas nada disso pode ser afirmado de modo conclusivo. [34] A seguir, vem a expressão *"libeney-qorah"* (para os filhos de Coré) que ocorre nos cabeçalhos de onze salmos. Provavelmente, essa era uma família de cantores levitas que serviam ao culto celebrado fora de Jerusalém.

A suspeita de que a família Coré vivia fora de Jerusalém está baseada nos hinos pertencentes a essa coleção que mostram uma profunda emoção causada pelas visitas ao Templo durante as festas anuais (cf. Sl 42 – 43; 48; 84).[35]

É necessário dizer que, provavelmente, os cabeçalhos dos salmos representam a opinião de escribas ligados ao culto, posteriores à composição, nos dias do Cronista (século IV a.C). Todavia, as informações, na sua maioria, continuam indecifráveis.

O Desejo do Salmista.

"*Como o cervo anseia pelas correntes das águas, assim a minha alma anseia por ti, ó Deus! A minha alma tem sede de Deus, do Deus vivo; quando entrarei e verei a face de Deus?*" [36]

Nesses primeiros versos, o salmista mostra-se emocionado com a possibilidade de visitar o lugar onde habita Deus. Para tanto, ele compara seu anseio por adentrar o recinto sagrado com o desejo da corsa que vive nos semidesertos de Israel. Aqui, ele expressa que sua *nefex* (vida, garganta) tem sede (*ßama'*) de Deus. [37]

Trata-se de uma bela e significativa figura e linguagem, já que "*nefex*" conduz também o significado de goela e garganta, carece de água para a preservação da vida. [38] É interessante perceber que o salmista empregou a palavra hebraica "*nefex*" com dois sentidos para torná-la mais significativa e abrangente:

1º – Como o órgão que expressa o desejo e a aspiração e;

2º – Como aquele que abriga o sentido do gosto e do prazer.

Assim, o salmista supervalorizou o prazer de *bo'* (entrar) solenemente para ver Deus no Templo, em Jerusalém.

Vale a pena destacar que o autor não pertencia à tradição que negava a possibilidade de ver Deus (cf. Ex 33.20), mas estava afinado com o pensamento do profeta Isaías (Is 6.1). [39] Depois de descrever toda a sua ansiedade por adentrar o Templo, o salmista faz sua primeira queixa contra os inimigos (v. 3) e estimula a sua ansiedade, trazendo à memória as peregrinações anteriores à Casa de Deus.

"As minhas lágrimas têm sido o meu alimento de dia e de noite, porquanto se me diz constantemente: Onde está o teu Deus? Dentro de mim derramo a minha alma ao lembrar-me de como eu ia com a multidão. Fui com eles à casa de Deus, com brados de júbilo e louvor, uma multidão que festejava" [40]

Os versos 3-4 expõem e estendem, ainda mais, o drama do salmista, pela necessidade de entrar solenemente no Templo para celebrar o *"Deus vivo"*. O verso 3b fornece o segundo motivo do autor, por sua urgente ansiedade pelo Templo. O tom provocativo da questão levantada por pessoas que ele define como inimigos (42.10; 43.1) − *'ayeh 'eloheik (onde está teu Deus?)* − se junta ao seu desejo de voltar à casa de Deus para justificar ainda mais a urgência de sua viagem. Para participar da próxima celebração, estipulada pelo calendário de festa (cf. Ex 23.14,17; 34.23; Dt 16.16).[41]

O Sofrimento do Salmista.

Na abertura desse conjunto, a atenção do salmista está voltada para a sua visita ao Templo, em Jerusalém. Nesta primeira parte (42.1-5), o sofrimento que o salmista sente vem em decorrência da ausência de Deus. [42]

Aliás, essa *"ausência de Deus"*, alegada pelo salmista (42.3), está em função de sua posição teológica. O salmista faz parte de uma tradição teológica que afirma que Deus mora em Jerusalém, e de lá não sai (Sl 46; 48). Os seguidores dessa tradição sofreram muito, quando exilados na Babilônia (Sl 137).

Foi nesse momento que Ezequiel tentou confortá-los, anunciando que Javé, como a águia, voou de Jerusalém para o meio do povo exilado na Babilônia (Ez 17). [43]

Portanto, as constantes lágrimas *dime'ah* (v. 3) estão em função de seu anseio *'arag* pela "*presença de Deus*", no Templo (v. 1) onde ele peregrinava com assiduidade (v. 4). As memórias dessas visitas ao Templo estão vivas no salmista: *ra'ah* (ver) a face de Deus (42.2b).

'Abar (passar) na multidão; *dadah* (andar) até a casa de Deus em grito de alegria e *todah* (ação de graças), multidão a festejar (42.4). Os salmos 100.4 e 118.19-20 também relatam a emoção dos peregrinos ao entrar no Templo para a celebração. [44]

Na segunda parte (42.6-11), o salmista mantém sua oração, agora numa tonalidade de confissão pessoal. Aqui, a expressão-chave para entender a oração do salmista é *'alaynafexi tixetohah* (sobre mim minha vida fez curvar-me) (42.6a). Ela revela que o poder vital do salmista foi desmontado e precisa de uma recuperação que, para ele.

Se resume na visita ao Templo onde mora o *'el ñayyay* (Deus da vida) (42.8b) e o *'el sale'i* (Deus minha rocha) (42.9). Se de um lado está a sua *nefex* (vida) fragilizada, sedenta de desejo, do outro está Deus, a salvação. [45]

De novo, o autor faz uso do verbo *zakar* (lembrar) (42.6,8). O verbo *zakar* possui um significado todo especial, particularmente nas celebrações. Ao recordar os atos salvíficos de Deus, resgata as forças perdidas.

Portanto, a força da vida que lhe tinha escapado, por um momento, agora é retomada pela injeção de ânimo vinda através do ato de trazer à memória a ação de Deus em favor do povo. [46]

A Lamentação do Salmista.

É certo que o salmista continua em oração, agora se aproximando mais da tipologia de lamentação.[47] Assim, ele começa com a declaração queixosa de que sua vida está desintegrada (v. 6), mas que ele mantém sua confiança na atuação salvífica de Deus (v. 8).

"Ó Deus meu, dentro de mim a minha alma está abatida; porquanto me lembrarei de ti desde a terra do Jordão, e desde o Hermom, desde o monte Mizar.

Um abismo chama outro abismo ao ruído das tuas catadupas; todas as tuas ondas e vagas têm passado sobre mim. Contudo, de dia o Senhor ordena a sua bondade, e de noite a sua canção está comigo, uma oração ao Deus da minha vida?" [48]

O salmista ao usar o verbo *xiñ* (mostrar-se dissolvido, sentir-se desintegrado) em sua *nefex* (vida) pretende afirmar que a sua força vital está se esvaindo. Tudo faz crer que o salmista não sofria de qualquer enfermidade, mas tão-somente do desejo de celebrar no Templo, em Jerusalém. O verso 6b justifica esta interpretação, já que o salmista emprega o verbo *zakar* (lembrar) no sentido de recordar.

À distância, em oração, a partir de uma determinada região montanhosa do norte de Israel, onde estão localizadas as nascentes do Jordão. Daí, as referências ao barulho das águas que descem das encostas daquela região, comparando-as às águas do caos. [49] A intenção do salmista é mostrar que ele passa por um momento de grande tribulação.

A imagem das pequenas cataratas dos afluentes do Jordão é usada para afirmar sua situação de sofrimento. Não necessariamente o salmista vive nessa região.

Apesar de seu desespero, o salmista, como só acontece aos lamentadores que tiveram suas composições preservadas no livro de Salmos, reafirma sua fé na ajuda de Deus (v. 8).

O verbo que rege o verso 8 é *ßawah* (ordenar) que tem *mißwah* (mandamento) como termo derivado, uma das palavras usadas como sinônimo de *torah* (tora), 22 vezes no Salmo 119. Não se trata de uma ordem que exige do salmista um esforço doloroso, mas uma espécie de instrução definida como *ñesed* (bondade). Para o salmista, o conceito de vida plena vem de sua relação com a "*ordem*" de Javé. Por isso, Deus é visto por ele como o *'el ñayyay* (Deus da vida) (v. 8b; cf. v. 2a). [50]

"A Deus, a minha rocha, digo: Por que te esqueceste de mim? Por que ando em pranto por causa da opressão do inimigo? Como com ferida mortal nos meus ossos me afrontam os meus adversários, dizendo-me continuamente: Onde está o teu Deus?" [51]

Segundo Gerstenberger[52] dois versos que seguem (v. 9-10) caracterizam a lamentação do salmista. O modo com que ele inicia sua queixa, afirmando sua fé, tipifica bem esse gênero de poesia. Mas ele declarar que Deus está vivo (42.2a) e que Ele é o Deus da vida (42.8b), o salmista afirma metaforicamente que Deus é sua *sela'* (rocha) (42.9a). Aqui, Deus simboliza o lugar seguro, o refúgio para todo o que vive em obediência (cf. Sl 71.3; 31.3). Estas palavras reforçam a idéia de que o queixoso não é um mero murmurador (a raiz deste termo hebraico é *lwn*, que significa murmurar, rebelar, cf. Ex 16.2; 17.3; Nm 16.1-5). [53]

O lamento do salmista não tem nada a ver com o "murmúrio", mas sua queixa "*nhh*" (queixar) não o isenta de permanecer fiel e confiante na ação de Deus. O teor da lamentação do salmista inicia com duas questões, introduzidas pelo duplo uso da preposição *lamah* (para que) (v. 11) O queixoso não entende o esquecimento de Deus e, consequentemente, o seu caminhar sem rumo. Sentir-se esquecido ou abandonado por Deus é um dos mais graves motivos da lamentação do povo israelense (cf. Sl 10.11; 22.1-4; 44.24-25).

Como resultado desse esquecimento e abandono, ele sente a proximidade da morte. Ele emprega um termo cujo significado é difícil de captar: o substantivo *reßah* não tem um sentido adequado como matança. Provavelmente, aqui, o salmista quis comunicar o seu profundo sofrimento diante do esquecimento divino. Schökel[54] sugere a tradução "*rompimento dos ossos*" e Kraus[55] propõe "*dissolução de morte*".

Na verdade, o queixoso deixa transparecer que ele está no limite da vida, sentindo, como Jeremias (23.9), a morte chegando a seus ossos. Seria o rompimento de suas forças físicas, ou seria a percepção de uma doença mortal? A primeira hipótese fica mais próxima da realidade do salmista.

Embora Kraus pense que 42.6-11 pertença a um doente final, fica bastante evidente que a queixa não tem sua origem na enfermidade do salmista, mas no *goy lo' ñasid* (nação não bondosa), no *'ix miremah we'awelah* "homem fraudulento e perverso" (43.1b).[57]

V - COMENTÁRIO DO SALMO 43.

Ao contrário do Salmo anterior este não possui cabeçalho, supostamente, como já mencionado anteriormente, porque, em sua origem, ele formava um conjunto literário com o Salmo 42. Assim o salmo começa com o apelo do salmista para a justiça de Deus

Segundo Gerstenberger[58], esta última parte da composição (Sl 43.1-5) aproxima-se muito da forma de uma lamentação. Pois, há um pedido de ajuda, em razão da pressão de inimigos (v. 1), a afirmação de confiança (v. 2a), a queixa (v. 2b), o apelo (v. 3) e, por fim, um voto (v. 4) E na verdade, a tipologia literária desse salmo é similar ao gênero do Salmo de Lamentação. E que para constatar esta afirmação basta observar os elementos literários desta composição.[59]

A confiança do Salmista.

"Faze-me justiça, ó Deus, e pleiteia a minha causa contra uma nação ímpia; livra-me do homem fraudulento e iníquo. Pois tu és o Deus da minha fortaleza." [60]

O primeiro momento do Salmo 43 é um apelo por ajuda divina, pois, o salmista deposita sua total confiança no Seu Deus. O apelo é feito através de dois verbos no imperativo: *xapat* "julgar, defender a causa" e *rib* "advogar, processar" (43.1a). Este uso paralelo destes dois verbos – *xapat* e *rib* – sugere um sentido jurídico. Entretanto, é preciso observar que ambos os verbos não estão voltados para o julgamento processual do salmista.

Claramente, os verbos *xapat* e *rib* são usados pelo salmista para pedir ajuda e defesa em razão da ameaça da nação sem bondade, do homem fraudulento e perverso (43.1b). Assim, o pedido do salmista é para que Deus o defenda e advogue em favor de sua causa. Este sentido é justificado na declaração de confiança que fecha o seu apelo: *tepaleteni* "tu pões-me a salvo!" [61]

A Queixa do Salmista.

O uso que o salmista faz da partícula *"ki"* (eis que, atenção) é muito sugestivo. Ele quer chamar a atenção para a sua confiança na ação salvífica de Deus em seu favor. Mas ao mesmo tempo em que o salmista declara a sua fé na intervenção salvífica de Deus.

Ele o questiona severamente. *"Por que me rejeitaste? Por que ando em pranto por causa da opressão do inimigo?"* (43.2b). [62] Novamente, o duplo uso da preposição *lamah* (para que) (cf. 42.9) ocorre após uma afirmação de fé.

O questionamento do salmista não deve ser visto como uma incoerência. Mas como uma prática comum entre os duramente oprimidos. Houve um tempo na história do povo bíblico em que as formalidades na oração diminuíram-se, em virtude da iminência da invasão babilônica e o desaparecimento do Templo. O sofrimento das pessoas e a urgente necessidade de ajuda eliminavam as formalidades.

E diminuíam a distância respeitosa entre o povo e Deus. Nesse mesmo período, o impaciente profeta Habacuc mostra-se irreverente em seu diálogo com Deus (Hb1.2-4,12-17). O sentimento de rejeição e do silêncio de Deus faz parte da história desse período. [63]

Entretanto, o questionamento não significa desconfiança, mas ele faz parte integrante do conjunto formal de uma lamentação. A lamentação, ao contrário do murmúrio, contém queixa e expressão de fé. Juntas, numa mesma sequência. O pedido que vem a seguir é também uma declaração de confiança.

O Apelo do Salmista.

"*Envia a tua luz e a tua verdade, para que me guiem; levem-me elas ao teu santo monte, e à tua habitação*". [64] O salmista busca sua libertação de uma forma diferente da maioria dos lamentadores (cf. 18.7-9).

Mediante o grito do queixoso, Deus ouve e envia sua libertação. Apesar das lamentações do salmista, contudo, o conjunto literário não é uma lamentação pura e simples. Aqui, o salmista pede que Ele envie a sua *'or* (luz) e a sua *'emet* (verdade). Luz e verdade, para o autor, são instrumentos – intermediários e servos – de Deus para guiar e proteger o salmista no caminho até o Templo de Jerusalém. O uso das palavras *'or* (luz) e *'emet* (verdade), em dupla, é singular nas orações do Antigo Testamento.

Todavia, o uso da palavra luz para iluminar, proteger e guiar os peregrinos na caminhada a Jerusalém, pode estar relacionado ao conceito de *Toráh* (Lei) na comunidade pós-exílica.

O Voto do Salmista

"*Então irei ao altar de Deus, a Deus, que é a minha grande alegria; e ao som da harpa te louvarei, ó Deus, Deus meu!*" [65]

O salmista faz um voto ao Senhor, por que sua confiança está depositada no "*xapat*"e "*rib*", ou seja, no julgamento e defesa de Deus. O seu pedido para que Deus defenda e advogue em favor de sua causa, e o final do versículo "*tepaleteni*" "*tu pões-me a salvo!*", demonstra total confiança em Deus.

Por isso com grande alegria irá a Deus e o louvará ao som de harpas. Assim o anseio alegre pela cerimônia da entrada solene no Templo é retomad

Ao analisar estes dois salmos conjuntamente, percebe-se que a oração do salmista segue um pensamento não paradoxal, e sim uma linguagem sequencial. Formando uma unidade literária perceptível, através de uma linguagem que mostra uma tipologia comum aos dois salmos. O maior exemplo dessa unidade está nos refrões:

"*Por que estás abatida, ó minha alma? E por que te perturbas dentro de mim? Espera em Deus, pois ainda o louvarei, a Ele que é o meu socorro, e o Meu Deus.*" [66]

Outros sinais literários estão nítidos nos textos. Por exemplo, o nome de Deus é '*elohim* e a expressão "*meu Elohim*" ocorre quatro vezes (42.6,9; 43.4.5); o uso frequente do pronome possessivo "*meu*" ou "*minha*" (42.2,4-6,9-11; 43.1-2,5); os dois salmos permanecem na primeira pessoa do singular.

A unidade teológica atravessa os dois salmos. O anseio pela celebração no Templo de Jerusalém é mantido do princípio ao fim. Outro fator é a situação histórica que provocou a reação do salmista; são idênticas nos dois salmos. O autor acha-se desestruturado em sua vida. A insistente questão – "*Por que estás abatida, ó minha alma? E por que te perturbas dentro de mim?*" (42.5,11; e 43.5) – é um sintoma que sugere uma ausência de esperança na vida do salmista.

Ele cita algumas pessoas que estão provocando a desintegração de seu ser. Apesar de toda essa violência, ele mostra-se esperançoso na intervenção salvífica de Deus, na sua peregrinação ao Templo. Possui a mesma atitude daqueles envolvido em dificuldades, e procuram insistentemente a mesma e única alternativa: a ação salvífica de Deus. É possível reconhecer os "*filhos de Corê*" como uma família levita de cantores nas celebrações que servia em localidades fronteiriças. Por ocasião das festas anuais, eles peregrinavam a Jerusalém para celebrar no Templo. Daí, o seu extremado anseio pela entrada no Templo.

https://soudebereia.wordpress.com/2010/09/20/exegese-dos-salmos-42-e-43/

44 - *Abandono Divino*

O Salmo 44 é uma oração em forma de cântico, onde seu autor expressa imenso saudosismo e ao mesmo tempo tristeza ao lembrar do quanto Israel foi por diversas vezes vitorioso sobre seus inimigos no passado, contando com o braço forte de Deus e, nos dias atuais se encontravam sob derrota constante porque o Senhor havia se afastado deles.

Muitas vezes nos encontramos como Davi, desesperados por perceber que tudo está dando errado em nossas vidas, temos a impressão de estamos sendo desprezados pela providência divina e as vezes até murmuramos. Mas precisamos ter a convicção de que ele nos ama e jamais se manterá distante por muito tempo, pois sabe que sem ele seremos vencidos e destruídos por nosso maior adversário, satanás. Com bastante efeito, disse Jesus:

"Eu sou a videira, vós as varas; quem está em mim, e eu nele, esse dá muito fruto; porque sem mim nada podeis fazer. João 15:5 O homem sem a constante presença do Espírito Santo no seu dia a dia é uma pessoa desarmada e sem qualquer defesa contra as investidas das trevas.

Tanto seus inimigos visíveis como invisíveis irão ataca-lo. Davi orou ao Senhor e pediu que voltasse a defender seu povo Israel.

OVELHAS

VENCEDORAS

OVELHAS VENCEDORAS

Salmo 44

[ler] [18]Nosso coração não te abandonou, não desviamos os pés de teu caminho. [19]Tu, porém, nos esmagaste no deserto, onde vivem os chacais, e nos cobriste de escuridão e morte. [20]Se tivéssemos esquecido do nome de nosso Deus, ou estendido as mãos em oração a deuses estrangeiros, [21]Deus com certeza saberia, pois ele conhece os segredos de cada coração. [22]Mas, por causa de ti, enfrentamos a morte todos os dias; somos como ovelhas levadas para o matadouro. [23]Desperta, Senhor! Por que dormes? Levanta-te! Não nos rejeites para sempre! [24]Por que escondes o rosto de nós?

Por que te esqueces de nosso sofrimento e opressão? [25]Desfalecemos no pó, caídos com o corpo no chão. [26]Levanta-te e ajuda-nos! Resgata-nos por causa do teu amor!

Crise nacional

O que temos neste salmo é um lamento coletivo, onde os pronomes pessoais estão todos no plural (*nós*); e quando estão no singular (*eu*, vv. 4 e 6), eles apontam para o rei que lidera o seu povo através de uma grande crise nacional.

De autoria "dos descendentes de Corá", o salmo é endereçado "ao regente do Coral". Trata-se de um *maskil* ou *salmo didático*, isto é, um salmo concebido para dar instrução sobre como a nação deveria se voltar para Deus na hora da dificuldade.

A ocasião específica é desconhecida, mas tudo indica que o salmo foi composto em algum momento de enorme derrotada em Israel e, para deixar a situação ainda mais agravada, a nação prosseguia sofrendo perseguições injustas e severas dos povos pagãos ao seu redor. Todos estavam perplexos.

O salmo se estrutura da seguinte maneira: o salmista nos revela um passado de vitórias (vv. 1-8) que desaguou em um presente de calamidade pública (vv. 9-16); a nação, então, volta-se para Deus em busca de resposta (vv. 17-22) e clama ao Senhor por socorro e resgate (vv. 23-26).

Esse ciclo tem muito a ver com diversos momentos de nossas vidas: vitórias — dificuldades — questionamentos — pedido de socorro. O que temos aqui, portanto, é um esboço real do ritmo que segue a nossa história, além de lições preciosas de como nós podemos ser ovelhas vencedoras, que confiam na ajuda de Deus no meio da perseguição e da perplexidade espiritual. Paulo, que tinha mais informações que o salmista, já que estava mais adiantado na sequência histórica da revelação progressiva de Deus, olhou para este salmo e viu nele a realidade da igreja, o povo de Deus perseguido por causa de seu amor a Cristo.

A conclusão do apóstolo foi que as ovelhas de Cristo são mais que vencedoras na medida em que se identificam com o sofrimento de seu Senhor. Observe:

Romanos 8.35-37 (NVT) | *[35]O que nos separará do amor de Cristo? Serão aflições ou calamidades, perseguições ou fome, miséria, perigo ou ameaças de morte? [36]Como dizem as Escrituras [Salmo 44.22]:*

"Por causa de ti, enfrentamos a morte todos os dias; somos como ovelhas levadas para o matadouro". [37]Mas, apesar de tudo isso, somos mais que vencedores por meio daquele que nos amou.

Pois bem, olhemos para o salmo, respeitando as suas divisões naturais, e vejamos que lições nós podemos tirar para a nossa vida.

1. O passado de libertação (Sl 44.1-8)

Quem lê o Salmo 44 e para no versículo 8 não imaginará que o mesmo se transformará num salmo de lamento. Há nestas primeiras palavras todos os ingredientes de um salmo de ação de graças. Observe que o salmista reconhece a ação de Deus no passado; declara que a conquista de Canaã não foi por eles, mas por Deus (v. 3); e sabe que as vitórias vieram do Senhor (v. 4). Por causa disto, o rei não confia em si mesmo, mas em Deus (vv. 6-7) e conclama o povo a render glória a Deus por suas vitórias (v. 8).

¹Ó Deus, ouvimos com os próprios ouvidos; nossos antepassados nos contaram tudo que fizeste em seus dias, muito tempo atrás. ²Com teu poder, expulsaste as nações e estabeleceste teu povo na terra. Esmagaste os povos inimigos e libertaste nossos antepassados. ³Não foi por suas espadas que eles conquistaram a terra, não foi pela força de seus braços que alcançaram vitória. Foi pela tua mão direita e pelo teu braço forte, pela luz intensa do teu rosto; foi por causa do teu amor por eles. ⁴Tu és meu Rei e meu Deus; decretas vitórias para Israel. ⁵Com teu poder, afastamos nossos inimigos; em teu nome, pisoteamos nossos adversários.

⁶Não confio em meu arco, não conto com minha espada para me salvar. ⁷Tu nos concedes vitória sobre nossos inimigos e envergonhas os que nos odeiam. ⁸Ó Deus, o dia todo te damos glória e louvamos teu nome para sempre. Interlúdio

Há pelo menos três lições até aqui: (1) sempre é bom relembrar as vitórias do passado. (2) é bom nunca esquecer que vieram por causa da bondade de Deus; (3) a história dos grandes atos de Deus precisa ser contada de geração a geração. Outro salmo:

Salmos 78.1-4 (NVT) | *¹Ó meu povo, ouça minhas instruções! Abra os ouvidos para o que direi, ²pois lhe falarei por meio de parábola. Ensinarei enigmas de nosso passado, ³histórias que ouvimos e conhecemos, que nossos antepassados nos transmitiram.*

Não esconderemos essas verdades de nossos filhos. Contaremos à geração seguinte os feitos gloriosos do SENHOR, seu poder e suas maravilhas.

Por que contar a história dos grandes atos de Deus de geração a geração? O povo de Deus precisa ser esvaziado de si mesmo e enchido de fé na graça futura de Deus; precisa de Deus como fonte de sua inspiração para prosseguir no caminho da fé; precisa edificar uns aos outros com as histórias dos grandes atos de Deus.

O Salmo 44, em seu primeiro parágrafo (vv. 1-8), destaca o passado de libertação do povo de Deus. É a história de um Deus que escolhe e liberta para si um povo, arrancando-o da escravidão no Egito e plantando-o em Canaã, a terra prometida. Esse povo passou a viver para louvar a Deus pela tão grande libertação.

Tudo parecia estar muito bem, mas há uma *pausa* no verso 8 (*interlúdio*, *selá*). As coisas mudam. A vida tantas vezes desagua em poças de dores.

2. O presente de sofrimento (Sl 44.9-16)

A segunda estrofe deste salmo é destacada por uma conjunção adversativa: *"porém"* — *"Agora, porém…"*(v. 9).

Tudo estava bem. Todos, o dia todo, louvavam e davam glória a Deus (v. 8). Até que uma derrota estrondosa se abateu sobre eles: bateram em retirada, foram saqueados, devorados como ovelhas, dispersados nos versículos 9-11 (talvez seja o exílio de Israel em 722 ou de Judá em 605, 597 e 587). Observe:

[8]Ó Deus, o dia todo te damos glória e louvamos teu nome para sempre. [Interlúdio] [9]Agora, porém, tu nos rejeitaste e nos envergonhaste; já não conduzes nossos exércitos para as batalhas.

[10]Tu nos fazes bater em retirada diante de nossos inimigos e permites que sejamos saqueados por aqueles que nos odeiam. [11]Entregaste-nos como ovelhas para o matadouro e espalhaste-nos entre as nações.

A seguir, lemos que o povo foi vendido por uma ninharia e Deus parece nem ter ligado para o preço (v. 12). São objeto de zombaria (vv. 13-14), estão humilhados, envergonhados e vivem sendo envergonhados (v. 15).

[12]Vendeste teu povo precioso por uma ninharia e não tiveste lucro com a venda. [13]Permitiste que as nações vizinhas zombassem de nós; somos objeto de desprezo e ridículo para os que nos rodeiam. [14]Fizeste de nós motivo de riso entre as nações; com desdém, balançam a cabeça para nós. [15]Não há como escapar da humilhação constante; temos o rosto coberto de vergonha. [16]Não ouvimos outra coisa, senão os insultos dos que zombam de nós. Não vemos outra coisa, senão os inimigos que desejam vingança. Não se vive só de vitórias.

Assim como reconheceram a ação de Deus no passado, libertando-os, veem-na agora no presente, permitindo-os sofrer. Algo houve de errado. Nem sempre as coisas dão certo. É preciso refletir.

3. O momento para pensar (Sl 44.17-22)

A memória, o pensamento é o lugar onde se processa as verdades que nos trazem esperança ou nos destroem por completo. Toda batalha, portanto, é vencida ou perdida na mente (2Co 10.4-5).

Daí que vemos o salmista, face ao caos, após refletir sobre o passado de vitórias e remoer seu presente de sofrimentos, separar um momento para pensar. Alegam inocência. Nada fizeram de errado: vv. 17-18. Mesmo assim Deus os puniu: v. 19. Se tivessem errado, ele não saberia? (vv.20-21).

[17]Tudo isso aconteceu sem que nos esquecêssemos de ti, sem que fôssemos infiéis à tua aliança. [18]Nosso coração não te abandonou, não desviamos os pés de teu caminho. [19]Tu, porém, nos esmagaste no deserto, onde vivem os chacais, e nos cobriste de escuridão e morte.

[20]Se tivéssemos esquecido do nome de nosso Deus, ou estendido as mãos em oração a deuses estrangeiros, [21]Deus com certeza saberia, pois ele conhece os segredos de cada coração. [22]Mas, por causa de ti, enfrentamos a morte todos os dias; somos como ovelhas levadas para o matadouro.

O v. 22 mostra o estado atual do salmista e foi aplicado por Paulo, em Rm 8.36, à nossa situação no mundo (à situação dos crentes que são perseguidos por causa de sua fé). Sim, aprendemos que o justo também sobre; precisamente por causa da justiça é que ele sofre; é bom que se sofra por causa da justiça, pois assim nos identificamos com os sofrimentos de Cristo. Pedro, o apóstolo, sabia disto e nos exortou:

1Pedro 2.19-25 (NVT) | *[19]Porque Deus se agrada de vocês quando, conscientes da vontade dele, suportam com paciência o tratamento injusto.*

[20]*Claro que não há mérito algum em ser paciente quando são açoitados por terem feito o mal. Mas, se sofrem por terem feito o bem e suportam com paciência, Deus se agrada de vocês.* [21]*Porque Deus os chamou para fazerem o bem, mesmo que isso resulte em sofrimento, pois Cristo sofreu por vocês. Ele é seu exemplo; sigam seus passos.*

[22]*Ele nunca pecou, nem enganou ninguém.* [23]*Não revidou quando foi insultado, nem ameaçou se vingar quando sofreu, mas deixou seu caso nas mãos de Deus, que sempre julga com justiça.* [24]*Ele mesmo carregou nossos pecados em seu corpo na cruz, a fim de que morrêssemos para o pecado e vivêssemos para a justiça; por suas feridas somos curados.* [25]*Vocês eram como ovelhas desgarradas, mas agora voltaram para o Pastor, o Guardião de sua alma.*

Não somos de tudo ovelhas desgarradas e entregues à morte. O Senhor mesmo nos considera, preocupa-se conosco e cuida de sua igreja. Assim é que na hora da crise, expô-la a Deus é a melhor atitude. Pedro prosseguiu, advertindo-nos da seguinte forma:

1Pedro 4.19 (NVT) |*Portanto, se vocês sofrem porque cumprem a vontade de Deus, continuem a fazer o que é certo e confiem sua vida àquele que os criou, pois ele é fiel.*

É o que o salmista fará a seguir.

4. O pedido de socorro (Sl 44.23-26)

[23]*Desperta, Senhor! Por que dormes? Levanta-te! Não nos rejeites para sempre!* [24]*Por que escondes o rosto de nós? Por que te esqueces de nosso sofrimento e opressão?* [25]*Desfalecemos no pó, caídos com o corpo no chão.* [26]*Levanta-te e ajuda-nos! Resgata-nos por causa do teu amor!*

Deus parecia estar dormindo (v. 23); parecia ter escondido o rosto deles (v. 24). Sentiam-se como se Deus os negasse o favor. Que houve? Nada fizeram de errado!

Eis o mistério que tem intrigado os homens: as flutuações da vida; momentos de elevações e quedas, alegrias e tristezas, vitórias e derrotas.

O v. 23 lembra Marcos 4.36-38

36Com ele [Jesus Cristo] a bordo, partiram e deixaram a multidão para trás, embora outros barcos os seguissem. 37Logo uma forte tempestade se levantou.

As ondas arrebentavam sobre o barco, que começou a encher-se de água. 38Jesus dormia na parte de trás do barco, com a cabeça numa almofada.

Os discípulos o acordaram, clamando: "Mestre, vamos morrer! O senhor não se importa?". 39Jesus despertou, repreendeu o vento e disse ao mar: "Silêncio! Aquiete-se!". De repente, o vento parou, e houve grande calmaria. 40Então Jesus lhes perguntou: "Por que estão com medo? Ainda não têm fé?".

Tempestades acontecem, mesmo quando Jesus está no barco. O vento não deixa de soprar porque cremos. Nestas horas é bom pedir socorro. A última palavra do salmo é "fidelidade" ou "benignidade" ou "misericórdia" ou "amor". É o hebraico *hesed*, o *amor*in alterável de Deus, o amor da aliança entre Iahweh e Israel. Esse amor motiva a oração. Deus ama! Por isso oramos pedindo socorro.

Ovelhas vencedoras

O Salmo 44 é um quadro da história da salvação:

Deus salva um povo (sua igreja), não por obras, e sim por graça, por meio da fé (que também é fruto de graça); salvação não depende de nossos esforços, braços, arcos, carros ou flechas (vv. 1-8); salvação é obra da graça de Deus.

Viver piedosamente resultará em sofrimento para esse povo, afinal, se odiaram a Cristo, odiarão e perseguirão também seus discípulos; o sofrimento do justo nem sempre é maldição ou castigo, mas consequência de se ser filho de Deus num mundo que odeia as obras da luz (Sl 44.22)

: *"Mas, por causa de ti, enfrentamos a morte todos os dias; somos como ovelhas levadas para o matadouro."*;Não obstante os sofrimentos, as ovelhas de Cristo são mais que vencedoras por meio dele que as amor (Rm 8.35-37); somos conduzidos triunfantemente, e assim espalhamos o bom perfume do evangelho da glória e da graça de Deus (2Co 2.14-16); no final, seremos resgatados por causa do amor de Deus (Sl 44.26); nada nos separará do amor de Deus em Cristo.

James Montgomery Boice, comentando sobre o lamento do salmista (Sl 44.17-22), escreveu que *"quanto ao crente, ele pode não entender todos os caminhos de Deus, mas ele sabe que a única maneira de proceder é reconhecer que Deus é tão ativo nas derrotas quanto nas vitórias"*; cabe ao crente, portanto, esperar pelo resgate final do Senhor: a nossa glorificação em Cristo Jesus. Em Cristo, somos ovelhas vencedoras. Chegaremos ao céu.

Dica: alimente a sua fé na graça futura de Deus, olhando para os grandes feitos de Deus na história de seu povo.

PR. LEANDRO B. PEIXOTO

ABRIL 11, 201

O Verdadeiro Sentido do Salmo 44
Como Ter Atitudes Vencedoras.

Salmo 44:3: "Pois não foi por sua espada que possuíram a terra, nem foi o seu braço que lhes deu vitória, e sim a tua destra, e o teu braço, e o fulgor do teu rosto, porque te agradaste deles."

Não existe tópico na Bíblia mais entusiasmaste do que o Favor do Senhor. O Favor do Senhor fala sobre os benefícios de Deus para a nossa vida. Diz *Provérbios 22:1:* **"Mais vale o bom nome do que as muitas riquezas; e o ser estimado é melhor do que a prata e o ouro."**

O bom nome foi Deus quem nos deu. E, ser estimado é o Favor de Deus, são os benefícios de Deus. É melhor do que prata, ouro, rubis e esmeralda. O Favor do Senhor, os benefícios do Senhor, são muito melhores do que ter fama ou fortuna. O favor do Senhor é muito melhor do que ter poder, prestígio ou posição social. Lê **Provérbios 16:15.**

O Favor do Senhor traz saúde ao que está doente. O Favor do Senhor traz justiça ao que foi humilhado. O Favor do Senhor traz honra àquele que foi envergonhado. O Favor do Senhor traz restituição àquele que foi esfoliado. O Favor do Senhor traz vitória àquele que foi derrotado, no passado. O favor do Senhor diz em *Deuteronômio 6:11:*

"E casas cheias de tudo o que é bom, casas que não encheste; e poços abertos, que não abriste; vinhais e olivais, que não plantaste; e, quando comeres e te fartares,".

Vejamos o que o Favor do Senhor traz. Diz

Deuteronômio 28:13: "O SENHOR te porá por cabeça e não por cauda; e só estarás em cima e não debaixo, se obedeceres aos mandamentos do SENHOR, teu Deus, que hoje te ordeno, para os guardar e cumprir." Tu és cabeça! Tu não és cauda. Lê **Deuteronômio 29:9.**

O Favor do Senhor faz o homem de Deus prosperar em tudo: emocionalmente, fisicamente, nos negócios, no trabalho, nas vendas, nas compras. Lê **Deuteronômio 8:18.**

Quando tu tens o Favor do Senhor – e todos os nascidos de Deus têm o Favor do Senhor, todos os salvos têm o Favor do Senhor – tu estás capacitado a fazer o que os outros não podem fazer. Tu estás capacitado a ir até onde os outros não podem ir. Tu estás capacitado a ativar o destino que Deus preparou para ti.

Tu poderás ver com os olhos da fé o que os outros não poderão ver. Quando há o Favor do Senhor, não há limites. Tu és abençoado. Tu és favorecido de Deus. Mostra o **Salmo 44:3:** *"Pois não foi por sua espada que possuíram a terra, nem foi o seu braço que lhes deu vitória, e sim a tua destra, e o teu braço, e o fulgor do teu rosto, porque te agradaste deles."*

Olha, amado, quando Deus se agrada de alguém, quando alguém O honra, não é a espada que traz a vitória, é o Favor de Deus. Vejamos o que o anjo disse à Maria em *Lucas 1:28:*

"E, entrando o anjo aonde ela estava, disse: Alegra-te, muito favorecida! O Senhor é contigo.

Amado, amada do Senhor, alegra-te. Tu és uma pessoa muito favorecida por Deus. O Senhor é contigo. O nosso destino é viver abençoadamente. O nosso destino é viver como favorecidos, debaixo dos benefícios de Deus. Aquele que deseja abençoar-te com toda a sorte de bênçãos é o Criador dos Céus e da Terra, *Jeová Jiré, Jeová Nissi, El Shaddai,* é Aquele de quem Isaías disse:

"Maravilhoso, Conselheiro, Deus forte, Pai da Eternidade, Príncipe da Paz", é o Deus imortal, o Alfa e o Ômega, Emanuel, que quer dizer: "Deus conosco", é o amigo mais chegado que um irmão, o Pastor das estrelas, Aquele que chama as estrelas pelo seu Nome, o Deus de eternidade, em eternidade, o Deus que não é limitado pelo tempo, que dividiu o Mar Vermelho para Moisés passar com o Seu povo de Deus, Aquele que parou o Sol e a Lua, quando Josué precisava vencer uma batalha, Aquele que escreveu o teu nome nas palmas das Suas mãos, É Jesus, o Senhor; é Jesus, o Senhor. Aleluia! Lê **Gálatas 3:8-9.**

Tu sabes que muitos filhos de Deus, apesar dessa Palavra tão rica, tão próspera, tão abençoada, vivem com complexo de insegurança. Sabes por quê? Porque não conseguem se ver como abençoados. Admitem até que o próximo seja abençoado, mas ele mesmo diz: "Eu?! Eu?!" Então, devemos admitir que nascemos e fomos predestinados para viver abençoados. Nós precisamos ter confiança na Verdade.

Em todas as áreas da tua vida, tu verás o Favor do Senhor. Alguém pode me dizer: "Mas, Apóstolo, eu sempre tenho vivido deficiente. Nos últimos anos, não tive nenhuma promoção no meu emprego. O meu casamento virou pó ou está enferrujado." Do Trono de Deus, Deus te diz por meu intermédio: É desejo de Deus abençoar-te com todo o Favor dos céus.

É desejo de Deus beneficiar-te no teu casamento, na tua vida profissional, nas tuas finanças, na tua vida emocional, na tua vida profissional. Quando começares a confessar a tua posição em Cristo – porque quem nos imputou essa bênção foi o próprio Cristo – eu vou dizer uma coisa: Doenças e enfermidades desaparecem, dívidas são pagas, dinheiro começa a surgir, negócios inexplicáveis são ativados.

A nossa autoestima cresce muito, os nossos ossos se tornam fortes, como os ossos de um leão, a insegurança e a dúvida saem e a tua personalidade se torna forte.

Mostra o *Salmo 23:6: "Bondade e misericórdia certamente me seguirão todos os dias da minha vida; e habitarei na Casa do SENHOR para todo o sempre."*

Favor e Bênção todos os dias! O Favor do Senhor não é temporário. Não é uma coisa que passa, que vai e que volta. É permanente. É para sempre. É para todos os dias da nossa vida. Lê o *Salmo 23:5*.

Diz no livro do profeta menor, *Sofonias 3:15: "O SENHOR afastou as sentenças que eram contra ti e lançou fora o teu inimigo. O Rei de Israel, o SENHOR, está no meio de ti; tu já não verás mal algum."*

Sentenças jurídicas ou sentenças de doenças, câncer ou tumor, o Senhor afastou e lançou fora o teu inimigo.

Continua em *Sofonias 3:16: "Naquele dia, se dirá a Jerusalém: Não temas, ó Sião, não se afrouxem os teus braços."* "Os teus braços" tipificam a oração.

E ele disse em *Sofonias 3:17: "O SENHOR, teu Deus, está no meio de ti, poderoso para salvar-te; ele se deleitará em ti com alegria; renovar-te-á no seu amor, regozijar-se-á em ti com júbilo."*

Eu creio nisso! Essa palavra: "Alegria, regozijo" quer dizer, no original grego: *"DANÇAR"*. Deus olha para nós, olha para o nosso futuro, olha para o destino que Ele mesmo preparou para nós e se regozija, sente júbilo, dança, porque Ele sabe o que de bom e de bem tem para cada um de nós.Tu és abençoado, és favorecido, tens as chaves do Reino em tuas mãos, tens autoridade sobre principados e potestades, tens todo o domínio sobre o mal. Se o inimigo vier por um caminho, deves fugir por sete. Santo de Deus, somos abençoados do Senhor.

Tu podes me perguntar: "O que nos qualifica para termos o Favor de Deus? O que mantém a Bênção do Senhor?" Isso é importante saberes. O Favor de Deus traz prosperidade. O Favor de Deus traz abundância. Diz em *Provérbios 10:22:*

"*A bênção do SENHOR enriquece, e, com ela, ele não traz desgosto.*"

Esta é a vida de um abençoado: "Não há desgosto." Bênção sem desgosto. Não é Bênção, depois com câncer e com tumor. É Bênção sem desgosto. Se o Favor de Deus pode trazer prosperidade ilimitada, olha o que diz o *Salmo 105:37:*

"*Então, fez sair o seu povo, com prata e ouro, e entre as suas tribos não havia um só inválido.*"

Esse é o Favor de Deus. Esse é o benefício de Deus. A Bíblia diz que Ele é o mesmo de ontem, de hoje e será eternamente. Então, tu dizes: "O que me capacita para que isso seja uma verdade na minha vida?" Primeiro lugar: Crer que isso foi imputado, não pelos nossos merecimentos, mas pela vontade de Deus. Segundo lugar:

A manutenção da bênção, do Favor, passa por uma lealdade absoluta a Deus. E eu queria te mostrar o que significa "lealdade absoluta a Deus", com dois exemplos muito importantes.

Vamos ao Livro de Rute, no capítulo primeiro. Rute era a nora de Noemi. Rute é um tipo de cada um de nós, é como se fossemos nós. A Bíblia fala de Boaz. Boaz é um tipo de Cristo.

Vê *Rute 1:14: "Então, de novo, choraram em voz alta; Orfa, com um beijo, se despediu de sua sogra, porém Rute se apegou a ela."*

Noemi é, agora, o tipo do Espírito Santo. Rute se apega, se agarra, se une a sua sogra. Diz a Palavra do Senhor em *Rute 1:15-16:*

"Disse Noemi: Eis que tua cunhada voltou ao seu povo e aos seus deuses; também tu, volta após a tua cunhada. Disse, porém, Rute: Não me instes para que te deixe e me obrigue a não seguir-te; porque, aonde quer que fores, irei eu e, onde quer que pousares, ali pousarei eu; o teu povo é o meu povo, o teu Deus é o meu Deus."

Essa é a prova de maior lealdade que há na Bíblia Sagrada. Prossegue em *Rute 1:17-18:*

"Onde quer que morreres, morrerei eu e aí serei sepultada; faça-me o SENHOR o que bem lhe aprouver, se outra coisa que não seja a morte me separar de ti. Vendo, pois, Noemi que de todo estava resolvida a acompanhá-la, deixou de insistir com ela."

Queria te dizer que a manutenção da manifestação do Favor de Deus depende da lealdade absoluta a Jesus Cristo. É tu dizeres: "Eu sou de uma igreja. Eu tenho uma doutrina.

Eu estou em aliança com o meu Apóstolo, com os Pastores da igreja. Eu sigo a direção do altar. Onde forem, eu vou. Onde pararem, eu pararei. Onde se envolverem, eu me envolverei. A visão deles é a minha visão. O Deus deles, é o meu Deus. A doutrina deles, é a minha doutrina.

A lealdade trouxe segurança à vida de Rute. Rute não tinha qualquer esperança. Não tinha futuro. Ela teria que voltar atrás, teria que voltar para o seu povo, para a idolatria, para os demônios, para o mundo. Mas, a sua lealdade foi a chave da manutenção do favor de Deus.

Um dia, Noemi conheceu o rei Boaz, um homem poderoso. E ele ouviu falar da nora de Noemi, Rute. E, quando a viu, se encantou com ela. Noemi disse: "Esta mulher te serve. Esta é a mulher que vai te fazer feliz." Então, Rute, encontra em Boaz o seu resgatador. Noemi encontra em Boaz o seu consolador. Diz *Rute 4:13*:

"Assim, tomou Boaz a Rute, e ela passou a ser sua mulher; coabitou com ela, e o SENHOR lhe concedeu que concebesse, e teve um filho."

Olha aí a provisão de Deus! Olha aí o Favor de Deus numa mulher que não tinha esperança de nada. Então, diz a Palavra em *Rute 4:14-17*:

"Então, as mulheres disseram a Noemi: Seja o SENHOR bendito, que não deixou, hoje, de te dar um neto que será teu resgatador, e seja afamado em Israel o nome deste. Ele será restaurador da tua vida e consolador da tua velhice, pois tua nora, que te ama, o deu à luz, e ela te é melhor do que sete filhos. Noemi tomou o menino, e o pôs no regaço, e entrou a cuidar dele. As vizinhas lhe deram nome, dizendo: A Noemi nasceu um filho. E lhe chamaram Obede. Este é o pai de Jessé, pai de Davi."

Obede é o pai de Jessé, o avô de Davi, que vem a ser o tetravô de Jesus. Então, isso significa o quê? Que, quando tu és leal, quando tu tens lealdade absoluta a Deus, Cristo vem e gera em ti o resgate.

A restauração, o consolo, a provisão, o sustento. Ele te faz mais do que vencedor. Tu tens que acreditar nisto: A tua lealdade absoluta a Deus, garante-te a restauração, o resgate, o consolo e a provisão. A vitória chega a tua vida. O Espírito Santo está levando cada um de nós a acreditar nos próximos versículos.

Vê *Efésios 2:13: "Mas, agora, em Cristo Jesus, vós, que antes estáveis longe, fostes aproximados pelo sangue de Cristo."*

Agora, em Cristo, tu, que antes estavas separado, foste aproximado.

Revela *Efésios 2:14:*

"Porque ele é a nossa paz, o qual de ambos fez um; e, tendo derribado a parede da separação que estava no meio, a inimizade,".

Deus derribou a inimizade, a força maligna contra a nossa vida, assentou-nos em lugares celestiais, favoreceu-nos. Portanto, agora, tu sabes que a tua lealdade a Deus te garante a provisão. Agora, tu sabes que foste adotado como filho do Rei. Tu és herdeiro. Não éramos ninguém, estávamos perdidos em pecados e delitos.

Hoje, temos um nome, como só os grandes têm. Somos embaixadores do Reino. Somos luz do mundo. Somos sal da Terra, temos o Favor de Deus. Tu podes chegar onde mais ninguém poderá chegar. Tu podes, hoje, mudar o teu destino e o destino da tua família, o destino da tua empresa, o destino dos teus negócios e o destino do lugar do trabalho.

Tu nasceste para ser bem-sucedido. Tu tens uma vida sobre a Rocha e onde tu fores, a Bênção de Deus estará lá. Onde tu andares, o Favor de Deus estará lá. Quando tu crês nisso, tu começas a ter atitudes vencedoras. Tu não curvas a cabeça. Não te amedrontas com as notícias. Não vives de ombros encolhidos, de rosto fechado. É necessário haver olhos radiantes, face iluminada, corpo ereto, para que digas: *"Eu sou o que a Bíblia diz que eu sou. Eu terei o que a Bíblia diz que eu terei. Eu serei o que a Bíblia diz que eu serei."*

Tudo começa com a tua lealdade absoluta a Deus. Ou seja, Deus não manifesta o Seu Favor a quem não lhe é fiel. Busca o Reino. Busca a justiça. Busca lealdade absoluta a Deus, e todas as coisas vos serão acrescentadas. Deus tem preparado para o Seu povo que está agarrado lealmente a Ele.

Coisas que nós nunca imaginamos pensar nem ter. O ímpio tem que ajuntar para dar ao justo. Essa convicção é a certeza de Deus. O indivíduo vai a uma prova, não importa se há quinhentos candidatos para cada vaga. É sua a vitória. Por quê? Porque temos o Favor de Deus. Eu ouvi a voz do Espírito que me disse: "Eu sou um contigo. O meu Deus é o teu Deus. O meu povo é o teu povo. Onde tu fores, eu irei." Paulo ensinou isto em *1 Coríntios 6:17:*

"Mas aquele que se une ao Senhor é um espírito com ele."

Se tu és um Espírito com Deus, Deus não pode permitir que esse Espírito seja humilhado, envergonhado, execrado, esfoliado. Ele quer que tu creias, que tu confesses, com o corpo ereto, cabeça erguida, com autoestima positiva, com personalidade forte, com ossos fortes como um leão: "Eu nasci para viver por cabeça e não por cauda. Para estar por cima e não por baixo. Para ter a minha casa cheia de tudo o que é bom." Tu és capaz de te ver dessa forma? Tu crês que isso é para a tua vida?

É preciso que um povo se levante, nesta Terra, e diga: "Está na Bíblia, eu creio." Aleluia. Este é o povo favorecido. Não saias dizendo: "Eu não mereço nada. Eu sou um gafanhoto. Eu sou o pó da Terra." Não digas isso, por favor. Não faças isso, por favor. Eu sei que tu encontras pessoas que só andam debaixo da lei que, quando tu dizes: "Oi, irmão, abençoado." A pessoa diz: "Eu não sou abençoado nada.

Eu mereço sofrer. É o meu karma. É o demônio. É o diabo. É o capeta!" Capeta de nada! Nenhum capeta tem poder sobre a tua vida, amado. Tu és filho do Rei! Deixa lá o pobre desgraçado descansar. Somos aquilo que a Bíblia diz que somos. Temos um desafio: Crer que o nosso Resgatador, o nosso Consolador, o nosso Provedor declarou, do Trono, para a nossa vida: Aonde tu fores, a Bênção está lá. O que Davi dizia? *Salmo 139:8-10: "Se subo aos céus, lá estás; se faço a minha cama no mais profundo abismo, lá estás também; se tomo as asas da alvorada e me detenho nos confins dos mares, ainda lá me haverá de guiar a tua mão, e a tua destra me susterá."*

Tu sabes por quê? *Salmo 139:13, 16: "Pois tu formaste o meu interior tu me teceste no seio de minha mãe." "Os teus olhos me viram a substância ainda informe, e no teu livro foram escritos todos os meus dias, cada um deles escrito e determinado, quando nem um deles havia ainda."* Antes de nosso pai e nossa mãe nos conceberem, o nosso Espírito já fora criado para ser abençoado. Quando nascemos, e em pecado nascemos, nascemos como ovelha. Diz o *Salmo 51:5:*

"Eu nasci na iniquidade, e em pecado me concebeu minha mãe."

Mas, a Bíblia diz em *Romanos 5:20:*

"Sobreveio a lei para que avultasse a ofensa; mas onde abundou o pecado, superabundou a graça".

Superabundou o Favor de Deus. Superabundou a Bênção do Senhor na tua vida. Portanto, o Trono de Deus te diz pelos meus lábios: "De hoje em diante tu viverás como abençoado e favorecido."

ASSIM SEJA, ASSIM DISSE O SENHOR!!!

Apóstolo Miguel Ângelo.

45 - Ao Rei da Glória, Honra e Majestade

Neste Salmo, em particular, Davi exalta o nome do Senhor, reconhecendo toda a honra, glória e majestade conferida apenas a Ele. Este é um louvor tipicamente messiânico, ou seja, voltado a expressar as características divinas do Messias, o Ungido de Deus, aquele que haveria de vir no futuro, o Verbo que encarnaria como homem e daria sua vida humana na cruz para que todo aquele que nele crê não pereça, mas tenha vida eterna.

Davi era, também, profeta. E como tal teve visões da majestosa presença do Filho de Deus antes mesmo que ele nascesse de Maria e se tornasse o Cristo, o Redentor de todos os perdidos. Mas o Ser Glorioso visto pelos olhos espirituais do salmista não refletia um indivíduo sofrido e pregado num calvário, mas em glória e poder.

Visão semelhante foi vista por João, durante seu exílio na ilha de Pátmos, quando recebeu de Deus as revelações do Apocalipse. O profeta assim descreve o que viu: ***"Eu fui arrebatado no Espírito no dia do Senhor, e ouvi detrás de mim uma grande voz, como de trombeta, que dizia:***

Eu sou o Alfa e o Ômega, o primeiro e o derradeiro; e o que vês, escreve-o num livro, e envia-o às sete igrejas que estão na Ásia: a Éfeso, e a Esmirna, e a Pérgamo, e a Tiatira, e a Sardes, e a Filadélfia, e a Laodicéia.

E virei-me para ver quem falava comigo. E, virando-me, vi sete castiçais de ouro.

E no meio dos sete castiçais um semelhante ao Filho do homem, vestido até aos pés de uma roupa comprida, e cingido pelos peitos com um cinto de ouro.

E a sua cabeça e cabelos eram brancos como lã branca, como a neve, e os seus olhos como chama de fogo.

E os seus pés, semelhantes a latão reluzente, como se tivessem sido refinados numa fornalha, e a sua voz como a voz de muitas águas.

E ele tinha na sua destra sete estrelas; e da sua boca saía uma aguda espada de dois fios; e o seu rosto era como o sol, quando na sua força resplandece.

E eu, quando o vi, caí a seus pés como morto; e ele pôs sobre mim a sua destra, dizendo-me:

Não temas; Eu sou o primeiro e o último. E o que vivo e fui morto, mas eis aqui estou vivo para todo o sempre. Amém.

E tenho as chaves da morte e do inferno. Escreve as coisas que tens visto, e as que são, e as que depois destas hão de acontecer. Apocalipse 1:10-19

CANÇÃO DE AMOR

Salmo 45

[Ao regente do coral: canção de amor para ser cantada com a melodia "Lírios". Salmo dos descendentes de Corá.][1]

Lindas palavras comovem meu coração; recitarei um belo poema a respeito do rei, pois minha língua é como a pena de um habilidoso escritor.[2]Tu és o mais belo de todos; palavras graciosas fluem de teus lábios. Sim, Deus te abençoou para sempre.[3]Põe tua espada à cintura, ó poderoso guerreiro; tu és glorioso e majestoso![4]Em tua majestade, cavalga para a vitória e defende a verdade, a humildade e a justiça; avança e realiza feitos notáveis.

[5]Tuas flechas são agudas e atravessam o coração de teus inimigos; as nações caem a teus pés.[6]Teu trono, ó Deus, permanece para todo o sempre; tu governas com cetro de justiça.[7]Amas a justiça e odeias o mal; por isso, Deus, o teu Deus, te ungiu. Derramou sobre ti o óleo da alegria mais que sobre qualquer outro.[8]Mirra, aloés e cássia perfumam tuas roupas; em palácios de marfim, instrumentos de cordas te alegram.[9]

Entre as mulheres de tua corte há filhas de reis; à tua direita, está a rainha, usando joias de ouro puro de Ofir.[10]Ouça, ó filha de rei; leve a sério o que digo. Esqueça seu povo e sua família,[11]pois o rei, seu marido, se encanta com sua beleza; honre-o, pois ele é seu senhor.[12]A cidade de Tiro a cobrirá de presentes, os ricos suplicarão por seu favor.[13]A princesa é uma linda noiva, belíssima em seu vestido dourado.

[14]Em suas roupas bordadas, é levada até o rei, acompanhada de suas damas de honra.[15]Formam um grupo alegre e festivo que entra no palácio real.[16]Teus filhos serão reis, como o pai deles; tu os farás governantes de muitas terras.[17]Eu darei honra ao teu nome por todas as gerações; por isso, as nações te louvarão para todo o sempre.

Amor líquido

Zygmunt Bauman (1925—2017), sociólogo polonês que viveu radicado na Inglaterra, foi de percepção e precisão inigualáveis ao definir os tempos em que vivemos como sendo "líquidos" — são "líquidos" porque tudo muda tão rapidamente. Nada é feito para durar, para ser "sólido". Conforme ele argumenta, disso resultariam, entre outras questões, a obsessão pelo corpo ideal, o culto às celebridades, o endividamento geral.

A paranoia com segurança e até a instabilidade dos relacionamentos amorosos. É um mundo de incertezas, e cada um por si. Adriana Prado, repórter da revista *ISTOÉ*, conduziu uma entrevista com Bauman (09/2010), onde, dentre outras, lhe fez duas perguntas que merecem destaque.

ISTOÉ – O que caracteriza a "modernidade líquida"?

Zygmunt Bauman – Líquidos mudam de forma muito rapidamente, sob a menor pressão. Na verdade, são incapazes de manter a mesma forma por muito tempo. No atual estágio "líquido" da modernidade, os líquidos são deliberadamente impedidos de se solidificarem. A temperatura elevada — ou seja, o impulso de transgredir, de substituir, de acelerar a circulação de mercadorias rentáveis — não dá ao fluxo uma oportunidade de abrandar, nem o tempo necessário para condensar e solidificar-se em formas estáveis, com uma maior expectativa de vida.

ISTO, É: E o que o senhor chama de "amor líquido"?

Zygmunt Bauman – Amor líquido é um amor "até segundo aviso" [eterno apenas enquanto dura], o amor a partir do padrão dos bens de consumo: mantenha-os enquanto eles te trouxerem satisfação e os substitua por outros que prometem ainda mais satisfação. O amor com um espectro de eliminação imediata e, assim, também de ansiedade permanente, pairando acima dele.

Na sua forma "líquida", o amor tenta substituir a qualidade por quantidade — mas isso nunca pode ser feito, como seus praticantes mais cedo ou mais tarde acabam percebendo. É bom lembrar que o amor não é um "objeto encontrado", mas um produto de um longo e muitas vezes difícil esforço e de boa vontade.

Pode ser que a mesma percepção sobre o que fizeram com o amor tenha inspirado o compositor (Rebanhão?) de um dos primeiros "corinhos evangélicos" (Era assim que nós os chamávamos!) que eu aprendi, logo após minha conversão a Cristo, lá em 1993: "Jesus Cristo mudou meu viver".

O Amor, Só Conheci em Canções,

Que Falavam de Ilusões

Mas Tudo Agora É Diferente,

Isto Falo A Toda Gente,

Pois Cristo Deu-Me o Seu Amor

Em tempos como o nosso, onde o amor é líquido e o que se canta sobre o amor não passam de ilusões, nós precisamos de um cântico de amor, amor de verdade; um cântico que não apenas celebre o amor, mas que também nos informe conteúdos e nos demonstre características, definindo o que de fato significa amar. É tudo isso, pois, que nós temos no salmo do nosso estudo de hoje.

Amor real

O Salmo 45 é o único do tipo em todo o Saltério. Diferentemente de todos os outros, que em sua maioria são de lamento, ações de graças, penitência, sabedoria etc., este salmo é uma canção de amor, como o próprio título nos informa:

Ao regente do coral: canção de amor para ser cantada com a melodia "Lírios". Salmo [maskil; salmo de ensino] dos descendentes de Corá.

O único paralelo bíblico para este salmo será encontrado no livro de Cântico dos Cânticos, mais especificamente em Cântico 3.6-11; e, mesmo assim, verifica-se que as semelhanças não são tão precisas. De toda forma, assim como Cântico dos Cânticos de Salomão, o Salmo 45 é uma "canção de amor".

O salmo foi composto para o casamento de algum rei; alguns falam de Salomão, outros de Jeroboão II, há até quem identifique. Acabe (que se casou com uma princesa de Tiro, a tristemente famosa Jezabel — 1Rs 16.30-31, cf. v. 12). A bem da verdade, não se sabe para qual rei o salmo teria sido composto. Sabe-se, porém, com certeza absoluta, qual é o seu significado original: um salmo real; uma canção de amor composta para a cerimônia de casamento de um rei e uma princesa; um salmo real que celebra o amor real.

Canção de amor

A tradição judaica, posteriormente, interpretou o Salmo 45 como símbolo do amor ou do casamento entre Iahweh e Israel. A tradição cristã, mais adiante, o tomou como símbolo do amor ou do casamento entre Cristo e a Igreja. Intérpretes católicos o veem como as bodas entre o Espírito Santo e Maria. A *Bíblia Loyola*, por exemplo, diz:

"Presentes também à solenidade: Maria, mãe de Jesus e mãe da Igreja; e todas as almas que valorizam sua consagração batismal". Isto é o que se chama "forçar a barra". Ver Maria, aqui, é uma violência inominável ao texto bíblico. Como, então, interpretá-lo?

Nós olharemos para esta canção de amor em busca de lições para a maneira como nós devemos celebrar, cultivar e comunicar o amor; ou seja, para sermos de fato honestos com o texto, nós o veremos pelo que ele realmente é — o casamento de um rei e sua princesa.

A seguir, utilizando-nos do Novo Testamento (pois ele, como veremos, nos permite), buscaremos entender como o salmo se aplica à união de Cristo com a Igreja. Há quatro tópicos que desenvolveremos à partir deste salmo ou canção de amor: a *celebração*do amor; o *conteúdo*do amor; o *fruto*do amor e a *encarnação*do amor.

1. A celebração do amor

A primeira coisa que aprendemos é que o amor entre um homem e uma mulher deve ser celebrado em alto estilo. Agur, o sábio de Provérbios, por exemplo, se maravilhava com a união entre marido e mulher; confira depois: Pv 30.18-19. Em nosso salmo, observe que o autor compõe uma música especial para o casamento do rei com a princesa; seu coração transbordava de alegria pela união de amor entre o casal; o poeta (o indicativo é que ele usa a *língua*, não a pena), então, à pedido da corte real, elaborou cuidadosamente as palavras que deveriam ser cantadas ou declamadas na cerimônia:

[1]Lindas palavras comovem [transbordam do] meu coração; recitarei um belo poema a respeito do rei, pois minha língua é como a pena de um habilidoso escritor.

Rei e princesa se arrumaram da melhor maneira e realizaram tudo em local especialmente decorado para a cerimônia do casamento:

[7][...] Deus, o teu Deus, te ungiu. Derramou sobre ti o óleo da alegria mais que sobre qualquer outro. [8]Mirra, aloés e cássia perfumam tuas roupas; em palácios de marfim, instrumentos de cordas te alegram. [9]Entre as mulheres de tua corte há filhas de reis; à tua direita, está a rainha, usando joias de ouro puro de Ofir.

Note que há óleo para o cabelo, perfumes para as roupas, decoração para o local da cerimônia, músicas tocadas ao fundo, testemunhas (mulheres, filhas de reis), além da rainha muito bem vestida e adornada com "joias de ouro puro de Ofir". Somam-se a tudo os presentes, o cortejo nupcial e detalhes sobre o vestido:

[12]A cidade de Tiro a cobrirá de presentes, os ricos suplicarão por seu favor. [13]A princesa é uma linda noiva, belíssima em seu vestido dourado. [14]Em suas roupas bordadas, é levada até o rei, acompanhada de suas damas de honra. [15]Formam um grupo alegre e festivo que entra no palácio real.

O que se pode concluir?

O amor entre o homem e sua mulher precisa ser celebrado em alto estilo. É algo maravilhoso. A Bíblia nunca tratou o amor romântico como mundano ou carnal. Leia, por exemplo, o livro de Cântico dos Cânticos. Marido e mulher se satisfazem nas delícias do amor pactual exclusivamente um para o outro (Gn 2.21-25; Pv 5.15-19; 1Co 7.1-9).

É uma pena que, durante séculos (e ainda hoje, dentro de alguns círculos cristãos), a beleza do amor conjugal foi (e é) tratada com tabus; não se fala sobre o assunto, não se celebra com entusiasmo e não se apresenta a beleza do caminho entre um homem e sua mulher vivendo em aliança diante do Senhor. O Salmo 45, no entanto, a canção de amor do rei, nos ensina que o amor precisa ser celebrado.

2. O conteúdo do amor

No verso 2, o poeta começa exaltando a beleza do noivo. Ficará claro, no entanto, nas palavras seguintes (vv. 2-8) que o elogio não se extende, essencial e exclusivamente, à beleza física do rei, mas aos seus atributos e às suas atitudes reais. Em outras palavras, o rei que se casaria foi elogiado não tanto pela beleza do corpo, mas por seu caráter e papel enquanto homem de Deus.

Observe, a seguir, como a beleza física do noivo é destacada não em termos meramente físicos ou corpóreos, mas sim pelo que o noivo comunica ser em termos de caráter, conduta e contribuições para o bem comum.

²Tu és o mais belo de todos; palavras graciosas fluem de teus lábios. Sim, Deus te abençoou para sempre. ³Põe tua espada à cintura, ó poderoso guerreiro; tu és glorioso e majestoso! ⁴Em tua majestade, cavalga para a vitória e defende a verdade, a humildade e a justiça; avança e realiza feitos notáveis. ⁵Tuas flechas são agudas e atravessam o coração de teus inimigos; as nações caem a teus pés.

⁶Teu trono, ó Deus, permanece para todo o sempre; tu governas com cetro de justiça. ⁷Amas a justiça e odeias o mal; por isso, Deus, o teu Deus, te ungiu. Derramou sobre ti o óleo da alegria mais que sobre qualquer outro. ⁸Mirra, aloés e cássia perfumam tuas roupas; em palácios de marfim, instrumentos de cordas te alegram.

Aprendemos neste cântico de amor o que realmente uma mulher deve celebrar ou buscar como o amor de sua vida; também enxergamos o que um homem deve buscar cultivar para a sua vida:

Lábios que jorram palavras de graça e de verdade (v. 2);

Posturas e atitudes (i.e., masculinidade) que visam batalhar pela verdade e pela justiça, espalhando o reino de Deus (vv. 3-7);

Coração humilde (v. 4);

Alguém que odeia a maldade, mas que ama a justiça — i.e., fiel à aliança, pronto para fazer prevalecer a verdade e a justiça (v. 7). Esse, portanto, é o conteúdo do amor. Amar é ter e transpirar caráter. Amar não é mera atração física e sexual. Sim, atração física e sexual se derivam do amor bíblico, dentro da aliança ou pacto de amor entre um homem e sua mulher no casamento.

O relacionamento, no entanto, não se fundamenta nesses sentimentos. Eles são líquidos. O casamento se firma no conteúdo do amor, isto é: aliança, verdade, justiça, humildade e ódio pela maldade. Mas, tem mais. Quando olhamos para o que se descreve sobre a noiva (vv. 9-11), descobrimos alguns outros elementos que compõem o conteúdo do amor. Veja:

⁹Entre as mulheres de tua corte há filhas de reis; à tua direita, está a rainha, usando joias de ouro puro de Ofir. ¹⁰Ouça, ó filha de rei; leve a sério o que digo. Esqueça seu povo e sua família, ¹¹pois o rei, seu marido, se encanta com sua beleza; honre-o, pois ele é seu senhor.

A mulher é a auxiliadora do homem (Gn 2.18-25); por isso a rainha está à direita do rei (v. 9). Ela é digna de honra e de privilégios, tanto quanto o seu homem, o rei; por isso a rainha está "usando joias de ouro puro de Ofir" (v. 9); ela é honrada e privilegiada.

Dois outros detalhes merecem nossa atenção:

Primeiro: à noiva é dito que se esqueça de seu povo e de sua família (v. 10); ou seja, os dois deixam pai e mãe e se unem em pacto ou aliança de amor, tornando-se uma só carne (Gn 2.24-25); assim é que nasce o casamento: no pacto ou aliança entre o homem e a mulher.

Segundo: a mulher que se une por pacto ou aliança ao marido se submete a ele com honra (v. 11), pois ele é o seu cabeça (Ef 2.22-24). Aprendemos, portanto, que o amor leva em conta os papéis de cada um: o marido ama e se deleita em sua mulher; a esposa se une a ele em submissão e honra:

¹⁰Ouça, ó filha de rei; leve a sério o que digo. Esqueça seu povo e sua família, ¹¹pois o rei, seu marido, se encanta com sua beleza; honre-o, pois ele é seu senhor.

O marido ama e a mulher se submete. Sim, eu sei que a maioria das pessoas se sente incomodada com esses termos. Afinal, infelizmente, o significado de *amar* foi esvaziado de seu real sentido e *submissão* é percebido como opressão. Nada disso, porém, está mais longe da verdade. Não se assuste, pois a mulher que encontra o homem que a ame da forma como ele deve amá-la (alguém que se encanta com ela! — Sl 45.11) não terá a menor dificuldade de se submeter a ele em amor. Paulo, aos Efésios, deixou claro o significado de *amar a esposa* e *submeter-se ao marido*:

Efésios 5.21-33 (NVT) |²¹*Sujeitem-se uns aos outros por temor a Cristo.* ²²*Esposas, sujeite-se cada uma a seu marido, como ao Senhor.* ²³*Pois o marido é o cabeça da esposa, como Cristo é o cabeça da igreja. Ele é o Salvador de seu corpo, a igreja.* ²⁴*Assim como a igreja se sujeita a Cristo, também vocês, esposas, devem se sujeitar em tudo a seu marido.* ²⁵*Maridos, ame cada um a sua esposa, como Cristo amou a igreja.*

Ele entregou a vida por ela, ²⁶*a fim de torná-la santa, purificando-a ao lavá-la com água por meio da palavra.* ²⁷*Assim o fez para apresentá-la a si mesmo como igreja gloriosa, sem mancha, ruga ou qualquer outro defeito, mas santa e sem culpa.* ²⁸*Da mesma forma, os maridos devem amar cada um a sua esposa, como amam o próprio corpo, pois o homem que ama sua esposa na verdade ama a si mesmo.* ²⁹*Ninguém odeia o próprio corpo, mas o alimenta e cuida dele, como Cristo cuida da igreja.* ³⁰*E nós somos membros de seu corpo.* ³¹*"Por isso o homem deixa pai e mãe e se une à sua mulher, e os dois se tornam um só."* ³²*Esse é um grande mistério, mas ilustra a união entre Cristo e a igreja.* ³³*Portanto, volto a dizer: cada homem deve amar a esposa como ama a si mesmo, e a esposa deve respeitar o marido.*

A prendemos com tudo isso que o amor tem conteúdo; marido e mulher são iguais em honra e dignidade diante de Deus, ambos possuem papeis diferentes: O homem ama e se entrega pela santificação da mulher; a mulher se submete em honra e o auxilia em amor; os dois são pela verdade e justiça; ambos são humildes; marido e mulher recebem de Deus graça e a repartem de volta graça, um com o outro. Esse é o conteúdo do amor.

3. O fruto do amor

O salmo termina falando de filhos, do fruto do amor:

¹⁶*Teus filhos serão reis, como o pai deles; tu os farás governantes de muitas terras.* ¹⁷*Eu darei honra ao teu nome por todas as gerações; por isso, as nações te louvarão para todo o sempre.* O significado de "filhos" nestes versículos deve ser visto, inicialmente, no contexto da comunidade da dinastia real: filhos de reis que se tornam reis. Podemos, no entanto, interpretar e aplicar essas palavras de forma mais abrangente.

O casamento é uma aliança de amor, através da qual marido e mulher cumprem o mandato cultural de Deus: a terra é enchida pela multiplicação de filhos que governam e dominam todas as coisas para a glória de Deus (Gn 1.28). No Novo Testamento, esse mandato se expande: homens e mulheres se multiplicam através de discípulos de Jesus Cristo que ambos vão fazendo, cumprindo a Grande Comissão de Jesus (Mt 28.19-20).

Aprendemos que marido e mulher criam filhos (naturais ou adotivos ou espirituais) de forma a abençoar a terra com o fruto de seu trabalho ou vocação; mas eles, principalmente, criam filhos no temor do Senhor, visando espalhar a glória do Rei Jesus em toda a terra. Esse é o fruto do amor.

4. A encarnação do amor

O significado principal desse salmo é claro: trata-se de uma canção de amor composta para o casamento de um rei com sua princesa; celebra, portanto, o amor entre um homem e sua mulher no enlace matrimonial. Conforme vimos, há muitas lições sobre como celebrar o amor (com coração transbordante), qual é o conteúdo do amor e o tipo de fruto que produz o amor. É um texto perfeito para cerimônias de casamento.

O Salmo 45, porém, aponta para algo muito superior ao casamento: Jesus Cristo. O casamento só existe porque, além da necessidade de procriação (Gn 1.28), a imagem do amor de Cristo pela igreja precisa ser encarnada e exemplificada no amor do esposo pela esposa; e a submissão da igreja a Cristo precisa ser vivenciada e espelhada na submissão da mulher ao marido (Ef 5.22-23). No céu não haverá casamento porque não mais haverá a necessidade dessa imagem do amor de Cristo pela igreja(Mc 12.25). No céu viveremos em aliança eterna de amor e prazer com o Noivo: Jesus Cristo (Ap 19.9).

Encontramos no Salmo 45, portanto, a imagem do Rei dos Reis, a imagem de Jesus Cristo entronizado e reinando com justiça; tanto que, citando este salmo (Sl 45.6-7), o autor de Hebreus escreveu (1.8-9):

[8]Mas ao Filho ele diz: "Teu trono, ó Deus, permanece para todo o sempre; tu governas com cetro de justiça. [9]Amas a justiça e odeias o mal; por isso, Deus, o teu Deus, te ungiu. Derramou sobre ti o óleo da alegria, mais que sobre qualquer outro".

A igreja, em resposta ao Soberano Rei Jesus, abandona seu passado, deixa seu povo de pecado para trás (Sl 45.10) — que John Bunyan descreveu em *O Peregrino*como sendo a Cidade da Destruição, e se une em amor ao Senhor, inclinando-se com fé diante de Jesus, o Rei dos reis, honrando a Jesus (Sl 45.11); passando a viver de forma frutífera, fazendo e espalhando discípulos entre as nações para a glória do Rei Jesus (Sl 45.16-17).

Cristo é a encarnação do amor (Jo 1.1 e 14). Assim é que nosso prazer dever ser Cristo; nosso amor deve encontrar parâmetros em Cristo; nosso casamento deve espelhar o amor de Cristo; o fruto do nosso amor deve ser na forma de vidas que espelham e espalham o amor de Deus pelo mundo em Jesus Cristo. A Cristo devem ser oferecidas nossas canções de amor.

Canção de amor

Concluindo. O Salmo 45 é um salmo messiânico. De um evento particular e menor: o casamento de um rei, para um geral e maior: a união de Cristo e sua igreja. Essa forma de leitura do salmo se chama "tipologia" e foi usada pelos rabinos e pelos primeiros cristãos para ver o Novo Testamento dentro do Antigo.

As alusões poéticas a Cristo foram uma forma válida de entender o ensino do Antigo Testamento sobre Jesus. O ensino do salmo é que Cristo e seu povo estão ligados em amor para sempre; o amor de Deus não é "líquido" e instantâneo, mas "sólido" e eterno. Deus, em Cristo, nos ama e de nós cuida com amor. A igreja se submete com fé, honra e adoração. Guardemos isto. Cantemos sobre este amor.

S.D.G. *L.B.Peixoto*

"Toda a pessoa de Jesus é uma pedra preciosa e sua vida é contínua manifestação de seu selo espiritual. Ele é totalmente completo; não somente em suas várias partes, mas como um todo gracioso, glorioso. Seu caráter não é uma massa de cores suaves misturadas confusamente, nem um amontoado de pedras preciosas, colocadas descuidadamente umas sobre as outras. Ele é a figura da beleza e representante da glória.

Em Jesus, todas as virtudes estão em seu devido lugar e cooperam para adornar umas às outras. Nenhuma das características da gloriosa pessoa do Senhor Jesus atrai a atenção a expensas de outras. Ele é perfeito e completamente formoso. Ó Senhor Jesus, teu poder, tua graça, tua justiça, tua amabilidade, tua verdade, tua majestade e tua imutabilidade constituem um caráter tal, como Deus-homem, que nem o céu ou a terra viram em outro ser.

Tua infância, tua eternidade, teus sofrimentos, teus triunfos, tua morte e tua imortalidade estão todos entretecidos em um magnífico tapete sem costura ou emendas. Tu és música sem dissonância. Tu és muitos, mas, apesar disso, não estás dividido. Tu és todas as coisas, mas, assim mesmo, não és diverso. Assim como todas as cores se unem para formar um arco-íris resplendente.

Assim também todas as glórias do céu e da terra se encontram em Ti, e se unem de modo tão maravilhoso, que não existe outro semelhante a Ti em todas as coisas. Ó, Senhor Jesus, se todas as virtudes mais excelentes dos homens fossem atadas em um único feixe, não poderiam rivalizar contigo, espelho de toda perfeição.

Tu, fostes ungido com o óleo sagrado de cássia e mirra, que o teu Deus reservou tão-somente para Ti. A tua fragrância é semelhante à do perfume santo, à semelhança do qual nenhum homem pode misturar amoras. Com a arte do boticário, cada especiaria é fragrante, e a composição é divina. Oh! sagrada simetria! Oh! rara conexão. De muitos perfeitos, faz única perfeição! Oh! música celeste, que em seus acordes deleita; Melodia agradável, única música perfeita!"

Fonte: Voltemos ao Evangelho e Ministério Fiel – Devocional Charles Spurgeon

46 - Nosso Refúgio

Nosso maior refúgio é o Senhor, nele podemos confiar e viver com tranquilidade porque sabemos que nenhum mal poderá nos alcançar. Davi tinha esta confiança plena em Deus porque desde cedo aprendeu a conviver com os incontáveis livramentos dele recebidos. Quando passamos a vivenciar esse tipo de intimidade com o Senhor passamos a não temer mal algum.

A maioria das pessoas do mundo moderno perderam completamente a fé num Deus real e verdadeiro, depositando a confiança em falsos deuses, ídolos, como a ciência e a tecnologia. Porém, essas coisas se tornam ineficientes, quando o mal que vem sobre suas vidas trata-se de uma determinação divina.

O homem que põe no Senhor sua completa esperança não se abala nem que os montes se levantem e mudem de lugar, menos ainda se urgem os leões e aumentem as guerras. Deus é o nosso Salvador e libertador, neles se firmam todas as coisas e por isso vivemos tranquilos e em paz.

CASTELO FORTE É NOSSO DEUS

Salmo 46

[Ao regente do coral: cântico dos descendentes de Corá, para ser cantado com vozes de soprano (Cântico de Alamote).][1]

Deus é nosso refúgio e nossa força, sempre pronto a nos socorrer em tempos de aflição. [2]Portanto, não temeremos quando vierem terremotos e montes desabarem no mar. [3]Que o oceano estrondeie e espumeje! Que os montes estremeçam enquanto as águas se elevam![4]Um rio e seus canais alegram a cidade de nosso Deus, o santo lugar do Altíssimo. [5]Deus habita nessa cidade, e ela não será destruída; desde o amanhecer, Deus a protegerá. [6]As nações estão em confusão, e seus reinos desmoronam.

A voz de Deus troveja, e a terra se dissolve. [7]O SENHOR dos Exércitos está entre nós; o Deus de Jacó é nossa fortaleza. [Interlúdio8]Venham, contemplem as gloriosas obras do SENHOR! Vejam como ele traz destruição sobre o mundo! [9]Acaba com as guerras em toda a terra, quebra o arco e parte ao meio a lança, e destrói os escudos com fogo. [10]"Aquietem-se e saibam que eu sou Deus! Serei honrado entre todas as nações; serei honrado no mundo inteiro." [11]O SENHOR dos Exércitos está entre nós; o Deus de Jacó é nossa fortaleza.

O fracasso humano

Pode não ser estimulante para alguns, mas a dose de realidade administrada por Charles Swindoll na introdução de seu comentário neste salmo é de tirar o fôlego. Ouça:

Nós a negamos. Nós a disfarçamos. Nós a mascaramos. Nós tentamos ignorá-la. Mas a verdade persiste teimosamente: somos criaturas fracas. Pecadores que somos, fracassamos. Propensos que somos a doenças, adoecemos. Fracos que somos, somos machucados. Mortais que somos, acabamos morrendo. Pressão nos desgasta.

Ansiedade nos causa úlceras. Pessoas nos intimidam. Críticas nos ofendem. Doença nos assusta. A morte nos assombra. [...] Como podemos continuar crescendo neste saco de ossos coberto com fraquezas demais para mencionar? Precisamos de uma dose grande de Salmo 46. Que esperança essas palavras trazem para aqueles que estão sofrendo com a opressão da fraqueza pessoal!

Já se sentiu fraco diante de alguma situação? Descobriu-se impotente face a algum problema? Todo mundo já passou ou está passando por alguma dificuldade. O sentimento é familiar para todos nós: medo; medo por saber que somos impotentes, incapazes e inadequados para enfrentar o que temos pela frente. O Salmo 46, portanto, é para todos nós que nos sentimos fracos ou humanamente fracassados (seja por que motivo for).

O salmo de Lutero

O Salmo 46 ficou conhecido como o salmo de Lutero. Quase todos associam Martinho Lutero à carta de Paulo aos Romanos, particularmente a Romanos 1.17: *"O justo viverá da fé"*. Poucos, porém, sabem que Lutero foi convertido não apenas por seu estudo de Romanos, mas também por sua dedicação ao estudo e ao ensino do livro de Salmos. Ele ensinou os Salmos por anos e os amava muito, do começo ao fim de sua vida. Seu favorito era o Salmo 46.

Historiadores e biógrafos nos dão conta de que, enquanto a Reforma Protestante estava em curso, houve diversos momentos negros e perigosos; durante os quais, não foram poucas as vezes em que Lutero se sentiu terrivelmente desanimado e deprimido. Em muitas dessas ocasiões, ele procurava seu amigo e colega de trabalho, Philipp Melanchthon, e lhe dizia: *"Vinde, Philipp, vamos cantar o quadragésimo sexto Salmo!"*. Então, juntos, eles entoavam os versos do salmista na versão alemã traduzida pelo próprio Lutero (mas que aqui nós lemos na NVT):

[1]Deus é nosso refúgio e nossa força, sempre pronto a nos socorrer em tempos de aflição. [2]Portanto, não temeremos [...]

Foi inspirado por este salmo que Lutero compôs seu hino mais famoso: "Castelo Forte" — hino 323 do Cantor Cristão (daí que demos a esta exposição bíblica o título: *Castelo Forte é nosso Deus*). Sobre o salmo que virou hino, Lutero dizia assim:

Cantamos este salmo para o louvor de Deus, porque Deus está conosco e milagrosamente preserva e defende sua Igreja e sua Palavra contra todos os espíritos fanáticos, contra as portas do inferno, contra o ódio implacável do diabo, e contra todos os assaltos do mundo, da carne e do pecado.

Um grande estudioso luterano, H. C. Leupold, comentou: *"Poucos salmos inspiram o espírito de firme confiança no Senhor, em meio a perigos tão reais da vida.*

Quanto o Salmo 46". Tanto é assim que Spurgeon, destacando o tema deste salmo, anotou:

Aconteça o que acontecer, o povo do Senhor está feliz e seguro; esta é a doutrina deste salmo para ajudar a memória, poderia ser chamado de A CANÇÃO DA SANTA CONFIANÇA — não fosse, claro, pelo tão grande amor do reformador por este hino que, de fato, mexe com a alma, o quadragésimo sexto salmo, provavelmente, será mais lembrado como **O SALMO DE LUTERO**

.

O Salmo 46

De acordo com o título (na versão ARC), o salmo é um "Cântico sobre Alamote". A palavra *alamote*deriva do substantivo hebraico *almah*, um termo que significa "donzela, moça".

É possível que isso signifique que a canção tenha sido composta para vozes de soprano (cf. 1Cr 15.20, que fala de harpas *emtons agudos*ou *de acordo com Alamote*; mulheres também participavam da música em Israel: Sl 68.25); daí que as versões ARA, NVT, NTLH, dentre outras versões bíblicas, trazem como tradução as expressões: *para voz de soprano*ou *em voz de soprano*e a NVI traz: *para vozes agudas* em vez de *Alamot*. Por quê em voz de soprano? *Charles Swindoll sugere que talvez essa instrução tivesse o objetivo de tornar o salmo único e fácil de ser lembrado, assim como, por exemplo.*

Certos tipos de melodias cadenciadas da obra de Handel, intitulada: 'O Messias' — 'Porque um menino nos nasceu' ou 'Ó Tu que anuncias boas-novas a Sião'. Este foi um salmo projetado para ser lembrado perpetuamente.

O pano de fundo histórico, João Calvino nos informa, parece ser o livramento que Deus deu a Jerusalém, arrancando a nação das mãos dos assírios no tempo do rei Ezequias. Será, portanto, útil e inspirador para o leitor do Salmo 46 a leitura em paralelo dos relatos contidos nos livros dos Reis, Crônicas e Isaías (2Reis 18-19; 2Cr 32; Is 36-37).

O momento era de crise. Senaqueribe, rei da Assíria, não só havia cercado a cidade santa, como também humilhava o povo de Deus, zombando e desdenhado do Senhor. Ezequias, rei de Judá, apavorado, foi ao profeta Isaías em busca de conselho. A resposta divina foi clara: Jerusalém não será tocada (Is 37.33-35). Realmente, Deus agiu pelo seu povo e destruiu o poder inimigo.

O Salmo 46, portanto, é a celebração daquela vitória, e mostra para o povo de Deus, em todos os tempos e lugares, que nos piores momentos da vida sempre haverá socorro em Deus. Veremos porquê. Antes, porém, vejamos como o salmo está estruturado.

O salmo pode ser dividido em três partes distintas, muito bem delimitadas pelas *pausas*(*interlúdio*ou *selá*) no final dos versos 3, 7 e 11. Na primeira parte (vv. 1-3), aprendemos que Deus é *refúgio*quando a natureza está em desordem; na segunda (vv. 4-7), vemos que Deus é *rio*quando Jerusalém está sitiada; e, na parte final (vv. 8-11), Deus é *rei*nos campos de batalha de seu povo. Deus é *refúgio, rio*e *rei*.

1. Deus é refúgio para o seu povo (vv. 1-3).

Deus sempre socorre os seus filhos em tempos de aflição (v. 1):

¹Deus é nosso refúgio e nossa força, sempre pronto a nos socorrer em tempos de aflição.

²Portanto, não temeremos quando vierem terremotos e montes desabarem no mar. ³Que o oceano estrondeie e espumeje! Que os montes estremeçam enquanto as águas se elevam! Está claro que o salmista descreve catástrofes naturais, ou seja: o que de pior poderia acontecer na topografia de uma nação (vv. 2-3):

"Ainda que a terra se mude."— O que é mais estável e previsível do que a paisagem da terra? A paisagem da terra só muda sob as circunstâncias mais extremas e assustadoras, tais como: terremotos, deslizamento de terra e erupções vulcânicas.

"Ainda que os montes se transportem para o meio dos mares."— *Na literatura hebraica, nada é mais inabalável que um monte (Sl 125.1: "Os que confiam no SENHOR são como o monte Sião; não serão abalados, mas permanecerão para sempre.").*

Para um hebreu, portanto, um monte que caísse no mar anunciaria o fim do mundo. *"Ainda que as águas tumultuem e espumejem e na sua fúria os montes se estremeçam."*—Na concepção antiga, o oceano representava os mistérios insondáveis, e muitas vezes era usado para o mistério da morte.

Portanto, para o salmista, um mundo em que os montes enormes e inabaláveis corressem o risco de serem tragados pelos mares seria um mundo medonho, oprimido pela morte. Quem precisa de refúgio e fortaleza? Todos quantos estão aflitos, pois faltam-lhes o chão, faltam-lhes apoio, faltam-lhes esperança; estão inseguros, sentem-se instáveis e vivem assombrados pelo medo opresso L Poxa, quem não se sente assim?

Quem nunca se sentiu assim? Más notícias tiram o chão dos nossos pés! Portos-seguros são arrancados da gente. Sonhos são inundados pelas tragédias ou pelas doenças. O que parecia intocável de repente é submerso nos mares dos problemas e das dificuldades. A vida que parecia inabalável cai, desmorona, vai ao chão. Nessas horas, aonde correr? A quem recorrer? O que fazer nessas horas trágicas? Devemos nos voltar para o lugar de onde nunca deveríamos ter saído: a presença de Deus, *"nosso refúgio e nossa força, sempre pronto a nos socorrer em tempos de aflição"* (v. 1).

O termo traduzido como *angústia* ou *aflição* se origina de um verbo hebraico que significa *"estar confinado; amarrado; ficar estreito; sentir-se apertado"*; descreve aquela sensação de peito apertado, de respiração difícil, palpitação no peito, quase o mesmo sentimento de ataque de pânico, fruto de intensa crise de ansiedade.

O que fazer nessas horas? Voltarmo-nos para Deus com fé e esperança. Ele é refúgio. Ele é fortaleza. Ele está sempre pronto a nos socorrer em tempos de angústia ou aflição. Deus é *refúgio* (heb.: *um lugar de confiança*) para o seu povo. Não temeremos, pois Deus é poderoso: *Castelo Forte é nosso Deus...*

Espada e bom escudo,

Com seu poder defende os seus,

Em todo transe agudo.

[...]

A nossa força nada faz,

Estamos, sim, perdidos;

Mas nosso Deus socorro traz,

E somos protegidos.

Deus é refúgio para o seu povo. Ele é poderoso, por isso não temeremos.

2. Deus é rio para a nossa seca (vv. 4-7).

A reação do salmista aos sentimentos de fraqueza e medo continua no Salmo 46. O cenário muda da natureza ao redor para o centro de Jerusalém. Os problemas, porém, continuam, pois a cidade santa estava cercada pelos poderosos assírios.

287

4Um rio e seus canais alegram a cidade de nosso Deus, o santo lugar do Altíssimo. 5Deus habita nessa cidade, e ela não será destruída; desde o amanhecer, Deus a protegerá. 6As nações estão em confusão, e seus reinos desmoronam. A voz de Deus troveja, e a terra se dissolve. 7O SENHOR dos Exércitos está entre nós; o Deus de Jacó é nossa fortaleza.

Percebeu a cena? A cidade de Jerusalém estava confinada por causa do exército assírio acampado ao seu redor. A água era um bem precioso na Palestina, especialmente em Jerusalém, uma das poucas cidades antigas não construídas às margens de um rio. Assim foi que, sabiamente, Ezequias construiu um sistema de água subterrânea que ligava a fonte de Giom com o tanque de Siloé dentro da cidade, abastecendo o povo com água (2Rs 20.20; 2Cr 32.30). O salmista, porém, sabia que Deus era o rio deles e quem realmente lhes fornecia água (Sl 36.8; 65.9; 87.7).

Os inimigos bradavam lá fora, mas Deus permanecia no meio de seu povo, como um rio tranquilo que não para de correr, como água que não para de jorrar para refrescar, saciar e alegrar os sedentos. O Senhor habitava com eles; não os deixaria hora nenhuma; protegeria e saciaria a todos. As nações estavam confusas e seriam destruídas, Judá e o povo de Deus, por sua vez, tinham Deus entre eles, desfrutavam da força de seu poder.

O povo de Deus sempre dependeu dos recursos espirituais ocultos que vêm de Deus somente. Sempre que Israel se voltava para uma nação pagã em busca de ajuda, eles acabavam em sérios problemas. Voltando-se para Deus, eles eram socorridos e saciados.

O cristão tem algo que o mundo não tem. Mais que água. Tem Jesus. "Há um rio". Trata-se de poesia hebraica, símbolo da graça de Deus. Havia no Éden. Haverá na Nova Jerusalém. Jesus: água da vida. O mundo pode estar seco. O discípulo de Jesus, jamais. Em Cristo, Deus é rio para a nossa seca. O Senhor sempre derrama graça sobre graça. Na primeira parte do salmo a ideia é: não temer, pois Deus tem poder. Aqui, na segunda parte, a ideia é a mesma: não temer, pois Deus está conosco, no meio do conflito; ele nunca, jamais nos abandonará. Deus é rio para a nossa seca, ele alegra o seu povo. Não nos abalaremos, pois Deus é conosco: *Castelo Forte é nosso Deus.*

3. Deus é rei sobre tudo e sobre todos (vv. 8-11).

Vimos que a cena mudou da topografia da terra ao redor (vv. 1-3) para dentro da cidade de Jerusalém (vv. 4-7). Deus é Deus de longe e de perto (Jr 23.23). Ele cuida das nossas circunstâncias e do nosso coração. Em tudo nós vemos que Deus é poderoso e está presente com seu povo, saciando-o e alegrando-o.

A terceira cena do salmo se passa nos campos ao redor de Jerusalém, onde os soldados assírios jaziam mortos, e suas armas e equipamentos estavam todos espalhados e quebrados. Não houve batalha, mas o anjo do Senhor deixou essa evidência para trás para encorajar a fé do povo de Deus: Deus é *poderoso*, *presente* e *peleja* pelo seu povo:

⁸Venham, contemplem as gloriosas obras do SENHOR! Vejam como ele traz destruição sobre o mundo! ⁹Acaba com as guerras em toda a terra, quebra o arco e parte ao meio a lança, e destrói os escudos com fogo. ¹⁰"Aquietem-se e saibam que eu sou Deus! Serei honrado entre todas as nações; serei honrado no mundo inteiro."¹¹O SENHOR dos Exércitos está entre nós; o Deus de Jacó é nossa fortaleza.

"Aquietem-se" significa, literalmente, "Tirem as mãos! Relaxem!". Gostamos de colocar as mãos, de segurar, controlar e administrar nossas próprias vidas, mas Deus é Deus e nós somos apenas seus servos. O Senhor chama a si mesmo de *"o Deus de Jacó"* em dois versículos diferentes (vv. 7 e 11), lembrando-nos das tantas vezes Jacó se meteu em problemas porque colocou as mãos nas circunstâncias e tentou brincar de Deus.

Sim, há um tempo para obedecer a Deus e agir, mas até então, até que ele nos coloque para marchar, é melhor tirarmos nossas mãos e permitir que ele trabalhe em seu próprio tempo e do seu próprio jeito. Nessas horas, cabe a nós apenas agarrarmos suas promessas pela fé, com as duas mãos, para sermos capazes de prosseguir e prevalecer. Mas, como nós podemos agarrar as promessas de Deus?

Os imperativos do verso 8 nos ensinam preciosa lição:

[8]Venham, contemplem as gloriosas obras do SENHOR! Vejam como ele traz destruição sobre o mundo!

Nós ficamos inquietos quando vemos os problemas. O coração se abala quando contemplamos desgraças. A alma se perturba quando vamos de novo e de novo para as dificuldades. Mas nós aprendemos que há segurança quando vemos os atos de Deus. Portanto, ponha nele sua atenção. Pedro olhou para Jesus, depois para as águas. Afundou (Mt 14.22-32). Olhe para a direção certa, olhe para Jesus. Pare de contender, aquiete-se, Deus é Deus forte, presente com seu povo e peleja por você: *Castelo Forte é nosso Deus.*

Castelo Forte é nosso Deus

Conta-se que no dia em que morreu, John Wesley (o grande evangelista e compositor de cerca de 34 hinos) já havia quase perdido a voz e só podia ser compreendido com muita dificuldade. Mas no final, com toda a força que conseguiu juntar, Wesley de repente gritou: *"O melhor de tudo é que Deus está conosco"*. Então, levantando ligeiramente a mão e acenando em triunfo, ele exclamou novamente com efeito ainda mais emocionante: *"O melhor de tudo é que Deus está conosco"*. Assim ele morreu.

O Senhor Todo-Poderoso está com você? O Deus de Jacó é o seu refúgio, como ele foi para Martinho Lutero e João Wesley até o fim da vida? Certifique-se de que ele seja. As tempestades da vida virão (e elas poderão te destruir). Mmas a maior tempestade de todas ainda está por vir: a morte e o julgamento final. Todos nós atravessaremos esse mar revolto. Faça, portanto, de Cristo o seu refúgio agora mesmo, enquanto ainda há tempo. Romanos 8.31-34 (NVT) | *[31]Que podemos dizer diante de coisas tão maravilhosas? Se Deus é por nós, quem será contra nós? [32]Se ele não poupou nem mesmo seu próprio Filho, mas o entregou por todos nós, acaso não nos dará todas as outras coisas? [33]Quem se atreve a acusar os escolhidos de Deus? Ninguém, pois o próprio Deus nos declara justos diante dele. [34]Quem nos condenará, então? Ninguém, pois Cristo Jesus morreu e ressuscitou e está sentado no lugar de honra, à direita de Deus, intercedendo por nós.*

Arrependa-se e creia no Senhor Jesus. Faça dele o seu Castelo Forte.

S.D.G. *L.B.Peixoto*

O VERDADEIRO REFÚGIO

Os tesouros, as muralhas, as fortalezas humanas estão caindo. Tudo que podia imaginar de mais forte e mais bem protegido aos olhos dos homens foi destruído. Atingiram o Pentágono e as Torres Gêmeas. Isso serviu para mostrar que as fortalezas humanas não passam de montes de cimento e montes de palavras de vanglória. São fortalezas formadas apenas pela idealização de um povo, o qual julga que grandeza e força estão nas coisas materiais.

Tudo isso serve para trazer ao nosso pensamento uma reflexão: onde temos depositado nossa confiança? Em que temos buscado abrigo nas horas de tribulação? Em quem confiamos para nos defender? Homens "fortes", muros de concreto, palavras que não passam de mentiras e equívocos? Onde está o seu refúgio?

Deus é o nosso refúgio, e podemos sempre nos esconder Nele. Nas horas delicadas Ele é o lugar que traz proteção. Deus é também a nossa fortaleza e o nosso socorro bem presente no meio da tribulação. Deus pode nos livrar da tribulação, mas, se Ele não nos livrar das tribulações, Ele nos livrará nas tribulações.

Se as tribulações já chegaram ou estão chegando à sua vida, em vez de ficar murmurando e falando o que não deveria falar, proclame a Palavra de Deus. Há pessoas que veem uma oportunidade em cada dificuldade. Mas há pessoas que veem uma dificuldade em cada oportunidade. É exatamente nesse tempo de instabilidade que precisamos nos voltar ainda mais para o Senhor e viver a realidade descrita no Salmo 46: "Deus é o nosso refúgio e fortaleza, socorro bem presente na angústia. Pelo que não temeremos, ainda que a terra se mude, e ainda que os montes se projetem para o meio dos mares; ainda que as águas rujam e espumem, ainda que os montes se abalem pela sua braveza.

Há um rio cujas correntes alegram a cidade de Deus, o lugar santo das moradas do Altíssimo. Deus está no meio dela; não será abalada; Deus a ajudará desde o raiar da alva. Bramam nações, reinos se abalam; Ele levanta a Sua voz, e a terra se derrete. O Senhor dos exércitos está conosco; o Deus de Jacó é o nosso refúgio. Vinde contemplai as obras do Senhor, as desolações que tem feito na terra. Ele faz cessar as guerras até os confins da terra; quebra o arco e corta a lança; queima os carros no fogo. Aquietai-vos, e sabei que Eu sou Deus; sou exaltado entre as nações, sou exaltado na terra. O Senhor dos exércitos está conosco; o Deus de Jacó é o nosso refúgio".

Deus abençoe!

Pr. Márcio Valadão – Em: 22/08/2017

47 - Um Deus Tremendo

Este é mais um Salmo de louvor e exaltação ao nosso Deus, onde sua glória e majestade é enaltecida, segundo as informações contidas nos manuscritos sagrados foi escrito inicialmente pelos filhos de Corá, contemporâneo de Moisés. Eles eram os mestres de canto no templo e levitas, com a função de louvar o nome do Senhor durante as cerimônias e tocar instrumentos.

Apesar deste Salmo ter sido escrito inicialmente para louvor e adoração, precisamos considerar o fato de que, como os demais, é uma oração a Deus. Orar ao Senhor não significa apenas clamar por algum livramento, benção ou cura divina, mas também engrandecer Seu Santo Nome. Aliás, muitos dos cristãos modernos não sabem ou pouco praticam a sequência certa de se dirigir a Deus através da oração.

Na condição de Rei Eterno o correto seria que ao se aproximar dele por meio de nossas súplicas agíssemos de forma mais reverente, ou seja, primeiro nos ajoelhando, depois louvando seu poderoso nome, confessando-lhe nossos pecados como forma de humilhação e, somente depois, iniciando nossas petições.

Infelizmente isso não ocorre e passamos por cima destes detalhes, indo direto ao ponto em que lhe apresentamos nossas reclamações e clamores. Se diante de um rei da terra, humano e cheio de imperfeições como nós, nos encurvamos e o reverenciamos, porque diante do Todo Poderoso Santo de Israel ousamos comparecer de qualquer jeito?

Tanto Davi, como os demais salmistas, sabiam da importância de seguir rigorosamente esse trajeto espiritual perante o Senhor antes de qualquer outra coisa. Por essa razão acontecia essa liturgia no templo, primeiro os louvores como forma de adoração ao Eterno Criador, depois a oração para agradecê-lo, a leitura da Lei e por fim as demais particularidades.

A maioria das religiões modernas mudaram essa maneira de conduzir seus cultos, abandonaram a antiga liturgia da igreja primitiva, oriunda de antigos costumes. O homem deste século se acha no direito de remover da casa de Deus costumes que aconteceram por centenas de anos em forma de reverenciar e enaltecer ao Deus da Glória.

Dando lugar a seus próprios dogmas e fábulas. Porém, haverá um tempo, e já se aproxima, onde a Nova Jerusalém descerá para a terra e os verdadeiros adoradores voltarão a reverenciar corretamente aquele que é o único merecedor de toda honra. Que isso logo aconteça. Ora, Vem Senhor Jesus.

Salmo 47: O SENHOR Altíssimo é Tremendo

Os filhos de Corá, identificados como compositores no cabeçalho do Salmo 47, eram descendentes de um levita contemporâneo de Moisés (mais informações sobre Corá aqui: Na época de Davi, e provavelmente durante algumas outras gerações, essa família teve um papel de liderança no louvor nacional em Israel. Sua composição de vários Salmos foi uma parte importante desse trabalho.

A mensagem do Salmo 47 focaliza a exaltação de Deus e a posição privilegiada do seu povo escolhido, a nação de Israel. Sua mensagem se enquadra bem no início da dinastia da casa de Davi, possivelmente durante o reinado de Davi ou seu filho, Salomão, quando o reino estava no seu auge em termos de território e prosperidade.

Em contraste com as atitudes nacionalistas evidentes no proceder e literatura dos israelitas no Antigo Testamento, esse hino demonstra um sentido de inclusão de outros povos na adoração a Deus. Todos são convocados para adorar ao Senhor porque ele é o rei de todos: "Batei palmas, todos os povos; celebrai a Deus com vozes de júbilo. Pois o SENHOR Altíssimo é tremendo, é o grande rei de toda a terra" (versos 1 e 2).

Israel, porém, ocupa uma posição acima das outras nações. "Ele nos submeteu os povos e pôs sob os nossos pés as nações. Escolheu-nos a nossa herança, a glória de Jacó, a quem ele ama" (versos 3 e 4). A nação de Israel teve períodos bons nos quais dominava sobre alguns povos vizinhos, mas o sentido principal da sua exaltação refere-se à comunhão com Deus de um povo que recebeu uma revelação especial da vontade do Senhor. No Novo Testamento, o apóstolo Paulo frisou essa vantagem espiritual: "Qual é, pois, a vantagem do judeu? Ou qual a utilidade da circuncisão? Muita, sob todos os aspectos. Principalmente porque aos judeus foram confiados os oráculos de Deus" (Romanos 3:1-2).

O povo de Israel foi honrado por Deus, mas a glória pertence a ele. Esse cântico de louvor continua com a imagem da coroação do Rei, o próprio Deus, sendo exaltado pela nação de Israel e pelos outros povos. "Subiu Deus por entre aclamações, o SENHOR, ao som de trombeta. Salmodiai a Deus, cantai louvores; salmodiai ao nosso Rei, cantai louvores. Deus é o Rei de toda a terra; salmodiai com harmonioso cântico. Deus reina sobre as nações; Deus se assenta no seu santo trono" (versos 5 a 8). Mesmo durante o período de 1.500 anos que a nação de Israel ocupou um lugar especial no plano de Deus, as outras nações não foram esquecidas, nem excluídas do seu domínio.

Ele exerce autoridade absoluta sobre todos os povos e deve ser honrado por todos. No Novo Testamento, essa autoridade pertence a Jesus Cristo. Depois da sua vitória sobre o pecado e a morte, Jesus disse: "Toda a autoridade me foi dada no céu e na terra. Ide, portanto, fazei discípulos de todas as nações, batizando-os em nome do Pai, e do Filho, e do Espírito Santo; ensinando-os a guardar todas as coisas que vos tenho ordenado" (Mateus 28:18-20).

Jesus merece a adoração de todas as suas criaturas: "Pelo que também Deus o exaltou sobremaneira e lhe deu o nome que está acima de todo nome, para que ao nome de Jesus se dobre todo joelho, nos céus, na terra e debaixo da terra, e toda língua confesse que Jesus Cristo é Senhor, para glória de Deus Pai" (Filipenses 2:9-11).

O final do Salmo reforça definitivamente a abrangência universal do reino do Senhor: "Os príncipes dos povos se reúnem, o povo do Deus de Abraão, porque a Deus pertence os escudos da terra; ele se exaltou gloriosamente" (verso 9). Não apenas os escolhidos descendentes de Abraão, mas todos os povos, até os mais poderosos entre eles, juntam-se para honrar o Criador, Rei dos reis e Senhor dos senhores.

Enquanto esse Salmo tenha sido composto durante a dinastia terrestre de Davi, seu pleno cumprimento se realiza em Jesus Cristo, "o Soberano dos reis da terra" (Apocalipse 1:5). Todos que se submetem a Jesus têm o privilégio de participar do reino eterno do grande Senhor dos senhores!

Pr. **Dennis Allan**

Louvor a Deus-Salmo 47

Meditando nos Salmos-Salmo 47

Você acabou de receber um convite! O que você faz ao receber um convite? Qual é tua atitude diante de uma convocação a fazer algo? Você acabou de receber um convite no Salmo 47. Conheça a essência desse convite! Você, juntamente com todos os habitantes da Terra é convidado a exaltar o dono de tudo: Deus (v. 1).

O apelo do salmista não é sem motivo, há motivos reais para você glorificar a Deus: "Porque o Senhor Altíssimo é tremendo, grande Rei sobre toda a Terra" (v. 2). Os israelitas (judeus) tem motivos para iniciar o louvor e convocar a mundo todo a se unir em louvor ao Senhor. Deus lhes deu vitórias, os escolheu e os amou (vs. 3-5).

Mas o convite é para toda a Terra, pois Deus reina em toda ela (v. 2). Por isso, os imperativos a seguir se destinam a todas as nações: "Cantai louvores a Deus, cantai louvores; cantai louvores ao nosso Rei, cantai louvores" (v. 6). Qual a razão do mundo todo louvar a Deus? O salmista diz: "Pois Deus é o Rei de toda a Terra; cantai-Lhe salmos de louvor. Deus reina sobre as nações; Deus se assenta no Seu santo trono" (vs. 7-8).

O Israel espiritual do tempo do fim, continua convocando o mundo inteiro a adorar a Deus: "Adorai Aquele que fez o Céu, a Terra, o mar e as fontes das águas" (Apocalipse 14:7). Em um mundo em que as pessoas decidiram crer no incrível, em que as mentes perderam a razão acreditando na evolução, você é convocado a adorar a Deus, que é Criador e Rei. Como você responde a esse convite?

Os que aceitam louvar a Deus convocam outros a fazer o mesmo. Ninguém que O adora deseja fazê-lo individualmente. Quem prova a emoção, a alegria e a satisfação oriunda da adoração e do verdadeiro louvor a Deus, almeja que outros tenham a mesma experiência, a mesma sensação.

O Salmo 47 revela que os que começam a adorar, exaltar e louvar a Deus deseja que as nações do mundo inteiro também o façam. Quando você, racionalmente, entender os motivos de louvar e experimentar a sensação da presença de Deus, certamente você quererá que não falte ninguém nos cultos.

Você convidará a todos a tua volta a se unirem em louvor a Deus em Sua Igreja. Deus não é um déspota tirano para às nações; o pecado sim, Deus não. Esse louvor com pessoas de diferentes raças une a todas as nações do mundo, não para um ecumenismo que sacrifica a verdade, mas à submissão em que todos juntos são súditos do mesmo Rei. Esse é o desejo de Deus, porém, o inimigo, Satanás, convocará a humanidade para fazer outra coisa: "Então vi três espírito imundos, semelhantes a rãs, saírem da boca do dragão.

Da boca da besta e da boca do falso profeta. São espíritos de demônios, que operam sinais, e vão ao encontro dos reis de todo o mundo, a fim de congregá-los para a batalha, naquele grande dia do Deus todo poderoso" (Apocalipse 16:13-14).

Qual convocação você vai aceitar? A qual grupo você vai se unir? Comece hoje a louvar a Deus antes que seja pego de surpresa guerreando contra Deus! Você precisa de um estímulo racional e lógico para louvar, adorar e exaltar ao Deus soberano em todo o Universo? Deus almeja tanto que você experimente a sensação inspiradora da adoração a Ele que se você não vê motivos nenhum, Ele te faz enxergar.

Leia com atenção o Salmo 47, nele você encontrará subsídios que te motivará a um louvor congregacional inspirador. Permita que as palavras inspiradas deste Salmo, te inspire a um louvor internacional. Primeiramente, as palavras de abertura deste Salmo, nos instrui a como louvar a Deus: pública, alegre e inteligentemente! (v. 1; conf. os vs. 6 e 7). A seguir, apresenta razões porque todos devem louvá-Lo:

1. Deus é o Altíssimo, tremendo (fantástico), grandioso e soberano de toda a Terra (v. 2).

2. Deus não é limitado a um território geográfico, Seu reino é soberano e Universal (vs. 7-9).

3. Deus é o causador das grandes realizações maravilhosas sobre Seu povo e em todas as nações (vs. 3-5).

A partir de agora, que você compreendeu as razões para louvar ao Soberano de todo o Universo, deves ir além de uma mera decisão de adorá-lo; deves, como o salmista, com o coração cheio de grandes e bons pensamentos acerca de Deus, estimular a quantos puderes a cantar louvores ao Rei do Universo. Quem será a primeira pessoa a receber teu convite?

Louvor a Deus —Heber Toth Armí

48 – A Cidade do Nosso Deus

Qui vemos o salmista enaltecendo as moradas do Altíssimo, sua beleza incomparável, reluzente, como se de alguma maneira pudesse contemplar sua glória. Este foi mais uma obra poética criada pelos filhos de Corá para ser celebrada no templo em louvor ao Senhor, Deus de Israel.

O Espírito Santo não habitava na terra naquela época, mas com certeza inspirava-os a escrever sua Palavra e hinos lindos como este. De alguma forma aqueles homens foram dirigidos por ele a descrever em poucas palavras a formosura da Cidade Santa, a habitação do Altíssimo.

Ao lermos este Salmo nos reportamos a visão que teve o profeta João no Apocalipse, onde viu descer para a terra a Nova Jerusalém, feita de ouro e cristal, a futura habitação dos remidos do Cordeiro (Ap 21: 9-27). O profeta descreve em detalhes seus altos muros e suas ruas feitas de ouro e cristal.

Sem esquecer o rio das águas da vida que escorrem incessantemente pelo meio dela. Nesta oração, em forma de louvor e adoração, aproveita-se para dar honra e glória ao nosso divino e infinito Criador, exaltando sua santidade, força e poder incomparável.

Salmo 48: 1-14 - A CIDADE DE DEUS

Grande é o Senhor, assim começa este salmo lindo ao falar de Jerusalém, da cidade do nosso Deus. A exaltação é devida ao nome de Deus que está acima de todas as coisas. Muitas religiões tem surgido no mundo procurando por um deus que satisfaça ao homem. Todas elas vão apontar coisas, caminhos, ritos e irão falar até coisas bonitas e aparentemente muito profundas, mas Deus rejeitou todas elas.

O homem não alcança Deus por meio de sua religião, antes afasta-se mais ainda dele. O que Deus fez? Proveu ele mesmo um caminho para o homem se achegar a ele. Assim, a verdadeira religião não é o caminho do homem até Deus, antes é o caminho de Deus até o homem. Deus viu que o homem estava perdido, por isso lhes mostrou o caminho.

Neste salmo, no seu vs. três é ele que se faz conhecer como alto refúgio. Assim, Deus ao se deixar achar por nós, nós o achamos. A sua misericórdia e seu amor tem nos alcançado. O evangelho é a resposta de Deus para o homem. A rejeição do evangelho encaminha o homem por caminhos estranhos: as religiões! A aceitação do evangelho conduz o homem a Deus. Jesus Cristo não somente trouxe a mensagem de Deus como ele mesmo é o evangelho que anunciamos da parte do Espírito de Deus.

Tudo é de Deus amados! No comentário de Calvino em sua introdução ele fala da contextualização deste salmo e de seu autor explicando a ação soberana de Deus sobre a santa cidade onde está o Monte Sião.

"Neste salmo, celebra-se uma notável libertação da cidade de Jerusalém em um momento em que muitos reis conspiravam para destruí-la. O profeta, (aquele que foi o autor do salmo), depois de ter dado graças a Deus por essa libertação, aproveita a oportunidade de exaltar em termos magníficos o feliz estado daquela cidade, vendo que Deus tinha sido o seu contínuo guardião e protetor.

Não teria sido suficiente para o povo de Deus ser reconhecido e ter sentido que uma vez foram preservados e defendidos pelo poder de Deus, ao mesmo tempo, foram assegurados de serem também preservados e protegidos pelo mesmo Deus no tempo por vir, porque ele os adotou como suas possessões peculiares.

O profeta, portanto, insiste principalmente neste ponto, que não foi em vão que o santuário de Deus foi erguido sobre o monte de Sião, mas que o nome dele foi aclamado para que seu poder fosse manifesto de forma evidente para a salvação de pessoas.

É fácil deduzir-se do assunto do salmo que foi composto após a morte de Davi. De fato, admito que entre os inimigos de Davi havia alguns reis estrangeiros, e que não era por exercício de sua vontade que a cidade de Jerusalém não fosse completamente destruída; mas não lemos que eles já passaram o a sitiá-la.

E a reduzirem a tal situação que tornasse necessário que seus esforços fossem reprimidos por uma maravilhosa manifestação do poder de Deus. É mais provável que o salmo seja encaminhado para o tempo do rei Acaz, quando a cidade foi assediada e os habitantes chegaram ao ponto de desespero total, e quando, no entanto, o cerco surgiu repentinamente (2 Reis 16: 5)

Ou ao tempo de Jeosafá e Asa (2 Crônicas 14: 9 e 20: 2), pois sabemos que, sob seus reinados. Jerusalém foi preservada de uma destruição total somente por ajuda milagrosa do céu.

Isto deve-se considerar como certo que o salmista aqui exibiu aos verdadeiros crentes um exemplo do favor de Deus para com eles, do qual eles tinham razão para reconhecer que sua condição era propícia, visto que Deus havia escolhido para si uma habitação sobre monte de Sião, que desde então ele poderia presidi-los por seu bem e segurança.

Uma canção de louvor dos filhos de Corá.

Sl 48:1 Grande é o SENHOR
e mui digno de ser louvado,
na cidade do nosso Deus.

Sl 48:2 Seu santo monte, belo e sobranceiro,
é a alegria de toda a terra;
o monte Sião, para os lados do Norte,
a cidade do grande Rei.

Sl 48:3 Nos palácios dela,
Deus se faz conhecer como alto refúgio.

Sl 48:4 Por isso, eis que os reis se coligaram e juntos sumiram-se;

Sl 48:5 bastou-lhes vê-lo,
e se espantaram, tomaram-se de assombro
e fugiram apressados.

Sl 48:6 O terror ali os venceu,
e sentiram dores como de parturiente.

Sl 48:7 Com vento oriental
destruíste as naus de Társis.

Sl 48:8 Como temos ouvido dizer,
assim o vimos na cidade do SENHOR dos Exércitos,
na cidade do nosso Deus.
Deus a estabelece para sempre.

Sl 48:9 Pensamos,
ó Deus, na tua misericórdia no meio do teu templo.

Sl 48:10 Como o teu nome.
ó Deus, assim o teu louvor
se estende até aos confins da terra;
a tua destra está cheia de justiça.

Sl 48:11 Alegre-se o monte Sião,
exultem as filhas de Judá,
por causa dos teus juízos.

Sl 48:12 Percorrei a Sião,

rodeai-a toda,

contai-lhe as torres.

Sl 48:13 notai bem os seus baluartes,

observai os seus palácios,

para narrardes às gerações vindouras

Sl 48:14 que este é Deus,

o nosso Deus para todo o sempre;

ele será nosso guia até à morte.

É Deus o nosso guia até a morte! Esta é a conclusão do salmo de Corá.

A Deus toda glória!

Pr Daniel Deusdete – http://www.jamaisdesista.com.br

49 – As Igualdades da Vida Humana

Este Salmo, mais um composto pelos filhos de Corá, mostra-nos como é uma grande tolice alguém acumular bens materiais nesta vida, imaginando que nelas seus nomes se tornarão perpétuos e isso lhes garantirá vida eterna após a morte. A maioria dos milionários ao morrer deixam aos seus descendentes muitas riquezas e um nome que mesmo depois de terem partido dessa para pior permanece na mídia e nos noticiários, porém, do outro lado eles chegaram nus, descalços e como completos miseráveis (Apocalipse 3:17)

Os arrogantes desta geração incrédula confiam nos seus tesouros feitos de ouro e prata, nos montantes de dinheiro que abarrotam suas contas bancárias, se acham poderosos e sem a necessidade de buscar em Deus refúgio, pois materialmente de nada necessitam. Entretanto, como lemos nesse cântico, o fim deles será na escuridão e em completa destruição, como afirmou o salmista: "Porque, quando morrer, nada levará consigo, nem a sua glória o acompanhará" Salmos 49:17

"A Loucura das Riquezas"(Salmo 49)

A beleza intrínseca e a sabedoria dos Salmos são claramente apresentadas neste solene salmo didático. Seu tema principal é que os ricos ímpios frequentemente vencem na vida, enquanto os pobres e devotos frequentemente sofrem. E emite uma nítida advertência àqueles que confiam nas riquezas.

Os versículos introdutórios (49:1-4) contêm um chamado premente a que todos os povos deem atenção. Depois de conseguir sua atenção, o escritor abre seu discurso parabólico com a pergunta: *"Por que hei de eu temer"* (49:5). Ele não está escrevendo por causa da inveja daqueles que prosperam, ainda que alguns deles possam ser seus antagonistas (*"quando me salteia a iniquidade dos que me perseguem"*); nem tem ele tão pouca confiança em Deus que viva em constante terror daqueles que lhe perseguem.

Ele não tem motivo para temer, ainda que seus inimigos os ricos e os ambiciosos   temam. Por quê? Porque não há felicidade duradoura ou satisfatória   para   eles.
A futilidade de confiar na riqueza terrestre e nas posses materiais é graficamente ressaltada nos versículos 5-12. Riquezas terrestres não darão satisfação no dia mau. O salmista apresenta diversas razões convincentes para   isto.

1. As riquezas não salvarão a vida de uma pessoa (49:7). As posses materiais não nos asseguram de que não morreremos (veja Hebreus 9:27). Nenhum homem, não importa quão rico seja, pode salvar nem mesmo o parente mais próximo ("o irmão") da morte.

2. As riquezas não podem ser usadas como um resgate diante de Deus, *"nem pagar por ele a Deus o seu resgate"*. Deus não pode ser subornado (pago de qualquer modo material) para salvar a vida de uma pessoa.

3. As riquezas não salvarão a alma de uma pessoa (49:8).

Ainda que as palavras "vida" e "alma" sejam usadas de modo intercambiável na Escritura, creio que esta passagem é melhor entendida quando "alma" significa "a vida interior", ou seja, "a alma eterna". Esta só pode ser "redimida" ou "salva" pela graça do Senhor Deus. Que outro "resgate" poderia até mesmo o mais rico, mais sábio, mais cativante dos seres humanos dar por sua própria "vida" ou pela de outro? (Veja Mateus 16:24-27.)

4. As riquezas não evitarão que qualquer pessoa morra e deixe suas posses para outros (49:10). Riqueza, terras, casas e todas as coisas materiais perecerão com o uso ou com as devastações do tempo, ou com a destruição final da terra e de suas obras (2 Pedro 3:10-12).

Todos estes fatos mostram a extrema vaidade da confiança de uma pessoa nas riquezas. Todas as pessoas morrerão, quando uma pessoa morre, ela deixa todas as posses aqui na terra; e as deixará para outros, frequentemente estranhos, que por sua vez falecerão.

Entretanto, o salmista nos conta o que as pessoas que estão dispostas a serem ricas pensam: (1) Elas pensam *"que as suas casas serão perpétuas"*, e (2) elas darão às suas terras *"seu próprio nome"*. Há algo errado com uma pessoa dar nome a uma fazenda, uma plantação, um negócio ou qualquer outra posse física de acordo com seu próprio nome? O salmista não está condenando a legítima propriedade de terras e posses, mas antes a jactanciosa, auto-suficiente "propriedade". O salmista nos diz que mesmo a memória de um rico é fugaz! Para uma pessoa depositar sua confiança em tais coisas é pura loucura!

"Todavia, o homem não permanece em sua ostentação; é, antes, como os animais, que perecem" (49:12). O rico pode ter parecido possuir tantas vantagens e, através dos olhos humanos, pode ter sido invejado ou admirado. Que pena que todas as honras e benefícios que ele possuía acabariam em nada. Mas acabaram! E a morte acabou com ele! Nos versículos 13-15, um contraste notável é feito entre a situação difícil do rico mundano e a daquele do homem que confia em Deus. Para o primeiro: *"Como ovelhas são postos na sepultura"*, e *"a morte é o seu pastor"*. Para o último, contudo, o devoto salmista pode dizer:

"Mas Deus remirá a minha alma do poder da morte, pois ele me tomará para si." Em conclusão, o salmista lembra os fiéis de que são os assuntos extremos da vida que importam, não os prazeres momentâneos e não as fugazes posses terrestres que muitos de nós temos (em certo grau), ao longo do caminho de nossa vida aqui na terra.

O versículo 20 é uma repetição, como refrão, do versículo 12. Se um homem está em posição de honra: *"mas sem entendimento"*, ele é apenas *"como os animais, que perecem"*. Para dizer isto com nossas próprias palavras, se ele (1) deposita confiança injustificada e imprópria nas posses terrestres; se (2) deixa de reconhecer que a abundância e as riquezas terrestres tem que abandonar um homem no final.

E se (3) deixa Deus fora do quadro e não faz dele sua confiança, sua esperança, e seu sempre confiável Pai, então ele (ou ela) está agindo *"como os animais que perecem"*. Que nenhum de nós cometa tão grave engano!

por Harry E. Payne, Sr

Significado de Salmos 49

(**Índice:** Significado de Salmos)

O **Salmo 49**, um salmo de sabedoria atribuído aos filhos de Corá, tem muitas semelhanças com Provérbios e Eclesiastes. O salmo conclama o sábio a perceber que não há nada a se temer do rico opressor. Assim como os animais, ele também morre. Mas os justos viverão para todo o sempre. Este salmo é bem diferente dos salmos de louvor; é como que um texto de orientação musicado. Sua estrutura é: (1) chamado à compreensão (v. 1-4); (2) declaração de que é vão confiar nas riquezas (v. 5-9); (3) declaração da invalidade dos bens após a morte (v. 10-12); (4) descrição da redenção divina (v. 13-15); (5) conclusão de que temer os ricos é desnecessário (v. 16-20).

49.1-5 — Ouvi isto, vós todos. O chamado à sabedoria e à compreensão, aqui, é para todos, semelhante ao chamado à adoração universal do Senhor (Sl 117). O enigma proposto se refere a um problema moral tremendo: como podem os justos chegar a um acordo com os ricos opressores, se estes nem sequer parecem pensar em Deus?

49.6-9 — Aqueles que confiam na sua fazenda. Conforme ensinado por Jesus (Mc 10.24), eis um alerta para não se confiar nas riquezas, porque nada podem adquirir que possua um valor duradouro, seja nesta vida, seja na próxima. Dar a Deus o resgate. A riqueza não compra a redenção. Corrupção refere-se ao aspecto sombrio do poder da morte (Sl 16.10). Só Deus tem poder para nos livrar da morte e do inferno.

49.10 — O tema de que os sábios morrem é desenvolvido em Eclesiastes. Ricos e pobres, sábios e tolos, todos possuem destino idêntico — a morte física.

49.11-20 — Estes versículos descrevem com vivacidade tanto o poder da morte como o poder maior de Deus. A sua formosura na sepultura se consumirá. A morte é a grande niveladora. Gente que possui beleza, riqueza (v. 16,17) e poder neste mundo perde tudo isso na morte. Tudo nos é tirado, menos o caráter ou a alma. Eis por que as Escrituras nos recomendam desenvolver o nosso caráter — com a lei de Deus, santidade, sabedoria e conhecimento —, mais do que qualquer outra coisa. Toda ocorrência da palavra sepultura nesses versículos é uma tradução da palavra hebraica "seot", que significa morte (SI 16.10). Deus remirá a minha alma. O salmista tem certeza de que Deus irá livrá-lo do poder da morte.

As ostentações das riquezas são vãs
Salmo 49.1-20

1.Os filhos de Corá escreveram um salmo que é muito atual para os nossos dias.

Nunca o mundo teve tantas riquezas acumuladas e mal distribuídas. Porém, o objetivo deste salmo não é apelar para algum tipo de sistema que resolva as questões sociais, mas o objetivo é mostrar que as riquezas são vãs e quem se ostentar nelas ficará decepcionado que estas não resolvem o problema da salvação e da morte.

2. As ostentações das riquezas são vãs.

I. Porque as riquezas não podem resgatar uma alma (v.1-11)

1.O grande problema do homem a ser resolvido não é como distribuir melhor as riquezas no mundo, mas como salvar sua alma do destino eterno e terrível que espera cada um que não é salvo. É um problema universal e, por isso, os salmistas falam para todas as nações (v.1).

2.Não importa a classe social, pois tanto os de nascimento nobre quanto os plebeus precisam resgatar suas almas. Não é um assunto só de pobres ou só dos ricos. Não existe a ideia de que Deus fez opção pelos pobres. Todos precisam de resgate, pois senão estão todos perdidos eternamente (v.2).

3.Os salmistas abrem uma questão muito inteligente neste salmo. O mundo precisa ouvir dessa sabedoria e nós os crentes precisamos nos aprofundar nesta verdade. Estas verdades estão encobertas para as pessoas que não meditam nestes assuntos e na Palavra de Deus. Através da música, os filhos de Coré desvendam os mistérios da redenção da alma em relação às riquezas (v.3-4).

4.O enigma é este: como não ficar aflito na tribulação e na perseguição? É uma questão não respondida pelos que não conhecem a Deus. Ninguém poderia explicar a calma dos mártires no momento de sua morte. Ninguém pode entender porque Estevão estava suplicando pela alma dos seus executores. É um enigma e a resposta está na confiança em Deus e não nas riquezas (v.5-6).

5.As pessoas que se ostentam nos recursos humanos perdem a bênção de depender de Deus somente. A ostentação nas riquezas não resolve o maior problema da humanidade que é a redenção da alma. Não há dinheiro ou recursos humanos que possam ser negociados com Deus para comprar uma alma. Nenhum pai pode salvar o seu filho da perdição eterna e nenhum filho pode salvar o seu pai. As riquezas podem ajudar a adiar a morte através de bons médicos e bons tratamentos de saúde, mas não podem resgatar a alma do inferno e do lago de fogo dos quais todos os pecadores são merecedores (v.7).

6.De tão cara que é a redenção de uma alma qualquer tentativa de resgatá-la é frustrada.

Não há dinheiro algum no mundo que possa resgatar alguém. Nenhum arquimilionário pode negociar a salvação com Deus. Uma alma vale mais do que o mundo inteiro, mas mesmo que alguém pudesse oferecer o mundo em troca da redenção de uma alma não conseguiria, pois todos estão separados de Deus e merecem a morte. É um enigma. Como alguém pode ser salvo se não há condições de resgate? Nós temos a resposta em Cristo Jesus que pagou o preço (v.8-9).

7.As riquezas são ostentações desta vida as quais servem somente para esta vida. Os sábios e os tolos morrem e deixam suas riquezas. Não podem oferecer nada para a sua melhoria na eternidade e nem deixar que seus herdeiros os resgatem mais tarde (v.10). 8.Nas riquezas há ostentações e uma falsa segurança de que elas durarão para sempre. Ainda que as propriedades aumentem para as próximas gerações elas duram o mesmo tempo que a vida, ou seja, breve tempo.

Uma forma de perpetuar as suas fazendas é dar-lhes o seu próprio nome, mas isto não tem valor algum para a eternidade. John Gill {Gill}Observa muito bem que o Egito era chamado de Mizraim, a Etiópia de Cuxe e a Palestina de Canaã, ou seja, os primeiros homens que possuíram essas terras (v.11).

9.As ostentações das riquezas são vãs em relação ao resgate de uma alma, pois apesar das riquezas passarem de geração a geração elas não podem resolver o problema da salvação de quem morre e tem de prestar contas diante de Deus, o supremo juiz de toda a terra.

II. Porque as riquezas não podem impedir a própria morte? (v.12-20)

1.A ostentação das riquezas é vã porque ela não pode se ostentar por muito tempo. As riquezas têm o seu encanto e até poder humano, mas estão limitadas a esta vida. Neste sentido o homem é como um animal irracional, pois nem mesmo pode planejar o seu futuro por causa da instabilidade da vida. Embora todos saibam desta verdade, o mesmo erro tem sido cometido de geração a geração. As pessoas costumam aplaudir essa tolice (v.12-13).

2.O final da vida de todos, ricos e pobres, é o mesmo. A sepultura tira as riquezas e a beleza da vida e a vaidade dos pensamentos, parece uma mensagem sem esperança. Mas somente para aqueles que confiam nas riquezas, pois a seguir há uma grande esperança para os que confiam no Senhor (v.14).

3.A esperança do crente é que Deus em Cristo Jesus providenciou o resgate caríssimo. Dessa forma, o crente está seguro, apesar da morte física (v.15).

4.A inveja é totalmente comum, mas também pecaminosa. Quando alguém prospera, sem confiar em Deus, é um insulto para o nosso esforço de andar em piedade, mas isto não pode ocupar nossas mentes.

Pois o fim de toda a riqueza sempre será a morte. Ninguém pode levar nada de suas riquezas ou redimir a sua própria alma do poder do inferno (v.16-17).

5.O poder financeiro dá a quem o possui honra. As pessoas sempre elogiam os ricos, não porque todos os ricos são merecedores de honras, mas porque os bajuladores pensam conseguir algum privilégio sendo hipócritas (v.18).

6.No final da vida o que interessa é a luz de Deus, mas a morte cercará todo aquele que não teve sua alma redimida. Não apenas ricos, mas pobres, também. A salvação não é para os pobres somente, mas para todos os que confiam em Cristo Jesus como salvador. A luz veio para o mundo pecador. Todos são pecadores diante de Deus e precisam de salvação (v.19).

7.A honra deve ser dada a quem merece e não por causa de seus recursos financeiros. A honra sem entendimento é desonra. Os homens que depositam sua honra e confiança nas riquezas são como os animais, pois viverão para as suas necessidades e morrerão sem obter nada das riquezas (v.20).

Este salmo não é rude e sem esperança, mas é cheio de esperança real naquilo que importa, de fato. A redenção da alma é a riqueza instável de todo o pecador, mas os recursos próprios são instáveis e só levam à perdição.

{Gill} John Gill's Expositor - (Bible on line 8.11). CD publicado por Larry Pierce, 2000.

50 - A Ira Divina

Neste Salmo escrito por Asafe, temos como base a justiça divina sobre dois tipos de pessoas: Primeiramente sobre aqueles que, mesmo se dizendo cristãos, negam-se a prestar ao Senhor a devida adoração e ainda alegam que ele está reivindicando para si seus bens. Essa situação encontra-se principalmente naqueles que murmuram em relação aos dízimos e ofertas que são entregues no templo, como ordenança divina desde o princípio.

A estes, o Senhor esclarece que não faz a menor questão de usufruir de seus bens, pois deles não precisa, quando diz*: "Conheço todas as aves dos montes e minhas são todas as feras do campo. Se eu tivesse fome, não te diria, pois meu é o mundo e toda a sua plenitude. Comerei eu carne de touros? ou beberei sangue de bodes?" Salmos 50:11-13*

Porém, ao mesmo tempo ele aconselha aos rebeldes que o adorem em reconhecimento de sua grandiosa importância como o Senhor de toda a terra, e lhes adverte*: "Oferece a Deus sacrifício de louvor, e paga ao Altíssimo os teus votos. E invoca-me no dia da angústia; eu te livrarei, e tu me glorificarás". Salmos 50:14,15*

Aos ímpios, ou seja, para os descrentes que vivem continuamente na prática da impiedade, negando a todo custo que Deus não existe, diz o Senhor:

"Mas ao ímpio diz Deus: Que fazes tu em recitar os meus estatutos, e em tomar a minha aliança na tua boca?

Visto que odeias a correção, e lanças as minhas palavras para detrás de ti. Quando vês o ladrão, consentes com ele, e tens a tua parte com adúlteros.

Soltas a tua boca para o mal, e a tua língua compõe o engano. Assentas-te a falar contra teu irmão, falas mal contra o filho de tua mãe.

Estas coisas tens feito, e eu me calei; pensavas que era tal como tu, mas eu te arguirei, e as porei por ordem diante dos teus olhos:

Ouvi, pois isto, vós que vos esqueceis de Deus, para que eu vos não faça em pedaços, sem haver quem vos livre."

Salmos 50:16-22

A repreensão é dirigida tanto aos que habitam dentro, como para os que estão fora da casa de Deus. Os cristãos indecisos, que permanecem em cima do muro e não sabem ao certo o que querem, se servir ao Altíssimo de todo o seu coração e entendimento ou se servem ao mundo que os cerca, devem se decidir e parar de alimentar suas dúvidas, pois ele odeia o crente morno, como lemos nas Escrituras:

"Conheço as tuas obras, que nem és frio nem quente; quem dera foras frio ou quente! Assim, porque és morno, e não és frio nem quente, vomitar-te-ei da minha boca". Apocalipse 3:15,16

Entretanto, o salmo finaliza com as palavras de conforto aos fiéis, quando diz:

"Aquele que oferece o sacrifício de louvor me glorificará; e àquele que bem ordena o seu caminho eu mostrarei a salvação de Deus". Salmos 50:23

Salmo 50 – Louvor como sacrifício agradável

De modo claro, preciso, sem enigmas ou parábolas, Deus novamente anuncia que não precisa de novilhos e cabritos, pois ele nunca exigiu sacrifícios, como se verifica em Levítico 1, verso 2: "Fala aos filhos de Israel, e dize-lhes: Quando algum de vós oferecer oferta ao SENHOR, oferecerá a sua oferta de gado, isto é, de gado vacum e de ovelha" (Lv 1:2).

Ou seja, sabedor que o homem é voluntarioso em ofertar e sacrificar, no livro de Levítico, Deus somente disciplina como seria apresentada a oferta e o sacrifício, contudo, sem exigi-los "E, quando oferecerdes sacrifícios de louvores ao SENHOR, **o oferecereis da vossa vontade**" (Lv 22:29).

No que consiste o louvor que o salmista Asafe definiu como o sacrifício agradável a Deus? Como oferecer sacrifício de ações de graças? Como glorificar a Deus?

Este salmo contém todas as respostas para as perguntas acima, e ele foi escrito por Asafe, um dos homens separados por Davi para profetizar com harpas, com címbalos e saltérios (1Cr 25:1).

Portanto, se faz necessário considerar que o Salmo 50, como muitos outros, é uma profecia em forma de cântico que serve para edificação, exortação e consolação "Mas o que profetiza fala aos homens, para edificação, exortação e consolação" (1Co 13:3).

O apóstolo Paulo deixou claro que, o que está registrado nas Escrituras (Lei, Profetas e Salmos) foi direcionado aos judeus "Ora, nós sabemos que **tudo o que a lei diz, aos que estão debaixo da lei o diz**, para que toda a boca esteja fechada e todo o mundo seja condenável diante de Deus" (Rm 3:19).

Além de considerar que Asafe era profeta e que as Escrituras foram entregues aos judeus, o interprete deste salmo não pode deixar de considerar que o escritor aos Hebreus aponta Cristo como criador dos céus e da terra conforme o que está registrado no Salmo 102:26:

"E: Tu, Senhor, no princípio fundaste a terra, E os céus são obra de tuas mãos. Eles perecerão, mas tu permanecerás; E todos eles, como roupa, envelhecerão, E como um manto os enrolarás, e serão mudados. Mas tu és o mesmo, E os teus anos não acabarão" (Hb 1:10 -12).

Por fim, o interprete não deve deixar de considerar que Jesus, o Filho do Deus Altíssimo, é Senhor dos vivos e dos mortos, como se depreende do Salmo 110, verso 1, que o escritor ao Hebreus e o apóstolo Pedro interpretaram (Hb 1:13 ; At 2:34 -36).

1 O DEUS poderoso, o SENHOR, falou e chamou a terra desde o nascimento do sol até ao seu ocaso.

2 Desde Sião, a perfeição da formosura, resplandeceu Deus.

3 Virá o nosso Deus, e não se calará; um fogo se irá consumindo diante dele, e haverá grande tormenta ao redor dele.

4 Chamará os céus lá do alto, e a terra, para julgar o seu povo.

5 Ajuntai-me os meus santos, aqueles que fizeram comigo uma aliança com sacrifícios.

6 E os céus anunciarão a sua justiça; pois Deus mesmo é o Juiz.

Considerando que Cristo criou todas as coisas (Jo 1:3 ; Hb 1:110 -12), e Ele é o Senhor do salmista (Sl 110:1), devemos considerar que este salmo aplica-se a pessoa de Cristo.

Asafe, na condição de profeta, anuncia que Deus, o Senhor, falou e convocou toda a terra de um extremo ao outro. Desde Sião, que é a excelência em formosura e cidade do grande Rei, Deus resplandeceu (refulgiu) (v. 2). A descrição que o profeta faz de Sião é futurística, pois a cidade onde Asafe habitava não possuía as características que aqui são descritas "E a cidade não necessita de sol nem de lua, para que nela resplandeçam, porque a glória de Deus a tem iluminado, e o Cordeiro é a sua lâmpada" (Ap 21:23).

O profeta fala de um tempo em que Deus virá e se apresentará resplandecente, ou seja, com salvador (v. 2 e 3 ; Sl 31:16 ; Sl 80:3). Quando o Senhor mostra seu rosto, revela-se, traz consigo salvação "Porque Deus, que disse que das trevas resplandecesse a luz, é quem resplandeceu em nossos corações, para iluminação do conhecimento da glória de Deus, na face de Jesus Cristo" (2Co 4:6).

O fogo e a tormenta são figuras utilizadas para fazer referencia à majestade e ao poderio de Deus quando se manifestar "Eis que o Senhor tem um forte e poderoso; como tempestade de saraiva, tormenta destruidora, e como tempestade de impetuosas águas que transbordam, ele, com a mão, derrubará por terra" (Is 28:2).

Na sua empreitada, Deus reúne os céus e a terra para emitir juízo acerca do seu povo (v. 4). O termo 'Senhor' neste salmo aplica-se a Cristo, que um dia virá em grande glória juntamente com os seus anjos e se assentará a julgar o seu povo e todas as nações da terra (Mt 19:28 ; Mc 13:26 -27).

Neste dia a ordem que Cristo emitirá do seu trono será: "**Ajuntai-me os meus santos**, aqueles que fizeram comigo uma aliança com sacrifícios" (v. 5), conforme ele mesmo disse:

"E ele enviará os seus anjos com rijo clamor de trombeta, os quais **ajuntarão os seus escolhidos** desde os quatro ventos, de uma à outra extremidade dos céus" (Mt 24:31).

Como fazer uma aliança com sacrifícios? Qual é o sacrifício exigido por Deus? Logo a seguir Deus dá uma resposta!

7 Ouve, povo meu, e eu falarei; ó Israel, e eu protestarei contra ti: Sou Deus, sou o teu Deus.

8 Não te repreenderei pelos teus sacrifícios, ou holocaustos, que estão continuamente perante mim.

9 Da tua casa não tirarei bezerro, nem bodes dos teus currais. 10 Porque meu é todo animal da selva, e o gado sobre milhares de montanhas.

11 Conheço todas as aves dos montes; e minhas são todas as feras do campo.

12 Se eu tivesse fome, não te diria, pois meu é o mundo e toda a sua plenitude. 13 Comerei eu carne de touros? ou beberei sangue de bodes?

Sabendo que, tudo o que a lei diz, diz aos que estão debaixo da lei, conclui-se que este salmo de Asafe tem por alvo os judeus, o povo escolhido por Deus. Por intermédio do profeta Asafe, Deus faz um pronunciamento ao seu povo, Israel (v. 7). Embora Deus, seja o Deus de Israel, o seu pronunciamento é um testemunho contra a forma de sacrifício que ofereciam.

A repreensão não era em função da voluntariedade do povo de Israel em querer sacrificar (v. 8), antes por entenderem que Deus precisasse, ou que folgasse com aquelas oferendas. Na verdade, as festas, os sacrifícios, os ritos, os ajuntamentos solenes, o tabernáculo, etc., constituem métodos de ensino com uma didática específica para conduzir o homem a Cristo.

De modo claro, preciso, sem enigmas ou parábolas, Deus novamente anuncia que não precisa de novilhos e cabritos, pois ele nunca exigiu sacrifícios, como se verifica em Levítico 1, verso 2: "Fala aos filhos de Israel, e dize-lhes: Quando algum de vós oferecer oferta ao SENHOR, oferecerá a sua oferta de gado, isto é, de gado vacum e de ovelha" (Lv 1:2).

Ou seja, sabedor que o homem é voluntarioso em ofertar e sacrificar, no livro de Levítico, Deus somente disciplina como seria apresentada a oferta e o sacrifício, contudo, sem exigi-los "E, quando oferecerdes sacrifícios de louvores ao SENHOR, **o oferecereis da vossa vontade**" (Lv 22:29).Após protestar que todos os gados dos campos e todos os pássaros dos céus lhe pertenciam, Deus questiona se, por acaso, haviam entendido que Deus necessitava de carne de touros e de sangue de cabritos.

O volume de ofertas e sacrifícios que continuamente traziam parecia anunciar que o povo entendia que Deus tinha fome e que dependesse dos homens para alimentá-lo (v. 12).

Ora, não foi somente Asafe que repreendeu o povo em nome do Senhor, como se lê: "E oferecei o sacrifício de louvores do que é levedado, e apregoai as ofertas voluntárias, publicai-as; porque disso gostais, ó filhos de Israel, disse o Senhor DEUS" (Am 4:5). Embora Deus não houvesse exigido, era somente o que apresentavam:

"De que me serve a mim a multidão de vossos sacrifícios, diz o SENHOR? Já estou farto dos holocaustos de carneiros, e da gordura de animais cevados; nem me agrado de sangue de bezerros, nem de cordeiros, nem de bodes. Quando vindes para comparecer perante mim, **quem requereu isto de vossas mãos**, que viésseis a pisar os meus átrios?" (Is 1:11 -12).

14 Oferece a Deus sacrifício de louvor, e paga ao Altíssimo os teus votos.

15 E invoca-me no dia da angústia; eu te livrarei, e tu me glorificarás.

Deus anuncia qual tipo de sacrifico que O agrada: sacrifício de louvor!

E no que consiste tal sacrifício? Consiste no fruto dos lábios que confessam o seu nome "Portanto, ofereçamos sempre por ele a Deus sacrifício de louvor, isto é, o fruto dos lábios que confessam o seu nome" (Hb 13:15). O escritor aos Hebreus interpreta e aponta qual é o sacrifício de louvor exigido por Deus: o fruto dos lábios que professam a Cristo como Senhor.

Qualquer outro tipo de interpretação acerca do que consiste o sacrifício de louvor que seja diferente do que interpretou o escritor aos hebreus seja anátema! O fruto dos lábios é sinônimo de sacrifício de louvor, como atestam os salmos a seguir:

322

"Oferecer-te-ei sacrifícios de louvor, e invocarei o nome do SENHOR" (Sl 116 :17) – Invocar o nome de Cristo é sacrifício de louvor, pois ele salva a todos que O invocam (Jl 2:32);

"E ofereçam os sacrifícios de louvor, e relatem as suas obras com regozijo" (Sl 107:22) – Contar, anunciar, relatar as obras de Deus é sacrifício de louvor, são frutos que os lábios produzem! e;

"Eu crio os frutos dos lábios: paz, paz, para o que está longe; e para o que está perto, diz o SENHOR, e eu o sararei" (Is 57:19) – E o homem não precisa ficar preocupado com o sacrifício de louvor, pois Deus mesmo anuncia: Eu crio o fruto dos lábios! Todos que anunciam que Cristo é o Deus de paz para todos os povos (Is 9:6), oferecem sacrifico de louvor;

"Tomai convosco palavras, e convertei-vos ao SENHOR; dizei-lhe: Tira toda a iniquidade, e aceita o que é bom; e ofereceremos como novilhos os sacrifícios dos nossos lábios" (Os 14:2) – Aquele que roga a Deus o perdão dos pecados segundo a sua palavra, oferece sacrifício de louvor.

Quando se lê que é necessário ao homem pagar os seus votos, muitos interpretam os 'votos' como promessas, juramentos, intenções, propostas ou propósitos. Mas, tais 'votos' não seriam outros tipos de sacrifícios?

Se o leitor cauteloso considerar a estrutura da poesia hebraica, verificará que o verso 14 do Salmo 50 é um paralelismo sinomínico, que é expressar a mesma ideia com palavras diferentes: "Oferece a Deus sacrifício de louvor, e paga ao Altíssimo os teus votos" (v. 14), ou seja, quando se louva a Deus como sacrifício, o homem esta pagando os seus votos de louva-Lo continuamente "Assim cantarei louvores ao teu nome perpetuamente, para pagar os meus votos de dia em dia" (Sl 61:8).

Quando o homem invoca ao Senhor para ser salvo, Deus está pronto para salvar. Quando Deus vem em socorro daquele que clama e o salva, o redimido constitui-se em louvor a sua maravilhosa graça.

Quer glorificar a Deus? Faça como o salmista: "Digna-te, SENHOR, livrar-me: SENHOR, apressa-te em meu auxílio" (Sl 40:13 ; Ef 1:12). Quando o homem descansa em Deus, neste momento o glorifica, pois Deus vem e realiza a sua obra que, essencialmente constitui-se louvor a sua glória.

16 Mas ao ímpio diz Deus: Que fazes tu em recitar os meus estatutos, e em tomar a minha aliança na tua boca? 17 Visto que odeias a correção, e lanças as minhas palavras para detrás de ti. 18 Quando vês o ladrão, consentes com ele, e tens a tua parte com adúlteros.

19 Soltas a tua boca para o mal, e a tua língua compõe o engano. 20 Assentas-te a falar contra teu irmão; falas mal contra o filho de tua mãe.21 Estas coisas tens feito, e eu me calei; pensavas que era tal como tu, mas eu te arguirei, e as porei por ordem diante dos teus olhos: 22 Ouvi pois isto, vós que vos esqueceis de Deus; para que eu vos não faça em pedaços, sem haver quem vos livre.

Deus novamente volta a tratar com o povo de Israel, nomeando-os de ímpios, pecadores. Deus questiona o 'ímpio', ou seja, os homens pertencentes ao povo de Israel sobre o que faziam quando recitava a lei de Moisés. Por que recitavam a lei, se eles odiavam a correção e não obedeciam a palavra de Deus? (v. 17).

Sobre este comportamento pernicioso falou o profeta Isaías: "Porque o Senhor disse: Pois que este povo se aproxima de mim, e com a sua boca, e com os seus lábios me honra, mas o seu coração se afasta para longe de mim e o seu temor para comigo consiste só em mandamentos de homens, em que foi instruído" (Is 29:13).

Deus estava protestando com os ladrões que havia em meio ao povo? Não! Este salmo apresenta o ladrão, o adúltero e o maldizente como figura para ilustrar os príncipes e os sacerdotes "Os teus príncipes são rebeldes, e companheiros de ladrões.

Cada um deles ama as peitas, e anda atrás das recompensas; não fazem justiça ao órfão, e não chega perante eles a causa da viúva" (Is 1:23); "E disse-lhes: Está escrito: A minha casa será chamada casa de oração; mas vós a tendes convertido em covil de ladrões" (Mt 21:13 ; Os 6:9).

Deus reclama que o seu povo não passava de um bando de adúlteros "Oh! se tivesse no deserto uma estalagem de caminhantes! Então deixaria o meu povo, e me apartaria dele, porque todos eles são adúlteros, um bando de aleivosos" (Jr 9:2).

Ora, a partir do momento que o homem fala segundo o seu coração enganoso, solta a língua para o mal e compõe o engano (Jr 17:9 ; Is 66:3 ; Ez 33:17). É uma víbora peçonhenta, pois qualquer que não compreende os caminhos de Deus constitui-se vinha de Sodoma e Gomorra (Dt 32:28 -33 ; Mt 12:34). Ao torcer as palavras de Deus, o homem fala contra o seu irmão, pois em lugar de produzir vida, trará morte. Pois da abundância que há no coração, disto fala a boca e, em sendo enganoso o coração, da boca só sairá engano. Um coração e um espírito que não foi trocado jamais produzirá 'fruto' bom (Ez 36:26).

Os roubadores, os adúlteros e os mexeriqueiros, etc., são passíveis do fogo do inferno, pois são homens que se esqueceram de Deus (v. 22 ; Sl 9:17), e serão julgados segundo as suas obras. Neste Salmo é exposto as mazelas do povo de Israel que considerava que Deus havia de se calar quanto aos seus desvios. Além de repreender e lançar em rosto o pecado do povo de Israel, Deus termina a abordagem instruindo:

23 Aquele que oferece o sacrifício de louvor me glorificará; e àquele que bem ordena o seu caminho eu mostrarei a salvação de Deus.

Novamente temos um paralelismo sinomínico, pois aquele que vê a salvação do Senhor é porque ofereceu sacrifício de louvor. Para o sacrifício ser aceito, primeiro Deus aceita o ofertante, mas como o sacrifício é o sacrifico dos lábios, que é professar a Cristo, segue-se que o homem ordenou o seu caminho, pois entrou pela porta que o conduz a Deus (Jo 4:23).

Glorificar a Deus é oferecer sacrifício de louvor, que por sua vez, é o mesmo que professar o nome do Deus de Paz. Qualquer que professa a Cristo ordena o seu caminho, pois conhecerá a Cristo, a salvação de Deus.

Somente os salvos em Cristo glorificam a Deus, pois estes se refugiaram em Cristo, estão ligados a Oliveira verdadeira, que 'dignou-se' em salvá-los! Somente aquele que oferece sacrifico de louvor, que é o fruto dos lábios, glorifica a Deus

"Nisto é glorificadomeu Pai, **que deis muito fruto**; e assim sereis meus discípulos" (Jo 15:8); "Portanto, ofereçamos sempre por ele a Deus sacrifício de louvor, isto é, o **fruto dos lábios** que confessam o seu nome" (Hb 13:15); "Mas que diz? A palavra está junto de ti, na tua boca e no teu coração; esta é a palavra da fé, que pregamos, a saber:

Se com a tua boca confessares ao Senhor Jesus, e em teu coração creres que Deus o ressuscitou dentre os mortos, serás salvo. Visto que com o coração se crê para a justiça, e com a boca se faz confissão para a salvação" (Rm 10:8 -10); "Portanto, qualquer que me confessar diante dos homens, eu o confessarei diante de meu Pai, que está nos céus" (Mt 10:32).

Basta confessar a Cristo em espírito e em verdade como salvador que o homem constitui-se louvor a Deus, pois está ligado (enxertado) a Oliveira verdadeira. É árvore de justiça, plantação do Senhor para que Deus seja glorificado "Nisto é glorificado meu Pai, que deis muito fruto; e assim sereis meus discípulos" (Jo 15:8).

Para glorificar a Deus basta ser árvore de justiça, plantação do Senhor "A ordenar acerca dos tristes de Sião que se lhes dê glória em vez de cinza, óleo de gozo em vez de tristeza, vestes de louvor em vez de espírito angustiado; a fim de que se chamem árvores de justiça, plantações do SENHOR, para que **ele seja glorificado**"(Is 61:3); "E todos os do teu povo serão justos, para sempre herdarão a terra; **serão renovos por mim plantados, obra das minhas mãos, para que eu seja glorificado**" (Is 60:21).

Não é o homem que produz, ou que concede glória a Deus como se possuísse algo que lhe acrescentasse glória, antes é a glória do Senhor que se estabelece no homem, e nisto Ele é glorificado. E o que resta ao homem após constituir-se árvore de justiça na qual o Senhor é glorificado? Resta bendizer o seu nome (Sl 113 e 114).

Adoração não é música, nem gritos e, nem mesmo silêncio solene e respeitoso. Adoração não se dá por cânticos, rezas, orações, sacrifícios, votos, promessas, etc. Adoração é algo proveniente do adorador por ter feito a vontade do Pai! E que vontade é esta? Crer no enviado de Deus, esta é a vontade, a obra e o mandamento do Pai (Jo 6:29 ; 1Jo 3:23).

Cantar ou tocar, gritar ou calar-se, saciar a fome do pobre ou acolher o necessitado, abraçar o que não tem condições de tomar banho ou querer bem às crianças paupérrimas, abrir mão dos bens ou doá-los aos necessitados, etc., não é ser um verdadeiro adorador, pois todas estas ações os judeus praticavam (1Co 13:3).

Adoração não é proveniente de como o homem vive a sua existência terrena, antes a adoração decorre da própria existência do homem gerado de novo em verdadeira justiça e santidade, com um coração novo e um espírito novo (Ef 4:24 ; Ez 36:25 -27 ; Sl 51:10). A nova criatura, ou o novo homem em Cristo é gerado de Deus para a sua glória (Jo 1:12). Deus cria, forma e faz o novo homem em verdadeira justiça e santidade para a sua própria glória.

"A todos os que são chamados pelo meu nome e os que criei para a minha glória, os formei, e também os fiz" (Is 43:7 ; Ef 1:12).

12/05/2012 — Pr. Claudio Crispim

https://estudobiblico.org/salmo-50-louvor-como-sacrificio-agradavel/

51 - Confissão e Arrependimento

O Salmo 51 é conhecido como "as lamentações de Davi", foi escrito pelo rei de Israel quando se encontrava em completa angústia, depois que o profeta Natã lhe trouxe a repreensão da parte de Deus por ele ter possuído Bate-Seba e ordenado a morte de seu esposo, o inocente Urias(ver: 2 Samuel 11:1-25).

Tem como tema central a amargura de espírito do adúltero Davi ao cometer um duplo pecado, pois além de ir pra cama com a mulher de um dos mais fiéis generais de seu exército, enquanto este lutava na guerra para proteger Israel, ainda ousou mandar mata-lo em batalha para que este não descobrisse que sua esposa estava grávida de seu rei, a quem considerava um amigo.

Esta oração do salmista, onde arrependido confessa ao Senhor seu horrível pecado e implora por sua misericórdia, nos leva a entender que neste mundo ninguém é totalmente perfeito nem livre de cair em desgraça, mesmo os mais devotos ao Altíssimo.

Depois de ter sido considerado "um homem segundo o coração de Deus" e dado inúmeros exemplos de fé, fidelidade e obediência, podemos ver um homem completamente derrotado e vencido pelo pecado.

Ele, após ouvir pela boca do profeta a sentença dada por Deus sobre sua vida, devido o mal que praticou contra seu semelhante, se curva em confissões ao Todo Poderoso, aceitando seu castigo e não negando seu estado deplorável de pecador, e diz:

"Tem misericórdia de mim, ó Deus, segundo a tua benignidade; apaga as minhas transgressões, segundo a multidão das tuas misericórdias.

Lava-me completamente da minha iniquidade, e purifica-me do meu pecado.

Porque eu conheço as minhas transgressões, e o meu pecado está sempre diante de mim.

Contra ti, contra ti somente pequei, e fiz o que é mal à tua vista, para que sejas justificado quando falares, e puro quando julgares.

Eis que em iniquidade fui formado, e em pecado me concebeu minha mãe". **Salmos 51:1-6**

Estava consciente de seu merecimento em ter que pagar pela iniquidade praticada, porém insistia em dizer ao Senhor que nunca se sentiu um homem perfeito. Pois era pecador desde do ventre de sua mãe, confiava na misericórdia divina e sabia que no final seria perdoado.

Depois de pagar sua pena. Suas palavras seguintes demonstram esperança e pede encarecidamente que Deus o ensine o caminho da justiça para que aprenda a ser justo e a dar bons exemplos aos que o observassem:

"Purifica-me com hissopo, e ficarei puro; lava-me, e ficarei mais branco do que a neve.

Faze-me ouvir júbilo e alegria, para que gozem os ossos que tu quebrastes

Esconde a tua face dos meus pecados, e apaga todas as minhas iniquidades.

Cria em mim, ó Deus, um coração puro, e renova em mim um espírito reto.

Não me lances fora da tua presença, e não retires de mim o teu Espírito Santo.

Torna a dar-me a alegria da tua salvação, e sustém-me com um espírito voluntário.

Então ensinarei aos transgressores os teus caminhos, e os pecadores a ti se converterão. **Salmos 51:7-13**

Nenhum de nós, cristãos ou não, estamos livres dos tropeços que a vida colocará em nossos caminhos, não importa quão grande seja a comunhão que tenhamos com Deus. É uma enorme idiotice alguém pensar que porque cumpre com as éticas cristãs e liturgias cerimoniais nos seus templos tenham maior afinidade com o Espírito Santo.

Ao ponto de nunca cometer um grave erro nas suas vidas. Pode até ser mais difícil para quem vive mais próximo da presença divina cair ou naufragar na fé, mas, olhando para Davi que chegou a ser considerado "segundo o coração de Deus", vemos que nada é impossível enquanto habitarmos este mundo dominado pelo mal.

Salmo 51: Lava-me Completamente da Minha Iniquidade

Saul, o primeiro rei de Israel, apresentou o perfil que o povo desejou no seu líder, mas foi uma grande decepção. Deus disse que escolheria como sucessor de Saul um homem que lhe agradaria (1 Samuel 13:13-14). O homem que Deus designou surpreendeu o povo e sua própria família, pois não teve a aparência de um grande rei e guerreiro.

Deus, porém, avaliou o coração e não a estatura de Davi, e disse que esse filho de Jessé era "homem segundo o meu coração, que fará toda a minha vontade" (Atos 13:22). Mas, Davi foi um dos homens mais imperfeitos que já viveu. Cometeu vários erros graves que levaram à morte de dezenas de milhares dos cidadãos de Israel.

Um dos pecados mais notáveis desse homem foi seu caso com a vizinha que levou ao homicídio do marido dela quando sua tentativa de ocultar o adultério foi frustrada. Davi violou o pacto do casamento e, pior ainda, a aliança com o próprio Senhor. Ele desrespeitou, pelo menos, três dos principais Dez Mandamentos que Deus havia revelado ao povo de Israel (Êxodo 20:13,14,17).

O que ainda distinguiu Davi do seu predecessor foi seu comportamento depois de ser confrontado com seu pecado. Deus mandou o profeta Natã para repreender Davi, e este admitiu seus crimes sem oferecer nenhum argumento para explicar seus atos: "Então, disse Davi a Natã: Pequei contra o SENHOR" (2 Samuel 12:13). Em circunstâncias paralelas.

Saul tentou justificar seus erros e se preocupou com sua imagem diante do povo (1 Samuel 13:11-12; 15:20-21,30). Davi simplesmente admitiu seu pecado e deixou com Deus a decisão sobre seu castigo.

Salmo 51, um dos hinos mais profundos já compostos, revela o coração de Davi depois de admitir suas transgressões. O Salmo começa com um apelo ao Senhor por perdão (versos 1 e 2), seguido pela confissão de culpa do rei de Israel diante do justo Deus (versos 3 a 6).

O desejo mais urgente de Davi nesse Salmo é a restauração da sua comunhão com Deus. Afastado do Senhor por causa do seu pecado, ele estava espiritualmente morto. Mais do que qualquer coisa, Davi queria voltar à intimidade com seu Criador. Ele implora ao Senhor, pedindo a purificação que permite a volta à alegria de andar na presença de Deus (versos 7 a 12). Esses versos contêm algumas das mais ricas passagens das Escrituras.

Primeiro, Davi comunica novamente seu desejo de ser perdoado: "Esconde o rosto dos meus pecados e apaga todas as minhas iniquidades" (verso 9). Mas, ele sabe que o perdão precisa ser acompanhado pela renovação do coração, a restauração do seu amor e sua vontade de agradar ao Senhor: "Cria em mim, ó Deus, um coração puro e renova dentro de mim um espírito inabalável" (verso 10).

Davi, sendo perdoado e voltando a viver conforme a vontade de Deus, voltaria à comunhão com seu Senhor: "Não me repulses da tua presença, nem me retires o teu Santo Espírito. Restitui-me a alegria da tua salvação e sustenta-me com um espírito voluntário" (versos 11-12).

Não foi apenas por benefício próprio que Davi ansiava voltar a andar com Deus. Ele desejava servir ao Senhor e servir aos outros homens. Sua boca seria usada para glorificar o nome do Senhor: "Abre, Senhor, os meus lábios, e a minha boca manifestará os teus louvores" (verso 15). Quanto aos homens, Davi escreveu sobre seus planos de proclamar a palavra de Deus:

"Então, ensinarei aos transgressores os teus caminhos, e os pecadores se converterão a ti"(verso 13). Davi viveu sob a lei do Antigo Testamento, na qual Deus exigia sacrifícios de animais quando os homens pecavam. Esse rei de Israel, porém, compreendeu a mensagem espiritual mais profunda por trás dos sacrifícios: "Pois não te comprazes em sacrifícios; do contrário, eu tos daria; e não te agradas de holocaustos. Sacrifícios agradáveis a Deus são o espírito quebrantado; coração compungido e contrito, não o desprezarás, ó Deus" (versos 16 e 17).

O exemplo de Davi nos lembra de fatos importantes: (1) Mesmo pessoas que procuram agradar ao Senhor tropeçam; (2) Deus está disposto a perdoar o pecador arrependido; (3) A comunhão com Deus vale tudo; (4) Não devemos buscar essa comunhão apenas por benefício próprio; (5) Devemos nos dedicar à honra e glória do Senhor; (6) Nossas bocas devem ser usadas para proclamar a mensagem da salvação aos outros. Que possamos aproveitar as lições da vida do rei Davi.

Estudos Bíblicos — Pr Dennis Allan

UM ESTUDO SOBRE O SALMO 51.

Quando estudamos o Salmo 51, tomamos conta do quão grande é a misericórdia de Deus. Mas para isto é preciso que demonstremos a vontade de revermos a nossa conduta e abandonarmos o pecado.

A casa de Davi caiu por causa dos pecados sexuais. Quando a Bíblia nos ensina a Orar e Vigiar é para não darmos abertura às ciladas que o Diabo coloca na nossa frente. Desde pequenos ouvimos dizer que uma mente vazia é uma oficina para o inimigo. Mente vazia da palavra de Deus, aliada á falta de oração, serve para nos tornar fracos e, portanto, suscetíveis às insinuações, e abre-nos para a possibilidade do pecado. Ensina-nos a Bíblia no Livro de 2º Samuel 11.1, o seguinte:

"Na primavera, época em que os reis saíam para a guerra, Davi enviou para a batalha Joabe com seus oficiais e todo o exército de Israel; e eles derrotaram os amonitas e cercaram Rabá. Mas Davi permaneceu em Jerusalém." (NVI) [2] (grifo nosso)

Naquele momento a função de Davi era a de liderar o seu exército, pois era a época em que os Reis saiam para a Guerra. No entanto Davi ficou em Jerusalém. Continua a narrativa do livro de 2º Samuel, dizendo que Davi estava passeando pelo terraço, quando avistou uma mulher formosa. Davi não vigiou, pois desde os tempos de Moisés, foi lhe ensinado que cobiçar a mulher alheia era pecado. Embora a cultura daquela época permitisse ao homem possuir várias esposas, aquela não era sua. Não podemos colocar a culpa somente em Davi, pois Bate-seba, provavelmente teve sua parte na culpa, pois permitiu que o Pecado acontecesse.

Em acontecendo o pecado, o resultado vem. Isto é inevitável... A consequência deste pecado foi uma gravidez indesejada que colocou a casa de Davi em ruínas. Continuando, Davi, para encobrir uma falha, acabou cometendo outro pecado pior. Que é o pecado de mandar matar Urias, seu servo fiel e leal. Do pecado sexual, caímos no homicídio.

E qual foi o castigo de Deus para isto? Foi a derrubada da casa de Davi. Profetizado pelo profeta Natã. Após mostrar a Davi, seu erro, através da parábola das Ovelhas. Natã mostrou a Davi o quão terrível foi seu erro, e que Deus não compartilharia com tal erro. *"Agora, pois, a espada jamais se apartará da tua casa,"* (2 Samuel 12.10 a). Temos a punição de Davi com a morte de seu filho com Bate Seba e a queda de todos os seus filhos. Chegamos assim ao Salmo 51. Temos um homem que reconheceu seu pecado e caiu aos pés de Deus com um coração contristado a arrependido. Já no primeiro versículo deste Salmo, Davi implora pela misericórdia de Deus.

"Tem misericórdia de mim, ó Deus, por teu amor; por tua grande compaixão apaga as minhas transgressões." (Salmo 51.1) (NVI) O que significa Misericórdia? Ensina-nos o Dicionário da Bíblia de Almeida que:

"MISERICÓRDIA"

1) Bondade (Js 2.14, RA).

2) Bondade, AMOR e GRAÇA de Deus para com o ser humano, manifestos no perdão, na proteção, no auxílio, no atendimento a súplicas (Êx 20.6; Nm 14.19, RA; Sl 4.1). Essa disposição de Deus se manifestou desde a criação e acompanhará o seu povo até o final dos tempos (Sl 136, RA; Lc 1.50).

3) Virtude pela qual o cristão é bondoso para com os necessitados (Mt 5.7; Tg 2.13)."

Para alcançarmos a misericórdia de Deus é preciso que a peçamos. Se não pedirmos ele não nos concederá. Quando reconhecemos os nossos pecados e tomamos ciência de nossos erros, e nos propomos a mudar a nossa trajetória de vida, Deus nos concede a Graça de seu perdão. Embora, as consequências do Pecado se manifestarão em nossas vidas. Na vida de Davi: A morte de seu filho; a ação de Amnom contra Tamar e a revolta de Absalão, entre outras consequências.

Este Salmo é um Porto Seguro, para nós, crente em Cristo Jesus, pois nos mostra que podemos voltar a ter uma convivência restaurada com Deus. O Deus de Abraão, Isaac e Jacó pode nos lavar de todas as nossas transgressões e nos purificar de nossos pecados tornando-nos mais alvos do que a neve. E foi isto que pediu o Salmista no versículo sete. Ele pede e reconhece a capacidade que Deus possui de não nos imputar as nossas transgressões após nos dar seu perdão.

O que vem a ser pecado?

"PECADO"

Falta de conformidade com a lei de Deus, em estado, disposição ou conduta. Para indicar isso, a Bíblia usa vários termos, tais como:

Pecado (Sl 51.2; Rm 6.2)

Desobediência (Hb 2.2),

Transgressão (Sl 51.1; Hb 2.2),

Iniquidade (Sl 51.2; Mt 7.23),

Mal, maldade, malignidade (Pv 17.11; Rm 1.29),

Perversidade (Pv 6.14; At 3.26, RA)

Rebelião, rebeldia (1Sm 15.23; Jr 14.7),

Engano (Sf 1.9; 2Ts 2.10),

Injustiça (Jr 22.13; Rm 1.18),

Erro, falta (Sl 19.12; Rm 1.27),

Impiedade (Pv 8.7; Rm 1.18),

Concupiscência (Is 57.5,

Ira; 1Jo 2.16),

Depravação (Ez 16.27,43,58, RA).

O pecado atinge toda a raça humana, a partir de Adão e Eva (Gn 3; Rm 5.12). O castigo do pecado é a morte física, espiritual e eterna (Rm 6.23). Da morte espiritual e eterna escapam aqueles que se chegam a Cristo, o Salvador (Rm 3.21—8.39). O pecado sem perdão é a incredulidade (Mt 12.31-32; v.

"BLASFÊMIA CONTRA O ESPÍRITO SANTO."

Se nós não tivéssemos a possibilidade de contar com o Perdão de Deus, estaríamos fulminados já neste mundo e pior, no outro que é eterno. Mas quando Deus nos perdoa ele não mais nos cobre as nossas faltas. Embora o Diabo, insista em nos acusar. Aprendemos nas Sagradas Escrituras o seguinte: *"Col 2:14 e anulou a conta da nossa dívida, com os seus regulamentos que nós éramos obrigados a obedecer. Ele acabou com essa conta, pregando-a na cruz." (NTLH)* Com a morte de Cristo ele anulou os escritos que pesavam contra nós.

Mas para que isto prevaleça nós temos que aceitá-lo como nosso legítimo e único salvador. Não podemos nos fiar em outra coisa que não seja o seu sacrifício e morte de Cruz. Não podemos invalidar o derramamento de Sangue que ele fez para nos salvar. Irmãos em cristo. Quando nós pecamos e nos afastamos da presença de Deus, estas faltas tiram nossa alegria e coragem de estarmos na presença de Deus. O Salmista, estando ciente disto pede a Deus que lhe dê novamente a vontade e a alegria de comparecer na sua presença.

"Ó Deus, cria em mim um coração puro e dá-me uma vontade nova e firme! Não me expulses da tua presença, nem tires de mim o teu santo Espírito. Dá-me novamente a alegria da tua salvação e conserva em mim o desejo de ser obediente." (Salmos 51.10-12) (NTLH) [3]

Devemos aprender com o Rei Davi, mesmo que pequemos, compareçamos na presença de Deus e peçamos perdão pelos nossos pecados e voltemos alegres para a Igreja do Senhor Cantando, testemunhando e falando das Boas Novas do Evangelho. Não devemos aceitar as acusações que o Diabo faz contra nós, depois que nós recebemos o perdão de Deus. Não podemos perder a alegria de nossa salvação.

O que fazer? Comparecer na presença de Deus como fez o Salmista: *"Ó Deus, o meu sacrifício é um espírito humilde; tu não rejeitarás um coração humilde e arrependido." (Salmo 51.17)*

Devemos buscar a Santificação através de uma vida equilibrada entre a Oração e a palavra. Devemos lembrar o que nos ensina a Bíblia em *Isaias 44:22 "Já perdoei as suas maldades e os seus pecados; eles desapareceram como desaparece a cerração. Volte para mim, pois eu sou o seu Salvador." (NTLH)*

Façamos de nossa vida atual o momento para a agradarmos a Deus com as nossas ações de Homens e Mulheres salvos em Cristo. Levando as Boas Novas de Salvação aos perdidos. Sendo o Sal da Terra e a Luz do Mundo. Peçamos sempre a Deus para nos dar a alegria de tua salvação.

E nós fazemos isto, não porque nós somos Justos e Perfeitos, mas porque conforme nos ensina as Santas Escrituras em Daniel 9:18

"Ouve, ó meu Deus, e atende a minha oração. Abre os olhos, vê a nossa desgraça e olha para a tua cidade. Fazemos os nossos pedidos por causa da tua grande compaixão e não porque sejamos bons e honestos." (NTLH)

Vejamos o Salmo 51 em suas divisões:

V1 Tem misericórdia de mim, ó Deus, segundo a tua benignidade; apaga as minhas transgressões, segundo a multidão das tuas misericórdias

.Davi implora por misericórdia. A Misericórdia é um dos atributos de Deus para conosco. Ele implora pelo perdão do senhor. O pecado existe, embora ele não seja explícito pelo salmista.

V2 Lava-me completamente da minha iniquidade e purifica-me do meu pecado.

Ele pede perdão, a natureza ilimitada do Senhor, permite a Davi chegar-se a ele.

V3 Porque eu conheço as minhas transgressões, e o meu pecado está sempre diante de mim.

Temos uma confissão do Salmista. Ele conhece e sente-se perturbado pelo pecado que lhe atormenta a alma. Ele humilha-se, pois reconhece que o pecado está sempre diante dele. Devemos também confessar as nossas transgressões e assim pedir o perdão que nos permitirá aproximar-se de Deus.

V4 Contra ti, contra ti somente pequei, e fiz o que a teus olhos é mal, para que sejas justificado quando falares e puro quando julgares. A responsabilidade pelo pecado é pessoal. É odioso contra Deus. No caso De Davi ele cedeu ao pecado da carne e se afastou de Deus. Ele abandonou a sua harpa.

V 5 Eis que em iniquidade fui formado, e em pecado me concebeu minha mãe.

V 6 Eis que amas a verdade no íntimo, e no oculto me fazes conhecer a sabedoria.

V 7 Purifica-me com hissopo, e ficarei puro; lava-me, e ficarei mais alvo do que a neve.

Aqui temos a demonstração de confiança na obra redentora de Deus. Tanto na Expiação como na aplicação.

V 8 Faze-me ouvir júbilo e alegria, para que gozem os ossos que tu quebraste. Quando estamos separados da face de Deus pelos nossos pecados ele se afasta. Esta é a dor maior. Quando estamos com deus estamos jubilosos. Jubilar é alegrar-se muito.

V 9 Esconde a tua face dos meus pecados e apaga todas as minhas iniquidades.

Ele pede a Deus que não o olhe com os olhos de Justiça, mas sim de Misericórdia. Que o perdoe de todas as transgressões.

V 10 Cria em mim, ó Deus, um coração puro e renova em mim um espírito reto. O arrependimento pressupõe mudanças. Após abandonar o pecado, o homem tem que mudar as suas ações.

Mas isto somente é feito com a ajuda de Deus e com a vinda de Cristo e após sua ascensão com a Santificação pelo Espírito Santo. Ele pede, "Cria", esta é a forma de adquirir a benção. Ele reconhece a soberania do Senhor.

V 11 Não me lances fora da tua presença e não retires de mim o teu Espírito Santo. O salmista pede para que deus não deixe e nem o expulse de sua presença. Assim nós devemos pedir e agir para que Deus não nos deixe. Zelando pela nossa vida Cristã.

V 12 Torna a dar-me a alegria da tua salvação e sustém-me com um espírito voluntário.

V 13 Então ensinarei aos transgressores os teus caminhos, e os pecadores a ti se converterão

O Salmista ora por três bênçãos: a renovação da alegria, a sustentação e a utilidade para servir a Deus. Não podemos ensinar o caminho do Senhor para outras pessoas, enquanto nós mesmos não mudarmos. Quanto mais felicidade encontrarmos no caminho do Senhor, com mais fidelidade e sinceridade poderemos divulgar suas Boas-Novas. Quando nos tornamos fiéis e sinceros, os outros são influenciados por nós. O salmista estava determinado a ser um professor. Não há melhor professor do que aquele que experimentou. Ele não está só na teoria, mas tem a prática. No caso do salmista a dor vivenciada pela separação de Deus por causa do pecado.

V14 Livra-me dos crimes de sangue, ó Deus, Deus da minha salvação, e a minha língua louvará altamente a tua justiça.

V15 Abre, Senhor, os meus lábios, e a minha boca entoará o teu louvor. Quando Deus realiza sua obra em nós, a nossa boca se abre. Se não for por ele, é preferível ficarmos calados. O salmista pede para que Deus não lhe dê somente o entendimento, mas que abra os lábios. Nos dias de hoje temos que orar pedindo a Deus que nos capacite a pregar o Evangelho. Mas, que faça segundo a sua vontade.

V16 Porque te não comprazes em sacrifícios, senão eu os daria; tu não te deleitas em holocaustos

"Misericórdia quero e não sacrifícios".

V17 Os sacrifícios para Deus são o espírito quebrantado; a um coração quebrantado e contrito não desprezarás, ó Deus.

Se existe uma oferta que Deus não despreza, é o coração contristo e quebrantado. Arrependido pelos males que causou com seu pecado e aflito para reconciliar-se com Deus. Esta deve ser a nossa oferta.

V18 Abençoa a Sião, segundo a tua boa vontade; edifica os muros de Jerusalém. Oremos para que Deus nos ajude a erguermos os muros de nossas vidas através de sua doutrina e zelo pelas suas palavras. Nós devemos buscar o bem da Igreja através de nossas orações.

V19 Então, te agradarás de sacrifícios de justiça, dos holocaustos e das ofertas queimadas; então, se oferecerão novilhos sobre o teu altar.

Somos aceitos por Deus, as nossas ofertas também são. Então devemos oferecer o melhor. As nossas ofertas mais gordurosas, mais ricas: Nosso tempo, nosso talento. Não devemos esconder os talentos. A igreja precisa deles. E nós não podemos nos apresentar a Deus com as mãos vazias. A sã doutrina. Devemos zelar pelas ordenanças divinas a apresentar sobre o Altar as nossas ofertas. Que o Espírito Santo fale aos nossos corações pela Misericórdia de Deus. Amém.

Pr.   Jonas Dias de Souza

52 - O Homem Mau

Aqui está uma clara referência feita sobre o destino dos maus sobre a face da terra. Em breves palavras o salmista repreende e avisa aos fraudulentos, que amam mais o pecado do que a retidão oferecida por Deus e lhes adverte daquilo que está reservado a todos que menosprezam a misericórdia divina.

Estes são os filhos perdidos das trevas, que se deleitam na iniquidade de suas ações e negam a existência de um Ser glorioso que um dia irá julgá-los pelas más ações que praticaram neste mundo enquanto viveram. É característico deles se satisfazerem na injustiça e defraudar pessoas ingênuas, são as nódoas que mancham as brancas vestes dos justos que ainda restam sobre a superfície terrestre.

A estes o Senhor reserva a escuridão, o fogo eterno e o ranger de dentes durante séculos e séculos, depois de sua segunda vinda, onde resgatará a igreja e aos seus justos dará infinita paz. As palavras finais deste cântico, afirmam:

"Mas eu sou como a oliveira verde na casa de Deus; confio na misericórdia de Deus para sempre, eternamente. Para sempre te louvarei, porque tu o fizeste, e esperarei no teu nome, porque é bom diante de teus santos". Salmos 52:8,9

Comentário devocional:

Este salmo de Davi aponta para o tempo em que "Saul mandou que lhe sitiassem a casa, para o matar." Nos primeiros quatro versos podemos visualizar essa cena de emboscada. Porém outras partes deste Salmo apontam não só para Saul, mas para outros inimigos que também causaram problemas a Davi. Poderíamos listá-los, em termos gerais, como: conspiradores mentirosos, traidores, nações pagãs ameaçadoras e arruaceiros de rua.

Nós nos solidarizamos com os sentimentos de angústia de Davi quando também somos vítimas de fofoqueiros que conspiram contra nós, falsos amigos nos traem, inimigos declarados nos atacam e somos assaltados na rua. Nosso mundo não é um lugar seguro e amigável, especialmente para aqueles que, como disse Jesus, "não são do mundo, como também eu não sou" (João 17:14).

Onde podemos encontrar um lugar seguro neste mundo? Eu vivi por muitos anos em um país que estava nas garras de um conflito terrorista – todos os dias e em todos os lugares havia perigo. Uma família decidiu se mudar para um lugar onde a possibilidade de surgir uma guerra praticamente não existia. Eles se mudaram, mas seis meses depois, a guerra estourou lá! [NT: Ilhas Malvinas/Falkland, apontadas em 1984 como o lugar mais seguro do mundo.]

O salmo 59 diz que há um lugar seguro para onde podemos fugir, o lugar para onde Davi habitualmente fugia: "Ó minha força, canto louvores a Ti; Tu és, ó Deus, o meu alto refúgio, o Deus que me ama" (v. 17 NVI). "Tu me tens sido o meu alto refúgio e proteção no dia da minha angústia" (v. 16). Este Salmo começa com uma oração por ajuda:

"Livra-me, Deus meu, dos meus inimigos; põe-me acima do alcance dos meus adversários" (v.1). Este verso poderia ser traduzido assim: "Levanta-me acima do alcance daqueles que se levantam contra mim", como um pai atento levanta a criança acima das mandíbulas de cães ferozes. Davi sabia que poderia confiantemente clamar a Deus para livrá-lo, por uma série de razões:

1) Ele é o Senhor Deus, Todo-Poderoso, "Deus dos Exércitos" de anjos. Ele tem guerreiros espirituais em números incontáveis para enviar para o auxílio da pessoa mais humilde e mais fraca que clama a Ele por ajuda.

2) Ele ri das ameaças contra nós (v. 8), porque Ele já tem o assunto em Suas mãos: "Deus é fiel e não permitirá que sejais tentados além de vossas forças; pelo contrário, juntamente com a tentação, vos proverá livramento, de sorte que a possais suportar "(1 Coríntios 10:13).

3) Davi o chama de "O Deus que me ama" (v. 17b NVI), e acrescenta: "cantarei a Tua força; pela manhã louvarei com alegria a Tua misericórdia" (v. 16a); ou seja, o Seu infindável amor, a Sua misericórdia, a Sua fidelidade absoluta para conosco a cada novo dia.

4) "Deus irá adiante de mim" (v. 10, New International Version, NIV). Seja qualquer situação que enfrentamos, Deus já sabe do que se trata e nos conduzirá a salvos até do outro lado da tormenta.

5) A reputação de Deus está em jogo; quando Ele nos libertar, diz Davi, "aí todos saberão que Deus governa em Israel " (v. 13 BLH). Todos saberão disso e o poder redentor de Deus será evidenciado e honrado.

Garth Bainbridge — Austrália

Traduzido por JAQ/JDS

Mais Significado Para o Salmos 59

O **Salmo 59**, salmo de lamentação, contém uma forte garantia do juízo final dos ímpios.

O sobrescrito refere-se à história de 1 Samuel 19.9-17. Davi escapa da ira de Saul com a ajuda de sua esposa, Mical, que demonstra heroísmo incomum e grande devoção a Davi — atitudes que resultam no desgaste de sua relação com o pai, Saul. O Salmo 59 tem quatro partes: (1) oração de livramento (v. 1-5); (2) esperança confiante (v. 6-10); (3) nova oração de livramento (v. 11-13); (4) esperança renovada (v. 14-17).

59.1,2 — A repetição da expressão livra-me é para efeito de ênfase, significando tirar alguém dos seus problemas e aflições. O termo traduzido por defende-me significa coloca-me em um lugar alto ou retira-me do alcance dos problemas (Sl 91.14). Salva-me. E empregado aqui um dos verbos hebraicos mais comuns nas Escrituras para exprimir o ato de salvação. Sugere ceder espaço a ou expandir uma área para respirar.

59.3,4 — Armam ciladas. Os inimigos agem como animais selvagens à caça ou soldados inimigos que espreitam os caminhos do adversário. Sem transgressão minha. Embora houvesse momentos na vida de Davi em que sabia estar sofrendo por haver pecado (Sl 32), em outros momentos acreditava estar inocente de pecado. Ainda assim, era perseguido por perversos. Aqui, expressa seu protesto em voz alta. Sem transgressão minha ou pecado meu. Davi não se sentia culpado de qualquer iniquidade que pudesse justificar tais ataques impiedosos à sua pessoa.

59.5 — O chamado de Davi para que o Senhor desperte é uma forma de pedir a Deus que atente para o seu rogo (Sl 7.6; 35.23; 44-23; Is 51.9). Como que para garantir que Deus ouviria seu brado, Davi usa o nome todo de Deus: Senhor, Deus dos Exércitos, Deus de Israel. O Comandante dos exércitos de anjos é também o Protetor de Seu povo. Não tenhas misericórdia.

Os justos podem vivenciar perfeitamente, muitas vezes, a misericórdia do Senhor; mas a Sua misericórdia não se estende aos que se opõem persistentemente a Ele. Pérfidos eram os que participavam constantemente de atos traiçoeiros.

59.6,7 — Os cães, na cultura hebraica antiga, eram considerados animais quase selvagens, necrófagos; não eram, na verdade, os bichos domésticos de nossos tempos.

Quem ouve. Tal como as pessoas de que falam os Salmos 9 e 10, aqui o ímpio crê que não será castigado de maneira alguma pelo seu mal. Está, porém, redondamente enganado (75.7 10; 92.6).

59.8 — Mas tu. Trata-se de uma guinada de 180 graus no salmo — de pensamentos sobre os perversos ao reconhecimento da realidade de Deus em lidar com os seres humanos. Te rirás; zombarás.

Os termos são os mesmos do 2.4 Qó 9.23; Pv 1.26). Existe a risada afável de Deus alegre pelo Seu povo (Sl 147.11; Sf 3.17). Mas essa risada é de desdém.

59.9 — Te aguardarei significa também vigiarei. Os inimigos de Davi vieram para vigiá-lo; mas Davi estava determinado a vigiar, fazer vigília, por Deus. Sua força pode ser traduzido, também, por minha força. O substantivo defesa significa aqui refúgio alto, estando ligado ao verbo do versículo 1. A mesma palavra é novamente empregada nos versículos 16 e 17 (Sl 62.2). 59.10 — O Deus da minha misericórdia. O termo misericórdia, como temos visto, é por vezes traduzido por benignidade (Sl 13.5). O Senhor é o Deus da minha benignidade.

59.11 — Este versículo abre a segunda parte do pedido do salmo. A imprecação ou maldição deste versículo é incomum. Em vez de pedir a destruição dos ímpios, o salmista pede que sejam escorraçados.

Tornados fugitivos. Essa lhes seria a lembrança constante das consequências do mal.

59.12,13 — A repetição da expressão verbal "lhes consome" se assemelha à repetição da expressão livra-me nos versículos 1 e 2. Que Deus reina em Jacó. A ideia é semelhante à de Salmos 58.11.

59.14-17 — Eu, porém. As palavras destes versículos captam o ímpeto positivo deste salmo. Davi canta com alegre liberdade a respeito de sua relação com Deus, apesar da presença dos perversos. Há dois verbos traduzidos por cantarei e louvarei. Juntos, traduzem a ideia de que cantar em nome do Senhor é um ato de fé maravilhoso (Êx 15.2).

59.17 — A ti, ó fortaleza minha repete o versículo 9. Em Deus, o crente encontra força, defesa e misericórdia. Este salmo termina de forma grandiosa, com fé confiante no Deus vivo.

https://bibliotecabiblica.blogspot.com/2015/08/significado-de-salmos-59.html

53 - A Loucura Deste Mundo

As Escrituras nos advertem que a sabedoria deste mundo se constitui em loucura diante do olhar divino, ou seja, aquilo que para o homem é conhecimento científico não passa de desvario aos olhos de Deus. A sabedoria do Altíssimo é tanta que as pequenas faíscas do desenvolvimento humano são vistas por ele como algo desprezível e até abominável, quando isso faz com que a humanidade negue sua existência.

Dificilmente alguém ligado à medicina ou ciência admitem existir um Ser Eterno e dotado de poder, capaz de ter criado os céus e a terra e de tudo o que neles há. Estes indivíduos fazem uso de uma minúscula centelha da sabedoria divina que lhes foi dada no momento em que o Criador soprou nas narinas do primeiro homem, no Éden.

E passam a se sentir deuses de si mesmos, negando que um Deus possa habitar acima das nuvens e ter sob seu domínio todas as coisas, inclusive das suas próprias vidas, e escarnecem daquilo que, apesar de tanta inteligência, são incapazes de conservar além do que determina aquele que se negam a crer.

As primeiras palavras escritas neste Salmo fazem referência a incredulidade dos néscios, ou seja, daqueles que não conseguem acreditar na real existência de Deus e a consideram apenas como uma ideologia religiosa. O salmista alega, que: *"Disse o néscio no seu coração: Não há Deus. Têm-se corrompido, e cometido abominável iniquidade; não há ninguém que faça o bem"*.

Dentro de sua ignorância o incrédulo afirma que não existe superioridade acima daquilo que ele conhece, se sente absoluto no universo e acredita apenas no que pode ver, tocar e controlar. O Senhor olha para a terra e diante da incapacidade de sua criação ter crença na sua real existência se entristece com tamanho absurdo, e o salmista mais uma vez declara:

"Deus olhou desde os céus para os filhos dos homens, para ver se havia algum que tivesse entendimento e buscasse a Deus. Desviaram-se todos, e juntamente se fizeram imundos; não há quem faça o bem, não, nem sequer um. Acaso não têm conhecimento os que praticam a iniquidade, os quais comem o meu povo como se comessem pão? Eles não invocaram a Deus". Salmos 53:1-4

A Falta de fé no ser humano é considerada, por Deus, como a sua maior forma de loucura, porque não é compreensível que um ser tão limitado seja incapaz de acreditar ter sido criado por outro superior a ele. A ciência e a tecnologia que o homem pensar ser sua maior descoberta não passa de uma simples faísca do poder infinito daquele que criou todo um Universo de sabedoria e conhecimento ainda escondido a mente humana.

Salmo 53 – Os néscios não buscam a Deus

Este salmo serve de alerta para os cristãos quanto aos obreiros fraudulentos "Cujo fim é a perdição; cujo Deus é o ventre, e cuja glória é para confusão deles, que só pensam nas coisas terrenas" (Fl 3:19), pois o povo de Israel servia a Deus sem entendimento em decorrência dos interpretes prevaricarem nas suas atribuições (Rm 10:2 ; Is 43:27).

DISSE o néscio no seu coração:

Não há Deus. Têm-se corrompido, e cometido abominável iniquidade; não há ninguém que faça o bem. Deus olhou desde os céus para os filhos dos homens, para ver se havia algum que tivesse entendimento e buscasse a Deus.

Desviaram-se todos, e juntamente se fizeram imundos; não há quem faça o bem, não, nem sequer um. Acaso não têm conhecimento os que praticam a iniquidade, os quais comem o meu povo como se comessem pão? Eles não invocaram a Deus.

Ali se acharam em grande temor, onde não havia temor, pois Deus espalhou os ossos daquele que te cercava; tu os confundiste, porque Deus os rejeitou. Oh! se já de Sião viesse a salvação de Israel! Quando Deus fizer voltar os cativos do seu povo, então se regozijará Jacó e se alegrará Israel.

Quem são os néscios? Seriam os ateus?

Uma leitura superficial do Salmo 53 levará o leitor a considerar que os 'loucos' são os ateus, pois são eles que dizem abertamente que não há Deus. Porém, se fizermos uma leitura levando em conta o contexto geral do Salmo e as considerações do apóstolo Paulo na carta aos Romanos, veremos que os néscios não são os ateus (apesar da loucura deles), antes é adjetivo que se aplica aos judeus. O apóstolo Paulo após citar alguns versos do Salmo 53, concluiu: "Ora, nós sabemos que tudo o que a lei diz, aos que estão debaixo da lei o diz…" (Rm 3:19).

Portanto, deve-se concluir que o Salmo 53 não se aplica aos ateus, antes aplica-se 'aos obreiros da iniquidade', aqueles que comem o povo de Deus como se fosse pão (Sl 53:4).Enquanto os ateus dizem com a boca 'não há Deus', os obreiros da iniquidade são aqueles que negam a Deus em seus corações (v. 1). Os néscios se corromperam e praticam a iniquidade, portanto, não há quem faça o bem. O salmista relata que 'Deus olhou desde os céus para os filhos dos homens para ver se havia alguém que tivesse entendimento e buscasse a Deus', como não há entre os filhos dos homens quem 'entenda' e quem 'busque' a Deus, segue-se que os judeus estavam inclusos neste rol (v. 2).

Todos os homens se desviaram e, juntamente se tornaram imundos. Como se desviaram? Como todos os homens juntamente se tornaram imundos? Os judeus estavam inclusos neste rol? A resposta encontra-se na queda de Adão, pois foi através da queda do primeiro pai da humanidade que todos os homens pecaram e, em um só evento todos se tornaram imundos (1Co 21-22).

Este salmo é uma repreensão ao povo de Israel que reputavam que faziam o bem, porém, eram iníquos, imundos (v. 3).Os líderes e mestres em Israel desconheciam a real condição deles. Eram obreiros da iniquidade, pois devoravam o povo de Deus como se eles fossem pão! Na verdade, os mestres e lideres do povo de Israel não buscavam a Deus, ou seja, eram néscios (v. 4)

"Todos os seus atalaias são cegos, nada sabem; todos são cães mudos, não podem ladrar; andam adormecidos, estão deitados, e gostam do sono. E estes cães são gulosos, não se podem fartar. E eles são pastores que nada compreendem; todos eles se tornam para o seu caminho, cada um para a sua ganância, cada um por sua parte" (Is 56:10 -11).

A falta de conhecimento tornou o povo de Israel como 'loucos', pois rejeitaram a palavra de Deus "Deveras o **meu povo está louco**, já não me conhece; são filhos néscios, e não entendidos; são sábios para fazer mal, mas não sabem fazer o bem" (Jr 4:22).Embora Deus tenha dado prova da sua fidelidade ao povo livrando-os dos seus inimigos, contudo.

Não confiaram em Deus. No momento da invasão inimiga tiveram muito pavor, onde não havia motivo para temerem se confiassem em Deus. Eles não invocavam a Deus, pois só invoca aquele que confia! (v. 5).Por não confiarem em Deus o povo de Israel foi confundido. Deus é fiel, mas como não confiaram em Deus, Deus os rejeitou e foram confundidos, ou seja, levados cativos.

Diante da apostasia de Israel surge a oração profética do salmista: "Oh! se já de Sião viesse a salvação de Israel! Quando Deus fizer voltar os cativos do seu povo, então se regozijará Jacó e se alegrará Israel" (v. 6) Qual salvação viria de Israel? Jesus lembrou a mulher samaritana que a salvação vem dos judeus "Vós adorais o que não sabeis; nós adoramos o que sabemos porque a salvação vem dos judeus" (Jo 4:22), ou seja, Ele, Cristo, é a salvação de Deus. Quando o Messias vier de Sião, a salvação de Deus, Ele fará os cativos do povo voltar a habitar em segurança. Será um tempo de regozijo e de alegria para Israel (v. 6). Este verso é uma profecia para o futuro de Israel, pois quando Jesus veio, libertou os pobres e oprimidos de todos os povos.

Nações e línguas da escravidão do pecado, porém, há um tempo determinado em que Ele resgatará Israel como povo (Rm 11:25 -29). Este salmo serve de alerta para os cristãos quanto aos obreiros fraudulentos "Cujo fim é a perdição; cujo Deus é o ventre, e cuja glória é para confusão deles, que só pensam nas coisas terrenas" (Fl 3:19)

Pois o povo de Israel servia a Deus sem entendimento em decorrência dos interpretes prevaricarem nas suas atribuições (Rm 10:2 ; Is 43:27).Devemos ver a bondade e a severidade de Deus através deste salmo (Rm 11:22), pois mostra que os judeus são tidos por loucos por não crerem na salvação de Deus, logo devemos atentar para as Escrituras (Hb 2:1).

O cristão deve ver como anda, ou seja, não deve seguir o exemplo dos néscios (judeus), antes ser sábio (Ef 5:15). E como ser sábio? Basta ser cheio (pleno) do Espírito, ou seja, conhecer a palavra de Deus, ou a palavra de Deus estar no homem e o homem estar na palavra de Deus "Até quando, ó simples, amareis a simplicidade? E vós escarnecedores, desejareis o escárnio? E vós **insensatos, odiareis o conhecimento**?

Atentai para a minha repreensão; pois eis que vos <u>derramarei **abundantemente** do meu **Espírito** e vos farei saber as minhas palavras</u>" (Pv 1:22 -23).Qualquer que se embriaga com o vinho dos néscios (judaísmo) é insensato, louco, como o diz o profeta Isaías: "E estes cães são gulosos, não se podem fartar; e eles **são pastores que nada compreendem**; todos eles se tornam para o seu caminho, cada um para a sua ganância, cada um por sua parte. Vinde, dizem, trarei **vinho**, e beberemos bebida forte; e o dia de amanhã será como este, e ainda muito mais abundante" (Is 56:11 -12)

"Portanto, vede prudentemente como andais, **não como néscios**, mas como sábios (…) Por isso não sejais insensatos, mas entendei qual seja a vontade do Senhor. E não vos **embriagueis com vinho**, em que há contenda, mas enchei-vos do Espírito" (Ef 5:15 e 18).

Que não sejamos tidos por loucos como foram os fariseus, que rejeitaram o Verbo encarnado, a Sabedoria de Deus "Loucos! Quem fez o exterior não fez também o interior?" (Lc 11:40 ; Pv 1:7).

Pr. **Claudio Crispim**

354

Comentário devocional:

O salmo 53 é uma cópia quase exata do salmo 14. Davi escreveu o Salmo 14 como o temos agora, mas o salmo 53 foi adaptado deste para refletir uma nova situação. Ambos os Salmos se direcionam aos tolos malfeitores que dizem que Deus não existe, mas cada capítulo responde a um grupo diferente daqueles que negam a existência de Deus. Este Salmo diz que eles foram "tomados de pavor, quando não existe motivo algum para temer! Pois foi Deus quem espalhou os ossos dos que atacaram você" (v. 5, NVI). Podemos imaginar isto sendo escrito após Senaqueribe ter atacado Jerusalém, só para ter seu exército de 185 mil soldados destruído por um anjo de Deus, que deixou seus ossos espalhados do lado de fora das muralhas da cidade.

"Diz o tolo em seu coração: 'Deus não existe!' " Isto não quer dizer que o tolo realmente nega a existência de Deus – no mundo antigo praticamente ninguém era ateu, todos acreditavam na existência de seres sobrenaturais. Mas o tolo vive sem a referência de Deus. Para ele, Deus pode interferir na vida dos humanos, mas preferiria não fazer isso. Entretanto, quando as coisas vão mal, o tolo instintivamente se volta para um poder maior do que ele próprio.

Se nós conduzimos nossas vidas diárias como se Deus não existisse, nós somos os maiores tolos de todos. Isto também é verdade se mantemos Deus associado somente ao Sábado e prosseguimos nosso atrapalhado e egoísta modo de vida pelos próximos seis dias, com quase nenhum pensamento dirigido a Ele até o próximo Sábado.

Os tolos que dizem que Deus não existe "corromperam-se e cometeram injustiças detestáveis; não há ninguém que faça o bem" (v. 1b, NVI). Remova Deus do cenário e não mais haverá ponto de referência moral. Todo mundo faz o que é correto aos seus próprios olhos. Os ateus acreditam que a moralidade está inteiramente relacionada com a cultura social ou à consciência do indivíduo, mas ambos os conceitos têm se mostrado não confiáveis e incapazes de levar à moralidade.

Num mundo governado pelo conceito evolutivo da lei do mais forte [original: tooth and claw – dentes e garras], a regra é "cada um por si", independente do meio utilizado. A auto-preservação é a lei básica desse conceito em que Deus é excluído. Auto- promoção é o seu maior objetivo; porém no final temos a auto-destruição. No entanto, eles utilizam qualquer argumento que desvincule o universo de seu Criador. Mas Deus não se separa de Sua criação: "Deus olha lá dos céus […] para ver se há alguém que tenha entendimento, alguém que busque a Deus" (v. 2 NVI).

Ele não está longe de nós; Ele se preocupa conosco e quer que saibamos que o melhor da vida gira em torno dEle. A arrogância intelectual de uma ciência que rejeita a noção de Deus nunca pode satisfazer a fome de verdade da alma ou restaurar a profunda fragilidade de nosso mundo. Mas onde quer que se busque e se encontre a Deus há uma sensação de paz e plenitude, de propósito e esperança.

Senhor, neste tempo de tanta descrença, eu Te busco. Restaura-me! Restaura o Teu povo!

Garth Bainbridge — Australia

54 – Clamor por Justiça

Costumo pensar que não há em toda a história bíblica alguém que tenha vivido cercado tantas vezes por seus inimigos que Davi, pois muitas são suas súplicas ao Deus de Israel por livramento. A vida daquele homem foi pautada em lutas e pelejas contra variados tipos de adversários que tentavam, em vão, invadir e destruir seu povo.

Bem antes de assumir o trono como rei já defendia os israelitas de seus adversários, lutou contra o gigante Golias, destruiu exércitos inteiros dos midianitas e defendeu corajosamente todos quanto ousaram se levantar contra a nação eleita do Senhor. Por essa razão sempre foi muito odiado e perseguido, eis aí o motivo de suas orações serem quase sempre feitas em forma de súplicas por livramento.

Poder contar com a justiça divina fazia com que o grande guerreiro de Israel tivesse cada vez mais ousadia ao confrontar seus inimigos na batalha, Davi sabia que com a ajuda de Deus jamais fracassaria, partia para a batalha ciente da vitória e nunca temeu qualquer derrota. Da mesma maneira devemos, nós cristãos, confiar na providência divina em nosso favor, caso estejamos firmes na fé e na presença de nosso Libertador, pois fiel e justo é ele para nos livrar e guardar.

Salmo 54: Ó Deus, Salva-me

Os Salmos escritos por Davi durante sua fuga do rei Saul refletem uma atitude louvável de dependência em Deus. Apesar de ser um guerreiro de renome e um homem inteligente que gozava do apoio de uma boa parte da população de Israel, Davi claramente entendeu sua incapacidade de se salvar por seus próprios recursos ou obras. Seu livramento dependia da graça de Deus.

As primeiras partes do título do Salmo 54 enfatizam sua importância para a adoração no templo e para a instrução do povo de Deus: "Ao mestre de canto. Salmo didático. Para instrumentos de cordas". O título continua com a identificação do autor e da circunstância histórica: "De Davi, quando os zifeus vieram dizer a Saul: Não está Davi homiziado entre nós?" Com base nessas informações, podemos saber da situação que levou Davi a escrever esse hino didático.

Depois de receber a notícia da matança em Nobe pelos servos de Saul (1 Samuel 22), Davi e seus homens foram ajudar a cidade de Queila a se defender contra os filisteus, os principais inimigos de Israel. Deus revelou para Davi que Saul chegaria à cidade e que os homens de Queila iam entregá-lo ao rei ciumento. Davi, querendo evitar uma tragédia igual à matança em Nobe, resolveu sair da cidade. O resultado foi o efeito desejado: Saul não atacou a cidade de Queila.

Davi e seus 600 homens foram para o deserto de Zife, no sul de Judá. Jônatas, o filho do rei e amigo de Davi, chegou a encorajar o fugitivo, afirmando sua confiança no plano de Deus de estabelecer Davi como rei sobre Israel (1 Samuel 23:15-18).

Nem todos mostraram a fé e a lealdade de Jônatas, porém. Os zifeus foram para Gibeá e fizeram um pacto para entregar Davi nas mãos do rei Saul. Com essas novas informações, o rei renovou sua perseguição de Davi (1 Samuel 23:19-25). Foi nessa ocasião que Davi fez a oração de Salmo 54. Ao longo do Salmo, ele faz contrastes entre si mesmo.

Como justo servo de Deus (versos 2,4,6), e seus perseguidores violentos e insolentes (versos 3,5,7). "Ó Deus, salva-me, pelo teu nome, e faze-me justiça, pelo teu poder" (verso 1). Davi procura o livramento, não por causa do seu próprio mérito, mas com base no justo caráter de Deus.

"Escuta, ó Deus, a minha oração, dá ouvidos às palavras da minha boca" (verso 2). Davi, como servo humilde, não chega à presença de Deus com demandas. Ele implora a Deus que este ouça suas súplicas, entendendo que a oração não é direita humana, e sim o privilégio daqueles que andam em comunhão com seu Criador.

"Pois contra mim se levantam os insolentes, e os violentos procuram tirar-me a vida; não tem Deus diante de si" (verso 3). Os perseguidores de Davi são, também, inimigos de Deus. Por isso, o salmista confia em Deus para ouvir suas petições e defendê-lo contra os adversários. Há uma pausa musical depois do verso 3, representado pela palavra hebraica "Selá". Essa pausa dá o efeito de esperar a resposta à súplica, que vem a partir do verso 4.

"Eis que Deus é o meu ajudador, o SENHOR é quem me sustenta a vida. Ele retribuirá o mal aos meus opressores; por tua fidelidade dá cabo deles"(versos 4 e 5). Apesar de estar acompanhado por 600 homens nesse momento (1 Samuel 23:13), Davi reconheceu Deus como seu ajudador. A confiança da resposta às orações é enraizada na certeza do caráter de Deus. Davi pediu salvação pelo nome (caráter) de Deus (verso 1), e sabia que a fidelidade de Deus será evidente no seu castigo dos opressores.

"Oferecer-te-ei voluntariamente sacrifícios; louvarei o teu nome, ó SENHOR, porque é bom. Pois me livrou de todas as tribulações; e os meus olhos se enchem com a ruína dos meus inimigos" (versos 6 e 7). A resposta adequada ao livramento divino é a adoração e gratidão. Davi viu motivos para louvar o Senhor e lhe oferecer sacrifícios, porque Deus ouviu suas súplicas e derrotou seus adversários. No final do Salmo 54, Davi foi libertado, e seus inimigos, vencidos. Mas o vencedor digno de louvor é o próprio Senhor!

Pr. Dennis Allan

Salmo 54 – Comentário devocional:

Neste Salmo encontramos um pedido urgente de socorro quando os zifeus revelaram para Saul onde ficava o esconderijo de Davi e se ofereceram para ajudá-lo a encontrar e matar a Davi (1Sm 23:19-24). Os zifeus eram da tribo de Judá, a tribo de Davi, e, no entanto, o traíram delatando-o a Saul.

Se você já foi traído por alguém em quem confiava, este salmo é para você! Na verdade, este é um Salmo para todos nós que vivemos neste mundo terrível, onde a cada dia temos que cair de joelhos e pedir a Deus para nos salvar, proteger e sustentar.

A ideia central do Salmo está no versículo 4: "Certamente Deus é o meu auxílio; é o Senhor que me sustém" (NVI). É por isso que Davi em sua angústia volta-se para Deus. Os dois primeiros versos são um clamor a Deus. Em hebraico, os dois primeiros versos começam com a mesma expressão de súplica: "Oh, Deus!": "Oh, Deus, salva-me!"; "Oh, Deus, escuta-me!" A oração de Davi é simples e direta.

Quando Pedro estava afundando, apenas clamou: "Senhor, salva-me!" e a mão de Jesus imediatamente se estendeu para salvá-lo. Quando você está em apuros, suas orações se tornam mais simples e diretas. Muitas vezes um mero "Ajuda-me, Senhor!". Deus não vai desprezar a simplicidade e a espontaneidade de tal oração.

Davi neste salmo apela para três qualidades divinas: Seu nome, Seu poder e Sua fidelidade: "Salva-me, ó Deus, pelo Teu nome; defende-me pelo Teu poder", v.1, NVI. "Extermina-os por Tua fidelidade!", v.5, NVI.

1) O próprio nome de Deus, "Jeová", acha-se presente no nome do nosso Salvador Jesus (Yeshua – Jeová salva). Pedro declarou: "Não há salvação em nenhum outro, pois, debaixo do céu não há nenhum outro nome dado aos homens pelo qual devamos ser salvos" (Atos 4:12, NVI).

2) Deus é capaz de salvar por causa do seu poder: "O Senhor, o seu Deus, está em seu meio, poderoso para salvar" (Sofonias 3:17, NVI).

3) Ele nos salva do que nos ameaça porque Ele é sempre fiel e verdadeiro com o pacto que fez com o Seu povo.

Mesmo nesta situação difícil e angustiosa, pela fé Davi visualiza antecipadamente a chegada do seu socorro, dizendo: "Eu te oferecerei um sacrifício voluntário; louvarei o teu nome, ó Senhor, porque Tu és bom. Pois Ele me livrou de todas as minhas angústias..." (v. 6-7, NVI). A oferta voluntária não é exigida, nem forçada – é uma oferta "extra" dada voluntariamente como um sinal de gratidão a Deus, nosso Salvador. Devemos reconhecer que nossas vitórias só acontecem porque Deus age poderosamente em nosso benefício.

Garth Bainbridge — Austrália — Traduzido por JDS/JAQ

55 - A Infidelidade dos Falsos Amigos

Essa é considerada a maior e até pior das traições, aquela que muito machuca nossa alma e fere profundamente o coração. Sofrer a perseguição e as injúrias de um inimigo declarado ou dos que não conhecemos doe bem menos do que descobrir que alguém próximo de nós nos traiu. Um familiar ou amigo em quem depositamos nossa confiança, ao agir com hipocrisia, destrói completamente nossa confiança e autoestima.

Pelas palavras do salmista percebemos sua decepção ao descobrir que alguém em quem depositava sua total confiança agiu enganosamente, tornando-se um vil traidor. Ele declara: ***"Pois não era um inimigo que me afrontava; então eu o teria suportado; nem era o que me odiava que se engrandecia contra mim, porque dele me teria escondido. Mas eras tu, homem meu igual, meu guia e meu íntimo amigo.***

Consultávamos juntos suavemente, e andávamos em companhia na casa de Deus". <u>Salmos 55:12-14</u>

Paremos para observar e sentir a decepção de Davi ao saber que alguém tão próximo o perseguia com acusações e calúnias, quem sabe declarando publicamente comentários errôneos contra sua pessoa. O pior de tudo é que a tal pessoa não pertencia a outros povos que costumeiramente o atacavam.

Mas era um israelita, pertencia a casa de Israel e com ele frequentava o templo, oravam juntos ao Senhor. Era como um verdadeiro irmão. Ele deixa isso patente, quando diz: *"Consultávamos juntos suavemente e andávamos em companhia na casa de Deus". (v14)*

Quantas vezes eu e você, caro leitor, não fomos traídos por pessoas que amávamos como se possuíssem nosso mesmo sangue e depositávamos nelas nossa total confiança? Na semelhança de Davi fomos feridos e até hoje nos sentimos amedrontados de acreditar naqueles que se aproximam, jurando uma amizade sincera.

Porém, confiando plenamente na justiça divina, ele afirma: *"Eu, porém, invocarei a Deus, e o Senhor me salvará. De tarde e de manhã e ao meio-dia orarei; e clamarei, e ele ouvirá a minha voz. Livrou em paz a minha alma da peleja que havia contra mim; pois havia muitos comigo. Deus ouvirá, e os afligirá. Aquele que preside desde a antiguidade (Selá), porque não há neles nenhuma mudança, e, portanto, não temem a Deus". Salmos 55:16-19*

A esperança do crente sincero deve ser sempre pautada na certeza de que Deus ama e defende seus filhos em qualquer situação, não permitirá que sejam traídos nem feridos sem dar o devido castigo aos que assim fizerem contra seu povo. Davi entendia que o Senhor vingaria sua causa, e completou:

"Tal homem pôs as suas mãos naqueles que têm paz com ele; quebrou a sua aliança.

As palavras da sua boca eram mais macias do que a manteiga, mas havia guerra no seu coração: as suas palavras eram mais brandas do que o azeite; contudo, eram espadas desembainhadas.

Lança o teu cuidado sobre o Senhor, e ele te susterá; não permitirá jamais que o justo seja abalado.

Mas tu, ó Deus, os farás descer ao poço da perdição; homens de sangue e de fraude não viverão metade dos seus dias; mas eu em ti confiarei. *Salmos 55:20-23*

Fiel e justo é o nosso Deus, a ele pertence a ira e a vingança contra todos aqueles que atentarem contra nossas vidas. Aleluia!

Salmo 55: Confunde os seus Conselhos

Davi estava acostumado a enfrentar adversários e não ficava abalado quando precisava entrar no campo de batalha contra os inimigos de Israel. Quando, porém, seus próprios amigos se viraram contra ele, Davi se sentiu decepcionado e traído. Apelou ao Senhor, pedindo que ele agisse para livrá-lo das armadilhas dos traidores. O Salmo composto nessa circunstância foi encaminhado ao responsável pelos louvores em Israel, permanecendo para a instrução das gerações que viriam depois. Até o próprio cabeçalho desse hino indica seu propósito didático. Então, vamos aprender lições importantes da leitura do Salmo 55. Embora Davi não tenha identificado a situação específica que o motivou a escrever esse Salmo, alguns aspectos se ajustam bem ao período de conflito com seu filho Absalão. Ele fala de violência, contenda opressão e engano, de traição por um amigo íntimo que era seu igual, e da maneira branda do inimigo falar ao enganar as pessoas.

Os primeiros versos do Salmo contêm o apelo de Davi por livramento da maldade do seu inimigo (versos 1 a 8). Ele fala do seu sofrimento emocional, da dificuldade de dormir e da vontade de fugir para algum lugar deserto e seguro. Muitas vezes, a angústia emocional é pior do que o sofrimento físico de uma ameaça ou conflito.

Deus poupou a vida de Davi em vários momentos, mas deixou seu servo passar por angústias e aprender a confiar no Senhor nos tempos difíceis. Davi logo tornou sua atenção para os malfeitores, pedindo a justiça de Deus contra esses inimigos (verso 9 a 15). Ele pede para Deus frustrar os planos deles, porque incitavam violência, contendas, perversidade e engano na cidade.

Da perspectiva desse rei-pastor em Israel, qualquer maldade que prejudicasse a população seria especialmente revoltante. Essa qualidade de Davi o distinguiu do seu predecessor, Saul, um rei que visava seus próprios interesses e não os planos de Deus nem o bem-estar do povo que ele governava. Davi se mostrou capaz de aguentar muita dor na própria vida, mas sofria muito quando o rebanho de Israel passava por tribulações. Ele prefigurou o seu descendente, o Supremo Pastor e Salvador, Jesus Cristo, que negou seus próprios interesses e se sacrificou para o benefício das suas ovelhas.

Davi ficou especialmente angustiado diante da oposição porque seu inimigo era, nas palavras dele, "homem meu igual, meu companheiro e meu íntimo amigo" (verso 13). Esse comentário reforça a contextualização desse Salmo no período de tentativa de golpe de Absalão. Tanto o próprio filho como vários dos amigos de Davi viraram contra o rei, deixando-o profundamente decepcionado.

Ele lembrou do relacionamento que tinham: "Juntos andávamos, juntos nos entretínhamos e íamos com a multidão à Casa de Deus" (verso 14). Davi confiou na salvação divina (versos 16 a 21). Ele continuaria suas súplicas constantes, sabendo que Deus ouviria suas queixas. Mesmo sabendo que os inimigos eram muitos, Davi confiava no poder superior de Deus para lhe dar o livramento.

O eterno Deus traria justiça contra os homens que violaram a aliança de paz e usaram palavras suaves para enganar suas vítimas: "A sua boca era mais macia que a manteiga, porém no coração havia guerra; as suas palavras eram mais brandas que o azeite; contudo, eram espadas desembainhadas" (verso 21). 3.000 anos depois de Davi compor esse hino, ainda enfrentamos o mesmo perigo.

Paulo avisou os cristãos sobre o perigo de pessoas que "... provocam divisões e escândalos, em desacordo com a doutrina que aprendestes" dizendo que operam por meio de "suaves palavras e lisonjas" para enganar "o coração dos incautos" (Romanos 16:17-18).

Eloquência e simpatia não são provas da honestidade ou confiabilidade de ninguém. Precisamos examinar as palavras para discernir entre ovelhas inocentes e lobos vorazes. Davi encerra o Salmo com uma conclusão geral para o benefício dos leitores e adoradores que cantariam esse hino. O princípio enunciado é a mensagem da justiça e da misericórdia de Deus:

"Confia os teus cuidados ao SENHOR, e ele te susterá; jamais permitirá que o justo seja abalado. Tu, porém, ó Deus, os precipitarás à cova profunda; homens sanguinários e fraudulentos não chegarão à metade dos seus dias; eu, todavia, confiarei em ti" (versos 22 e 23). Nós, também, podemos e devemos confiar na justiça e na misericórdia do Senhor!

Pr. Dennis Allan

Estudo Salmo 55 - Oração em Tempos Difíceis

"De tarde, e de manhã, e ao meio-dia orarei; e clamarei, e Ele ouvirá a minha voz". Sl 55:17"Inclina, ó Deus os teus ouvidos à minha oração e não te escondas da minha súplica. Atende-me e ouve-me; lamento-me e rujo, pois o clamor do inimigo e a opressão do ímpio lançam sobre mim iniquidade e com fúria me aborrecem." Este é o início de um Salmo de Davi, o rei que orava e dependia das respostas de Deus.

Davi era músico. Atarefado com a guerra e os deveres do reino, receio que não tinha tempo para fazer poesias. Imagino que orava junto a alguém, algum profeta ou secretário, Natã por exemplo, que anotava suas palavras. E elas não eram frutos de ficção, mas de um cotidiano muito difícil. Os eruditos dizem que o Salmo 55 foi escrito durante a rebelião promovida por Absalão, um dos filhos do rei, que buscava tomar pela força o trono do pai, aconselhado por Aitofel, ex-conselheiro de Davi. Em guerra contra o próprio filho, uma situação desesperadora. Consciente da sua fraqueza, o rei fugiu de Jerusalém para nãos ser morto (ou matar) pelo próprio filho. Absalão, estava envenenado e disposto a qualquer coisa.

Que situação. Verdadeiramente as portas do inferno estavam abertas dentro da casa de Davi. E foi assim que David percebeu que devia orar mais e clamar com mais força a Deus. Passou a orar sobre o assunto três vezes ao dia. E para um judeu fazer isto, significava que sua necessidade era angustiante. De tarde, pela manhã e ao meio-dia.

A principal mensagem do Salmo 55, para mim, está registrada no penúltimo versículo: Lança o teu cuidado, sobre o Senhor, e Ele te susterá, e não permitirá que um justo seja abalado. Isto quer dizer que em situações tão difíceis como aquela não há outro caminho senão orar mais e depender de Deus. Como esta promessa está vinculada à justiça, é bom ordenar sua vida com Deus para evitar impedimentos. Se você entrar dessa forma diante de Deus, ele vai parar a fúria do inimigo. Você dará a volta por cima, porque o Senhor conquistará a vitória por você. Não se cale nem se apequene diante da fúria do diabo.

| Autor: João Cruzué | Divulgação: EstudosGospel.Com.BR

56 – Socorro na Angústia

Este e muitos outros Salmos são interligados entre si pela mensagem que transmite. Aqui, mais uma vez o salmista clama a Deus para que o livre de seus perseguidores, que são maiores e mais fortes do que ele. São caluniadores que o perseguem com difamações e ameaças. O número deles, apesar de nunca ser citado de forma exata, parece ser em grande quantidade e surgem de todos os lados.

Davi, apesar da imensa fé que depositava no Senhor passava por momentos de intensa angústia, devido a perseguição contínua de seus adversários, e derramava aos pés do Santo de Israel seu lamento. Ele era seu único amigo verdadeiro, em quem confiava e se sentia seguro.

Muitos cristãos, por não lerem as Escrituras e viverem sendo alimentados pelas lentilhas pregadas por essa corja de pregadores fajutas, que não passam de animadores de púlpitos, acabam depositando suas esperanças em promessas vazias ao invés de buscar conhecer o verdadeiro Deus a quem se dizem servir.

O salmista, apesar de trazer na sua cabeça uma coroa de ouro, o título de rei de uma grande nação, quando se via abalado e perseguido buscava a face do Todo Poderoso e nele encontrava a resposta para sua dor.

Salmo 56: Que me Pode Fazer um Mortal?

Nos momentos mais difíceis da vida, a tendência humana é de ficar desesperado e procurar qualquer tipo de solução. É comum justificar mentiras, atos de violência ou outros erros por causa das circunstâncias difíceis que a pessoa enfrenta. Até no Código Penal brasileiro, como nas leis semelhantes em muitos outros países, há provisões específicas que tratam de circunstâncias atenuantes como motivos de diminuir a pena dos autores de crimes.

Davi, sendo humano, mostrou a mesma tendência. Quando o jovem Davi foi perseguido pelo rei Saul, ele fugiu. Conseguiu a ajuda do sacerdote em Nobe e, depois, saiu do seu país e procurou refúgio na cidade filisteia de Gate. Há uma certa ironia nessa escolha de Davi, pois Gate foi a cidade donde veio Golias, o campeão dos filisteus que caía diante de Davi. Se o melhor guerreiro da cidade não resistia a fé de Davi, que força de proteção ele encontraria entre esses inimigos da sua nação?

O povo de Gate não acolheu Davi. Sabiam da sua reputação de ser um guerreiro valente e desconfiavam do visitante de Israel. Davi ficou com medo de Aquis, o rei de Gate (1 Samuel 21:10-12). Quando comparamos o relato histórico de 1 Samuel com as palavras de Davi no Salmo 56, percebemos sua luta interna. Por um lado, ele procurou soluções na sua esperteza, até fingindo loucura para parecer inofensivo para o rei de Gate (1 Samuel 21:13-14). Por outro lado, ele olhou para Deus para protegê-lo.

É evidente, especialmente quando acompanhamos todos os detalhes revelados sobre Davi, que a fé venceu o medo. Dois dos Salmos (56 e 34) revelam o coração de Davi nesse momento difícil. O Salmo 56, o foco deste artigo, provavelmente foi o primeiro desses dois a ser escrito, pois enfatiza a carência de Davi diante da ameaça filisteia.

O Salmo 34, que examinaremos em mais detalhe no próximo artigo, comunica o alívio do autor ao ser livrado do perigo. O título do Salmo 56 identifica o contexto histórico: "Hino de Davi, quando os filisteus o prenderam em Gate", e o primeiro verso é um apelo urgente para a misericórdia de Deus. O autor enfrentava as ameaças dos seus inimigos: "o homem procura ferir-me; e me oprime pelejando todo o dia" (verso 1).

Ao longo do Salmo, ele fala dos seus adversários no plural: "torcem as minhas palavras" (verso 5), "ajuntam-se, escondem-se, espionam os meus passos" (verso 6), "baterão em retirada os meus inimigos" (verso 9). Faz perfeito sentido que ele refere a esses adversários filisteus como estrangeiros, e não como o próprio povo de Deus, quando pede para Deus derrubar "os povos" na sua ira (verso 7).

Davi viu a malícia e o número grande dos seus adversários, e reconheceu que a única resposta se encontrava em Deus (versos 2 e 3). Davi responde à sua ansiedade com um refrão usado duas vezes no Salmo: "Em Deus, cuja palavra eu exalto, neste Deus ponho a minha confiança e nada temerei. Que me pode fazer um mortal?" (verso 4); "Em Deus, cuja palavra eu louvo. No SENHOR, cuja palavra eu louvo, neste Deus ponho a minha confiança e nada temerei.

Que me pode fazer o homem?" (versos 10 e 11). Apesar de ter tentando resolver o problema com seus próprios recursos, Davi só achou paz e tranquilidade diante das ameaças dos inimigos ao depositar sua confiança em Deus. Diante do Criador do universo, o que um homem, ou bilhões de homens, seria capaz de fazer? Nessas expressões de confiança em Deus, Davi alcançou a fé de que todos nós precisamos. Foi o que faltou aos israelitas no deserto quando recusaram tomar a terra que Deus lhe prometeu (Números 13:25 – 14:12).

Foi a fé que trouxe livramento para Daniel na cova dos leões (Daniel 6) e para seus amigos quando foram lançados numa fornalha (Daniel 3). José demonstrou essa fé quando maltratado como escravo no Egito, diferente do seu pai, o qual passou décadas tentando manipular as pessoas e as circunstâncias para sua própria vantagem.

Davi encerra o Salmo com a reação de gratidão pelo livramento que Deus lhe deu: "Os votos que fiz, eu os manterei, ó Deus; render-te-ei ações de graças. Pois da morte me livraste a alma, sim, livraste da queda os meus pés, para que eu ande na presença de Deus, na luz da vida" (versos 12 e 13). Quando recebemos o livramento da morte, consequência do nosso próprio pecado, poderemos oferecer menos a Deus? Quando ele livra nossas almas, devemos nos entregar a ele e oferecer o nosso serviço em profunda gratidão.

Pr. Dennis Allan

Salmo 56: 1-13 - CONFORTO NAS PERSEGUIÇÕES

Salmo de Davi onde ele mistura suas queixas com suas orações. É engraçado como ele enfrenta as adversidades que vem sobre ele. Ele entende que Deus está no controle de tudo, mas não entende por que tem de ser perseguido e viver assim encurralado não tendo feito nada que merecesse isso.

Então ele invoca a Deus e apresenta suas queixas. Ele não cobra nada de Deus como se Deus lhe fosse um devedor de bênçãos. As bênçãos de Deus não são dívidas, mas dádivas gratuitas dele para nós, no presente momento. Saul o perseguia como louco. Satanás tinha em mente somente uma coisa destruir aquele que era o portador da semente messiânica, por isso, ferozmente e cruelmente o perseguia e tentava o oprimir de forma que ele pudesse se desesperar e cair em seus laços.

Davi era o escolhido de Deus e bem poderia ter se levantado contra Saul e o derrotado, mas sua visão não era comum, humana. Ele temia a Deus e isso fez a diferença. Quem iria cuidar de Saul e exterminá-lo não seria ele, apesar de todas as promessas, mas o próprio Deus, no seu tempo certo. Veja que Calvino fala com propriedade sobre a introdução deste salmo além de procurar contextualizá-lo para melhor aprendermos com o Espírito Santo. Ele fala de Aquis, conforme Samuel: I Sm 21:10 Levantou-se Davi, naquele dia, e fugiu de diante de Saul, e foi a Aquis, rei de Gate.

E do comportamento estranho de Davi se fazendo passar por louco. Isso tudo por que fugia de Saul. Neste salmo, Davi mistura queixa com a oração e suprime a angústia de sua mente pela meditação sobre a misericórdia de Deus. Ele ora para que possa experimentar a ajuda divina sob as perseguições a que foi submetido por Saul e seus outros inimigos; e expressa sua confiança no sucesso. É possível, no entanto, que o salmo tenha sido escrito depois dos perigos a que ele alude foi passado e em ação de graças por uma libertação que ele já havia recebido.

Ao músico-chefe sobre a pomba silenciosa em lugares distantes, Michtam de Davi, quando os filisteus o levaram a Gath. A parcela da história referida no título é registrada em 1 Samuel 21. Sendo expulsos de todos os esconderijos em que ele até então encontrou segurança, ele fugiu para o rei Aquis.

Ele fala aqui de ter sido apreendido; e que ele era assim, pode ser recolhido a partir da narrativa inspirada, onde Aquis é representado como dizendo:

"Eis que vês o homem ficar louco; por isso, então, você o trouxe para mim?" É provável que eles suspeitassem de algum comportamento sinistro na visita. Ele escapou dessa ocasião fingindo loucura; mas este salmo prova que ele deve estar envolvido em uma súplica fervorosa, e que a fé estava secretamente em exercício, mesmo quando ele traiu essa fraqueza.

Ele não parece ter estado sob essa agitação desordenada, que instiga os homens a adotar métodos de alívio que são positivamente pecaminosos; mas na emergência desesperada a que ele foi reduzido, ele foi obrigado pelo medo a empregar um dispositivo habilidoso, que poderia salvar sua vida, embora reduza sua dignidade aos olhos do mundo. Se ele perdeu o louvor da magnanimidade, é aparentemente aparente desse salmo, que culpa extenuante havia entre fé e medo em seu coração.

As palavras, sobre a pomba silenciosa, são supostas por alguns ter formado o início de uma música bem conhecida na época. Outros pensaram que Davi está aqui em comparação com uma pomba; e esta conjectura é corroborada pela propriedade da metáfora em suas circunstâncias atuais.

Especialmente quando é adicionado, em lugares distantes, pois ele foi levado para o país de um inimigo pela fúria de seus perseguidores. O significado que alguns atribuíram à palavra, traduzindo-o num palácio, é farfetched. Já dei minhas opiniões sobre o termo Michtam. Eu não pretendi dizer nada dogmaticamente sobre um ponto em que mesmo os intérpretes hebraicos não estão de acordo em opinião. Mas a probabilidade é que era um tipo particular de música, ou um instrumento musical.

Salmos 56:1 Tem misericórdia de mim, ó Deus,

porque o homem procura ferir-me;

e me oprime pelejando todo o dia.

Sl 56:1 Tem misericórdia de mim,

ó Deus, porque o homem procura ferir-me;

e me oprime pelejando todo o dia.

Sl 56:2 Os que me espreitam

continuamente querem ferir-me;

e são muitos os que atrevidamente me combatem.

Sl 56:3 Em me vindo o temor,

hei de confiar em ti.

Sl 56:4 Em Deus,

cuja palavra eu exalto,

neste Deus

ponho a minha confiança

e nada temerei.

Que me pode fazer um mortal?

Sl 56:5 Todo o dia

torcem as minhas palavras;

os seus pensamentos

são todos contra mim para o mal.

Sl 56:6 Ajuntam-se,

escondem-se,

espionam os meus passos,

como aguardando a hora de me darem cabo da vida.

Sl 56:7 Dá-lhes a retribuição

segundo a sua iniquidade.

Derriba os povos,

ó Deus, na tua ira!

Sl 56:8 Contaste os meus passos

quando sofri perseguições;

recolheste as minhas lágrimas no teu odre;

não estão elas inscritas no teu livro?

Sl 56:9 No dia em que eu te invocar,

baterão em retirada os meus inimigos;

bem sei isto:

que Deus é por mim.

Sl 56:10 Em Deus,

cuja palavra eu louvo,

no SENHOR,

cuja palavra eu louvo,

Sl 56:11 neste Deus

ponho a minha confiança

e nada temerei.

Que me pode fazer o homem?

Salmos 56:12 Os votos que fiz,

eu os manterei, ó Deus;

render-te-ei ações de graças.

Salmos 56:13 Pois da morte me livraste a alma,

sim, livraste da queda os meus pés.

Para que eu ande na presença de Deus, na luz da vida.

Com certeza as orações de Davi, em forma de salmos, o ajudavam a enfrentar tantos momentos difíceis. Ele estava sempre certo de que no final iria prevalecer a vontade de Deus, assim vive a render graças e a declarar palavras de vitórias para ele mesmo.

A Deus toda glória! p/ Daniel Deusdete –

http://www.jamaisdesista.com.br

57 - Em Tudo Daí Graças

P aulo, nos aconselha nas Escrituras: *"Em tudo daí graças, porque esta é a vontade de Deus em Cristo Jesus para convosco". 1 Tessalonicenses 5:18*. Davi, também, parecia pensar dessa maneira e ao mesmo tempo em que clamava a Deus por socorro e livramento não parava um só minuto de engrandecer seu Santo Nome.

Neste Salmo não foi diferente, sua oração está repleta de desabafos acompanhados de louvores ao Todo Poderoso. Ele lamenta a perseguição dos inimigos: *"minha alma está entre leões, e eu estou entre aqueles que estão abrasados, filhos dos homens, cujos dentes são lanças e flechas, e a sua língua espada afiada". (v4)*

E em seguida engrandece seu libertador, reconhecendo sua glória ne majestade: *"Sê exaltado, ó Deus, sobre os céus; seja a tua glória sobre toda a terra". (v5)*

Essa atitude do salmista mostra que ele parecia acreditar que seria através da adoração contínua que Deus permaneceria de olhos fixos na sua pessoa, garantindo-lhe a vitória. Isso faz muito sentido, pois lemos nas Escrituras que o Senhor habita meio aos Querubins, em permanente louvor. Logo, onde haver adoração a seu Grandioso Nome certamente despertará a sua atenção. Adoremos sempre!

Salmo 57: 1-11 - DAVI CLAMA A DEUS NA CAVERNA QUANDO FUGIA DE SAUL

Clamarei ao Deus altíssimo, ao Deus que por mim tudo executa.
Salmos 57:2

Salmo de Davi feito quando fugia da perseguição cruel e implacável de Saul quando estava na caverna. Calvino o divide em duas partes, sendo a primeira um momento de extravasamento de Davi como era de seu costume diante de Deus e a segunda expressando sua confiança e tendo a expectativa de seu livramento daquela situação complicada.

Davi clama ao Deus Altíssimo, como ele mesmo diz, ao Deus que por ele tudo executa. Sim, Deus por nós tudo executa. Davi sabia disso e por isso confiava em seu Deus e jamais precipitou-se em comportamentos errados por causa das promessas de Deus que havia em sua vida.

A oração de Davi nos salmos que ele compôs refletem o relacionamento que ele tinha com o Espírito Santo. Apesar de Deus ser espírito e invisível aos nossos olhos e ouvidos, Davi caminhava sempre lado a lado com ele. Isso fazia toda a diferença em sua vida e não o deixava jamais se desesperar, mas esperar em Deus com calma.

Calvino em seu comentário, na introdução vai contextualizar a feitura deste salmo e nos dar mais informações sobre ele. Este salmo consiste em duas partes. Na primeira, Davi expressa a ansiedade que sentiu, implorando assistência divina contra Saul e seus outros inimigos. Na segunda, ele prossegue com a expectativa confiante de libertação e agita sua alma para o exercício do louvor.

Para o principal músico, Al-tascheth, [335] Michtam de David, quando ele fugiu do rosto de Saul na caverna. Nos deixamos inteiramente conjeturar quanto ao significado da palavra Michtam; e a igualdade de incerteza prevalece entre os intérpretes.

Quanto ao motivo da inscrição dada ao salmo, Al-tascheth, ou seja, não destrua. Alguns são de opinião que isso formou o início de uma música bem conhecida no momento; outros levam a ser uma expressão proferida por Davi na exigência desesperada a que ele foi reduzido, ó Deus!

Não me destrua, outros entendem que a palavra está inscrita no salmo em louvor pelo alto princípio demonstrado por Davi quando impediu Abishai de matar Saul e são confirmados em sua opinião pelo fato de que esta é a própria expressão que o historiador inspirado o representa como tendo usado (1 Samuel 26: 9). Mas como as orações que se seguem devem ter sido oferecidas antes de dar qualquer injunção a Abishai, esta explicação não é satisfatória.

E devemos adotar um ou outro das duas anteriores suposições, ou seja, que o salmo foi composto com base em alguma música geralmente conhecida na época, ou que a palavra expressa uma breve oração, que Davi anota como tendo sido proferida em circunstâncias memoráveis e em circunstâncias de grande perigo.

Sl 57:1 Tem misericórdia de mim, ó Deus, tem misericórdia,

pois em ti a minha alma se refugia;

à sombra das tuas asas me abrigo,

até que passem as calamidades.

Sl 57:2 Clamarei ao Deus Altíssimo,

ao Deus que por mim tudo executa.

Sl 57:3 Ele

dos céus me envia o seu auxílio e me livra;

cobre de vergonha os que me ferem.

Envia a sua misericórdia

e a sua fidelidade.

Sl 57:4 Acha-se a minha alma entre leões,

ávidos de devorar os filhos dos homens;

lanças e flechas são os seus dentes;

Espada afiada, a sua língua.

Sl 57:5 Sê exaltado,

ó Deus,

acima dos céus;

e em toda a terra

esplenda a tua glória.

Sl 57:6 Armaram rede aos meus passos,

a minha alma está abatida;

abriram cova diante de mim,

mas eles mesmos caíram nela.

Sl 57:7 Firme está o meu coração,

ó Deus, o meu coração está firme;

cantarei e entoarei louvores.

Sl 57:8 Desperta, ó minha alma!

Despertai, lira e harpa!

Quero acordar a alva.

Sl 57:9 Render-te-ei graças entre os povos;

cantar-te-ei louvores entre as nações.

Sl 57:10 Pois a tua misericórdia se eleva até aos céus,

e a tua fidelidade, até às nuvens.

Sl 57:11 Sê exaltado,

ó Deus,

acima dos céus;

e em toda a terra

esplenda a tua glória.

O vs. 5 e o 11 se repetem neste salmo belíssimo desejando que o nome de Deus e sua glória sejam exaltados por toda a terra. Nós não vivemos para dar glória a Deus e se alegrar nele para sempre? A oportunidade que estamos tendo no dia de hoje não é para negociarmos, comprarmos, vendermos, etc... ainda que venhamos a fazer todas essas coisas e muito mais, mas é para glorificarmos o nome de Deus em todas essas situações.

A Deus toda glória! p/ Daniel Deusdete

http://www.jamaisdesista.com.br

58 - A Herança dos Ímpios

Davi era um homem que não poupava o homem mau e nas suas orações não perdia a oportunidade de pedir ao Senhor para puni-lo, pois sabia que por causa de suas más ações a terra era amaldiçoada continuamente e pessoas de bem não conseguiam ter paz.

Desde o princípio, quando nossos primeiros pais pecaram, o Senhor condenou a humanidade a morte e a terra foi amaldiçoada por causa da desobediência. Ainda hoje, devido a multidão de iniquidades praticadas pelos que desprezam a Deus, este mundo vive tomado pelas trevas morais e espirituais. Neste Salmo, ele inicia sua oração com uma pergunta que é dirigida a congregação de Israel, interrogando-a:

"Acaso falais vós, deveras, ó congregação, a justiça? Julgais retamente, ó filhos dos homens? Antes no coração forjais iniquidades; sobre a terra pesais a violência das vossas mãos". (v 1,2). O salmista acusava seus compatriotas de não estarem vivendo de acordo com o que ditava a Lei que lhes foi deixada por Moisés, haviam se desviado da verdade, suas palavras foram:

"Alienam-se os ímpios desde a madre; andam errados desde que nasceram, falando mentiras.

O seu veneno é semelhante ao veneno da serpente; são como a víbora surda, que tapa os ouvidos. Para não ouvir a voz dos encantadores, do encantador sábio em encantamentos.(v 3-5)

E, para aqueles que se alienavam para longe da comunhão com o Senhor ele lança ao Altíssimo que os amaldiçoe: *"Ó Deus, quebra-lhes os dentes nas suas bocas; arranca, Senhor, os queixais aos filhos dos leões. Escorram como águas que correm constantemente. Quando ele armar as suas flechas, fiquem feitas em pedaços.*

Como a lesma se derrete, assim se vá cada um deles; como o aborto duma mulher, que nunca viu o sol. Antes que as vossas panelas sintam o calor dos espinhos, como por um redemoinho os arrebatará ele, vivo e em indignação. (v 6-9)

Ao final de sua oração ele completa com sua costumeira frase de otimismo e esperança: *"O justo se alegrará quando vir a vingança; lavará os seus pés no sangue do ímpio. Então dirá o homem: Deveras há uma recompensa para o justo; deveras há um Deus que julga na terra. (v 10,11)*

Salmo 58: 1-11 - Deus Julga Na Terra

O salmo é um apelo e uma certeza de que haverá justiça na terra, pois no presente momento não há. Assim é o que vê o salmista ao analisar a conduta dos ímpios.

O salmo é também de Davi que deseja a justiça que demonstra a sua integridade e que anuncia o fim dos ímpios e todos os injustos de sobre a terra. Quando alguns discípulos querendo arranjar um lugar de destaque diante de Jesus no seu reino o procuraram em particular e ainda levaram uma intercessora que por eles falasse, a própria mãe deles, seu pedido foi muito claramente censurado por Jesus. O sentar-se à sua direita cabia tão-somente ao Pai designar e não seria assim escolhido ali.

Os demais discípulos se indignaram com esses dois e começou uma pequena confusão e disputa. Jesus aproveita para ensinar a todos eles algo muito profundo. No reino de Deus as coisas são diferentes das coisas feitas e arranjadas na terra.

Querendo destaque na terra, os homens se aproximam das autoridades e fazem conchaves, acordos, tramoias e há muitas brigas, disputas, enganos, mentiras e falsidades. Querendo destaque nos céus, Jesus os orientou a ser o último e não o primeiro; Jesus ensinou a serem servos e não líderes; Jesus ensinou eles a serem humildes e terem confiança em Deus.

A injustiça ocorre aonde se não entre os homens? Assim, não devemos ser como os outros homens que não conhecem a Deus, não o temem e querem se dar bem a todo custo passando por cima dos outros. Somos diferentes e agora somos filhos de Deus: eu tenho certeza de quem me defende é Deus e que por fim se levantará a meu favor. Não preciso de políticos, de favores, de homens influentes, eu preciso é de Deus! Davi entendia isso neste salmo.

Calvino em seu comentário, apenas na introdução diz que o salmo está dividido em duas partes onde na primeira entende Davi falando de sua integridade diante das calúnias lançadas por seus inimigos diante dele e depois de ter assim expressado ele conclui apelando a Deus que execute a justiça na terra.

O seguinte salmo consiste em duas partes. No começo, Davi reivindica sua integridade pessoal das calúnias lançadas sobre ele por seus inimigos. Tendo expressado o sentimento das graves feridas que haviam infligido, a sua crueldade e sua traição, ele conclui com um apelo ao julgamento de Deus e orando para que possam ser visitados com a devida destruição. Para o principal músico, não destrua, Michtam de David.

Sl 58:1 Falais verdadeiramente justiça,

ó juízes?

Julgais com retidão

os filhos dos homens?

Sl 58:2 Longe disso;

antes,

no íntimo engendrais iniquidades

e distribuís na terra a violência de vossas mãos.

Sl 58:3 Desviam-se os ímpios

desde a sua concepção;

Nascem, e já se desencaminham, proferindo mentiras.

Sl 58:4 Têm peçonha

semelhante à peçonha da serpente;

são como a víbora surda,

que tapa os ouvidos,

58:5 para não ouvir a voz dos encantadores,

do mais fascinante em encantamentos.

Sl 58:6 Ó Deus,
quebra-lhes os dentes na boca;
arranca, SENHOR,
os queixais aos leõezinhos.

Sl 58:7 Desapareçam como águas que se escoam;
ao dispararem flechas,
fiquem elas embotadas.

Sl 58:8 Sejam como a lesma,
que passa diluindo-se;
como o aborto de mulher,
não vejam nunca o sol.

Sl 58:9 Como espinheiros,
antes que vossas panelas sintam deles o calor,
tanto os verdes como os que estão em brasa
serão arrebatados como por um redemoinho.

Sl 58:10 Alegrar-se-á o justo
quando vir a vingança;
banhará os pés
no sangue do ímpio.

Sl 58:11 Então, se dirá:
Na verdade, há recompensa para o justo; há um Deus,
com efeito, que julga na terra.

O fim desse salmo é a minha crença! Ainda que eu não seja visto diante do reino dos homens e não tenha tido as oportunidades que são compradas por um pedaço ou uma parte de nossas honras, ainda assim, eu creio que há recompensa para o justo e que há um Deus que julga na terra.

Pr. Daniel Deusdete

– *http://www.jamaisdesista.com.br*

ESTUDO SOBRE O SALMO 58

1. Compreendendo a estrutura do Salmo [tradução do autor]

I. Crítica violenta aos elementos (deuses? juízes? governantes?).

(É) verdade, elementos, vós falais de justiça?

Corretamente julgais os filhos de Adam?

Realmente de coração praticais injustiça;

Sobre a terra a violência de vossos pais vós aplainastes (v.2-3).

II. Acusação ou descrição da corrupção (dos governantes? juízes?)

Os perversos desviaram-se desde o útero;

Eles andaram errantes desde o ventre com palavras de mentira.

Veneno para eles (têm) como o veneno de serpente,

Assim como uma víbora surda tapando seu ouvido;

Que não ouve pela voz dos que encantam;

Encantadores que encantam o que é instruído (v.4-6).

III. Apelo por destruição ou maldição.

 Eloim, quebra seus dentes em suas bocas;

despedaça os maxilares dos leãozinhos, Javé.

Eles serão dissolvidos como as águas que escorrem;

Eles pisarão suas flechas como eles foram repelidos.

Como uma lesma (que) tu fazes derreter ao caminhar;

(Como) um aborto da mulher (que) não verá o sol.

Antes que eles conheçam vossos vasos o calor,

Como o que arrebata um verde espinheiro! (v.7-10).

IV. Alegria pela justiça de Javé.

Alegrar-se-á o justo.

Eis que!
 Ele verá a vingança;

Ele lavará seus pés no sangue dos perversos.

 E dirá, ó homem!

Certamente (há) um fruto para o justo.

Certamente existe um Eloim, aquele que julga na terra (v.11-12).

2. Introdução - O Brasil vive uma crise moral, de caráter político, pouca igualada em sua história. Alguns especialistas a tratam como mais grave que a da era Collor. A constatação a partir das manchetes dos jornais de maior circulação nacional:

"O Brasil vive uma crise sem precedente na sua história"

 "Brasília sob lama"

"Duda diz que recebeu do PT no exterior e complica Lula"

"A oposição estuda possibilidade de impeachment"

A minha intenção é ler o Sl 58 é re-lê-lo, re-interpretá-lo e re-significá-lo para os nossos dias. Sendo assim, vamos lê-lo, começando pela abertura dessa composição   V.2-3):

3. Acusação do salmista

A linguagem jurídica é perfeitamente jurídica em todos os âmbitos da sociedade israelita, nos tempos bíblicos. Entre os profetas, ela é aparente de várias formas. Por exemplo, Jeremias cita uma palavra de Javé que diz: Vou abrir um processo contra vós (2,9). A palavra hebraica para "processo" é rib, a mesma usa pelos juristas nos tribunais.

3.1 O veredicto: quem são as autoridades políticas

(É) verdade, elem , (que) vós falais de justiça?

Corretamente, vós julgais os filhos de Adam?

Realmente, de coração praticais injustiça;

Sobre a terra a violência de vossos pais preparastes um caminho (v.2-3).

A acusação é dirigida contra uma figura ou um grupo de pessoas que o salmista chama de elem . Qual grupo de pessoas está atrás dessa enigmática palavra? A resposta tem sido buscada há mais de dois milênios. Duas possibilidades têm chegado, através dos pesquisadores:

Em primeiro lugar, elem significa "deuses" da corte celeste ou do panteão divino (conforme o Salmo 82,1). Para se chegar a essa interpretação, alguns exegetas têm emendado elem para elim , deuses, seres divinos. Contudo, é possível interpretar elem por ilem, cujo significado é em silêncio (Ex 4,11; Is 35,6; 56,10; Sl 38,14; Pr 31,8), cuja raiz é lm e significa no Piel, atar, ligar e no Nifal, emudecer (Is 35,6; Sl 38,14; Pr 31,8). Todavia, em se tratando do Salmo 58, a emenda, de elem para elim é precária, em razão do conteúdo do Salmo 58.

O fato é que a tradução de elem por "deuses" seria forçar o texto do salmo, pois o autor do Salmo 58 refere-se a autoridades humanas. Em segundo lugar, Erhard S. Gerstenberger faz uma sugestão bastante afinada com a realidade do texto do salmo. Segundo ele, traduzir elem por "deuses" seria forçar o texto do salmo, pois o autor refere-se à autoridades humanas, a saber, os rexa´im, malfeitores, os perseguidores do povo crente e trabalhador.

E aqueles que se desviaram e andam errantes desde o ventre materno com palavras de mentira etc. (v.4); A outra indicação que elem refere-se a pessoas da comunidade do salmista está no verso 7a: Os seus dentes serão quebrados e os maxilares despedaçados. Assim, elem do Salmo 58,2, refere-se aos líderes da nação que abusam do poder (Gerstenberger, Erhard S., Psalms, Part 1, FOTL, Grand Rapids: William B. Eerdmans Publishing Company, 1988, 233-235) Portanto, nossa primeira constatação é que o salmista dirigia a sua crítica aos líderes, políticos e religiosos, da nação que tinham muito poder nas mãos.

3.2. Constatação: como a liderança política exerce o seu mandato.

Sejam que for, esses líderes estavam encarregados de agir na sociedade. O salmista menciona que os líderes da nação tinham a responsabilidade de julgar e exercer a justiça entre o povo. O que significa julgar e praticar a justiça?

A tarefa de julgar.

Um dos conceitos bíblicos mais impressionantes é aquele conduzido pelo verbo hebraico xapat que é traduzido por julgar. Normalmente, julgar carrega unicamente o significado jurídico como o de constatar atos criminosos, levar a juízo uma pessoa, medir e determinar sentença ou condenar.

Entretanto, na Bíblia, basicamente, a justiça não era usada para levar uma pessoa à condenação, mas a disciplina era aplicada com a finalidade de restaurar a paz dentro da comunidade, seja a família, tribo ou a nação. Assim, a definição básica da raiz hebraica xpt é a ação de restabelecer a ordem perturbada de uma pessoa ou comunidade.

É freqüente encontrar o verbo xapat, e derivados, junto com os substantivos hesed bondade (Sl 101.1), xalom paz, vida abundante (Sl 85.10). Por isso, julgar é basicamente ajudar e defender a causa das pessoas violentadas por malvados e opressores (Sl 82.1-8). Quando se fala em julgamento ou juízo de Deus, devemos compreender a ordem que traz disciplina e limites precisos, mas, acima de tudo, vida plena e feliz para toda a comunidade. Na CPI dos Correios, do Mensalão e da Compra de Votos.

Nós continuamos a perguntar aos nossos líderes políticos, como o salmista fez, há cerca de dois mil e quinhentos anos atrás:

(É) verdade, elem , (que) vós falais de justiça?

E como o salmista, nós tristemente constatamos:

Realmente, vós praticais, de coração, injustiça;

A tarefa de exercer a justiça.

O conceito de Justiça nos dias de hoje, não tem muito a ver com o que a Bíblia quer dizer sobre este tema. Enquanto praticamos uma justiça forense, isto é, de tribunais, a Bíblia fala de uma justiça bem afinada com a pastoral; enquanto vemos uma justiça caracterizada pelas togas e martelos, a Bíblia revela uma justiça distinguida pelo cajado do pastor; enquanto nós vivenciamos uma justiça dura e inflexível, a Bíblia anuncia uma justiça que busca recuperar o réu e pecador.

Enquanto nós convivemos com justiça atéia, a Bíblia oferece uma justiça divina; enquanto nós temos uma justiça baseada em códigos de leis, a Bíblia mostra a justiça fundamentada no amor, na bondade, na compaixão e na busca da integridade de vida para todos/as. Na língua bíblica, o termo justiça é chamado sedaqah. Assim, quando Jesus pediu a João para ser batizado, Ele argumentou: porque assim nos convém cumprir toda a justiça (Mt 3.15). A justiça a que Jesus se refere, não é para criar tribunais de julgamento, mas, tão somente, salvar e criar condições de vida para homens e mulheres.

Na CPI dos Correios, do Mensalão e da Compra de Votos, nós continuamos a perguntar aos nossos líderes políticos, como o salmista fez, há cerca de dois mil e quinhentos anos atrás: Corretamente julgais os filhos de Adam? E como o salmista, nós tristemente constatamos: Sobre a terra vós preparastes um caminho de violência de vossos pais.

A partir dessa constatação o salmista converte-se num instrumento profético. O salmista leva para o culto uma pesada crítica contra os seus governantes:

Eles praticam a injustiça (o verbo pa´al significa fazer, construir, fabricar eles seguem a violência dos pais; eles são comparados com o que é mais venenoso, isto é, a víbora (v. 5-6), são surdos aos ensinos da Tora (v.6), são vistos como perseguidores e mentirosos (v. 4). Sobre o adjetivo hebraico rexa´im - traduzido por ímpios (João Ferreira de Almeida e Bíblia de Jerusalém), por injustos (José Bortolini) e por maus (TEB) - temos a dizer que rexa´im é mais que um negador de Deus:

São pessoas que não têm o menor pudor de elaborar planos maus e homicidas que não trazem o benefício comum, mas vantagens para os seus bolsos e para os seus partidários. Os sábios os denominam "insensatos" e "estúpidos", pois dizem que "não há Deus" (Sl 14,1).

Entretanto, a posição deles é vista como pura conveniência, pois negam Deus por uma necessidade prática. Por isso, não há nada de verdadeiro na boca dos rexa´im. O interior deles é corrupção, isto é, "sua garganta é como um túmulo aberto" (Sl 5,10; 19,7). Os rexa´im possuem uma forte consciência de superioridade: eles dizem "não me abalarei (Sl 10,6). Assim, eles seguem o caminho com imperturbável segurança. Eles confiam no poder destruidor de suas palavras e desafiam os justos, perguntando: "Quem pode ser o senhor de nós" (Sl 12,5). Eles possuem um sentimento tal de superioridade que vêem os justos como suas vítimas que estão à mercê de suas maquinações.

O salmista cita uma de suas palavras:

"Deus esqueceu, virou o seu rosto e nunca verá isso" (Sl 10,11). Esse é o sentimento que orienta os rexa´im que poderíamos denomina-los de perseguidores dos justos ou os destruidores da paz e do bem-estar da comunidade do salmista. Na CPI dos Correios, do Mensalão e da Compra de Votos, nós continuamos a perguntar aos nossos líderes políticos, como o salmista fez, há cerca de dois mil e quinhentos anos atrás:

Realmente de coração praticais injustiça. Sobre a terra a violência de vossos pais preparastes um caminho (v.3). Depois de acusar os líderes políticos e religiosos de seu tempo, o salmista enumera as razões de sua acusação:

"Os perversos desviaram-se desde o útero (materno). Eles andaram errantes desde o ventre (materno) com palavras de mentira. Eles (têm) veneno como o veneno de serpente. Assim como uma víbora surda tapando seus ouvidos. Que não ouve pela voz dos que encantam. Encantador instruído em encantamento". (v.4-6).

Diante dessas acusações que o salmista coloca para os membros da CPI, instalado na capital de Israel, Jerusalém, nós, brasileiros e brasileiras, ficamos tristemente perplexos com os acontecimentos relacionados às nossas três CPI. A surpreendente afinidade encontra sua razão de ser na constatação da corrupção, na presença da injustiça e na incidência da mentira.

O salmista equipara as ações desses elem , perversos perseguidores dos justos, com o que há de mais venenoso, a víbora. Ao mesmo tempo, o salmista mostra uma outra característica desse grupo de pessoas: os elem são obstinados e teimosos na ação de mentir, perseguir e corromper.

4. Apelo por destruição dos elem ou maldição.

Eloim, quebra seus dentes em suas bocas; despedaça os maxilares dos leãozinhos, Javé. Eles serão dissolvidos como as águas que escorrem. Eles pisarão suas flechas como eles foram repelidos. Como uma lesma (que) tu fazes derreter ao caminhar; (como) um aborto da mulher (que) não verá o sol. Antes que eles conheçam vossos vasos o calor, como o que arrebata um verde espinheiro! (v.7-10).

O salmista é um crente machucado pela opressão e agressão sofrida pela ação dos perversos elem . Os versos 7-10 mostram um apelo que o salmista faz a Eloim. Trata-se de uma maldição contra os agressores do salmista. A maldição é um elemento muito frequente nos salmos de lamentação. A intenção do pedido é eliminar todo o mal que ameaça o queixoso, bem como a comunidade em que ele vive.

É uma demonstração, por parte do suplicante, que ele anseia pela libertação das ameaças que o oprimem. Na verdade, a maldição, tal como a temos nos salmos de lamentação, é um mecanismo de defesa do fraco e oprimido. Talvez, a maldição seja a única alternativa de vida que ele tem para aquele momento, em vista do esgotamento de todas as possibilidades de libertação das mãos dos agressores.

5. Surpreendidos pela alegria.

Há um detalhe interessante e surpreendente nos salmos de lamentação: a lamentação na Bíblia contém um diferenciador que a caracteriza como singular. A lamentação, tal qual a temos no livro de Salmos, não é semelhante a um "murmúrio", como aquele proferido por um grupo de israelitas insatisfeitos, no deserto (Ex 15,24; 16,2.7; Nm 14,1-9). Esse "murmurar" é denominado de "rebeldia", por se tratar de uma atitude que não contem esperança.

O murmúrio sem esperança é representado pelo verbo lwn, enquanto a lamentação com expectativa de salvação é representada pelos verbos sapad e yalal. A diferença está na esperança. Por essa razão, não é difícil concluir que o autor do Salmo 58 possui a esperança de uma intervenção salvífica de Deus, como ele diz no fechamento de sua composição.

Alegrar-se-á o justo. Eis que! Ele verá a vingança. Ele lavará seus pés no sangue dos perversos. E dirá, ó homem! Certamente (há) um fruto para o justo. Certamente existe um Eloim, aquele que julga na terra (v.11-12).

Como se vê, o salmista apresenta sua queixa contra os governantes corruptos de sua época. Ele usa terminologia pesada para caracterizar o comportamento inadequado deles. Nos dez primeiros versos, ele é severo e radical em suas definições. Alguém diria que o salmista passa para os seus leitores e leitoras uma imagem negativa da política de seus governantes e do futuro da nação. Entretanto, quando lemos os versos 11 e 12 a impressão negativa transforma-se em esperança.

Como se dá essa mudança no corpo desse salmo? Os versos 11 e 12 não apareceram nessa composição por acaso. A esperança de um futuro pleno de alegria, depois de uma análise da realidade política tão feia, faz parte da história do povo bíblico.

O rito de lamentação, por parte do povo bíblico, é um fato bastante significativo para entender o Antigo Testamento. Se a lamentação em torno da morte de uma pessoa, no mundo profano, era como um rito voltado para a saudade do passado, a queixa de um oprimido é vista como um anseio pela libertação. A re-significação do rito profano da Páscoa, por parte dos escravos hebreus libertos da escravidão egípcia, pode ser comparada a lamentação. Como aconteceu com a celebração da Páscoa, Israel experimentou uma nova forma de lamentar.

O povo da Bíblia deixou de fazer da queixa uma acusação forma como se faz nos tribunais seculares, ou uma auto-flagelação como se fazia no rito fúnebre de alguém, ou mesmo uma cerimônia puramente emocional.Voltada para si mesma, para associar o ato de lamentar à memória da libertação do Egito. Com os versos 11 e 12, lamentação do salmista deixou de ser uma simples acusação contra os seus líderes, como um grito do luto ou um desabafo sem retorno, para ser um canto de esperança.

6. Lições que o Salmo 58 nos traz.

(1) O salmista propõe uma libertação por meio de vingança (v. 11). Evidentemente que essa solução não foi adotada pelos profetas e nem recomendada por Jesus. Seria, então, o Salmo 58 anti-cristão? Na verdade, esse salmo é fruto de um grupo cuja tradição acreditava que a solução para a violência do mundo vinha da eliminação dos geradores da violência. Assim, essa composição nasceu a esse grupo de pessoas. O autor era um crente oprimido por pessoas violentas e perseguidoras. Dessa forma, temos que tomar a maldição como uma prática comum aos pobres e indefesos que, no limite do sofrimento e sem possibilidade de reação, pedem a ajuda de Deus para eliminar aquele sofrimento, provocado por pessoas más. Portanto, o salmista não se dispõe fazer justiça com as próprias mãos, mas pede a Deus que o faça por ele.

(2) A importância desse salmo está na seriedade com que ele trata os geradores da violência contra os seres humanos.

A exagerada posição do salmista contra a corrupção, a mentira e a injustiça praticada contra o povo indefeso, deve ser valorizada e tomada como exemplo.

(3) Sendo o livro de Salmos o hinário usado pelo povo bíblico nas suas celebrações, isto é, nos cultos, é surpreendente constatar que a linguagem litúrgica refletia muita responsabilidade para com o bem-estar da sociedade.

Havia cânticos de louvor como constatamos nas últimas composições do livro de Salmos, porém, a lamentação em razão das agressões sofridas pelos crentes, justos e honestos, é altamente valorizada na liturgia do culto. Os crentes possuíam uma profunda consciência política, e reivindicavam, no culto, a melhoria de vida comunitária.

(4) Outro detalhe estranho a nós crentes, acostumados a elaborar e usar uma liturgia bela, adocicada, "soft", "light" e neutra e encontrar uma composição como o Salmo 58: linguagem agressiva de um tribunal que fere a nossa sensibilidade e a nossa postura de crentes piedosos. O livro de Salmos está eivado de exemplos.

(5) O Salmo 58 é uma prova que havia um espaço aberto no culto para a lamentação do crente agredido pelas pessoas más. Cerca de cinquenta composições do livro de Salmos trazem as marcas literárias da lamentação. Além disso, os livros de Jó, de Lamentações e partes do livro do profeta Jeremias contêm queixas litúrgicas.

(6) Segundo José Bortolini, o Salmo 58 é uma composição censurada pela liturgia. Por quê? Provavelmente, a igreja o considera inapropriado para uma meditação confortadora e inspiradora. Contudo, se se pensar que o salmista queixoso está buscando, com a ajuda de Deus, eliminar os males presentes em sua comunidade e, ao mesmo tempo, resgatar a plenitude de vida boa e saudável na sociedade, então pode-se entender a razão pela qual este salmo faz parte do hinário sagrado.

(7) O Salmo 58 é a reafirmação que os crentes devem ansiar pela vida boa e feliz. Muito mais do que isso, ele deve crer que existe uma recompensa para o justo. Portanto, é preciso acreditar na oração que busca superar os problemas de violência e agressão contra os justos.

(Sermão elaborado e proferido pelo prof. de Antigo Testamento da FaTeo Tércio Machado Siqueira.)

59 – Libertação

Nossas orações devem ser sempre feitas para que o Senhor nos mantenha afastados daqueles que cometem maldade e praticam a iniquidade, pois estes contaminam tudo em derredor com seus atos abomináveis. Muitos que antes foram alcançados pelo Evangelho e salvos da condenação eterna, hoje se encontram novamente mortos na fé, pois permitiram que estes tais voltassem a fazer parte de suas vidas.

Noutras palavras, nunca esqueçamos que a comunhão com os ímpios nos conduzirá a volta ao pecado e, consequentemente, as amarras de satanás. O salmista inicia sua oração clamando que Deus o mantenha livre de tais companhias: *"Livra-me, meu Deus, dos meus inimigos, defende-me daqueles que se levantam contra mim. Livra-me dos que praticam a iniquidade, e salva-me dos homens sanguinários. (v1,2)*

Prossegue pedindo que o Senhor tome uma posição diante daqueles que o perseguem e faça algo contra os ímpios: *"Tu, pois, ó Senhor, Deus dos Exércitos, Deus de Israel, desperta para visitares todos os gentios.*

Não tenhas misericórdia de nenhum dos pérfidos que praticam a iniquidade. Voltam à tarde; dão ganidos como cães, e rodeiam a cidade. Eis que eles dão gritos com as suas bocas; espadas estão nos seus lábios, porque, dizem eles: Quem ouve? (v 5-7)

Em contínuo a seu clamor diante do Todo Poderoso ele solicita que os maus sejam punidos por suas maldades e depois destruídos, finalizando com as palavras de esperança de sempre, pois confia firmemente no Deus de Israel:

"Tu, pois, ó Senhor, Deus dos Exércitos, Deus de Israel, desperta para visitares todos os gentios; não tenhas misericórdia de nenhum dos pérfidos que praticam a iniquidade. Voltam à tarde; dão ganidos como cães, e rodeiam a cidade.

Eis que eles dão gritos com as suas bocas; espadas estão nos seus lábios, porque, dizem eles: Quem ouve?

Mas tu, Senhor, te rirás deles; zombarás de todos os gentios; Por causa da sua força eu te aguardarei; pois Deus é a minha alta defesa.

O Deus da minha misericórdia virá ao meu encontro; Deus me fará ver o meu desejo sobre os meus inimigos.

Não os mates, para que o meu povo não se esqueça; espalha-os pelo teu poder, e abate-os, ó Senhor, nosso escudo.

Pelo pecado da sua boca e pelas palavras dos seus lábios, fiquem presos na sua soberba, e pelas maldições e pelas mentiras que falam.

Consome-os na tua indignação, consome-os, para que não existam, e para que saibam que Deus reina em Jacó até aos fins da terra.

E tornem a vir à tarde, e deem ganidos como cães, e cerquem a cidade. Vagueiem para cima e para baixo por mantimento, e passem a noite sem se saciarem.

Eu, porém, cantarei a tua força; pela manhã louvarei com alegria a tua misericórdia; porquanto tu foste o meu alto refúgio, e proteção no dia da minha angústia.

A ti, ó fortaleza minha, cantarei salmos; porque Deus é a minha defesa e o Deus da minha misericórdia. Salmos 59:5-17

Salmo 59: 1-17 - SÚPLICA EM PROL DE LIBERTAÇÃO

Não haveria como Davi escapar de Saul que estava determinado a exterminá-lo. Para Saul, Davi era aquele que iria tomar o seu lugar no seu reino. Ele já sabia que isso iria acontecer, mas ele lutava contra isso e se esforçava para dar tudo errado para Davi. Para Satanás, Davi era aquele que carregava a semente messiânica que iria esmagar a sua cabeça.

Assim a perseguição era cruel e tudo estava certo para a derrota final de Davi, mas não podemos esquecer daquele que escreve a história dos homens sem se quer destruir a vontade deles ou anular a sua liberdade de escolha que irá gerar o pecado pelo qual irão ter de prestar contas.

Deus não permitiu que fosse apanhado e proveu livramento espetacular para Davi. Durante muito tempo Davi foi perseguido, mas em nenhum momento foram bem-sucedidos os seus inimigos. Assim como Davi não perdia uma batalha se quer e sempre era o vencedor, mesmo estando contra ele todos os fatores, assim, quando perseguido, também escapava sem ser apanhado.

Ele então escreve este salmo que é uma oração ao seu Deus que nos ensina a clamar, a esperar e a ter fé e confiança que Deus no seu tempo proverá o que tiver de ser provido para sua honra e glória e nosso gozo nele. No comentário de Calvino, apenas a sua introdução, vemos a contextualização deste salmo e sua explicação que nos ajudam a entender um pouco melhor. Somos gratos por Calvino que estudou e produziu excelentes comentários.

O título, que segue imediatamente, nos informa sobre a ocasião em que este salmo foi escrito, o que tem uma semelhança considerável com o precedente. Ele começa insistindo na injustiça dessa cruel hostilidade que seus inimigos lhe mostraram, e que ele não fez nada para merecer.

Sua queixa é seguida por oração a Deus por ajuda; e depois, à medida que suas esperanças revivem no exercício da meditação devotada, ele profetiza sua destruição calamitosa. No final, ele se compromete a preservar uma lembrança agradecida de sua libertação e a louvar a bondade de Deus. Para o principal músico, Al-taschith, [destrua não], Michtam de David, quando Saul enviou, e eles sitiaram a casa para matá-lo. O incidente na história de Davi, aqui referido, é aquele com o qual todos estamos familiarizados, (1 Samuel 19:11.)

Assediado em sua própria casa por uma tropa de soldados e sem ter oportunidade de sair da cidade, todas as avenidas para o qual foi posto de posse pelos guardas de Saul, parecia impossível que ele pudesse escapar com sua vida.

Ele era agradecido por sua libertação à ingenuidade de sua esposa, mas era no amor divino que ele procurava segurança. Mical pode ter inventado o artifício que enganou os soldados enviados por seu pai, mas ele nunca poderia ter sido salvo senão pela maravilhosa preservação de Deus.

Dizem-se nas palavras do título que sua casa estava sendo sitiada, e isso equivale, nas circunstâncias, a ser dito que ele estava com seus dias contados; pois os emissários de Saul foram enviados com ordens não só por sua apreensão, mas sua morte.

Sl 59:1 Livra-me, Deus meu, dos meus inimigos;

põe-me acima do alcance dos meus adversários.

Sl 59:2 Livra-me dos que praticam a iniquidade

e salva-me dos homens sanguinários.

Sl 59:3 Pois que armam ciladas à minha alma; contra mim se reúnem os fortes,

sem transgressão minha, ó SENHOR, ou pecado meu.

Sl 59:4 Sem culpa minha, eles se apressam e investem; desperta, vem ao meu encontro

e vê.

Sl 59:5 Tu, SENHOR, Deus dos Exércitos,

és o Deus de Israel; desperta, pois, e vem de encontro a todas as nações;

não te compadeças de nenhum dos que traiçoeiramente praticam a iniquidade.

Sl 59:6 Ao anoitecer, uivam como cães, à volta da cidade.

Sl 59:7 Alardeiam de boca; em seus lábios há espadas.

Pois dizem eles: Quem há que nos escute?

Sl 59:8 Mas tu, SENHOR,

te rirás deles; zombarás de todas as nações.

Sl 59:9 Em ti, força minha, esperarei; pois Deus é meu alto refúgio.

Sl 59:10 Meu Deus virá ao meu encontro com a sua benignidade,
Deus me fará ver o meu desejo sobre os meus inimigos.

Sl 59:11 Não os mates, para que o meu povo não se esqueça;
dispersa-os pelo teu poder e abate-os, ó Senhor, escudo nosso.

Sl 59:12 Pelo pecado de sua boca, pelas palavras dos seus lábios
na sua própria soberba sejam enredados e pela abominação
e mentiras que proferem.

Sl 59:13 Consome-os com indignação, consome-os,
de sorte que jamais existam e se saiba que reina Deus em Jacó, até aos confins da terra.
Sl 59:14 Ao anoitecer, uivam como cães, à volta da cidade.

Sl 59:15 Vagueiam à procura de comida e, se não se fartam, então, rosnam.

Sl 59:16 Eu, porém, cantarei a tua força; pela manhã louvarei com alegria
a tua misericórdia; pois tu me tens sido alto refúgio e proteção
no dia da minha angústia.

Sl 59:17 A ti,
força minha, cantarei louvores, porque Deus é meu alto refúgio,
é o Deus da minha misericórdia.

A conclusão de seus salmos são todas iguais: apontam para uma porta de esperança, uma resposta divina, uma bênção anunciada, uma declaração de amor e de adoração a Deus que jamais nos desamparará diante de qualquer situação.

A Deus toda glória! p/ Daniel Deusdete –

http://www.jamaisdesista.com.br

Súplicas em prol da libertação – Salmo 59

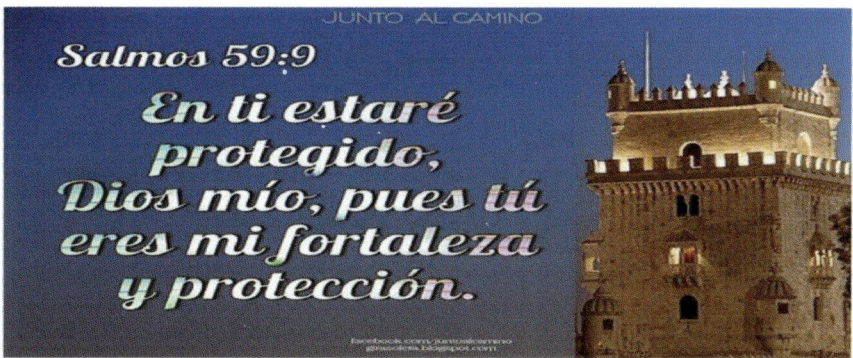

A Ti, força minha, cantarei louvores, porque Deus é meu alto refúgio, é o Deus da minha misericórdia. – Salmo 59:17 O contexto deste Salmo é semelhante ao dos salmos 56-58. É um clamor pelo livramento de um grande perigo, e termina com uma repentina e dramática mudança para o agradecimento por esse livramento, que o salmista está certo de que virá.

Rogo pelo livramento:

Livra-me, Deus meu, dos meus inimigos; põe-me acima do alcance dos meus adversários. Livra-me dos que pratica a iniquidade e salva-me dos homens sanguinários, pois armam ciladas contra mim, sem que eu tenha cometido algum pecado (v.1-3)

Sem culpa minha, eles se apressam e investem; desperta, vem ao meu encontro e vê. Tu, Senhor, Deus dos Exércitos, és o Deus de Israel, desperta, e vem de encontro a todas as nações, não Te compadeças de nenhum dos que traiçoeiramente praticam a iniquidade (v.4-5)

Ao anoitecer uivam como cães, à volta da cidade, em seus lábios há espadas. Mas, Tu Senhor, Te rirás deles, zombarás de todas as nações. Em Ti, força minha, esperarei; pois Deus é meu alto refúgio. Meu Deus virá ao meu encontro com a Sua benignidade. Deus fará o meu desejo sobre os meus inimigos (6-10).

Pedido de punição para seus inimigos:

Não os mate, para que o meu povo não se esqueça; dispersa-os pelo Teu poder e abate-os, ó Senhor, escudo nosso. Pelo pecado de sua boca, pela sua soberba sejam enredados e pela abominação e mentiras que proferem (v.11-12);

Consome-os com indignação, de sorte que jamais existam e se saiba que reina Deus em Jacó, até aos confins da Terra. Ao anoitecer, uivam como cães, à volta da cidade. Vagueiam à procura de comida e, se não se fartam, então, rosnam (v.13-15);

Eu, porém, cantarei a Tua força; pela manhã louvarei com alegria a Tua misericórdia, pois me tens sido alto refúgio e proteção no dia da minha angústia. A Ti, força minha, cantarei louvores, porque Deus é meu alto refúgio, é o Deus da minha misericórdia (v.16-17).

Embora o salmista tenha usado seus próprios meios para fugir do cerco que os soldados de Saul faziam em sua casa (I Samuel 19:12), ele atribuiu corretamente seu livramento à misericórdia de Deus. Precisamos a cada dia reconhecer e testemunhar dos livramentos e da proteção que Deus tem para conosco

Considerações Finais

Concluímos o quinto volume da série, levando aos nossos leitores variados comentários feitos a partir de homens com um profundo conhecimento das Sagradas Escrituras, pessoas cujas vidas estão pautadas numa comunhão diária com nosso Deus e no estudo frequente das verdades divinas. Esperamos está contribuindo para aumentar o conhecimento dos estudantes da Bíblia e fortalecendo a relação espiritual entre nossos irmãos na fé e o Senhor Jesus Cristo.

Biografia

ABDENAL CARVALHO, é Pastor Evangélico com Doutorado e PhD pela Faculdade de Teologia das Assembleias de Deus, presidente fundador do MEMPA - Ministério de Evangelismo e Missões no Pará, Palestrante, Membro da CADB – Convenção das Assembleias de Deus do Brasil/ CPB – Comissão de Pastores do Brasil, OPB – Ordem dos Pastores do Brasil, Palestrante e Escritor, com vários títulos publicados nas maiores e mais importantes Plataformas de Publicação Independente e na Rede Global de Varejo (Ingram)

Referências

Pr. Dennis Allan

— Publicado em 02/04/2012 por Blog Sétimo Dia pelo Pr. Roberto Biagini

Blog "Por Sua Palavra" – web

Pr. Israel Belo De Azevedo

http://www.prazerdapalavra.com.br/component/content/article/2732-salmo-39-saber-quem-somos-.html

Pr. Heber Toth Armi— Blog - Reavivados Pela Sua Palavra – web

Igreja batista em Goiânia – S.D.G. Peixoto

Pr. Thomas Tronco — Igreja Batista da Redenção

— Pr. Diego Nascimento — Primeira Igreja Batista em João Pessoa —

http://www.casadosenhor.com.br/estudos/estudo/114/O-SENHOR-e-Minha-Luz-Salmo-27

Comentário Bíblico Moody – Volume – 3. p 2,3

http://www.casadosenhor.com.br/estudos/estudo/114/O-SENHOR-e-Minha-Luz-Salmo-27

! *Life Application Study Bible Kingsway*

(Sermão elaborado e proferido pelo prof. de Antigo Testamento da FaTeo Tércio Machado Siqueira.)

| Autor: João Cruzué | **Divulgação:** EstudosGospel.Com.BR |

Garth Bainbridge — Australia

Pr. **Claudio Crispim**

https://bibliotecabiblica.blogspot.com/2015/08/significado-de-salmos-59.html

Garth Bainbridge — Austrália - Traduzido por JAQ/JDS

Pr.   Jonas Dias de Souza

Servo de Deus. Congrega na Assembleia de Deus Missões na cidade de São João del-Rei. Graduado em Filosofia pela UFSJ. Estudante de Teologia da EETAD.

[2] Nova Versão Internacional.

[3] Nova Tradução na Linguagem de Hoje.

12/05/2012 — Pr. Claudio Crispim

https://estudobiblico.org/salmo-50-louvor-como-sacrificio-agradavel/

{Gill} John Gill's Expositor - (Bible on line 8.11). CD publicado por Larry Pierce, 2000.

Pr. Harry E. Payne, Sr

Pr. Márcio Valadão – Em: 22/08/2017

Pr Daniel Deusdete – http://www.jamaisdesista.com.br

Louvor a Deus —Heber Toth Armí

Dennis Allan - https://www.estudosdabiblia.net/jbd659.htm

Fonte: Voltemos ao Evangelho e Ministério Fiel – Devocional Charles Spurgeon

S.D.G. *L.B.Peixoto*

Igreja Evangélica do Cristo Vivo - Apóstolo, irmão e amigo, Miguel Ângelo.

PR. LEANDRO B. PEIXOTO

ABRIL 11, 2018

Ev. Leandro Boer

https://estudobiblico.org/salmo-41-o-auxiliador-dos-pobres/

A Deus toda glória! p/ Daniel
Deusdete – http://www.jamaisdesista.com.br

Helen Pyke - Universidade Adventista do Sul

https://pastorezequias.com/2010/11/04/a-tua-luz-e-a-tua-verdade-salmo-43/

ALMEIDA, João Ferreira de. Edição Corrigida e Revisa fiel ao texto original. São Paulo. Sociedade Bíblica Trinitariana do Brasil, 1994.

BENTZEN, Aage. Introdução ao Antigo Testamento, vol. II.

CLYDE T. Francisco, Introdução ao Velho Testamento.

FOHRER, E. Sellin, G. Introdução ao Antigo Testamento, vol.II.

GERSTENBERGER, Erhard S. Psalms – Part 1. Vol. XIV (FOTL). Grand Rapids: W.B. Eerdmans Publishing Company, 1988.

GONZÁLEZ, A. El libro de los Salmos. Barcelona: Editorial Herder, 1984 [Biblioteca Herder].

KRAUS, Hans-Joachim. Psalms 1–59. Minneapolis: Augsburg Publishing House, 1988.

MCNAIR, S. E, A Bíblia Explicada. 4ª ed. Rio de Janeiro. CPAD – Casa Publicadora das Assembléias de Deus, 1983.

RHODES, Arnald B. "The Book of Psalms" in Layman's Bible Commentary (Richmond, John Knox Press, 1960), vol. IX.

ROLAND K. Harrison, Introduction to the Old Testament (Grand Rapids, Wm. B. Eerdmans Publishing Company, 1988).

SCHÖKEL, Luís Alonso & CARNITI, Cecília. Salmos 1. São Paulo: Paulus, 1996 [Grande Comentário Bíblico].

STANLEY A. Ellisen, Conheça Melhor o Antigo Testamento.

YOUNG Edward J. Introdução ao Antigo Testamento.

WOLFF, Hans Walter. Antropologia do Antigo Testamento. São Paulo: Edições Loyola, 1975.

-----

[1] ROLAND K. Harrison, *Introduction to the Old Testament* (Grand Rapids, Wm. B. Eerdmans Publishing Company, 1988), pp. 976-977.

[2] FOHRER, E. Sellin, G. *Introdução ao Antigo Testamento*, vol.II, p. 410.

[3] YOUNG Edward J. *Introdução ao Antigo Testamento,* p. 314.

[4] Idem. p. 314.

[5] ROLAND K. Harrison, *Introduction to the Old Testament,* pp. 980.

[6] ROLAND K. Harrison, *Introduction to the Old Testament,* pp. 980.

[7] Idem, pp. 980-981.

[8] STANLEY A. Ellisen, *Conheça Melhor o Antigo Testamento,* p. 166.

[9] ROLAND K. Harrison, *Introduction to the Old Testament,* p. 991.

[10] Idem. p. 997.

[11] RHODES, Arnald B. *"The Book of Psalms" in Layman's Bible Commentary*(Richmond, John Knox Press, 1960), vol. IX, pp.26-27.

[12] BENTZEN, Aage. *Introdução ao Antigo Testamento,* vol. II.

[13] BENTZEN Aage, *Introdução ao Antigo Testamento,* vol. II, p.192.

[14] STANLEY A. Ellisen, *Conheça Melhor o Antigo Testamento,* p. 163. (Para uma análise mais detalhada).

[15] Ibidem, pp. 165-166.

[16] CLYDE, Francisco T. *Introdução ao Velho Testamento.*

[17] Ibidem. p. 214.

[18] STANLEY A. Ellisen, *Conheça Melhor o Antigo Testamento.*

[19] RHODES, Arnald B. *"The Book of Psalms" in Layman's Bible Commentary*(Richmond, John Knox Press, 1960), vol. IX, pp.20-21.

[20] ALMEIDA, João Ferreira de. Edição Corrigida e Revisa fiel ao texto original. *Sl 42.5.11; 43.5.* São Paulo. Sociedade Bíblica Trinitariana do Brasil, 1994. p. 648.

[21] YOUNG Edward J. *Introdução ao Antigo Testamento,* pp. 315-316.

[22] Ibidem. pp. 315-316.

[23] GERSTENBERGER, Erhard S. Psalms – Part 1. Vol. XIV (FOTL). Grand Rapids: W.B. Eerdmans Publishing Company, 1988.

[24] STANLEY A. Ellisen, *Conheça Melhor o Antigo Testamento.*

[25] ALMEIDA, João Ferreira de, Edição Corrigida e Revisa fiel ao texto original. *Sl 42.1.* São Paulo. Sociedade Bíblica Trinitariana do Brasil, 1994. p. 648.

[26] MCNAIR, S. E, A Bíblia Explicada. 4ª ed. Rio de Janeiro. CPAD – Casa Publicadora das Assembléias de Deus, 1983. p. 183.

[27] Ibem. p. 183.

[28] RHODES, Arnald B. *"The Book of Psalms"* in *Layman's Bible Commentary*(Richmond, John Knox Press, 1960), vol. IX, p.27.

[29] Ibidem. p. 27.

[30] FOHRER, E. Sellin, G. *Introdução ao Antigo Testamento*, vol.II, p. 411.

[31] Ibidem. pp. 411-412.

[32] KRAUS, Hans-Joachim. Psalms 1–59. Minneapolis: Augsburg Publishing House, 1988.

[33] Ibidem.

[34] KRAUS, Hans-Joachim. Psalms 1–59. Minneapolis: Augsburg Publishing House, 1988.

[35] Ibidem.

[36] ALMEIDA, João Ferreira de, Edição Corrigida e Revisa fiel ao texto original. *Sl 42.1-2*. São Paulo. Sociedade Bíblica Trinitariana do Brasil, 1994. p. 648.

[37] RHODES, Arnald B. *"The Book of Psalms"* in *Layman's Bible Commentary*(Richmond, John Knox Press, 1960), vol. IX, p.27.

[38] Ibidem. p.27.

[39] RHODES, Arnald B. *"The Book of Psalms"* in *Layman's Bible Commentary*(Richmond, John Knox Press, 1960), vol. IX, p.27-28.

[40] ALMEIDA, João Ferreira de, Edição Corrigida e Revisa fiel ao texto original. *Sl 42.3-4*. São Paulo. Sociedade Bíblica Trinitariana do Brasil, 1994. p. 648.

[41] SCHÖKEL, Luís Alonso & CARNITI, Cecília. Salmos 1. São Paulo. ed: Paulus, 1996 [Grande Comentário Bíblico].

[42] STANLEY A. Ellisen, *Conheça Melhor o Antigo Testamento*.

[43] SCHÖKEL, Luís Alonso & CARNITI, Cecília. Salmos 1. São Paulo. ed: Paulus, 1996 [Grande Comentário Bíblico].

[44] RHODES, Arnald B. *"The Book of Psalms" in Layman's Bible Commentary*(Richmond, John Knox Press, 1960), vol. IX.

[45] Idem.

[46] RHODES, Arnald B. *"The Book of Psalms" in Layman's Bible Commentary*(Richmond, John Knox Press, 1960), vol. IX.

[47] GERSTENBERGER, Erhard S. Psalms – Part 1. Vol. XIV (FOTL). Grand Rapids: W.B. Eerdmans Publishing Company, 1988.

[48] ALMEIDA, João Ferreira de. Edição Corrigida e Revisa fiel ao texto original. *Sl 42.6-8*. São Paulo. Sociedade Bíblica Trinitariana do Brasil, 1994. p. 648.

[49] RHODES, Arnald B. *"The Book of Psalms" in Layman's Bible Commentary*(Richmond, John Knox Press, 1960), vol. IX.

[50] RHODES, Arnald B. *"The Book of Psalms" in Layman's Bible Commentary*(Richmond, John Knox Press, 1960), vol. IX.

[51] ALMEIDA, João Ferreira de. Edição Corrigida e Revisa fiel ao texto original. *Sl 42.9-10*. São Paulo. Sociedade Bíblica Trinitariana do Brasil, 1994. p. 648.

[52] GERSTENBERGER, Erhard S. Psalms – Part 1. Vol. XIV (FOTL). Grand Rapids: W.B. Eerdmans Publishing Company, 1988.

[53] WOLFF, Hans Walter. Antropologia do Antigo Testamento. São Paulo: Edições Loyola, 1975.

[54] SCHÖKEL, Luís Alonso & CARNITI, Cecília. Salmos 1. São Paulo: Paulus, 1996 [Grande Comentário Bíblico]..

[55] KRAUS, Hans-Joachim. Psalms 1–59. Minneapolis: Augsburg Publishing House, 1988.

[56] WOLFF, Hans Walter. Antropologia do Antigo Testamento. São Paulo: Edições Loyola, 1975.

[57] Ibidem.

[58] GERSTENBERGER, Erhard S. Psalms – Part 1. Vol. XIV (FOTL). Grand Rapids: W.B. Eerdmans Publishing Company, 1988.

[59] Ibidem.

[60] ALMEIDA, João Ferreira de. Edição Corrigida e Revisa fiel ao texto original. *Sl 43.1-2a*. São Paulo. Sociedade Bíblica Trinitariana do Brasil, 1994. p. 648.

[61] RHODES, Arnald B. *"The Book of Psalms" in Layman's Bible Commentary*(Richmond, John Knox Press, 1960), vol. IX.

[62] ALMEIDA, João Ferreira de. Edição Corrigida e Revisa fiel ao texto original. *Sl 43.2b*. São Paulo. Sociedade Bíblica Trinitariana do Brasil, 1994. p. 648.

[63] FOHRER, E. Sellin, G. *Introdução ao Antigo Testamento*, vol.II, p. 447.

[64] ALMEIDA, João Ferreira de. Edição Corrigida e Revisa fiel ao texto original. Sl 43.3. São Paulo. Sociedade Bíblica Trinitariana do Brasil, 1994. p. 648.

[65] Idem. Salmo 43.4.

[66] ALMEIDA, João Ferreira de. Edição Corrigida e Revisa fiel ao texto original. Sl 42.5,11; 43.5. São Paulo. Sociedade Bíblica Trinitariana do Brasil, 1994. p. 648.

CPSIA information can be obtained at www.ICGtesting.com
Printed in the USA
BVIW121156190919
558891BV00012B/39